FÜR UNSERE TÖCHTER:
MIRA, TALIA UND VIOLET

INHALT

VORWORT

Als wir 2017 begannen, für die *New York Times* über Harvey Weinstein zu recherchieren, verfügten Frauen über mehr Macht als je zuvor. Die Zahl der Jobs, die einst ausschließlich Männern vorbehalten waren – Polizist, Soldat, Pilot – ging fast gegen Null. Frauen führten nicht nur Staaten, darunter Deutschland und Großbritannien, sondern auch Unternehmen wie General Motors und PepsiCo. Eine Frau in ihren Dreißigern konnte in einem Jahr mehr Geld verdienen als all ihre Vorfahrinnen zusammengenommen in ihrem ganzen Leben.

Dennoch sahen sich Frauen nur allzu oft sexuellen Belästigungen ausgesetzt, die straffrei blieben. Wissenschaftlerinnen und Kellnerinnen, Cheerleader, hochrangige Managerinnen und Fabrikarbeiterinnen waren gezwungen, Grapschereien, Anzüglichkeiten oder unerwünschte Annäherungsversuche mit einem Lächeln zu überspielen, um nicht das nächste Trinkgeld, den nächsten Lohn oder die nächste Beförderung aufs Spiel zu setzen. Sexuelle Belästigung verstieß gegen geltendes Recht, gehörte jedoch in einigen Bereichen der Arbeitswelt zum Alltag. Frauen, die den Mund aufmachten, wurden häufig entlassen oder verunglimpft. Die Opfer litten meist im Verborgenen und waren voneinander isoliert. Das Beste, was sie tun konnten, so war man sich im Allgemeinen einig, sei es, als eine Art Entschädigung Geld anzunehmen, im Austausch gegen ihr Schweigen.

Und die Täter erklommen unterdessen oft eine Karrierestufe nach der anderen und schwammen ungestört von einer Erfolgswelle zur nächsten. Von der Umwelt wurden ihre Belästigungen meist akzeptiert oder sogar verschmitzt kommentiert – als wären sie bloß übermütige kleine Lausbuben, die sich eben mal danebenbenommen haben. Ernsthafte Konsequenzen hatten solche Vorfälle kaum. Megan schrieb einige der ersten Artikel, in denen Frauen Donald J. Trump vorwarfen, ihnen nachgestellt zu haben – und berichtete dann 2016 über seinen Wahlsieg.

Nachdem wir am 5. Oktober 2017 unsere Story über die mutmaßlichen sexuellen Belästigungen und Übergriffe durch Harvey Weinstein erstmals veröffentlicht hatten, sahen wir mit wachsendem Erstaunen zu, wie ein Damm brach. Plötzlich begannen Millionen von Frauen weltweit, ihre Misshandlungsgeschichten zu erzählen. Plötzlich mussten zahllose Männer ihres übergriffigen Verhaltens wegen Rede und Antwort stehen. Es war ein beispielloser Moment der Umkehrung. Wir Journalistinnen und Journalisten hatten daran mitgewirkt, einen Paradigmenwechsel einzuläuten. Unsere Arbeit war allerdings nur eine der Triebkräfte eines Wandels, den den Vorkämpferinnen des Feminismus und Rechtsgelehrte über Jahre hinweg vorbereitet hatten. Zu ihnen gehörten, neben vielen anderen, auch Journalistenkolleginnen und -kollegen sowie Anita Hill und die Aktivistin und Begründerin der #MeToo-Bewegung Tarana Burke.

Während wir zusahen, wie unsere hart erarbeiteten investigativen Enthüllungen dazu beitrugen, Grundeinstellungen zu verändern, fragten wir uns allerdings eines: Warum gerade diese Story? Wie einer unserer Redakteure hervorgehoben hatte, war Harvey Weinstein ja nicht mal so berühmt. Wieso löste in einer Welt, in der an so vielen Stellen Stillstand zu herrschen scheint, gerade dieser Artikel ein derartiges Erdbeben aus? Warum brachte ausgerechnet er einen solchen Wandel in Gang? Auf der Suche nach Antworten beschlossen wir, dieses Buch zu schreiben.

Dieser Wandel war weder unvermeidlich noch vorauszusehen. Auf den folgenden Seiten beschreiben wir, was die ersten mutigen Quellen motivierte und wie sie mit sich rangen, das Risiko einzugehen und die Mauer des Schweigens, die Harvey Weinstein umgab, zu durchbrechen. Laura Madden, eine ehemalige Assistentin Weinsteins, inzwischen Hausfrau und Mutter in Wales, hatte gerade ihre Scheidung hinter sich und eine Brustkrebsoperation vor sich, als sie sich offen zu Weinstein äußerte. Ashley Judd setzte ihre Karriere aufs Spiel, bestärkt durch eine wenig bekannte Lebensphase, in der sie sich aus Hollywood zurückgezogen und grundsätzliche Überlegungen zur Geschlechtergerechtigkeit angestellt hatte. Zelda Perkins, eine Londoner Produzentin, die eine zwei Jahrzehnte zuvor unterzeichnete Verschwiegenheitserklärung gehindert hatte, ihre Beschwerden über Weinstein öffentlich zu machen, sprach ungeachtet möglicher rechtlicher und finanzieller Konsequenzen mit uns. Eine Schlüsselrolle spielte auch ein langjähriger Mitarbeiter Weinsteins, der das, was er wusste, immer stärker als Belastung empfand. Die bislang unbekannte Quelle half uns, seinem Boss am Ende die Maske vom Gesicht zu reißen.

Dies ist auch eine Geschichte über investigativen Journalismus. Sie beginnt mit den ersten Tagen unserer Recherchen, die voller Ungewissheit waren, denn wir wussten noch sehr wenig, und kaum jemand wollte mit uns sprechen. Wir beschreiben, wie wir Geheimnissen auf die Spur kamen, Informationen festklopften und die Jagd nach der Wahrheit über einen mächtigen Mann auch dann noch fortsetzten, als dieser sich hinterhältiger Taktiken bediente, um unsere Arbeit zu sabotieren. Ebenso rekonstruieren wir hier zum ersten Mal unseren finalen Showdown mit dem Filmproduzenten – und sein letztes Gefecht – im Büro der *New York Times* unmittelbar vor Veröffentlichung unseres Artikels, also genau in dem Augenblick, in dem er begriff, dass er verloren hatte.

Unsere Berichterstattung über Harvey Weinstein fand zu einer Zeit statt, in der die Medien wegen der Verbreitung von Fake News allgemein in der Kritik standen und das Einvernehmen darüber, was Wahrheit sei, zu bröckeln begann. Die Enthüllungen über ihn hatten auch deshalb so dramatische Folgen, weil es uns und anderen Kolleginnen und Kollegen gelungen war, unwiderlegbare, erdrückende Beweise für sein Fehlverhalten zu erbringen. Auf den folgenden Seiten erläutern wir, wie wir anhand von Augenzeugenberichten, Finanzunterlagen, juristischen Dokumenten, Firmenmemos und anderen aussagekräftigen Materialien ein Verhaltensmuster freilegen und dokumentieren konnten. Bei der öffentlichen Debatte, die unsere Arbeit auslöste, ging es weniger um das, was Weinstein einzelnen Frauen angetan hatte, als vielmehr darum, wie damit umzugehen sei.

Dieses Buch speist sich aus zweierlei Quellen: dem, was wir im Verlauf unserer ursprünglichen Recherchen zu Weinstein im Jahr 2017 in Erfahrung brachten, und der beachtlichen Menge an Informationen, die wir seither gesammelt haben. Vieles von dem, was wir hier an neuem Material über Weinstein präsentieren, illustriert sehr gut, wie das Rechtssystem und die Unternehmenskultur Opfer zum Schweigen brachten und Veränderungen auch weiterhin blockieren. Firmen werden instrumentalisiert, um übergriffige

Männer zu schützen. Anwälte, die Frauen vertreten, profitieren von einem Vergleichssystem, das Fehlverhalten deckt. Viele Menschen bekommen hier und da von dem Problem etwas mit – wie etwa Bob Weinstein, Harveys Bruder und Geschäftspartner, der ausführliche Interviews zu diesem Buch beigesteuert hat –, tun jedoch wenig, um es zu unterbinden.

Wir hoffen, dass dieses Buch ein bleibendes Zeugnis von Weinsteins Vermächtnis sein wird: die Instrumentalisierung des Arbeitsplatzes, um Frauen zu manipulieren, unter Druck zu setzen und zu terrorisieren.

Als sich in den Monaten nach Veröffentlichung unserer Ermittlungsergebnisse im Fall Weinstein die #MeToo-Bewegung Bahn brach wie ein explodierender Vulkan, entstanden auch völlig neue Debatten. Sie bewegten sich in einem breiten Themenfeld, das von Date Rape über Kindesmissbrauch und Geschlechterdiskriminierung bis hin zu unangenehmen Partybegegnungen reichte. Worum ging es denn nun aber eigentlich? Um das Unterbinden sexueller Belästigungen, eine Reform des Justizwesens, den Sturz des Patriarchats oder darum, wie man richtig flirtet, ohne eine strafbare Handlung zu begehen? War die Abrechnung zu weit gegangen, weil aufgrund mehr als zweifelhafter Beweise der Ruf unschuldiger Männer beschädigt wurde, oder nicht weit genug, weil ein frustrierender Mangel an Systemwandel herrschte?

Knapp ein Jahr nach Veröffentlichung unserer Weinstein-Story erschien Dr. Christine Blasey Ford, Psychologieprofessorin aus Kalifornien, vor einem Untersuchungsausschuss des US-Senats und beschuldigte Richter Brett Kavanaugh, der für einen Posten am Obersten Gerichtshof nominiert war, er habe sie während ihrer gemeinsamen Zeit auf der

Highschool im betrunkenen Zustand sexuell genötigt. Kavanaugh wies die Beschuldigung wutentbrannt zurück. Manche sahen in Ford die ultimative Heldin der #MeToo-Bewegung. Für andere war sie ein Symbol dafür, dass das Ganze zu weit ging, eine lebende Rechtfertigung für den sich anbahnenden Backlash.

Für uns war sie die Protagonistin einer der komplexesten und aufschlussreichsten »Sie sagte«-Storys, die es bis dato gegeben hat, vor allem, als wir nach und nach erfuhren, wie viel von ihrem Weg, der sie schließlich in diese Senatsanhörung führte, von der Öffentlichkeit nicht verstanden worden war. Jodi erlebte die Sitzung live im Verhandlungssaal mit, begleitete einige Mitarbeiter von Fords Anwaltsteam bei der Arbeit und traf sie persönlich am nächsten Morgen. Im Dezember führte Megan bei einem Frühstück in Palo Alto das erste Interview mit ihr nach Abschluss der Anhörung. In den folgenden Monaten kamen Dutzende Stunden zusätzlicher Interviewaufzeichnungen mit Ford zusammen, in denen sie darüber sprach, wie sie dazu gekommen war, ihre Stimme zu erheben, und welche Konsequenzen das für sie hatte. Wir sprachen auch mit anderen, die ihr damals nahegestanden und mitbekommen hatten, was passiert war. Wir erzählen die Geschichte von Fords Reise nach Washington und beleuchten, unter welch enormem Druck sie stand, weil sie zur Zielscheibe unzähliger Projektionen und Ängste wurde und Institutionen und politische Kräfte sie für ihre Zwecke vereinnahmen wollten.

Viele Menschen fragen sich, wie es Christine Ford nach ihrer Anhörung ergangen ist. Das letzte Kapitel dieses Buches bildet ein einzigartiges Gruppeninterview, bei dem wir für ein größeres Gesamtbild einige der Frauen, über die wir berichtet hatten, zusammenbrachten, darunter auch Ford.

Doch im Zusammenhang mit ihrer Odyssee steht noch etwas Größeres auf dem Spiel: die immerwährende Frage, was Fortschritt antreibt und behindert. Die #MeToo-Bewegung ist ein Beispiel für gesellschaftlichen Wandel in unserer Zeit und zugleich ein Prüfstein für eben diesen: Wird es uns, die wir in dieser fragmentierten Welt leben, gelingen, ein neues, für alle Seiten faires Regelwerk zu entwickeln, das uns gemeinsam schützt?

Dieses Buch ruft noch einmal zwei erstaunliche Jahre ins Gedächtnis, erstaunlich für Frauen in den USA und auf der ganzen Welt. Es ist eine Geschichte, die allen Beteiligten gehört: Im Gegensatz zu manchen journalistischen Ermittlungen, die sich mit gut gehüteten Regierungs- oder Firmengeheimnissen beschäftigen, geht es bei dieser hier um Erfahrungen, die die meisten von uns aus erster Hand kennen, aus der Familie, vom Arbeitsplatz und aus der Schule. Dennoch haben wir dieses Buch verfasst, um Sie, die Leserinnen und Leser, so nah wie möglich ans Epizentrum der Ereignisse zu holen.

Um alles so unverstellt und authentisch wie möglich wiederzugeben, haben wir Transkriptionen von Interviews sowie E-Mails und andere Primärdokumente mit eingeflochten. Es gibt Notizen aus den allererersten Gesprächen, die wir mit Filmstars über Weinstein führten, einen eindringlichen Brief von Bob Weinstein an seinen Bruder, Auszüge aus den Texten von Christine Ford und anderes Originalmaterial. Einiges von dem, was wir hier mit Ihnen teilen, war ursprünglich nicht für eine Veröffentlichung bestimmt. In diesen Fällen konnten wir dank zusätzlicher Berichterstattung, einschließlich nochmaliger Rückfrage bei den Beteiligten, erreichen, dass es doch aufgenommen werden durfte. Wir bekamen die Möglichkeit, mit Hilfe von Aufzeichnungen und

Interviews auch Gespräche wiederzugeben, die wir nicht selbst geführt haben, und Ereignisse zu schildern, bei denen wir nicht persönlich anwesend waren. Insgesamt basiert das Buch auf drei Jahren Berichterstattung und Hunderten von Interviews, die wir von London bis Palo Alto führten. Die Anmerkungen geben einen detaillierten Überblick darüber, welche Informationen aus welchen Quellen und Aufzeichnungen stammen.

Und noch ein Satz zum Schluss: Dieses Buch ist auch eine Chronik der Partnerschaft, die zwischen uns entstand, während wir gemeinsam daran arbeiteten, die Ereignisse zu verstehen. Um Verwirrung zu vermeiden, schreiben wir über uns selbst in der dritten Person. (Hätten wir in der ersten Person über unsere Berichterstattung geschrieben, die auf enger Zusammenarbeit beruhte, häufig jedoch von uns verlangte, unterschiedlichen Fährten zu folgen, dann wäre unklar gewesen, ob ein »ich« Jodi oder Megan meint.) Bevor wir also mit unserer Erzählung beginnen, möchten wir uns noch einmal ganz explizit bedanken: Danke dafür, dass Sie uns ein Stück begleiten, sich mit uns gemeinsam einen Weg durch das Dickicht der Ereignisse und Beweise bahnen, die wir zusammengetragen haben, Zeuginnen und Zeugen dessen werden, was wir bezeugen können, und hören, was wir gehört haben.

Kapitel #1

DER ERSTE ANRUF

Die Ermittlungen der *New York Times* zu Harvey Weinstein begannen damit, dass die vielversprechendste Informationsquelle sich weigerte, überhaupt ans Telefon zu gehen.

»Ehrlich gesagt bin ich von Ihrer Zeitung schon mehrfach ziemlich schlecht behandelt worden. Die Ursache scheint mir Sexismus zu sein«, antwortete die Schauspielerin Rose McGowan am 11. Mai 2017 auf Jodis E-Mail mit der Bitte um ein Gespräch.[1] McGowan zählte die Kritikpunkte auf: eine Rede, die sie auf einem politischen Dinner gehalten hatte, war in der »Style section« behandelt worden und nicht im Nachrichtenteil; ein früheres Gespräch über Weinstein mit einem *Times*-Reporter war ihr unangenehm in Erinnerung.

»Die *NYT* sollte sich, was Sexismus angeht, an die eigene Nase fassen«, schrieb sie. »Ich bin nicht besonders geneigt zu helfen.«

Monate davor hatte McGowan einen nicht beim Namen genannten Produzenten – dem Gerücht nach Weinstein – beschuldigt, sie vergewaltigt zu haben. »Weil es in Hollywood und in den Medien ein offenes Geheimnis ist & ich gedemütigt werde, während mein Vergewaltiger beweihräuchert wird«, hatte sie getweetet und den Hashtag #WhyWomen DontReport hinzugefügt.[2] Jetzt hieß es, sie schreibe an einer Autobiografie, die Enthüllungen über die schlechte Behandlung von Frauen in der Unterhaltungsindustrie enthalten solle.[3]

Im Gegensatz zu fast alle anderen in Hollywood hatte McGowan schon mehrfach ihre Karriere riskiert und Sexismus offen angeprangert. Einmal hatte sie per Tweet den beleidigenden Kleidercode publik gemacht, der auf einer Casting-Ankündigung zu einem Film von Adam Sandler gefordert wurde: »Tanktop mit großem Dekolleté (Push-up-BHs erwünscht).«[4] Ihr Ton in den sozialen Medien war generell hart und konfrontativ: »Es ist in Ordnung, wütend zu sein. Habt keine Angst davor«, hatte sie einen Monat davor getweetet und später hinzugefügt: »Reißt das System nieder.«[5] Wenn sich schon McGowan als Aktivistin und Schauspielerin nicht zu einem vertraulichen Gespräch bereiterklärte, wer dann?

Harvey Weinstein war nicht der Mann der Stunde. In den letzten Jahren hatten die von ihm produzierten Filme geschwächelt, der Zauber schien gebrochen. Doch sein Name stand für Macht, insbesondere für die Macht, Karrieren zu begründen und anzuschieben. Erst hatte er sich selbst erfunden: Er stammte aus einfachen Verhältnissen und war im New Yorker Stadtteil Queens aufgewachsen. Vom Konzertveranstalter über den Filmverleih hatte er es schließlich in die Filmproduktion geschafft. Er schien ein Händchen dafür zu haben, alles um sich herum größer werden zu lassen – Filme, Partys und vor allem Menschen. Über die Jahre hatte er vielen jungen Schauspielerinnen und Schauspielern, wie zum Beispiel Gwyneth Paltrow, Matt Damon, Michelle Williams und Jennifer Lawrence, zu Ruhm verholfen. Er war imstande, winzige Independent-Filme wie *Sex, Lügen und Video* (OT *Sex, Lies, and Videotape*, 1989) oder *The Crying Game* (OT *The Crying Game*, 1992) zu einem globalen Phänomen zu machen. Er war der Wegbereiter der modernen Oscarverleihung und hatte die Trophäe für den Besten Film fünfmal für sich selbst und haufenweise für andere gewonnen. Er beschaffte schon seit fast zwanzig Jahren Geld für Hillary Clinton und unterstützte sie bei zahllosen Benefizveranstaltungen. Als Malia Obama eine Praktikumsstelle beim Film suchte, arbeitete sie für »Harvey« – der Vorname stand für sich und wurde selbst von vielen Fremden verwendet. Obwohl seine Filme inzwischen weniger erfolgreich waren, genoss er auch 2017 einen hervorragenden Ruf.

Gerüchte über seinen Umgang mit Frauen hatte es schon lange gegeben. In der Öffentlichkeit kursierten entsprechende Witze: »Glückwunsch, ihr fünf Ladys braucht jetzt nicht mehr so zu tun, als fändet ihr Harvey Weinstein attraktiv«, scherzte Comedian Seth MacFarlane bei der Verkündung der Oscarnominierungen 2013. Doch viele hatten sein Verhalten als harmloses Flirten abgetan, und nie war etwas öffentlich dokumentiert worden. Andere Journalisten hatten in der Vergangenheit ihr Glück versucht und waren gescheitert. Eine Ermittlung des City of New York Police Department (NYPD) gegen Weinstein im Zusammenhang mit einer Anschuldigung wegen Grapschens war ohne Strafantrag ausgegangen. »Irgendwann werden sich alle Frauen, die bisher Angst hatten, sich zu Harvey Weinstein zu äußern, bei den Händen fassen und springen müssen«, hatte die Journalistin Jennifer Senior damals getweetet.[6] Das war jetzt zwei Jahre her. Nichts war geschehen. Jodi hatte zwar gehört, dass es zwei weitere Reporter – ein Autor vom *New York Magazine* und Ronan Farrow von *NBC* – versucht hätten, aber es waren keine Storys erschienen.

Waren die Gerüchte über Weinsteins Umgang mit Frauen falsch? Hatte sich McGowans Tweet auf jemand anderen bezogen? In der Öffentlichkeit präsentierte sich Weinstein selbstbewusst als Feminist. Gerade erst hatte er eine stolze Summe für die Einrichtung eines Lehrstuhls zu Ehren der Frauenrechtlerin Gloria Steinem gespendet. Sein Unternehmen hatte den Dokumentarfilm *Freiwild – Tatort Universität* (OT *The Hunting Ground*, 2015) vertrieben, einen wütenden Aufschrei gegen sexuelle Gewalt an US-amerikanischen Hochschulen. Im Januar 2017 hatte der Filmmogul sogar an den denkwürdigen Women's Marches teilgenommen und sich während des Sundance Film Festivals den Pink-Pussyhat-Scharen in Park City, Utah, angeschlossen.[7]

Der Investigativabteilung der *Times* ging es darum, abseits der lauten Hektik der anderen Redaktionen nach dem zu graben, worüber nie berichtet worden war, Personen zur Rechenschaft zu ziehen, deren Übergriffe bewusst gedeckt wurden, und Institutionen zu entlarven, die das schmutzige Spiel mitspielten. Der erste Schritt bestand meist in einer vorsichtigen Kontaktaufnahme. Wie also konnten wir McGowan motivieren, ans Telefon zu gehen?

Ihre E-Mail bot Ansatzpunkte. Da war zunächst einmal die Tatsache, dass sie überhaupt geantwortet hatte. Viele meldeten sich gar nicht erst zurück. Zweitens hatte sie sich Gedanken gemacht und die Mühe auf sich genommen, eine Kritik zu äußern. Vielleicht wollte sie Jodi mit ihrem Angriff gegen die *Times* nur testen, um zu sehen, ob die Reporterin ihren Arbeitgeber verteidigen würde.

Doch Jodi hatte nicht die Absicht, sich über ihren Arbeitsplatz der letzten vierzehn Jahre zu streiten. McGowan zu schmeicheln (»Ich bewundere Sie ehrlich für Ihre mutigen Tweets …«) war auch nicht der richtige Weg. Das würde auch noch das bisschen Autorität untergraben, das sie im vorliegenden Fall besaß. Auch über die Ermittlungen, zu denen McGowan etwas beisteuern würde, durfte sie nichts preisgeben. Eine Antwort auf die Frage, mit wie vielen Frauen Jodi sonst noch gesprochen hätte, würde lauten müssen: »Mit keiner«.

Die E-Mail musste ohne all das auskommen, auch ohne Erwähnung von Weinsteins Namen. McGowan hatte eine Vorgeschichte: Sie hatte private Mitteilungen auf Twitter gepostet, wie etwa die Casting-Einladung von Adam Sandler. Es war ganz offensichtlich, dass sie Dinge ans Licht bringen wollte, doch konnte das unter den gegebenen Umständen auch nach hinten losgehen. (»Ihr alle da draußen, schaut euch mal diese Mail von einer *Times*-Reporterin an.«) Und die Thematik, um die es ging, machte die Antwort nur umso heikler. McGowan hatte gesagt, sie sei Opfer eines Übergriffs geworden. Es wäre falsch gewesen, Druck auf sie auszuüben.

Jodi hatte bereits 2013 begonnen, über die Erfahrungen von Frauen in Unternehmen und anderen Institutionen zu recherchieren. Die Gender-Debatte in den USA schien mittlerweile gefühlsbeladen: Es gab Meinungskolumnen, Autobiografien, Empörungs- und Verschwesterungsbekundungen in den sozialen Medien. Es war dringend nötig, verborgene Tatsachen aufzudecken. Vor allem über den Arbeitsplatz. Angestellte von ganz oben bis hin zum niedrigsten Posten hatten häufig Angst, ihre Arbeitgeber in Frage zu stellen. Reporter nicht. Jodi hatte während ihrer Recherche festgestellt, dass Gender nicht nur ein Thema war, sondern eine Art investigativer Einstiegspunkt. Da Frauen in vielen Organisationen noch immer Außenseiterinnen waren, erlaubte ein Dokumentieren dessen, was sie erlebten, zugleich Einblicke in die Funktionsmechanismen von Macht.

Jodi antwortete Rose McGowan, indem sie auf diese Erfahrungen Bezug nahm:

Hier meine eigene Erfolgsbilanz zu diesen Themen: Amazon, Starbucks und die Harvard Business School haben als Reaktion auf die von mir enthüllten geschlechterbezogenen Probleme allesamt ihre Verhaltensregeln geändert. Als ich über den Klassenunterschied in Bezug aufs Stillen schrieb – Büroangestellte dürfen bei der Arbeit abpumpen, Frauen im Niedriglohnsektor nicht –, reagierten die Leserinnen und Leser, indem sie die allerersten mobilen *lactation suites* zum Stillen/Abpumpen erfanden und bauten, von denen inzwischen mehr als 200 im ganzen Land verfügbar sind.

Falls Sie lieber nicht mit mir sprechen möchten, habe ich vollstes Verständnis. Alles Gute für Ihre Buchveröffentlichung. Danke, Jodi

McGowan meldete sich innerhalb weniger Stunden zurück. Bis Mittwoch stehe sie jederzeit zu einem Gespräch zur Verfügung.

Es war zu befürchten, dass der Anruf heikel werden würde. McGowan wirkte taff mit ihrem Igel-Haarschnitt und dem Ruf zu den Waffen auf Twitter. Doch die Stimme am Telefon gehörte einer überaus mutigen und leidenschaftlichen Frau, die eine Geschichte zu erzählen hatte und dafür nach dem richtigen Weg suchte. In den Tweets hatte sie nur Andeutungen gemacht und wenige Details preisgegeben. Bei Interviews war es allgemein üblich, dass das Gespräch mitgeschnitten wurde, damit das Material veröffentlicht werden konnte, es sei denn, man traf eine andere Abmachung. Daher würde sich vermutlich jede Frau, die eine Anschuldigung wegen sexueller Übergriffe gegen Weinstein vorzubringen hatte, schon allein gegen ein Anfangsgespräch sträuben. Jodi stimmte also zu, das Telefonat vertraulich zu behandeln, solange sie sich nicht auf etwas anderes einigten, und McGowan legte los.

Damals, 1997, war sie noch blutjung gewesen und hatte beim Sundance Film Festival im Rausch des ersten Ruhms geschwelgt, war von einer Filmpremiere zur nächsten gelaufen, im Schlepptau stets ein Fernsehteam. Sie hatte erst in vier oder fünf Filmen mitgespielt, darunter im Teenie-Horrorfilm *Scream – Schrei!* (OT *Scream*, 1996), avancierte aber bereits zum Liebling aller. »Ich war die Königin des Sundance«, sagte sie. Independent-Filme standen im Zentrum des kulturellen Interesses, das Festival war der angesagteste Ort überhaupt, und Harvey Weinstein war der große King. Hier hatte der mächtige Produzent und Verleiher kleine Filme wie *Clerks – die Ladenhüter* (OT *Clerks*, 1994) und *Reservoir Dogs – Wilde Hunde* (OT *Reservoir Dogs*, 1992) eingekauft und anschließend zu Kultfilmen gemacht. In welchem Jahr passierte, was sie danach erzählte, daran konnte sich McGowan nicht mehr genau erinnern; viele Schauspielerinnen rekonstruierten ihre Vergangenheit nicht anhand genauer Daten, sondern indem sie sich daran erinnerten, wann sie welchen Film gedreht hatten und wann dieser in die Kinos kam. McGowan erinnerte sich jedenfalls an eine Filmvorführung, bei der sie direkt neben Weinstein gesessen hatte. Der Film habe auch noch *Going All the Way* (»das volle Programm durchziehen«) geheißen, sagte sie und musste wegen des ironischen Umstands lachen. (Der deutsche Filmtitel lautet *Der lange Weg der Leidenschaft*, 1997.)

Danach habe er sie um ein Treffen gebeten, was ja Sinn ergab: Der Top-Produzent wollte mit dem aufgehenden Stern Kontakt knüpfen. Sie habe ihn im Stein Eriksen Lodge Deer Valley in Park City getroffen, in seinem Zimmer. Außer dem üblichen Gerede über Filme und Filmrollen sei nichts gewesen, sagte sie.

Doch auf dem Weg nach draußen habe Weinstein sie in einen Raum mit Whirlpool gezogen, sie an der Poolkante ausgezogen und sein Gesicht mit Gewalt zwischen ihre Beine gedrückt. Sie sagte, sie erinnere sich daran, das Gefühl gehabt zu haben, den eigenen Körper zu verlassen, an der Decke zu schweben und die Szene von oben zu beobachten. »Ich stand extrem unter Schock und wechselte in den Überlebensmodus«, berichtete sie. Um von ihm wegzukommen, habe sie einen Orgasmus vorgetäuscht und sich selbst Schritt für Schritt stumme Anweisungen gegeben: »Dreh jetzt den Türgriff.«, »Geh jetzt raus hier.«

Ein paar Tage später habe Weinstein auf ihrem Anrufbeantworter zu Hause in Los Angeles ein gruseliges Angebot hinterlassen: Er zähle auch andere weibliche Stars zu seinen speziellen Freundinnen, und sie könne gern zu diesem Club dazustoßen. Schockiert und völlig aufgelöst habe sie sich bei ihren Managern beschwert und einen Anwalt eingeschaltet. Am Ende sei ein Vergleich mit Weinstein dabei herausgekommen, verbunden mit einer Abfindung in Höhe von 100 000 Dollar – im Grunde eine Zahlung dafür, die Sache unter den Tisch fallen zu lassen, ohne irgendein Eingeständnis etwaigen Fehlverhaltens seinerseits. Das Geld habe sie einem Krisenzentrum für Vergewaltigungsopfer gespendet.

Ob sie ihre Ausfertigung der Vergleichsdokumente noch hätte? »Ich habe nie eine Kopie bekommen«, antwortete sie.

Das Problem gehe weit über Weinstein hinaus, fügte sie hinzu. Hollywood sei ein organisiertes System für den Missbrauch von Frauen. Es locke sie alle mit dem Versprechen von Ruhm, mache höchst profitable Produkte aus ihnen, behandle ihre Körper wie Eigentum, fordere ihnen perfektes

Aussehen ab und rangiere sie am Ende aus. Während des gesamten Gesprächs feuerte McGowan ihre Beschuldigungen ab wie Schüsse.

»Weinstein – es geht nicht nur um ihn, es ist eine ganze Maschinerie, eine Lieferkette.«

»Keinerlei Aufsicht, keinerlei Angst.«

»Die Studios diffamieren die Opfer und kaufen sich frei.«

»Fast alle haben eine Vertraulichkeitsvereinbarung.«

»Wenn weiße Männer je eine Spielwiese hatten, dann ist es Hollywood.«

»Die Frauen hier sind genauso schuldig.«

»Tanz bloß nicht aus der Reihe, du bist jederzeit ersetzbar.«

McGowans Worte hatten etwas Faszinierendes. Die Behauptung, Hollywood nutze Frauen aus, zwinge sie in die Konformität und serviere sie ab, sobald sie alterten oder rebellierten, war zwar ein alter Hut. Doch von einem so bekannten Gesicht einen derart direkten, mit verstörenden Details gespickten Bericht über diese Ausbeutung zu hören, noch dazu mit einem der renommiertesten Produzenten als Täter, war völlig anders: schärfer, spezifischer, ekelerregend.

Das Telefonat endete mit der Vereinbarung, bald wieder miteinander zu sprechen. Die Schauspielerin war eine ungewöhnliche Frau, aber die mitunter haarsträubenden Dinge, die sie gesagt oder getan hatte, oder mit wem sie zusammen gewesen war, spielten in diesem Zusammenhang keine Rolle. Die Frage war, ob ihr Bericht den Härten des journalistischen Prozesses und, falls es so weit kommen sollte, dem unvermeidlichen Gegenschlag durch Weinstein und schließlich der öffentlichen Überprüfung standhalten würde. Bevor die *Times* überhaupt in Betracht ziehen konnte, McGowans Anschuldigungen zu publizieren, mussten sie untermauert und schließlich Weinstein vorgelegt werden. Man musste ihm die Gelegenheit zu einer Stellungnahme geben.

Die Zeitung hatte die Pflicht, alle Beteiligten fair zu behandeln, vor allem angesichts der Schwere der Vorwürfe. Im Jahr 2014 hatte die Zeitschrift *Rolling Stone*, ohne auch nur annähernd Beweise dafür liefern zu können, von einem Vorfall an der University of Virginia berichtet, den sie als schreckliche Gruppenvergewaltigung bezeichnete.[8] Die nachfolgende Kontroverse setzte eine Reihe von Gerichtsprozessen in Gang,[9] ruinierte die Reputation der Zeitschrift nahezu vollständig, gab denen Munition in die Hand, die behaupteten, Frauen würden Vergewaltigungen erfinden, und warf den Kampf gegen sexuelle Übergriffe auf dem Universitätscampus um einiges zurück. Die *Washington Post* berichtete, die Polizei habe die Geschichte als »kompletten Schwachsinn« bezeichnet, die *Columbia Journalism Review* nannte sie »eine Sauerei«, und der Artikel heimste einen Preis als »Error of the Year« ein.[10]

Auf den ersten Blick wirkte McGowans Bericht für Weinstein leicht anzufechten. Er könnte behaupten, die Sache ganz anders in Erinnerung zu haben, sie hätte den Eindruck erweckt, es würde ihr Spaß machen. Und er hätte sogar den perfekten Beweis dafür gehabt: ihren vorgetäuschten Orgasmus. Die alte Aufnahme auf dem Anrufbeantworter konnte von großer Bedeutung sein, denn damit würde man zeigen können, dass Weinstein seine Macht als Produzent ausnutzte, um sexuelle Gefälligkeiten zu erzwingen. Doch falls McGowan die Aufnahme von vor zwanzig Jahren nicht mehr hatte, wäre es nur die Erinnerung an eine lange zurückliegende Nachricht, die ebenso leicht zu leugnen war.

Als Bericht einer Einzelnen würde McGowans Geschichte aller Wahrscheinlichkeit nach zu einem klassischen »Er sagte, sie sagte«-Streit verkommen. McGowan würde eine schreckliche Geschichte erzählen. Weinstein würde sie leugnen. Da es keine weiteren Zeugen gab, würden die Leute Partei ergreifen: Team Rose gegen Team Harvey.

Allerdings hatte McGowan erwähnt, sie hätte eine Abfindung erhalten. Es würde zwar schwer sein, Beweise dafür zu finden, doch waren Rechtsanwälte involviert gewesen, eine Vereinbarung war unterzeichnet worden, und Geld hatte den Besitzer gewechselt. Außerdem gab es eine Spende an das Krisenzentrum für Vergewaltigungsopfer. Irgendwo musste die Vereinbarung dokumentiert sein. Sie würde zwar nicht beweisen, was genau sich in dem Hotelzimmer abgespielt hatte, aber die Tatsache, dass Weinstein damals eine beachtliche Summe an McGowan gezahlt hatte, um einen Disput beizulegen, konnte deren Aussage untermauern.

Jodi ging mit allem, was sie bis hierher in Erfahrung gebracht hatte, zu Rebecca Corbett, ihrer langjährigen Redakteurin bei der *Times* und Expertin für komplexe Ermittlungen. Sie besprachen, ob sich McGowans Sicht der Dinge bekräftigen ließe, und erörterten auch die wichtige Frage: Hatten andere Frauen ähnliche Geschichten über Weinstein zu erzählen?

Das herauszufinden, würde enormen Aufwand kosten. Weinstein hatte über die Jahrzehnte Hunderte von Filmen produziert oder verliehen. Zusammen mit seinem Bruder Bob hatte er zwei Unternehmen besessen und geführt: Miramax und The Weinstein Company (TWC); letztere führten sie noch immer. Es gab daher eine Menge von potenziellen Quellen, eine bessere Voraussetzung, als wenn nur ein kleiner Kreis von Menschen über heikle Informationen verfügte. Doch war die Zahl der zu kontaktierenden Leute erdrückend – Schauspielerinnen und ehemalige Angestellte, über verschiedene Kontinente verstreut, von denen die meisten vermutlich nur ungern reden würden.

Mitte Juni schlug Corbett vor, Jodi solle ihre Kollegin Megan Twohey kontaktieren, die noch relativ neu bei der Zeitung war. Megan sei im Mutterschaftsurlaub, aber sie habe ein gutes Händchen für diese Art von Job, sagte die Redakteurin. Jodi konnte sich zwar nicht vorstellen, welche Hilfe genau Megan ihr bieten konnte, schickte ihr aber trotzdem eine E-Mail.

Als Megan Jodis E-Mail erhielt, kümmerte sie sich gerade um ihr Neugeborenes und erholte sich von der schlimmsten Zeit, die sie bis dato in ihrer Karriere als Reporterin erlebt hatte. Sie war im Februar 2016 zur *Times* gestoßen, um das Politikressort zu verstärken, und hatte über die Präsidentschaftskandidaten recherchiert. Die Stelle hatte sie nur zögerlich angenommen: Politik war bislang weder ihr Ressort noch von besonderem Interesse für sie gewesen.

Doch nur wenige Wochen nach ihrem Einstieg hatte Dean Baquet, Chefredakteur der *Times*, sie auf eine ganz spezielle Frage angesetzt, die genau in ihr Fachgebiet fiel: Hatte Donald J. Trump in seinem Verhalten gegenüber Frauen jemals die Grenzen des Gesetzes und der Ethik übertreten? Megan hatte über mehr als zehn Jahre hinweg Sexualstraftaten und sexuelles Fehlverhalten aufgedeckt. Sie hatte enthüllt, wie in den Chicagoer Randbezirken Polizei und Staatsanwälte »Rape kits« zur Spurensicherung zurückhielten und so den Opfern jede Chance auf Gerechtigkeit nahmen, und wie Ärzte trotz sexueller Übergriffe auf Patientinnen weiter praktizieren konnten.[11] Später hatte sie einen Schwarzmarkt für Adoptivkinder aufgedeckt, über den auch einige an sexuelle Straftäter vermittelt worden waren.

Trump hatte sich lange als Playboy oder zumindest als Karikatur eines solchen aufgeführt. Er war zum dritten Mal verheiratet und mit einer Reihe von Howard-Stern-Interviews ins Rennen um die Präsidentschaft eingestiegen, in denen er mit seinen sexuellen Heldentaten prahlte und Geschmacklosigkeiten über Frauen vom Stapel ließ, auch gegenüber seiner Tochter Ivanka.

Baquet hörte bei diesen Prahlereien gleich die Alarmglocken läuten. War Trump einfach nur promiskuitiv gewesen, dann gab es keine Story – die Zeitung steckte ihre Nase nicht grundlos in das Sexleben anderer Leute, auch dann nicht, wenn es sich um einen Präsidentschaftskandidaten handelte. Doch einige von Trumps Kommentaren waren am Arbeitsplatz gefallen, ein mögliches Zeichen für sexuelle Belästigung. Bei der von ihm mitproduzierten Show *The Celebrity Apprentice*, bei der er auch selbst auftrat, hatte Trump zu einer Kandidatin gesagt: »Das würde ja ein hübsches Bild abgeben, Sie so auf den Knien.«[12] Jahrzehnte zuvor hatte Ivana Trump, seine erste Ehefrau, ihn Berichten zufolge der Vergewaltigung in der Ehe beschuldigt, den Vorwurf dann aber kleingeredet. Baquet hatte bereits einen anderen Reporter, Michael Barbaro, beauftragt, Trumps Verhalten gegenüber Frauen zu untersuchen, und Michael und Megan sollten ihm nun die Frage beantworten, ob Trump nur ein Grobian war oder ob das Problem tiefer lag.

Die Berichterstattung lief zunächst nur schleppend an: Die meisten von Trumps früheren Angestellten waren an Vertraulichkeitsvereinbarungen gebunden,[13] seine bekannte Rachsucht gegenüber allen, die ihn verärgerten, hatte abschreckende Wirkung. Im Laufe der Jahre waren so viele Gerichtsverfahren gegen ihn angestrengt worden, dass es schwerfiel, die richtigen herauszusuchen.

Im Mai 2016 jedoch waren Megan und Barbaro so weit, auf der Grundlage von Hunderten Akten und über fünfzig Interviews mit Menschen, die mit oder für Trump gearbeitet hatten, mit ihm ausgegangen waren oder gesellschaftlich mit ihm verkehrt hatten, einen Artikel zu schreiben. Trump war ein mächtiger Mann, der sich Frauen gegenüber sehr widersprüchlich verhielt. Er konnte zu den Frauen, mit denen er arbeitete, liebenswürdig und ermutigend sein und hatte einige von ihnen in seinem Unternehmen in Spitzenpositionen befördert. Doch gab er ebenso gern endlose Kommentare über Frauenkörper ab und zeigte immer wieder ein verstörendes Verhalten am Arbeitsplatz.

Das Wichtigste aber war, dass Megan zusätzlich zu Ivana Trumps Vergewaltigungsbehauptung zahlreiche Anschuldigungen wegen sexueller Übergriffe zusammengestellt hatte.[14] Eine ehemalige Miss Utah hatte im Detail beschrieben, wie Trump sie 1997 zweimal gewaltsam auf den Mund geküsst hatte: bei einer Gala nach dem Schönheitswettbewerb zur Miss USA und später während einer Besprechung in seinem Büro über ihre mögliche Modelkarriere. In zwei alten Gerichtsverfahren hatte eine ehemalige Geschäftspartnerin, die mit ihm gemeinsam einen Schönheitswettbewerb organisiert hatte, behauptet, Trump habe sie während eines Arbeitsdinners im Plaza Hotel unter dem Tisch begrapscht und sie bei einem anderen Arbeitstreffen in ein Zimmer geführt, wo er sie gewaltsam »geküsst, befummelt und gehindert« habe zu gehen.[15]

Höchste Vorsicht war geboten. Stand auch nur eine einzige Anschuldigung innerhalb einer der Storys auf wackeligen Beinen, konnte das den gesamten Artikel gefährden. Als eine frühere Teilnehmerin eines Schönheitswettbewerbs Megan erzählte, Trump habe sie in seiner Villa in Palm Beach begrapscht, worauf sie panisch in ihr Zimmer geflohen sei und gleich ihren Vater angerufen habe, machte sich ein Kollege auf die Suche nach dem Mann und spürte ihn im Ausland auf. »Hab den Vater«, meldete der Kollege per E-Mail. »Kurz gesagt – er kann sich nicht erinnern, dass so etwas mit Trump passiert wäre.« Das hieß zwar nicht, dass die Frau gelogen hatte. Aber ihre Beschuldigung konnte in der Story nicht verwendet werden.

Der Artikel – in dem viele Frauen selbst zu Wort kamen – erschien am Samstag, dem 14. Mai 2016, im Morgengrauen (Eastern Time) und verbreitete sich in Windeseile. Er wurde schließlich zum bis dahin meistgelesenen politischen *Times*-Artikel des Jahres. Dass Trump, der bekanntlich an ihm geäußerte Kritik unverzüglich und auf bösartigste Weise attackiert, sich das ganze Wochenende über nicht zu der Sache äußerte, wurde als Zeichen der Stärke des Artikels interpretiert. Vor der Veröffentlichung hatten Megan und Barbaro ein langes Interview mit dem Präsidentschaftskandidaten geführt und seine Antworten, darunter auch sein Leugnen jeglichen sexuellen Fehlverhaltens und sein Beharren darauf, Frauen stets respektvoll behandelt zu haben, mit eingeflochten.[16]

Am Montagmorgen waren sie gerade im Green Room der CBS-Nachrichtensendung *This Morning* und bereiteten sich auf ein Interview zu dem Artikel vor, als Gayle King hereinkam und auf den Fernseher zeigte: »Habt ihr das gesehen? Rowanne Brewer Lane ist gerade bei *Fox and Friends* gewesen und hat eure Story kommentiert.«[17]

Brewer Lane war im Artikel als Erste zitiert worden. Das Ex-Model, das Trump 1990 bei einer Poolparty in Mar-a-Lago kennengelernt hatte, beschrieb während eines Interviews, wie Trump sich ganz und gar auf sie konzentriert hätte, sie in ein Zimmer geführt und ermutigt hätte, einen

Badeanzug anzuziehen, um sie dann den Gästen vorzuführen. Brewer Lane stellte nicht in Frage, wie sie im Hinblick auf das Geschehene zitiert worden war. Nicht einverstanden war sie mit der Einordnung des Ganzen als »entwürdigender, direkter Begegnung zwischen Trump und einer jungen Frau, die er kaum kannte«.

Die Darstellung machte innerhalb einer aus fünftausend Worten bestehenden Story, in der darauf hingewiesen wurde, dass sie danach auch weiterhin mit Trump ausgegangen war, gerade mal eine Handvoll Absätze aus. Doch Brewer Lanes öffentliche Kritik gab Trump einen Anknüpfungspunkt, um den gesamten Artikel anzugreifen. Er machte sich ihre Kommentare sofort zu eigen und feuerte eine Reihe von Tweets zurück:

> Die @nytimes ist so verlogen. Ihr gestriger Drecksartikel über mich ist gerade von Rowanne Brewer gesprengt worden. Sie hat gesagt, es ist alles Lüge!

> Der schwache Artikel der @nytimes über mich ist durch die heutige Aussage der Frau, die im Mittelpunkt steht, als Schwindel entlarvt![18]

Bald sprangen ihm seine Anhänger bei und nahmen Megan und Barbaro in den sozialen Medien, in E-Mails und wütenden Telefonanrufen unter Beschuss. Die schweren Anschuldigungen gegen Trump wegen sexuellen Fehlverhaltens waren im Artikel sorgfältig dokumentiert. Doch nun befanden sich Megan und Barbaro wegen der Kritik an einem weit weniger schwerwiegenden Ausrutscher in der Defensive.

Die Mitarbeiter von Bill O'Reilly, dem aufgeblasenen Platzhirsch der rechtskonservativen Nachrichten, riefen ständig bei Megan an und fragten: »Sind Sie Feministin?«, als würde sie das diskreditieren. Misstrauisch gegenüber ihren Motiven, lehnte sie alle Bitten um ein Interview ab und musste dann zusehen, wie sich der Moderator aufplusterte und seine Fernsehpräsenz dazu nutzte, um vor Millionen von Zuschauern die Glaubwürdigkeit ihrer Arbeit anzuzweifeln. »Das Problem ist, dass Megan Twohey eine Feministin ist. Oder zumindest eine zu sein scheint«, sagte er. Sein Argument war absurd – die *Washington Post* stellte die Frage, ob etwa ein Chauvinist über die Geschichte hätte berichten sollen –, aber O'Reilly nutzte seine Macht und seinen Einfluss in vollem Umfang, um die Bedeutung der Ergebnisse ihrer Nachforschungen herunterzuspielen und Megan in Verruf zu bringen.[19]

Diese öffentlichen Attacken waren anders als alles, was Megan je erlebt hatte. Sie war dankbar, als endlich der Juni 2016 kam und ein schon längst eingegangenes Versprechen – die eigene Hochzeit – ihr eine Atempause gönnte.

Doch gab es noch andere Frauen, die Anschuldigungen wegen gewaltsamer Küsse, Grapschens oder Schlimmerem vorzubringen hatten? Als Megan aus ihren Flitterwochen zurückkehrte, berichtete sie weiter über Trump.

Monate später, am Freitag, dem 7. Oktober, telefonierte sie gerade mit einer Quelle, als plötzlich alle Kollegen aufstanden und sich vor den in der Nachrichtenzentrale laufenden Fernsehern zusammenscharten. Die *Washington Post* hatte von der Boulevardshow *Access Hollywood* eine kurze Videoaufnahme von 2005 zugespielt bekommen, in der sich Trump mit seiner Aggressivität gegenüber Frauen brüstete.[20]

Schöne Frauen ziehen mich automatisch an – ich fang einfach an, sie zu küssen ... Ich warte nicht einmal. Und wenn du ein Star bist, lassen sie dich alles machen. Ihnen an die Pussy fassen, alles.

So etwas hatte man von einem Präsidentschaftskandidaten noch nie zuvor gehört. Es klang wie eine Bestätigung des Verhaltens, das Megan monatelang recherchiert und zusammengetragen hatte.

Trump entschuldigte sich für seine Worte und verdoppelte anschließend seine Dementis.[21] Die Kommentare zu dem *Access-Hollywood*-Tape seien nur privates Garderobengerede gewesen, insistierte er. Zwei Tage später, am 9. Oktober, behauptete er während einer Präsidentschaftsdebatte, noch nie eine Frau ohne deren Einverständnis geküsst oder etwa an intimen Körperteilen angefasst zu haben. Ja, er habe sich damit gebrüstet. Aber ob er so etwas tatsächlich getan habe? »Nein, habe ich nicht«, versicherte der Kandidat.[22]

Innerhalb einer Woche standen Megan und Barbaro mit einem neuen Artikel in den Startlöchern. Diesmal berichteten zwei Frauen, Trumps Äußerungen auf besagtem Tape stimmten mit ihrer Erfahrung überein.[23] Sowohl Jessica Leeds, eine vierundsiebzig Jahre alte Ex-Börsenmaklerin und Urgroßmutter, die in einem ansehnlichen Zweizimmerapartment in der Upper East Side von Manhattan wohnte, wie auch Rachel Crooks, eine dreiunddreißig Jahre alte Doktorandin der Hochschulverwaltungswissenschaften aus Green Springs, Ohio, hatten E-Mails an die *Times* geschickt, in denen sie ihre Anschuldigungen ausführlich darlegten.

Leeds war in den frühen 1980ern als Außendienstmitarbeiterin für einen Zeitungspapierhersteller durchs Land gereist, als sie das Glück hatte, für einen Flug von Dallas nach New York ein Upgrade in die erste Klasse zu bekommen. Der Zufall wollte es, dass neben ihr Donald Trump saß –

groß, blond und sehr geschwätzig. Eine Dreiviertelstunde nach dem Start, so Leeds, hätte er sich über sie gebeugt, ihre Brüste betatscht und versucht, seine Hand unter ihren Rock zu schieben.

»Er überfiel mich förmlich, seine Hände waren überall«, schrieb sie in ihrer E-Mail und erklärte, sie habe sich auf einen Platz in der Economy Class geflüchtet.

Crooks war Tochter einer Krankenschwester und eines Handwerkers; mit Politik hatte sie nichts am Hut, verstand sich aber als Republikanerin. In der Highschool war sie Landesbeste in Basketball, Leichtathletik und Volleyball gewesen und zur »Abgängerin mit den größten Erfolgschancen« gewählt worden. Im Jahr 2005 zog es sie nach New York, wo sie und ihr Freund ein billiges Apartment am Rand von Brooklyn mieteten. Sie schliefen auf einer Luftmatratze, bis sie genug Geld für einen Futon zusammenhatten. Um die Miete bezahlen zu können, nahm sie einen Job als Sekretärin in einer Projektentwicklungsfirma an, die im vierundzwanzigsten Stock des Trump Tower saß und an Projekten mit The Trump Organization arbeitete. Ein Jahr zuvor war im Fernsehen die Reality-Show *The Apprentice* angelaufen, die beliebteste neue Show der Saison.[24]

Als sie Donald Trump eines Tages in jenem Winter vor ihrem Büro auf einen Fahrstuhl warten sah, stand sie vom Schreibtisch auf, um sich ihm vorzustellen, und streckte höflich die Hand aus. Er hätte sie nicht mehr losgelassen, sagte sie, und auf die Wangen geküsst, danach seine Lippen auf ihre gepresst. Das Ganze hätte nur eine oder zwei Minuten gedauert. Sie war zweiundzwanzig, und der einzige Mann, der sie bis dahin je geküsst hatte, war der Freund gewesen, mit dem sie zusammenlebte.[25]

»Ich war wütend, weil Mr. Trump mich als so unbedeutend betrachtete, dass er meinte, sich mir derartig aufdrängen zu dürfen«, schrieb sie.

Crooks beschrieb den gewaltsamen Kuss fast genauso wie die ehemalige Miss Utah. Und Leeds die erlittene Grapscherei ganz ähnlich wie die frühere Geschäftspartnerin des Schönheitswettbewerbs. Zudem passte alles zu Trumps Prahlerei auf der *Access-Hollywood*-Aufnahme. Beide Frauen bekräftigen am Telefon Megan gegenüber, sie seien bereit, sich offiziell zu äußern. Weder Leeds noch Crooks waren auf Publicity aus. Aber die Welt sollte wissen, dass Trump log.

Megan und Barbaro war absolut klar, wie viel hier auf dem Spiel stand. Daher prüften sie die Aussagen nicht nur mehrfach bei Freunden und Familienmitgliedern nach, denen die beiden Frauen sich anvertraut hatten, sondern sie leuchteten auch den jeweiligen Hintergrund der beiden genauestens aus, um sicherzugehen, dass es keine Verbindungen zu Hillary Clintons Wahlkampagne gab. Megan bat Crooks sogar, ihr ein altes Foto zu schicken, das sie an ihrem Schreibtisch im Trump Tower zeigte, um zu belegen, dass sie dort gearbeitet hatte. Eine so sorgfältige Prüfung hätten die beiden Frauen auch als Beleidigung auffassen können. Aber es ging darum, sie zu schützen. Und nicht nur sie, auch die *Times*.

Der letzte Schritt bestand darin, Trumps Team die Beschuldigungen vorzulegen.

Megan saß also an ihrem Esstisch und ließ die Augen nicht von ihrem E-Mail-Account. Sie erwartete ein routinemäßiges Dementi von Trumps Sprecher. Stattdessen klingelte ihr Handy.

Am anderen Ende war Trump.

Megan hatte kaum angefangen, ihre Fragen zu stellen, da schlug er auch schon um sich. Jessica Leeds und Rachel Crooks würden lügen. Er habe keine Ahnung, wer die beiden seien. Warum seien sie, wenn er ihnen solche Sachen angetan hätte, nicht zur Polizei gegangen?

Megan erklärte, die Frauen würden nicht behaupten, ihn zu kennen, sie wären ihm nur zufällig begegnet. Sie erinnerte ihn an die Beschuldigungen von Seiten der ehemaligen Miss Utah und der einstigen Geschäftspartnerin des Schönheitswettbewerbs.

Außer sich vor Wut verlagerte Trump das Ziel seines Angriffs. Die *New York Times* habe sich die Berichte der Frauen ausgedacht. Sollten sie die Story veröffentlichen, werde er sie verklagen.

Megan ließ nicht locker, sie wollte unbedingt, dass er weiterredete. Wie stehe es mit dem kürzlich geleakten *Access-Hollywood*-Tape? Sie fragte ihn noch einmal, ob er je getan habe, womit er sich dort brüstete.

»So was mach ich nicht«, betonte er mit erhobener Stimme. »So was mach ich nicht. Das war Garderobengerede.«

Er fing an, Megan zu beschimpfen. »Sie sind widerlich!«, schrie er. »Sie sind ein widerlicher Mensch.«[26]

Als er auflegte, entspannte Megan sich. So brutal das Gespräch auch gewesen war, hatte sie Trump doch ausreichend Gelegenheit gegeben, auf die Anschuldigungen zu antworten. Nun konnten sie den Artikel zusammen mit seinen Kommentaren veröffentlichen.

Minuten später trat Trump bei einer Wahlkampfkundgebung in Florida auf die Bühne und machte sich umgehend daran, die brodelnde Energie und Wut der versammelten Menschenmenge auf die Journalisten zu lenken.[27]

»Die korrupten Medien haben sich gegen euch, das amerikanische Volk, zusammengerottet«, sagte er. »Und ich sag euch was: Das ist beleidigend und verleumderisch, das ist schrecklich und absolut unfair. Aber wir werden das System zerschlagen.«

Bis zum Wahltag waren es keine vier Wochen mehr. Der republikanische Sprecher des Repräsentantenhauses sagte, die *Access-Hollywood*-Aufnahme widere ihn an. Senator John McCain zog seine Unterstützung zurück. Der Vize-präsidentschaftskandidat, Gouverneur Mike Pence, sagte, er bete für die Trump-Familie. Manche Republikaner rieten Trump, sich aus dem Rennen um die Präsidentschaft zurück-zuziehen.[28]

Weitere Frauen traten vor, um Trump anzuklagen. Eine war mit Freunden in einem Nachtclub gewesen. Eine andere hatte einmal bei *The Apprentice* mitgemacht. Bei der drit-ten handelte es sich um eine Reporterin, die anlässlich von Trumps erstem Hochzeitstag mit seiner dritten Frau Mela-nia eine nette Schnulze schreiben sollte. Was sie erzählten, entsprach im Wesentlichen dem, worüber Megan bereits be-richtet hatte. Trump hatte die Frauen angefasst, begrapscht oder befummelt, sie gegen eine Wand gedrückt und sie mit seinen Hüften oder Genitalien bedrängt. Wer konnte sein übergriffiges Verhaltensmuster jetzt noch ignorieren oder als lächerlich abtun?

Allerdings gelang es Megan und Barbaro nicht, alle Be-schuldigungen zu überprüfen. Einer brisanten Zivilklage zu-folge hatte Trump zwanzig Jahre zuvor ein dreizehnjähriges Mädchen vergewaltigt, und zwar bei einer Party, die ein bes-tens bekannter Investmentbanker ausgerichtet hatte – Jeffrey Epstein, gegen den später wegen Unterhaltung eines Sexhan-delsrings mit Minderjährigen für mächtige Männer ermittelt wurde und der sich der erzwungenen Prostitution einer Minderjährigen schuldig bekennen musste.[29] Doch Trumps mutmaßliches Opfer, bislang nur unter dem gängigen Pseudonym Jane Doe bekannt, war weder identifiziert worden noch für Journalisten erreichbar gewesen, auch nicht vertraulich. Ohne eine Bestätigung der Existenz dieser Frau und jede Möglichkeit, ihre Geschichte gründlich zu prüfen, hatte Megan sich geweigert, über den Fall zu berichten, und ihren Kollegen ebenfalls davon abgeraten.

Andere Behauptungen zogen durchaus Aufmerksamkeit auf sich, erschienen aber nicht berichtenswert. Megan verfolgte eine im Fernsehen übertragene Pressekonferenz mit, bei der eine Frau tränenreich von einem Vorfall berichtete, wo Trump ihr, als sie auf eine Mitfahrgelegenheit wartete, offenbar absichtlich mit der Hand über die Brust gefahren war und sie anschließend bedrängt hatte.[30]

Als die sorgfältig abgesicherten Anschuldigungen von Crooks und Leeds sich mit den anderen Vorwürfen zu vermischen begannen, ging Trump von striktem Leugnen zu scharfen Attacken über. Seine Anklägerinnen seien Lügnerinnen. Ruhmsüchtig. Würden für Hillary Clinton arbeiten. Seien zu hässlich und unattraktiv, als dass sie seine Aufmerksamkeit hätten erregen können. Er werde sie verklagen.

Seine Anhänger nahmen die Stichwörter bereitwillig auf und traten erneut in Aktion. Lou Dobbs, Moderator von Fox Business, teilte mit seinen knapp einer Million Followern auf Twitter einen Link zu einem Post einer konservativen Newsseite, die Jessica Leeds' Telefonnummer und Adresse aufführte und die falsche Behauptung aufstellte, sie arbeite für die Clinton Foundation.[31]

Leeds war nicht so leicht einzuschüchtern, Rachel Crooks dagegen war extrem verunsichert. Sie konnte in Ohio nicht mehr vor die Tür gehen, weil Reporter ihren Vorgarten belagerten. Und wegen der Trump-Trolle und deren beständigem Trommelfeuer von Posts – *Du bist so hässlich. Du wirst dafür bezahlt. Jemand sollte dir ein Gewehr an den Kopf halten und diesem Land einen Gefallen tun.* – konnte sie auch nicht mehr online gehen. Eine Fremde postete auf Facebook einen Kommentar, in dem sie sich als Freundin der Familie ausgab und behauptete zu wissen, dass Crooks log, was Trump betraf. Der Post wurde zum Toptreffer, wenn man in Suchmaschinen Crooks' Namen eingab. Ein Mann, von dem Crooks noch nie gehört hatte, beschuldigte sie, eine Firma bestohlen zu haben, für die sie nie gearbeitet hatte.

Mit jedem dieser Angriffe fühlte Megan sich schlechter. *Sie* hatte die beiden Frauen ermutigt, sich offiziell zu äußern, hatte ihnen gesagt, es wäre ein Dienst an der Öffentlichkeit, derart wichtige Informationen über einen Präsidentschaftskandidaten zu teilen. *Sie* hatte intime Details aus dem Leben dieser Frauen an eine riesige Wand gemalt, so groß, dass das ganze Land sie lesen konnte. Und nun standen sie unter Beschuss. Crooks hatte am Telefon mit zitternder Stimme gefragt, was die *Times* tun würde, falls Trump seine Drohung, sie zu verklagen, wahr machte. Die Antwort fiel äußerst mager aus. Jede Woche wurden Tausende von Menschen in der *Times* zitiert: Genau wie andere Publikationen auch, konnte das Blatt keinerlei rechtliche Verantwortung für sie übernehmen.

Auch Megan wurde angegriffen. Sie erhielt sowohl per Telefon wie über den PC Drohungen von Trump-Anhängern. Nachdem sie wiederholt anonyme Nachrichten von einem Mann erhalten hatte, der drohte, sie zu vergewaltigen, umzubringen und ihre Leiche im Hudson River zu entsorgen, alarmierte sie den Sicherheitsdienst der *Times*. Sie war mit jedem Tag sichtbarer schwanger und hatte Angst, die Leute könnten anfangen, Drohungen gegen das Baby zu tweeten oder noch Schlimmeres zu tun.

Trump selbst drohte mit einer Klage. Sein Rechtsanwalt schickte einen später vom Trump-Team veröffentlichten Brief an Baquet, in dem er diesem nahelegte, die Aussagen von Leeds und Crooks zurückzuziehen. »Kommen Sie dieser Aufforderung nicht nach, wird meinem Klienten nichts anderes übrigbleiben, als alle ihm zur Verfügung stehenden Rechtsmittel zu ergreifen«, hieß es darin.[32]

David McCraw, Vizepräsident und Justiziar der *New York Times*, in der Nachrichtenredaktion wegen seiner Unerschütterlichkeit und seines Eintretens für den Schutz der Journalistinnen und Journalisten sehr beliebt, antwortete ebenso entschieden.

»Es wäre zum Schaden nicht nur unserer Leserinnen und Leser, sondern der Demokratie selbst, ihre Stimmen zum Schweigen zu bringen«, schrieb der Anwalt.

Er forderte Trump sogar direkt dazu auf, die *Times* zu verklagen. »Falls er glaubt, die amerikanischen Bürgerinnen und Bürger hätten kein Recht gehabt zu hören, was diese Frauen zu sagen hatten, und das Gesetz dieses Landes zwinge uns und diejenigen, die es wagen, ihn zu kritisieren, den Mund zu halten oder abgestraft zu werden, sehen wir mit Freuden der Gelegenheit entgegen, ihm von einem Gericht den Kopf zurechtrücken zu lassen.«[33]

Es war eine mitreißende Verteidigung nicht nur des Journalismus, sondern auch des Rechts von Frauen, Beschuldigungen gegenüber mächtigen Männern zu erheben. Als die *Times* den Brief auf ihrer Webseite veröffentlichte, ging er sofort viral.

Doch intern äußerte Megan ihre Sorge, Trump würde, wie von McCraw vermutet, einen Prozess gegen sie, Barbaro und die Zeitung anstrengen, falls er die Wahl verlor. Auch wenn er schließlich vor Gericht den Kürzeren ziehen würde, stünde ihnen ein langer, mühsamer Prozess bevor. Für den Fall einer gerichtlich angeordneten Vorlage von Beweismitteln hatte Megan begonnen, alle ihre Notizen, E-Mails und Textnachrichten zu archivieren.

Dreieinhalb Wochen später, am 7. November, flog Megan nach Illinois, um vor Ort die Wahl der, wie viele glaubten, ersten Präsidentin der Vereinigten Staaten mitzuerleben. Aus symbolischen Gründen hatten Megans Redakteure sie gebeten, diesen Augenblick in den Wahllokalen in Hillarys Heimatstadt Park Ridge, einem Vorort von Chicago, einzufangen.

Megan machte sich weder für Clinton noch für sonst irgendeinen Kandidaten stark. Das war nicht Sache einer Reporterin. Einige Wochen zuvor hatte sie in einem Artikel dargelegt, welche Rolle Hillary Clinton im Kampf gegen die Frauen gespielt hatte, die Bill Clinton sexuelles Fehlverhalten und Schlimmeres vorgeworfen hatten. Die Verbündeten der Präsidentschaftskandidatin behaupteten hartnäckig, diese Rolle wäre verschwindend gering gewesen, aber Megan besaß Belege darüber, dass Clinton einen Privatdetektiv angeheuert hatte, der schmutzige Dinge über die Frauen herausfinden sollte.

Während ihrer Gespräche mit den Wählerinnen und Wählern war Megan klar, dass diese ihre Entscheidungen – über die Vorwürfe gegen Trump wegen sexuellen Fehlverhaltens hinaus – auf der Basis vieler Faktoren trafen. Doch hatte sie erwartet, dass ihnen die Angelegenheit zumindest Sorgen machte. Unter der Verwendung von Hashtags wie #WhatWomenDontReport hatte sich in den Wochen vor der Wahl eine wachsende Anzahl von Frauen über andere Männer geäußert, die ihnen Ähnliches angetan hatten. Unter ihnen auch Rose McGowan mit ihren Tweets über den Studioboss, der sie vergewaltigt hatte.

Doch während ihrer Interviews vor den Wahllokalen musste sie feststellen, dass sich kaum eine dieser weißen Vorstadtfrauen allzu sehr für die Trump vorgeworfenen Grenzüberschreitungen oder für seine eigenen Worte in dem *Access-Hollywood*-Video interessierte. An jenem Abend brauchte Megan den Fernseher eigentlich gar nicht einzuschalten: Ihr war bereits klar, dass Trump gewonnen hatte.

Im April nach den Wahlen beobachteten Megan und Jodi erstaunt, wie eine Reihe von Entwicklungen direkt zum Beginn der Weinstein-Ermittlung führte. Der rechtskonservative Fernsehmoderator Bill O'Reilly verlor auf dem Höhepunkt seiner Macht seinen Posten beim Nachrichtensender Fox News Network, nachdem die *Times* enthüllt hatte, wie er und das Unternehmen wiederholte Anschuldigungen gegen ihn wegen sexueller Belästigung verschleiert hatten.[34] Emily Steel und Michael Schmidt hatten acht Monate für den Artikel gebraucht. Sie wiesen nach, dass O'Reilly mit mindestens fünf Frauen, die ihm verbale Übergriffe, anstößige Bemerkungen und unerwünschte Annäherungsversuche vorwarfen, Vergleiche geschlossen hatte. O'Reilly und Fox News hatten offenbar geheime Abfindungen in Höhe von insgesamt dreizehn Millionen Dollar gezahlt, um die Frauen zum Schweigen zu bringen – eine enorme Summe von einem der größten Feminismuskritiker Amerikas.

Im Rahmen dieser Story hatte nur eine einzige Frau ihre Anschuldigungen offiziell geäußert: Wendy Walsh, ehemaliger Gast in O'Reillys Sendung. Sie hatte ein lukratives Angebot, in den Kreis seiner Mitarbeiterinnen aufgenommen zu werden, verspielt, als sie eine Einladung in seine Hotelsuite ablehnte. Die meisten der Frauen, um die es in dieser Story ging, durften aufgrund eingegangener Vergleiche mit

O'Reilly oder dem Network nicht reden. Sie hatten große Summen angenommen und im Gegenzug eingewilligt, nie über das Geschehene zu sprechen.

Aber Steel und Schmidt hatten etwas Wichtiges herausgefunden: Derart komplexe Transaktionen können nie vollständig geheim gehalten werden. Die geschlossenen Vereinbarungen setzten Anwälte, Verhandlungen und Geld voraus, und auch andere bekamen unweigerlich etwas davon mit: Kollegen, Agenten, Familienmitglieder und Freunde. Zusammengenommen bildeten die Zahlungen eine juristische und finanzielle Spur, die die Geschichte der Anschuldigungen gegen O'Reilly erzählte. Die Abfindungen verhinderten die Story nicht; sie *waren* die Story, die Geschichte einer Verschleierung, die mutmaßliches Fehlverhalten erst recht beleuchtete. Dies war eine neue Methode der Berichterstattung über sexuelle Belästigung.

Binnen weniger Tage zogen sich Werbeträger wie Mercedes-Benz und Allstate aus O'Reillys Show zurück.[35] Doch vor allem begannen auch andere Frauen bei Fox, gegen das Verhalten des Moderators Beschwerde einzulegen.[36] Am 19. April, keine drei Wochen nach dem Erscheinen des Artikels in der *Times*, wurde O'Reilly gefeuert. Sowohl er als auch Roger Ailes, einflussreicher Republikaner und Begründer von Fox, hatten ihren Job verloren, und zwar nicht etwa aufgrund der Beschuldigung, Frauen schlecht behandelt zu haben – Fox wusste über viele der Fälle Bescheid –, sondern aufgrund der öffentlichen Enthüllungen darüber.[37] Dass dies nun zum zweiten Mal passiert war, machte die Geschichte umso erstaunlicher: Es war wie ein kurzzeitiges Aussetzen der physikalischen Gesetze der Macht.

Die Redakteurinnen der *Times* ergriffen die Gelegenheit beim Schopf. Frauen schienen zunehmend genug zu haben.

Genau wie nach Trumps »Fass-ihnen-an-die-Pussy«-Kommentaren begannen sie jetzt, sich im Zusammenhang mit den Enthüllungen über O'Reilly ihren Frust von der Seele zu reden. Es war nie einfach, Frauen davon zu überzeugen, sich offiziell zu solchen Themen zu äußern, aber vielleicht war dies ja eines der seltenen Zeitfenster, in denen Offenheit möglich war.

Die O'Reilly-Story stellte quasi eine Blaupause zur Verfügung. Fast nie brach jemand ganz allein sein Schweigen. Doch wenn es gelang, solche Muster von Fehlverhalten zu enthüllen, dann gab es vielleicht auch einen Weg, über andere, ähnliche Geschichten zu berichten. Die *Times*-Redaktion stellte ein Reporterteam zusammen, das eine ganze Reihe von Branchen unter die Lupe nehmen sollte: Silicon Valley und die Tech-Branche, ein Feld für Utopien, das angeblich frei war von alten Gewohnheitsregeln, Frauen aber dennoch ausschloss. Auch die akademische Welt schien wegen der Macht der Professoren über Doktorandinnen, die eine Karriere im selben Bereich anstrebten, reif für eine Ermittlung. Außerdem wollten sich die Journalisten auch den kaum jemals sichtbaren Kleinverdienern widmen, die unter enormem finanziellem Druck standen und weniger Regressmöglichkeiten hatten als wirtschaftlich besser gestellte Frauen.

Einige Tage nach O'Reillys Rauswurf bat Rebecca Corbett Jodi, sich um zwei Fragen zu kümmern. Die erste lautete: Gab es weitere mächtige Männer in Amerika, die missbräuchliches Verhalten Frauen gegenüber verschleierten? Jodi hatte im Stillen bereits ein paar Anrufe getätigt, um sich Rat zu holen, und Shaunna Thomas, eine feministische Aktivistin, hatte ihr empfohlen, sich mit Hollywood, Rose McGowans Buchprojekt und Harvey Weinstein zu befassen.[38] Doch Corbett hatte Jodi noch einen zweiten Auftrag gegeben: Sie sollte über die einzelnen Täter hinaus wiederkehrende Elemente, das System, ausmachen, das dafür sorgte, dass die sexuellen Belästigungen weitergingen und so schwer zu bekämpfen waren. Wie verbreitet waren diese Vergleiche, die bei jeder Story aufzutauchen schienen, und inwieweit hatten sie das Problem verdeckt?

Als Jodi Megan anrief, um sich bei ihr Rat zu holen, wusste Letztere noch nicht, mit welchen Themen genau sie sich beschäftigen würde, sobald sie aus dem Mutterschaftsurlaub zurück wäre. Aber sie sprachen darüber, was Frauen wie Jessica Leeds und Rachel Crooks motiviert hatte, ihr Schweigen zu brechen, und wie der Artikel über O'Reilly zum Beweis dafür hatte werden können, dass die *Times* ein derart heikles Projekt reibungslos über die Bühne bringen konnte. Sie diskutierten darüber, was sie in den allerersten Sekunden eines Telefongesprächs mit einer Fremden, die ein mögliches Opfer war, sagen könnten, und Megan brachte eine Reihe neuer Ansätze ins Spiel. Darunter einen, den sie gegenüber Vergewaltigungsopfern in Chicago angewandt hatte, um sie dazu zu bringen, von ihren Erlebnissen zu erzählen: »Ich kann nicht ändern, was Ihnen in der Vergangenheit zugestoßen ist, aber vielleicht können wir gemeinsam Ihre Erfahrung nutzen, um andere Menschen zu schützen.«

Der Satz kam an wie nichts anderes zuvor. Weder versprach er zu viel noch klang er einschmeichelnd. Er implizierte stattdessen zwingende Gründe, das Risiko einzugehen und über ein so schmerzhaftes, unangenehmes Thema zu reden. Das war es, was Jodi in ihrer ersten E-Mail an McGowan versucht hatte auszudrücken: Wir meinen es ernst.

Es ging vor allem darum, anderen Menschen zu helfen. Das war immer der ehrlichste und beste Grund, mit einem

Journalisten zu reden, und so gut wie die einzige wirksame Antwort auf ein »Ich will die Aufmerksamkeit nicht« oder ein »Ich will keinen Stress«.

Nach diesem Telefongespräch stellte Jodi Corbett nur eine einzige Frage: Wie bald käme Megan aus ihrem Mutterschaftsurlaub zurück?

Kapitel #2

GEHEIMNISSE IN HOLLYWOOD

Megans Rat war wertvoll, doch während die Ermittlungen gegen Weinstein im Juni 2017 weitergingen, stellte sich die entmutigende Frage, wie sie Schauspielerinnen aus der obersten Liga überhaupt ans Telefon bekommen sollten. Diese Frauen waren schon von Berufs wegen gezwungen, den schönen Schein zu wahren, und sie lebten in größtmöglicher Diskretion, um sich vor der Öffentlichkeit zu schützen. Das typische Prozedere, um an solche Stars heranzukommen, bestand darin, ihre Presseagenturen anzurufen. Aber genau das kam nicht in Frage, ebenso wenig, ihre Agenten und Manager zu kontaktieren. Diese Leute wurden schließlich dafür bezahlt, Barrieren aufzubauen und aufrechtzuerhalten. Und sie waren meist loyal gegenüber Strippenziehern wie Harvey Weinstein. Zudem ging es hier um sehr intime Fragen, viel zu heikel, als dass man sie mit bezahlten Mittelsleuten geteilt hätte. Jodis einzige Hoffnung bestand in einer direkten Kontaktaufnahme mit den in Frage kommenden Frauen. Aber wie sollte sie das anstellen? Sie verfügte in der Filmwelt über so gut wie keine Informationsquellen oder Kontakte.

Jodi klickte sich durch Fotos, die während des letzten Filmfestivals in Cannes auf dem roten Teppich entstanden waren.[1] Wie üblich gab es nur wenige Aufnahmen von Männern. Nicole Kidman, Jessica Chastain, Salma Hayek, Charlize Theron und Marion Cotillard posierten für die Kameras; Uma Thurman war in einem goldglitzernden Rock auf einer alljährlich von Weinstein ausgerichteten Wohltätigkeitsveranstaltung zu sehen, einer Abendgala mit Versteigerung zugunsten der American Foundation for AIDS Research (amfAR). War es möglich, dass eine von ihnen zu Weinsteins Opfern gehörte? Was wussten sie über die Erfahrungen anderer Kolleginnen? Die Frauen sahen makellos schön aus, wirkten perfekt und unbeschwert. Und waren hoffnungslos außer Reichweite.

Jodi machte sich auf die Suche nach privaten E-Mail-Adressen und Telefonnummern von Frauen, die in einem von Weinstein produzierten Film mitgewirkt hatten, insbesondere Ashley Judd, die 2015 in einem Interview mit der Zeitschrift *Variety* erwähnt hatte, von einem Produzenten sexuell belästigt worden zu sein.[2] In manchen Fällen entwickelte sich die Suche zu einer regelrechten Ermittlung – Anrufe bei Verwandten, deren Nummern im öffentlichen Telefonverzeichnis standen; die Nachforschung nach Personen, die womöglich als Vermittler dienen und Jodi vorstellen konnten.

In den wenigen Fällen, in denen es Jodi tatsächlich gelang, eine Schauspielerin ans Telefon zu bekommen, fielen die Gespräche meist kurz und unproduktiv aus. Dann bekam sie einen Tipp von einem gut vernetzten Freund: Ruf doch mal Judith Godrèche an. Sie ist in Frankreich allgemein bekannt und hat in privater Runde angedeutet, dass sie von Weinstein belästigt worden sei. Außerdem ist sie von Natur aus sehr direkt. Jodi schickte Godrèche eine E-Mail. Keine Antwort. Sie versuchte es noch einmal, und dieses Mal bekam sie eine Rückmeldung: »Es tut mir sehr leid, aber mein Anwalt möchte nicht, dass ich da hineingezogen werde.«[3] Diese Reaktion war natürlich frustrierend, enthielt aber einen versteckten Hinweis. Hineingezogen in *was?*

Versuche, mit ehemaligen Angestellten von Harvey Weinstein Kontakt aufzunehmen, trugen da schon eher Früchte. Sie waren jedenfalls leichter erreichbar, entweder über ihren Account bei LinkedIn oder unter ihrer Büro- oder privaten Telefonnummer. Ihre Reaktionen waren widersprüchlich. Viele klangen nicht überrascht, von einer Reporterin angesprochen zu werden, weigerten sich aber zu reden. Andere waren gewillt, diese oder jene Kleinigkeit beizusteuern: alte Verdachtsmomente, die die Jahre überdauert hatten; Hinweise, an welche Hollywoodstars sie sich eventuell wenden könnte.

Einige der ehemaligen Angestellten hielten auch Vorträge: Harvey Weinsteins Sexleben sei seine Privatangelegenheit. Die »Besetzungscouch« (Casting Couch) beziehungsweise die Praxis, dass Schauspielerinnen mit Produzenten und Regisseuren schlafen müssten, um eine Rolle zu bekommen, sei so alt wie Hollywood selbst und gehöre nun mal zum Filmgeschäft dazu, so unschön das auch sei. (Just zu diesem Zeitpunkt tauchte in Los Angeles, in der Nähe des berühmten alten Chinese Theatre, in dem häufig Filmpremieren stattfinden, eine Skulptur auf: eine Besetzungscouch, auf der Weinstein als Statue sitzt). Mehrere von ihnen benutzten dieselbe Formulierung, um Weinsteins Umgang mit den Schauspielerinnen zu erläutern: »Also, er hat sie wohl um eine Couch herumgejagt«, sagten sie von dieser oder jener Frau, als würden sie eine lustige Pantomime beschreiben. Diese ehemaligen Angestellten behandelten Jodi wie eine naive Idealistin. Weinsteins Umgang mit Frauen sei doch seit Jahren ein offenes Geheimnis. Jodi werde ihre Story nie bekommen, und wenn doch, werde sie keinen interessieren.

Am 30. Juni, einem Freitag, traf Jodi sich in einem kleinen Restaurant in Hollywood mit der Schauspielerin Marisa Tomei. Eine ehemalige Angestellte von Miramax hatte
erzählt, Weinstein habe Tomei belästigt, wodurch sie derart
mitgenommen gewesen sei, dass sie während der Dreharbeiten geweint habe. Jodi hatte die Spur zu ihr über eine Dreh-
buchautorin aufgenommen, und jetzt saß Tomei ihr tatsächlich am Tisch gegenüber.

Der Tipp war eine Ente. Tomei gehörte nicht zu Weinsteins Opfern.[4] Allerdings war sie seit Jahrzehnten über die
Art und Weise frustriert, wie Frauen im Filmgeschäft behandelt wurden. Die Hauptdarstellerin zahlreicher Filme
und Fernsehserien, von der Sitcom *College Fieber* (OT *A
Different World,* 1987) über die Komödie *Mein Vetter Winnie*
(OT *My Cousin Vinny,* 1992) bis hin zur TV-Serie *Empire* (OT
Empire, 2015), hatte gegen ungleiche Bezahlung gekämpft –
ein scheinbar hoffnungsloses Unterfangen – und sich in Szenen, die sich um männliche Charaktere drehten, wiederholt
wie ein reines Accessoire gefühlt. Von einer Schauspielerin
werde häufig einfach nur erwartet, dass sie auf das reagierte,
was die Männer täten, meinte sie.

Tomei hatte eine Theorie: Schauspielerinnen und Öffentlichkeit seien in einem Teufelskreis wechselseitiger Fehl-
wahrnehmung gefangen. Mädchen werde schon von klein
auf beigebracht, die Fantasiefrauen auf dem Bildschirm zu
bewundern und ihrem Vorbild nachzueifern. Dies führe
dazu, dass viele von ihnen selbst Schauspielerin werden
wollten. Die Glücklichen, die es schafften, könnten die Belästigungen oder knallharten körperlichen Standards nie
wirklich beschreiben; das wäre ja Selbstsabotage. Also setze
sich der Kreislauf immer weiter fort und bringe eine Generation von Mädchen nach der anderen hervor, die mit dem

Traum von Hollywood aufwüchsen und sich keine Vorstellung davon machten, dass die Filmindustrie sie selbst ebenfalls schlecht behandeln könnte.

Bei dem Gedanken daran, ihre Theorie zu Papier zu bringen, wurde Tomei schwindlig. Sie hatte bisher mit kaum jemandem darüber gesprochen, selbst mit Kolleginnen nicht. Öffentlich über ihre Erfahrungen in einem Geschäft zu sprechen, bei dem es einzig und allein um den schönen Schein gehe, würde sie zu angreifbar machen, meinte sie. Auf der Suche nach Solidarität war sie auf ein Porträt über Claire Danes in einer Ausgabe der *Vogue* von 2013 gestoßen und hatte sich an einem kleinen Ausschnitt daraus festgehalten. Darin sprach Danes darüber, was sie von Meryl Streep und Jodie Foster gelernt hätte: »Du musst mehr Geld fordern, denn mehr Geld ist immer da, und sie werden es dir nicht geben, weil du eine Frau bist!«, hatte Danes gesagt.[5]

»Können Sie sich vorstellen, wie ich diese kleine Bemerkung in einem langen Artikel aufspürte und den Schnipsel tatsächlich aufbewahren musste, um mich nicht so einsam zu fühlen?«, fragte Tomei Jodi später. »Um nicht das Gefühl zu haben, dass das nur mir passiert?«

Langsam streckte Jodi ihre Fühler nach ein paar anderen bekannten Schauspielerinnen aus, über einen gemeinsamen Freund hier, eine ungewöhnlich hilfsbereite Managerin dort. Manche von deren E-Mail-Adressen waren – oft lustige – Pseudonyme, und hatte Jodi sie erst einmal an der Strippe, musste sie schwören, Stillschweigen zu bewahren. Aber ansonsten waren die Frauen sehr direkt.

Hollywood sei ein Ort, an dem sexuelle Übergriffe ungehindert wüteten, darin waren sich die meisten von ihnen einig. Daryl Hannah, die Jodi aus zahlreichen erfolgreichen Filmen kannte, sagte mit bebender Stimme, sie gehöre zu

Weinsteins Opfern, habe aber zu viel Angst, um ins Detail zu gehen. Eine andere Schauspielerin, Oscargewinnerin, sagte, sie wünsche sich schon seit Jahren, jemand möge Weinstein Einhalt gebieten. Sie hätte aber nicht gewusst, wie sie dazu beitragen könnte, weil die Kolleginnen, die sich ihr anvertraut hätten, ihre Privatsphäre geschützt sehen wollten. Sie hatte all die vergeblichen Versuche von Journalisten des *New Yorker*, von diesen Dingen zu berichten, über die Jahre mitverfolgt. Sie hatte mitbekommen, wie der Artikel des *New York Magazine* abgewürgt worden war, und fragte sich, warum jede Story zu diesem Thema im Sande zu verlaufen schien.

Die Gespräche mit diesen Schauspielerinnen würden nicht an die Öffentlichkeit gelangen, aber sie waren aufschlussreich und widersprachen allen Behauptungen, die da lauteten, Weinstein sei eine Nonstory. Tomei und die anderen hatten weltweit Erfolg, bekamen wichtige Rollen und bedeutende Preise. Sie waren Insiderinnen, doch was dieses Thema anging, hatten sie das Gefühl, selbst nichts ausrichten zu können, und wünschten den Ermittlungen der *Times* Erfolg.

Als Jodi Kontakt zu einigen anderen Frauen aufnahm, die sie ihr empfohlen hatten, kam nichts dabei heraus. Alle sagten nein. Bald hörten sogar einige der Schauspielerinnen, die anfangs hilfsbereit gewesen waren, auf, Jodis E-Mails und Textnachrichten zu beantworten.

In derselben Woche, in der Jodi sich mit Tomei getroffen hatte, erhielt sie eine vielversprechende E-Mail. Lisa Bloom, eine prominente feministische Anwältin, Tochter der berühmten Frauenrechtsanwältin Gloria Allred, wollte mit ihr sprechen. Sie hatte Frauen in einigen der wichtigsten und bekanntesten Prozesse im Zusammenhang mit männlichem

Fehlverhalten, darunter denjenigen gegen Bill O'Reilly und Bill Cosby, vertreten. Jodi vermutete, dass zu ihren Mandantinnen auch solche gehörten, die Anschuldigungen gegen Weinstein erhoben, und dass sie irgendwie Wind von dem *Times*-Projekt bekommen hatte und sie nun kontaktierte, um zu helfen.

Jodi leitete die E-Mail an ihre Kollegin Emily Steel weiter, die die Story über Bill O'Reillys Vergleiche mit veröffentlicht hatte. Steel war etwa zehn Jahre jünger als Jodi, klein, mit einer hohen Stimme, und Jodi hatte schnell gelernt, sehr genau zuzuhören, wenn sie etwas sagte. Kaum hatte Steel die Nachricht erhalten, meldete sie sich mit einer Warnung zurück. Bloom habe geschäftlich mit Weinstein zu tun, sagte sie. Die Information sei öffentlich zugänglich. Bloom hätte wenige Monate zuvor einen überschwänglichen Tweet gepostet: »GROSSARTIGE NEUIGKEITEN: Mein Buch SUSPICION NATION wird eine Miniserie, produziert von Harvey Weinstein und Jay-Z!«[6]

Damit war klar, dass es sich bei dem eigentlichen Absender von Blooms E-Mail nicht um Bloom selbst handelte. Harvey Weinstein wusste offenbar inzwischen, woran die *Times* arbeitete, und ging jetzt in die Offensive.

Bislang gab es für Jodi keine Verpflichtung, Weinstein über die Ermittlungen in Kenntnis zu setzen – es war ja noch nicht einmal klar, ob es überhaupt eine Story geben würde – und die Pflicht, ihn um ein Interview und seine Meinung zur Sache zu bitten, wäre erst zu einem späteren Zeitpunkt relevant gewesen. Doch nun, da er Bescheid wusste, würde dies die Berichterstattung noch erschweren. Aus jeder Recherche über ernsthaftes Fehlverhalten würde nun ein Wettlauf um die Kontrolle von Informationen und das Anzapfen von Quellen werden – ein Rennen, bei dem die eine Seite (die

Zeitung) nach Aufdeckung und die andere (Weinstein) nach Verdeckung strebte.

Sie hätte sich ein wenig mehr Spielraum gewünscht, aber ihr blieb keine Wahl: Sie musste weitermachen. Das Telefonat mit Bloom hielt Jodi kurz.

Nicholas Kristof, der Meinungskolumnist der *Times*, machte es Jodi leicht, einen Kontakt zu Ashley Judd herzustellen. Er hatte das Vorwort zu ihrer Autobiografie verfasst.[7] Nur wenige Tage, nachdem er sie einander vorgestellt hatte, sprach Jodi via FaceTime mit Judd, die nicht nur den Grund des Anrufs bereits erraten, sondern im Gegensatz zu Tomei auch eine persönliche Geschichte zum Thema Weinstein zu erzählen hatte.[8]

Judd hatte Weinstein 1996, als sie Ende zwanzig und mit Filmen wie *Heat* (OT *Heat*, 1995) und *Die Jury* (OT *A Time to Kill*, 1996) zum Star wurde, auf einer Veranstaltung in Los Angeles kennengelernt. Der Produzent hatte sie um ein Treffen gebeten, bei dem es sich, wie Judd vermutete, um ein Geschäftsgespräch handelte. Sie verabredeten sich im Beverly Hills Hotel, im hoteleigenen Restaurant Polo Lounge, so nahm Judd jedenfalls an. Sie hegte keinerlei Argwohn. Sie wurde auf der Reise von ihrem Vater begleitet und hatte die beiden älteren Männer auf der Veranstaltung einander vorgestellt. »Nicht mal mein eigener Vater sah es kommen«, so Judd.

Als sie im Hotel eintraf, wurde sie zu Weinstein geführt, in eine Suite, wo er sie mit einer eisgekühlten Flasche Champagner erwartete. Sie nippte nur ein paar Mal kurz daran. Es folgte ein bisschen Small Talk, und da sie inzwischen schon etwas misstrauisch geworden war, »machte ich mich davon, so schnell ich nur konnte«, erinnerte sie sich.

Tage später ließ er ihr eine zweite Einladung zukommen, diesmal zu einem gemeinsamen Frühstück im Peninsula Hotel in Beverly Hills. Ein Gespräch so früh am Morgen sollte doch kein großes Risiko sein, dachte sich Judd.

Völlig erschöpft erreichte sie das Hotel. Sie hatte die ganze Nacht an Szenen für ihren ersten großen Thriller gearbeitet, ... *denn zum Küssen sind sie da* (OT *Kiss the Girls*, 1997) mit Morgan Freeman, und kam direkt vom Set. Als die Rezeptionistin ihr mitteilte, sie solle den Produzenten in seiner Suite treffen und nicht im Restaurant, war sie verärgert: Sie brauchte dringend Schlaf, und bis der Zimmerservice eintraf, würde es sicher eine Ewigkeit dauern. Um Zeit zu sparen, beschloss sie, sich ein Müsli zu bestellen.

Sie schilderte Jodi, wie sie das Zimmer erreichte und Weinstein völlig unerwartet im Bademantel antraf. Er wollte sie am ganzen Körper massieren. Sie lehnte ab. Als Alternative schlug er ihr eine Schultermassage vor. Auch das lehnte sie ab. Als Nächstes drängte er sie zu einem Schrank und bat sie, ihm zu helfen, seine Kleidung für den Tag auszuwählen. Dann Richtung Badezimmer. Noch heute, zwanzig Jahre später, könne sie sich genau erinnern, wie das Zimmer ausgesehen habe, erklärte sie.

Weinsteins Forderungen wären immer offener sexuell gewesen, sagte sie. Sie lehnte alle ab, aber er hätte nicht nachgelassen. »Ich sagte nein, auf vielerlei Art, viele Male, und als Antwort kam er ständig mit einer neuen, anzüglichen Idee.« Seine Bewegungen hätten fast wie militärische Befehle gewirkt, etwas Zackiges an sich gehabt. Er hätte sie herumkommandiert, zuerst dahin, dann dorthin. Schließlich hätte er den Vorschlag gemacht, sie könnte ihm beim Duschen zusehen, als wäre das eine Art Kompromiss.

Sie erinnerte sich, wie gefangen sie sich in diesem Raum

gefühlt hatte, und wie groß die Angst gewesen war, ihre Karriere zu gefährden. »Es stand eine Menge auf dem Spiel, Miramax bedeutete schließlich Prestige«, erklärte sie.

Sie brauchte dringend eine Strategie, um von Weinstein wegzukommen. »Ich schlag dir einen Deal vor, Harvey«, erinnerte sie sich an ihre Worte. »Wenn ich für eine Hauptrolle in einem Film von Miramax einen Oscar gewinne, dann blase ich dir einen.« Damit verließ sie den Raum.

Judd sagte, sie wäre in einer No-win-Situation gewesen: Eine grobe Zurückweisung des Produzenten hätte mit Sicherheit Auswirkungen auf ihre Karriere gehabt. Also hätte sie sich schnell einen Witz einfallen lassen, der ihn nicht verletzen würde, ihr aber zugleich erlaubte, unversehrt dort herauszukommen.

Zu diesem Zeitpunkt stufte sie das Ganze noch als unheimlichen Vorfall ein. Bald darauf erzählte sie ihrer Mutter, der Sängerin Naomi Judd, davon; dann ihrem Vater; darauf ihrer Agentin; später auch anderen Vertrauten. Judd klang das ganze Telefonat über gelassen, was womöglich daran lag, dass sie ihre Geschichte nicht in sich hineingefressen hatte. Die Art und Weise, wie sie sie erzählte, hatte nichts Bekenntnishaftes an sich, Judd war ganz ruhig dabei.

Einige Jahre später übernahm sie eine Rolle in dem Miramax-Film *Frida* (OT *Frida*, 2002), und zwar auf Wunsch von Salma Hayek, dem Schauspielstar, der die mexikanische Künstlerin Frida Kahlo verkörpern sollte. (Wegen Weinstein war Judd eher zögerlich, aber sie wollte Hayek helfen.) Während der Dreharbeiten in Mexiko verbrachten die beiden gemeinsam mit ihrem Co-Star Valeria Golino einen freien Tag am Meer, um sich zu erholen. Die drei Frauen saßen zusammen an einem Tisch im Freien, als Weinstein vorbeikam. Die beiden anderen hätte er herzlich begrüßt, sie dagegen kaum zur Kenntnis genommen, erinnerte sich Judd.

Als er fort war, erzählte sie ihren Begleiterinnen, was in jenem Hotelzimmer in Los Angeles vorgefallen war. Das sähe ihm ähnlich, meinten sie. Harvey würde immer diese Art Avancen machen. Mit ihnen wäre er ganz ähnlich umgegangen.

Judd fragte die beiden, warum sich die Frauen nicht zusammentäten, um Weinstein die Stirn zu bieten. »Ich verstand nicht, wie wir alle solche Angst vor ihm haben konnten«, sagte sie. Aber *Frida* war für Salma Hayek eine Herzensangelegenheit, Weinstein würde den Film produzieren, und er hatte die Macht, die Produktion zu jedem beliebigen Zeitpunkt zu stoppen.

Während des einstündigen Telefonats mit Judd verschob sich Jodis Ermittlungsschwerpunkt ein wenig. Die Schauspielerin hatte eine Gruppe von Kolleginnen beschrieben, die Weinsteins beunruhigendes Verhalten schon Jahre davor bemerkt hatten. Er sei ein mächtiger Boss, der den Vorwand geschäftlicher Treffen nutzte, um Druck auf Frauen auszuüben und sie zu sexuellen Handlungen zu drängen, meinte Judd, und niemand tue etwas dagegen.

Ashley Judds Jugend war von Einsamkeit bestimmt gewesen. 1968 wurde sie als Ashley Ciminella geboren. Ihre Eltern hatten sich früh getrennt. Ihre Mutter war damals Amateurmusikerin, die zu Hause Harmonien übte, ansonsten aber als Kellnerin und später als Sekretärin arbeitete, um die Rechnungen bezahlen zu können. Ashley besuchte bis zu ihrem Highschool-Abschluss insgesamt dreizehn Schulen in vier Bundesstaaten und verlor mit jedem Umzug ihre Freunde. Sie sehnte sich so sehr nach Spielkameraden und Gesellschaft, dass sie sich einen ganzen Stab von Feen ausdachte, um nicht mehr so allein zu sein.[9] In der dritten Klasse »machte ich mir mein Essen selbst, zum Beispiel Pizza Chef Boyardee aus der Schachtel. Ich buk mir meine eigenen Schoko-Cookies und ging alleine zum Schulbus, sogar am ersten Schultag, obwohl ich noch gar nicht genau wusste, wohin ich eigentlich musste«, schrieb sie in ihrer Autobiografie *All That Is Bitter and Sweet*. Darin stand auch der Refrain ihrer Kindheit: »Wo sind denn alle?«

In ihrer Jugend wurde sie mehrfach sexuell belästigt. Als sie in der Grundschule war, bot ihr ein alter Mann einen Vierteldollar für einen Flipper an, wenn sie sich ihm auf den Schoß setzte. »Ich war schockiert, als er mich plötzlich umklammerte, fest an sich drückte und küsste. Dabei steckte er mir die Zunge tief in den Mund.« Sie sagte es den Erwachsenen, die auf sie aufpassen sollten, aber sie glaubten ihr nicht. Während sie noch auf der Highschool war, jobbte sie einen Sommer als Model in Japan, wo sie von ihrem Boss sexuell genötigt und von einem Bekannten vergewaltigt wurde.

Doch an der University of Kentucky, in einer Studentinnenvereinigung und Seminaren zu Gender Studies, fand sie endlich Weggefährtinnen. Die beleuchteten Wege und Telefonzellen auf dem Campus hätte sie als Zeichen der Ungleichheit empfunden, sagte sie später. Warum mussten sich Frauen aus Sicherheitsgründen einschränken? Getrieben von dem Gefühl, dass die Dinge besser sein könnten, entdeckte sie ihren Sinn für Aktivismus und führte einen studentischen Streik gegen einen der Stiftungskuratoren der Universität wegen rassistischer Äußerungen. Sie überlegte, christliche Missionarin zu werden, bewarb sich und wurde in das Friedenscorps aufgenommen, für das sie nach dem Examen arbeiten wollte.

Doch stattdessen wurde sie Schauspielerin – solange sie jung war und noch etwas riskieren konnte, wollte sie es versuchen – und dann ein Star. Dennoch nutzte sie in ihrer Freizeit ihre Berühmtheit und besuchte arme Dörfer, Slums und Krankenhäuser auf der ganzen Welt, um in der Öffentlichkeit gegen Aids, für Müttergesundheit und Familienplanung einzutreten und um gegen Gewalt gegen Frauen zu kämpfen. Im Jahr 2006 besuchte sie zusammen mit Salma Hayek HIV-Kliniken und Bordelle in Guatemala, in denen sie sich mit Prostituierten trafen. Die Frauen erklärten, sie bräuchten eben Geld, und mit Prostitution könnten sie zwei Dollar pro Kunde verdienen, und zwar zehn bis zwölfmal pro Tag. Trotz der Probleme, die Judd in Hollywood sah, hielt sie ihre beiden Leben strikt getrennt: das in der Unterhaltungsindustrie und jenes, in dem sie sich für die öffentliche Gesundheitspflege einsetzte.

Im Alter von einundvierzig Jahren schrieb sie sich für ein berufsbegleitendes Masterstudium an der Harvard Kennedy School ein (UNO-Generalsekretär Ban Ki-moon hatte dasselbe Programm absolviert, ebenso Bill O'Reilly). Das war 2009. Insgeheim überlegte sie, ob sie in die Politik gehen sollte. Der Bundesstaat Tennessee hatte bis dahin noch nie eine Gouverneurin oder eine US-Senatorin gehabt.

In Harvard fühlte sie sich mehr zu Hause als im Showbiz, und sie war sich nicht sicher, ob sie überhaupt wieder in die Schauspielerei zurückwollte. »Ich hatte eine Familie gefunden«, sagte sie. Ihr Lieblingsseminar hieß *Gender Violence, Law and Social Justice* und wurde von einer Juraprofessorin namens Diane Rosenfeld gegeben.[10] Judd freundete sich mit den Jurastudenten aus dem zweiten und dritten Studienjahr an, gründete eine Arbeitsgruppe, buk Kekse für sie. Das Sprechen im Seminar fiel ihr leicht, über Hollywood dagegen redete sie nur selten.

Rosenfeld lehrte im Seminar, das Rechtssystem sei so konstruiert, dass es Männer stärker schütze als Frauen. Im Gegenzug führte sie den Studenten Forschungsergebnisse zu dem egalitären Verhalten der Bonobo-Affen vor Augen. Diese Spezies, so Rosenfeld, habe im Laufe der Evolution sexuelle Nötigung von Seiten der männlichen Affen in ihren Gemeinschaften abgeschafft. Werde ein Männchen einem Bonobo-Weibchen gegenüber aggressiv, stoße Letzteres einen bestimmten Schrei aus. Daraufhin kämen die anderen Weibchen von den Bäumen herunter und würden ihr helfen, den Angreifer zu vertreiben.

Das Seminar war für Judd eine Offenbarung und in gewisser Weise eine Rückkehr zu alten Themen. Rosenfeld griff Dinge auf, die Judd ihr ganzes Leben lang gewusst und gesehen hatte – in ihrer Kindheit, in Hollywood, auf ihren Reisen in die Bordelle und Krankenhäuser im Ausland. Sie gab ihnen einen intellektuellen Rahmen und unterfütterte sie mit einer Theorie, so dass Judd sie auf neue Weise verstand. »Sie nahm alles, was sie in meinem Seminar erfuhr, mit Körper und Seele auf«, sagte Rosenfeld. Judd sei überall präsent gewesen: bei Vorträgen, Empfängen, bei der Vorstellung von Forschungsergebnissen zu einem GPS-Monitoring für Hochrisikotäter im Bereich häuslicher Gewalt.

Ihre Gedanken dazu ließ sie in ihre Abschlussarbeit einfließen, in der sie die Frauen dazu aufrief, ihre gemeinsamen Erfahrungen anzuerkennen und den Kampf gegen das Thema der sexuellen Nötigung aufzunehmen. »Ich schlage ein Modell vor, das auf weiblichen Bündnissen beruht«, schrieb sie gleich auf der ersten Seite.[11] Ihrer Meinung nach sollten Frauen dem Beispiel der Bonobo-Affen folgen, sich nicht absondern und schweigen, sondern sich zusammentun, um zu aggressive Männer zu verjagen.

Frauen von der Möglichkeit zu überzeugen, dass sich die Dinge tatsächlich ändern könnten, sei eine schwere Aufgabe, schrieb sie in ihrer Arbeit, die einen Dean's Scholar Award gewann. »Die Vorurteile sind in die Strukturen der Institutionen, der Ökonomie und des täglichen Lebens selbst eingebaut«, sagte sie. Doch »auf der anderen Seite wartet etwas Neues«.

Nötig sei, so schrieb sie, »ein mutiger Schritt des Vertrauens, der die Isolation durchbricht«.

Dabei war Judd sich auch im Juni 2017 nicht sicher, ob sie Weinstein öffentlich anklagen wollte. Schon einmal hatte sie versucht, sein Verhalten öffentlich anzuprangern, als sie die Sache 2015 der Zeitschrift *Variety* geschildert hatte, ohne Weinstein, Hayek oder Golino beim Namen zu nennen. Sie hatte gehofft, ein Zeichen zu setzen und die anderen endlich dazu zu bewegen, sich zusammenzutun.

Es war nicht viel dabei herausgekommen. Die ganze Aufmerksamkeit hatte sich auf Judd und nicht auf Weinstein konzentriert, eine kleine Sensation, in der Klatschpresse breitgetreten. Judd musste die Werbung für den Film *Big Stone Gap* (2014) zurückfahren, um zu vermeiden, dass zu viele Fragen zu dem Vorfall gestellt wurden. Ein erneuter öffentlicher Auftritt hätte womöglich für eine ähnliche Erfahrung gesorgt.

Dies war eine Warnung. Judds Bericht in der *Variety* war mutig gewesen, doch hatte es sich nur um eine einzelne Geschichte gehandelt, ohne Namensnennung des Täters oder sonstige schlagkräftige Informationen. Einflussnahme kam im Journalismus durch Genauigkeit zustande – durch Namen, Daten, Beweise und das Aufzeigen von Mustern. Jodi wollte nicht, dass Judd die Mitwirkung an einer womöglich viel stärkeren Story ablehnte, nur weil eine schwächere im Sande verlaufen war.

Zudem war Judd auf der Hut, weil sie erst wenige Monate davor einen hohen Preis für eine freimütige Äußerung gezahlt hatte. Über Jahre hinweg hatte sie als Sprecherin einen lukrativen Vertrag mit Copper Fit gehabt, einem Hersteller von Strümpfen, Kompressionskleidung und Hosenträgern. In Werbespots hatte sie fröhlich Sätze rezitiert wie: »Ich finde meine Hartholzböden wirklich schön, aber manchmal sind sie zu hart für meine Füße. Deshalb liebe ich meine Stoppersocken von Copper Fit.« Sie hatte ein freundschaftliches Verhältnis zur Firma und traf sich gelegentlich mit dem Geschäftsführer.

In den Wochen vor dem Women's March im Januar 2017 hatte sie ihm ein Protestgedicht über weibliche Wut gesendet, geschrieben von der neunzehnjährigen Nina Donovan aus Franklin, Tennessee. Judd hatte es entdeckt und beabsichtigte, es bei der Demonstration auf der Hauptbühne vorzulesen. »Ich bin eine eklige Frau«, lautete die erste Zeile »Ich bin lange nicht so eklig wie ein Mann, der aussieht, als wäre er in eine Chipstüte gefallen.«[12] Das Gedicht war nicht vulgär, aber doch konfrontativ: »Wir sind hier, um eklig zu sein wie blutbefleckte Bettlaken«, schrieb Donovan und meinte damit, dass Menstruation zum Leben dazugehört. Copper Fit erhob keine Einwände. Aber einige Wochen nach der Demonstration wurde Judd gefeuert.[13] Kunden hätten sich über das Gedicht beschwert, begründete die Firma den Rausschmiss.

Judd hatte also allen Grund zur Vorsicht. Doch während des Telefonats hatte Jodi ein Wort verwendet, auf das Judd gewartet hatte: »Muster«. Ein wichtiger Punkt sei für sie, sagte Judd, wie viele andere Geschichten die Reporterinnen aufspüren könnten und ob sich noch weitere Schauspielerinnen offiziell äußern würden. Getreu ihrer Harvard-Abschlussarbeit, wollte sie eine von vielen Frauen sein und mit ihnen gemeinsam die Stimme gegen Weinstein erheben.

Das Telefongespräch endete mit einem Plan: Judd würde sich mit Salma Hayek in Verbindung setzen. Jodi wandte sich zudem um weiteren Rat an Jill Kargman, neuerdings Autorin, Produzentin und Star der TV-Show *Odd Mom Out*, die ihr schon früher Orientierung in unvertrauten Welten geboten hatte. Kargman drängte Jodi, mit Jenni Konner zu sprechen, Lena Dunhams Produktionspartnerin bei der TV-Serie *Girls*.[14] Konner wiederum wollte, dass Jodi auch mit Dunham redete.[15] Jodi zögerte. Rein äußerlich betrachtet, schien Dunham alles andere zu sein als eine Geheimnishüterin. Ständig tweetete sie und verarbeitete sogar intime Details aus ihrem Leben zu Filmmaterial.

Doch waren die Anrufe das Risiko wert. Konner und Dunham hatten Geschichten über Weinsteins mutmaßliches rücksichtsloses Verhalten gehört und ihn bereits in ihrem Online-Newsletter *Lenny Letter* bloßstellen wollen, aber ihnen fehlten die Ermittlungsressourcen und rechtlichen Grundlagen. Dunham, die sich während der Präsidentschaftskampagne 2016 öffentlich für Hillary Clinton starkgemacht hatte, erzählte Jodi, sie hätte Clintons Berater gebeten, sich nicht länger auf Weinstein als Spendensammler zu verlassen, doch ihre Warnungen wären ungehört verhallt. (Später sagte die Herausgeberin Tina Brown, die in den späten 1990ern kurze Zeit für die Zeitschrift *Talk* selbst mit Weinstein zusammengearbeitet hatte, sie hätte bereits bei der Clinton-Kampagne 2008 eine ähnliche Warnung ausgesprochen.[16] Als die Enthüllungen publik wurden, verkündeten Clinton und ihr Team, sie seien schockiert, und leugneten die Dringlichkeit von Dunhams Warnung.)

Aus Konner und Dunham wurde eine Zweifrauen-Kontaktstelle, indem sie Jodi schnell und diskret mit einigen direkten Kontakten zu Stars und Prominenten versorgten. Eine weitere Führungskraft der Unterhaltungsbranche mit feministischer Neigung tat dasselbe.

Um die Antwortquote der Schauspielerinnen stand es weiterhin schlecht. Doch Ende Juni hatte Konner Neuigkeiten zu vermelden: Gwyneth Paltrow wollte reden.

Gwyneth Paltrow hatte zunächst höchstens ganz am Rande auf Jodis Liste der Leute gestanden, die sie kontaktieren wollte. Sie war Weinsteins Golden Girl gewesen, einer seiner Topstars, und noch zwanzig Jahre später waren die Erinnerungen an ihre schauspielerische Karriere mit ihm verbunden. Die beiden waren viele Male zusammen fotografiert worden, ein lachendes Vater-Tochter-Paar. Als Gwyneth Paltrow 1999 in der Kategorie Beste Hauptdarstellerin den Oscar für ihre Rolle in *Shakespeare in Love* (OT *Shakespeare in Love*, 1998) gewann, stand Weinstein voller Stolz neben ihr: Er hatte den Film gemacht und den Star geformt. Paltrows Spitzname hatte damals First Lady of Miramax gelautet. Sie würde der *Times* wohl kaum helfen wollen, denn sie war weder eine Rebellin wie McGowan noch eine Aktivistin wie Judd. Inzwischen selbständige Unternehmerin im Lifestyle- und Gesundheitsbereich, wurde sie jetzt von so manchen, die sie einst geliebt hatten, gehasst.

Doch als das Telefongespräch für das letzte Wochenende im Juni 2017 schließlich vereinbart war, gab Gwyneth Paltrow ein anderes Bild ab: Sie war die beste Quelle überhaupt und wusste womöglich mehr als jede andere. Am Telefon klang sie höflich und ein bisschen nervös. Nach dem üblichen Beschwichtigungsritual – ja, selbstverständlich war das hier vertraulich; und ja, Jodi verstand, wie heikel die Lage war – erzählte Paltrow den bis dato unbekannten Teil der Geschichte ihrer Beziehung mit Weinstein.[17]

Sie hätten sich beim Toronto Film Festival 1994 oder 1995 vor einem Fahrstuhl kennengelernt. Damals wäre sie um die zweiundzwanzig gewesen, erinnerte sich Paltrow, und noch so gut wie unbekannt. Ihre Eltern, die Schauspielerin Blythe Danner und der Regisseur und Produzent Bruce Paltrow, waren erfolgreich, und sie selbst hatte ermutigende Kritiken zu einem Film namens *Flesh and Bone – Ein blutiges Erbe* (OT *Flesh and Bone*, 1993) erhalten, doch ging sie immer noch zu Castings, um für neue Rollen vorzuspielen.

Direkt dort, vor dem Fahrstuhl, hätte Weinstein ihr sein Vertrauen ausgesprochen. »Ich habe dich in diesem Film gesehen; du musst für uns arbeiten«, erinnerte sie sich an seine Worte. »Du hast wirklich Talent.«

»Ich erinnere mich, wie ich mich durch seine Einschätzung bestärkt fühlte«, sagte sie.

Bald darauf bot er ihr zwei Filme an. Wenn sie für eine Komödie mit dem Titel *Der Zufallslover* (OT *The Pallbearer*, 1996) zusagte, meinte Weinstein, könnte sie auch die Hauptrolle in seiner bevorstehenden Adaption von Jane Austens *Emma* (OT *Emma*, 1996) haben – ein Traumjob, eine Starrolle.

Paltrow schloss sich der New Yorker Crew von Miramax an, die ihr damals herzlich und kreativ vorkam. »Ich fühlte mich wie zu Hause«, sagte sie. Sie war mit Brad Pitt zusammen, der zu dieser Zeit viel berühmter war als sie, und flog ständig zwischen New York und Los Angeles hin und her. Auf einer dieser Reisen erhielt sie, noch bevor die Dreharbeiten zu *Emma* begannen, ein Fax von ihren Vertretern bei der Creative Artists Agency mit der Nachricht, sie solle Weinstein im Peninsula Hotel in Beverly Hills treffen.

Es war dasselbe Hotel wie in Judds Geschichte. Auch was Paltrow dann erzählte, klang vertraut. Das Treffen schien Routine, es würde aus Gründen der Privatsphäre in einer Suite stattfinden. »Ich kam dort angehüpft wie ein Golden Retriever, total glücklich, Harvey zu sehen«, sagte sie. Sie redeten übers Geschäft. Doch dann rückte Weinstein ihr näher, fing an, sie anzufassen, und bat sie für eine gegenseitige Massage hinüber ins Schlafzimmer. Sie habe gar nicht so schnell begriffen, was da gerade passierte, erzählte Paltrow. Für sie wäre Weinstein wie ein Onkel gewesen. Der Gedanke, er könnte sexuell an ihr interessiert sein, hätte sie schockiert, und ihr wäre übel geworden. Er hätte sie noch ein zweites Mal aufgefordert, ins Schlafzimmer hinüberzuwechseln, sagte sie.

Sie hätte sich entschuldigt, aber »nicht so, dass er das Gefühl hätte haben können, er hätte etwas falsch gemacht«. Kaum war sie wieder draußen, hatte sie Brad Pitt erzählt, was passiert war, später auch einigen Freunden, Teilen ihrer Familie und ihrer Agentur.

Der nächste Teil von Paltrows Geschichte unterschied sich von Judds und machte sie möglicherweise noch schlüssiger. Als Gwyneth Paltrow und Brad Pitt Wochen später Weinstein auf einer Theaterpremiere trafen, stellte Pitt den Produzenten zur Rede und sagte ihm, er solle die Finger von seiner Freundin lassen. Zu dem Zeitpunkt fühlte Paltrow sich erleichtert: Ihr Freund war ihr Beschützer.

Doch als sie nach New York zurückkehrte, rief Weinstein sie an und bedrohte und beschimpfte sie, weil sie Brad Pitt eingeweiht hatte. »Er sagte so was wie: Jetzt kannst du deine Karriere vergessen«, sagte sie. Sie erinnerte sich noch, wie sie in ihrer alten Wohnung an der Prince Street in SoHo gestanden hatte, voller Angst, die beiden Rollen verloren zu haben, vor allem natürlich die Hauptrolle in *Emma.* »Ich war ein Nichts, ein kleines Gör, eine blutige Anfängerin. Ich war wie versteinert und dachte, er würde mich feuern«, sagte sie.

Paltrow versuchte, die Beziehung wieder auf professionelle Füße zu stellen, indem sie Weinstein erklärte, es wäre doch völlig natürlich gewesen, dass sie ihrem Freund davon erzählt hätte, doch wolle sie die Sache nun vergessen und nach vorn schauen. »Ich wollte immer nur Frieden und keine Probleme«, sagte sie. Die Beziehung war vorübergehend wiederhergestellt. »Auf eine ganz komische Art dachte ich, na ja, das haben wir hinter uns«, erklärte sie. Je erfolgreicher ihre Kooperation mit Weinstein wurde, umso weniger hatte sie das Gefühl, irgendetwas zu der hässlichen Episode zu Beginn ihrer Zusammenarbeit sagen zu können. »Ich hatte hier diese unglaubliche Karriere hingelegt, da konnte ich doch nicht noch mal aufwärmen, was passiert war«, sagte sie. »Von mir wurde erwartet, dass ich das für mich behalte.«

Das Ethos von Hollywood bestünde darin, sagte sie, Beschwerden herunterzuschlucken und sich mit genau solchem Verhalten abzufinden. Sie hätte gar nicht darüber nachgedacht, dass die Begegnung Teil von etwas Größerem, von einem ganzen System gewesen sein könnte. In ihren Jahren bei Miramax hätte sie zwar gelegentlich beunruhigende Gerüchte über Weinstein gehört, aber es wäre nie etwas Konkretes gewesen. Weinstein verhielt sich noch auf ganz andere Weisen übergriffig, tat Dinge, die den Vorfall im Schlafzimmer vergleichsweise harmlos erscheinen ließen. Er warf mit Sachen um sich. Seine Tiraden waren schlimmer als alles, was Paltrow oder andere je bei einem erwachsenen Mann erlebt hatten. Die Angestellten bei Miramax, die sie kannte, lebten in ständiger Angst vor seiner Unberechenbarkeit. »Da ist die

Wasserstoffbombe, die Wasserstoffbombe kommt«, warnten sie, sobald er sich näherte.

Nachdem zwei Miramax-Filme mit Paltrow in der Hauptrolle floppten – *Bounce – Eine Chance für die Liebe* (OT *Bounce*, 2000) und *Flight Girls* (OT *View from the Top*, 2003) –, hätte sich Weinsteins Verhalten ihr gegenüber verändert, sagte Paltrow. »Ich war nicht mehr das Golden Girl mit dem glücklichen Händchen«, erklärte sie. »In seinen Augen war mein Wert gesunken.« Als Paltrow mit ihrem ersten Kind schwanger war, distanzierte sie sich unauffällig von dem Produzenten.

Das blieb so bis 2016, als Miriam Weinstein, die bei Miramax heißgeliebte Mutter des Produzenten, starb und Paltrow ihm eine kurze Beileidsbekundung per E-Mail schrieb.[18] Zu ihrem Entsetzen las er ihre Worte bei der Beerdigung laut vor und rief sie kurz darauf an – um ihr zu danken, wie Paltrow vermutete.

Doch nach dem Austausch der üblichen Nettigkeiten fing er wieder an, sie unter Druck zu setzen. Das *New York Magazine* würde gerade an einer Enthüllungsstory zu seinem Umgang mit Frauen arbeiten. Sie hätten aber nichts in der Hand, sagte er. Sie sollte ihm versprechen, nichts über den Vorfall damals im Peninsula Hotel zu sagen. »Ich will wirklich nur die Leute schützen, die ja gesagt haben«, sagte er und meinte damit die Frauen, die seinen Annäherungsversuchen stattgegeben hatten. Paltrow lehnte die Interviewanfrage der Zeitschrift ab, vermied es aber, Weinstein zu versprechen, nie darüber zu reden.

Die Geschichte müsse jetzt heraus, sagte sie zu Jodi. Lange sei sie davon ausgegangen, dass sie sie niemals preisgeben würde. Doch jetzt, zwanzig Jahre später, sehe alles anders aus, und daher sei sie nun auch am Telefon.

Paltrow stellte klar, sie sei noch weit davon entfernt, die Geschichte offiziell freizugeben. Sie habe, gelinde ausgedrückt, in der Presse gerade keinen guten Stand. Ihre E-Commerce- und Lifestyle-Marke Goop hatte ein Vaginal-Ei aus Jade für sechsundsechzig Dollar im Angebot, das, wie es auf der Webseite hieß, »zur Kultivierung sexueller Energie, zur Reinigung der Qi-Tore im Körper, Intensivierung der Weiblichkeit und Stärkung unserer Lebenskraft«[19] dienen sollte. Die Eier hatten nicht nur für monatelangen Spott gesorgt, sondern auch Vorwürfe aufkommen lassen, Paltrow verkaufe ungeniert Produkte mit zweifelhaftem oder gar keinem gesundheitlichen Nutzen. »Biologisch hergestellte ph-Teststäbchen für Urin, natürlich fair trade, demnächst für siebenundsiebzig Dollar bei GOOP verfügbar, nehme ich an?«, schrieb Dr. Jen Gunter, eine Frauenärztin und Geburtshelferin, die das Produkt und andere Praktiken, die im Newsletter von Goop beworben wurden, scharf kritisierte.[20]

Auf Instagram wirkte Paltrow so unbeschwert wie immer. Doch insgeheim war sie niedergeschmettert und nicht sicher, ob sie noch weitere Kontroversen durchstehen würde. Ihr war klar, dass jede Geschichte über sie, Weinstein und Sex Aufsehen erregen und sich zum trashigen Promi-Skandal der Woche entwickeln würde. »Ich wusste nicht, ob ich nicht durch den Dreck gezogen werden würde«, erklärte sie. »Historisch gesehen, passiert Frauen ja gewöhnlich genau das.« Mehr als hundert Menschen arbeiteten für sie, zahlten Hypotheken ab, zogen Kinder groß, und weitere Kontroversen konnten auch ihnen schaden: »Ich kann das Unternehmen nicht aufs Spiel setzen.«

Doch sie beschloss, ihr Hollywoodnetzwerk zu nutzen, um Jodi bei der Identifizierung und Anwerbung weiterer Weinstein-Opfer zu helfen, damit die Frauen die Last teilen und gemeinsam für sich eintreten könnten. (Jodi durfte ihr gegenüber Judd nicht erwähnen und umgekehrt.) Paltrow zählte ein halbes Dutzend anderer berühmter Namen auf, die sie anrufen wollte, und bat um Hinweise zu den Regeln des investigativen Journalismus. Jodi schlug ebenfalls weitere Personen vor. Paltrow machte gerade mit ihren Kindern Urlaub in Europa, und ihre Social-Media-Feeds zeigten Weingläser, ein Picknick und einen See in Italien. Insgeheim schrieb sie Textnachrichten an ehemalige Filmpartnerinnen und Bekanntschaften, um Kontaktinformationen einzuholen, und fragte andere Frauen, ob sie bereit wären zu reden.

Am 5. Juli kehrte Megan von ihrem Mutterschaftsurlaub zur *Times* zurück, unentschlossen, über welches Thema sie als Nächstes berichten sollte. An jenem ersten Tag legte ihr Rebecca Corbett die Optionen dar. Die erste bestand in einer Wiederaufnahme des Themas Donald Trump. In den letzten Monaten ihrer Schwangerschaft hatte Megan begonnen, Trumps Unternehmen und seine Verbindungen zu Russland unter die Lupe zu nehmen, und während des Präsidentschaftsrennens seine Bemühungen um einen Trump Tower Moscow wie auch andere fragwürdige Geschäfte aufgedeckt. Megans zweite Möglichkeit bestand darin, sich den Ermittlungen zu Harvey Weinstein anzuschließen. Jodi war noch immer auf Megans Mitarbeit erpicht. Ob sie Interesse hätte?

Megan nahm sich einen Tag Bedenkzeit und suchte Rat bei einigen zuverlässigen Kollegen. Diejenigen, die über Trump berichteten, sagten unmissverständlich, das wäre die Traumstory schlechthin. Viel wichtiger als irgend so ein schmieriger Hollywoodproduzent, dem man vorwarf, jungen Schauspielerinnen nachzustellen. Sie sollte bloß nicht die Chance verpassen, über den Präsidenten zu berichten. Doch

Megan war sich nicht so sicher; sie hatte zugesehen, wie sich die knallharten Artikel über Trump stapelten, ohne dass sich irgendwelche Auswirkungen bemerkbar machten.

Zugleich war die Weinstein-Ermittlung ein einziges Fragezeichen. McGowans Anschuldigung war schwerwiegend, aber ein Teil des Materials, das Jodi gesammelt hatte, war im Vergleich zu den Sexualverbrechen, über die Megan in Chicago berichtet hatte, nicht besonders schockierend. Wie viel nachweisbarer Schaden steckte tatsächlich in den Massagestorys? Sie tat sich schwer, berühmte Schauspielerinnen in der Opferkategorie zu sehen. Eine der wichtigsten Aufgaben des Journalismus war es doch, den Stummen eine Stimme zu geben, denen, die meist übergangen werden. Filmstars mit all ihrem Ruhm und Vermögen waren davon weit entfernt.

Entsprach die Besetzungscouch überhaupt der Rechtsdefinition sexueller Belästigung? Die Frauen waren, technisch gesehen, nicht Weinsteins Angestellte, und für manche von ihnen standen nicht einmal konkrete Rollenangebote im Raum. Was konnte diese Ermittlung insofern überhaupt beweisen?

Aber Jodi blieb beharrlich. Wenn die Berichte stimmten, dann war Weinstein die personifizierte Art und Weise, wie mächtige Männer ihren Status zur Unterdrückung von Frauen missbrauchen konnten. Als er diese Frauen zu persönlichen Treffen eingeladen hatte, waren sie darauf eingegangen, weil sie arbeiten wollten, weil sie Ehrgeiz besaßen, weil sie kreativ waren und weil sie Hoffnungen und Träume hatten. Im Gegenzug konfrontierte er sie mit No-win-Situationen: sich auf sexuelle Forderungen einzulassen oder entsprechende Konsequenzen in Kauf zu nehmen. Das war sexuelle Belästigung, egal, ob es der Rechtsdefinition nun entsprach oder nicht.

In dem vielleicht berühmtesten Fall von Belästigung hatte Anita Hill Clarence Thomas beschuldigt, sie um Rendezvous gebeten und während der Arbeit pornografische Kommentare abgegeben zu haben. Der Status eines künftigen Richters am Supreme Court der Vereinigten Staaten und der eines Hollywoodproduzenten waren zwar nicht vergleichbar, aber auch die Behauptungen gegenüber Weinstein schienen in Richtung Nachstellung und Belästigung zu gehen. Und dass es sich bei den Frauen, die ihn beschuldigten, um Berühmtheiten handelte, war Teil des Problems: Es belegte, dass es sich um ein universelles Thema handelte.

Megan krempelte die Ärmel hoch und setzte sich zu Jodi an den Schreibtisch.

Nun versuchten die beiden Reporterinnen gemeinsam, mit einigen der prominentesten Frauen der Welt Kontakt aufzunehmen. Eine ehemalige Miramax-Angestellte steckte ihnen, Angelina Jolie hätte eine Geschichte mit Weinstein. Jodi schnorrte die E-Mail-Adresse von der hilfreichen Führungskraft in Hollywood und schickte dem Star eine sorgfältig formulierte Nachricht, holte sich Rat ein und wartete ab, ob Jolie bereit wäre, sich zu beteiligen. Sie schrieben außerdem an Uma Thurman, die, wie die Reporterinnen später herausfanden, nicht reagierte, weil jemand ihr gesagt hatte, sie wären nicht vertrauenswürdig.[21] Und auch Salma Hayek antwortete trotz wiederholter Anschreiben nie.

Ambra Battilana Gutierrez, ein italienisches Model, das angeblich bei einem Treffen in Weinsteins Büro 2015 von diesem begrapscht worden war – der vom NYPD untersuchte Vorfall –, schien die einzige Frau zu sein, die den Produzenten je angezeigt hatte. Am Ende hatte die Bezirksstaatsanwaltschaft zwar Weinsteins Strafverfolgung abgelehnt, doch in

Zusammenarbeit mit Privatermittlern hatte Gutierrez offenbar undercover ein Gespräch mit dem Produzenten über den Vorfall aufgezeichnet.

Megan bekam von dem Model keine Rückmeldung, und das NYPD weigerte sich, ihr eine Kopie des Berichts auszuhändigen, und zwar wegen eines seit langem bestehenden Grundsatzes, nach dem die Freigabe derartiger Berichte verboten war. Sie rief bei Staatsanwälten und anderen Beteiligten an, die Kenntnis von dem Fall haben konnten. Im Rahmen ihrer Berichterstattung über DNS-Beweise in Chicago hatte Megan die auf dem Gebiet der Verfolgung von Sexualdelikten renommierte Linda Fairstein interviewt.[22] Jetzt wandte sich Megan erneut an Fairstein in der Hoffnung, diese hätte wertvolle Informationen über ebenjenes Dezernat für Sexualstraftaten, für das sie einst gearbeitet und das sich geweigert hatte, Anklage zu erheben. Doch kaum hatte Fairstein den Grund des Anrufs erfahren, wurde ihr Tonfall kühl. Ambra Battilana Gutierrez' Anschuldigungen seien unbegründet gewesen, betonte sie. Hier liege kein kriminelles Verhalten vor. Und es gebe keinerlei Unregelmäßigkeiten an der Art und Weise, wie der Fall behandelt worden sei. »Ich fürchte, hier kommen Sie nicht weiter«, sagte sie zu Megan.

Mitte Juli trafen die Reporterinnen zum ersten Mal Rose McGowan persönlich – bei einem Abendessen in Jodis Wohnung, um ganz ungestört zu sein. McGowan war alles andere als entspannt. Ihr Blick wanderte unruhig durch den Raum. Sie hatte kein Interesse an Small Talk, beantwortete jedoch mutig Frage um Frage, vor allem zu den Nachwirkungen der Begegnung im Hotelzimmer und dazu, wer sich sonst noch erinnern oder Beweise liefern konnte. Jodi und Megan baten sie, eine Kopie ihrer Vergleichsvereinbarung zu besorgen, und erklärten ihr, eine der Anwaltskanzleien müsse eine Kopie aufbewahrt haben.

Nach dem Interview mit McGowan wandten sich die Reporterinnen mit einer Frage, die sie besonders beschäftigte, an Matt Purdy, einen der Topredakteure der *Times*. Purdy hatte die O'Reilly-Story überwacht, das gesamte Team für die Ermittlungen zum Thema sexuelle Belästigung zusammengestellt und die entsprechenden Ermittlungen sehr genau im Auge. Außer McGowan gebe es noch Hinweise von Sekundärquellen, die nahelegten, dass Weinstein wiederholt Straftaten wie Nötigung und Vergewaltigung begangen hätte. Sollten sich die Reporterinnen darauf konzentrieren, mehr über diese mutmaßlichen Anschuldigungen herauszufinden und dabei nach der Schwere der potenziellen Vergehen vorgehen? Nicht unbedingt, antwortete Purdy: Konzentriert euch erst mal auf das, was ihr beweisen könnt, selbst wenn es nur kleinere Vergehen betrifft. Seht zu, dass die Frauen ihre Beschuldigungen wegen sexueller Belästigung öffentlich machen, besorgt euch die Dokumente, vor allem die Unterlagen zu den Abfindungen, die den Opfern gezahlt wurden. Noch nie wäre es jemandem gelungen, Weinstein dranzukriegen, daher sei es das Allerwichtigste, die Sache sauber hinzukriegen. Damit ignorierte Purdy keineswegs, dass es auch schwerwiegendere Vergehen gegeben haben konnte; was er meinte, war, dass, falls es den Reporterinnen gelänge, die Story zu veröffentlichen, vermutlich auch alles andere ans Licht kommen würde.

#

Am 15. Juli, einem Samstag, fand Jodi auf ihrem Handy eine Reihe panischer Textnachrichten und verpasster Anrufe von

Gwyneth Paltrow vor. Harvey Weinstein stehe im Wohnzimmer ihres Hauses in den Hamptons, und sie habe sich in ihrem Badezimmer im ersten Stock versteckt, um eine Begegnung zu vermeiden.

Überraschend war nicht die Tatsache, dass er dort war, sondern sein Timing. Eine oder zwei Wochen zuvor hatte er Paltrow kontaktiert. Ihm sei zu Ohren gekommen, dass sie eine Party für potenzielle Investoren eines von ihr geförderten Musicals plane, und er wolle gern ebenfalls dazukommen. Ihr schien, als sende er ihr eine klare Botschaft: Ich beobachte dich. Paltrow hatte Jodi gefragt, was sie tun sollte.

Jodi hatte sich nicht einmischen wollen. Aber sie hatten die Optionen durchgesprochen. Paltrow konnte ihm sagen, dass sie ihn nicht dabeihaben wolle, aber das hätte er als Hinweis deuten können, dass sie in Gesprächen mit einem Reporter war. Vielleicht war es doch besser, ihn einzuladen. Aber was wäre, wenn er sie konfrontierte und eine Antwort auf die Frage forderte, ob sie mit der *Times* redete?

Paltrow hatte entschieden, es wäre das Beste, ja zu sagen und zu hoffen, dass er sich in der Menge verlieren würde. Doch nun war er sehr früh erschienen, vermutlich, um sie alleine sprechen zu können, und brachte Paltrow damit aus dem Konzept. Jetzt war auch Jodi besorgt, vor allem angesichts der Menge von Paltrows Textnachrichten.

Aus der Entfernung gelang es Jodi, Gwyneth Paltrow zu ermutigen, die Sache durchzustehen. Hinterher rief Paltrow an: Es hätte keinerlei Zwischenfälle gegeben. Sie hätte stets ihren Assistenten dicht an ihrer Seite gehabt. Paltrow klang heiter – vielleicht sogar ein bisschen fasziniert von dem, was sich da anbahnte.

Am ersten Freitag im August trafen Jodi und Megan sich zum ersten Mal mit Paltrow in deren Haus in den Hamptons. Sie hofften, die Schauspielerin zu einer offiziellen Äußerung bewegen zu können. Sie saßen auf der Terrasse hinterm Haus, umgeben von Hollywoodschaukeln und üppigen Hecken. Von Angesicht zu Angesicht wirkte Gwyneth Paltrow bodenständig und witzig. Nachdem sie Megan einfühlende Fragen zu deren noch ganz frischer Mutterschaft gestellt hatte, wiederholte sie ihre Weinstein-Geschichte noch einmal. Als Megan vorsichtig nach Einzelheiten forschte und ihr sagte, sie würden versuchen, Brad Pitt zu kontaktieren und ihn um eine Bestätigung ihrer Geschichte zu bitten, nickte sie mutig. Dies sei das Standardprozedere, sagte Megan dem Star. Um die Berichte der mutmaßlichen Opfer zu untermauern, würden sie sich an Menschen wenden, die damals davon gewusst hatten, und versuchen sicherzustellen, dass die Erinnerungen auch wirklich übereinstimmten.

Paltrow um eine offizielle Aussage zu bitten war heikel. Sie hatte noch immer mit dem Medienaufruhr zu kämpfen, den das Jade-Ei verursacht hatte. Jodi und Megan verstanden die Kritik, wollten aber nicht, dass sie Paltrow daran hinderte, sich an etwas zu beteiligen, das von wesentlich größerer Bedeutung sein konnte. Zudem hatte Paltrow es trotz aller Versuche nicht geschafft, weitere Schauspielerinnen zu überzeugen, sich zum Thema Weinstein zu äußern. Eine lehnte ab, weil sie in freundschaftlichem Kontakt zur Frau des Produzenten stand. Andere hatten sich gar nicht bei Paltrow zurückgemeldet.

Mitten im Interview nahm Paltrow den Anruf einer berühmten Freundin entgegen. Sie ging auf den Rasen hinaus, um sie zu fragen, ob sie je Opfer von Weinsteins Übergriffen geworden sei. Als sie zurückkam, erklärte sie, die Frau habe gesagt, es sei nie etwas passiert. Paltrow fasste ihre eigene Haltung zusammen: Sie wollte sich zwar äußern, aber nicht, wenn es zu einer persönlichen Story über sie würde. Je mehr Frauen in dem Artikel zu Wort kämen, desto besser. »Ich möchte sicher sein, dass nicht ich in irgendeiner Weise im Mittelpunkt stehe«, sagte sie.

Als Jodi und Megan auf der Rückfahrt aus den Hamptons im Auto saßen, fühlten sie sich ermutigt. Paltrow hatte zwar nicht ja gesagt, aber sie standen jetzt immerhin persönlich mit ihr in Kontakt. Dann fiel den Reporterinnen ein, dass sie vielleicht noch jemanden zu fassen bekommen konnten, der bisher nicht auf ihre Anfragen reagiert hatte: eine ehemalige Führungskraft von Miramax, die ganz in der Nähe wohnte. Also machten sie einen Umweg zu deren Sommerhaus und stellten ihr Auto in der Einfahrt ab. Die Frau kam zur Tür und begrüßte sie mit einem Lächeln. Doch kaum hatte sie begriffen, warum die beiden sie aufgesucht hatten, schlug sie ihnen die Tür vor der Nase zu.

Rebecca Corbett wollte unverzüglich jedes Detail von der Fahrt in die Hamptons hören. Als Redakteurin fühlte sie sich stets in die jeweiligen Storys ein, trieb sie voran, durchlebte sie mit den Reportern und bewahrte trotzdem ihren kritischen Blick. Weinstein, der sich gern damit brüstete, wie vertraut er mit den Medienmogulen war[23], hatte vermutlich noch nie etwas von Corbett gehört. Die kritische, peinlich gewissenhafte Co-Chefin des Investigativressorts der *Times* war in ihren Sechzigern und allergisch gegen Oberflächlichkeiten und Übertreibungen, dabei aber so unauffällig, dass sie bei Google-Suchresultaten kaum auftauchte. Ihr Ehrgeiz war journalistischer, nicht persönlicher Natur.

Aber in Zeitungskreisen wurde sie wegen einer Eigenschaft besonders verehrt, die sie mit Weinstein teilte: Sie

Kapitel #2

übte mächtigen Einfluss aus, indem sie sich für die Arbeit anderer engagierte. Bei der Tageszeitung *Baltimore Sun* hatte sie als Mentorin einen zweiundzwanzig Jahre alten Reporter namens David Simon betreut. Sie hatte ihn dazu aufgefordert, keine Kurzartikel mehr über Stadthausbrände und Morde zu schreiben, sondern lieber ehrgeizigere Texte über die Soziologie von Verbrechen und Klasse zu verfassen, und ihn redigiert, bis zu dem Tag, an dem er die *Sun* verließ, um Fernsehserien wie *The Wire* (OT *The Wire*) zu konzipieren. (In der letzten Staffel war die Figur des Lokalredakteurs – einer der wenigen Helden der Serie – zwar ein Mann, basierte jedoch teilweise auf Corbett.[24]) Einige Jahre nach dem 11. September 2001, als zwei Reporter von der *Times* aufdeckten, dass die Nationale Sicherheitsbehörde (NSA) ohne Genehmigung heimlich Amerikaner ausspionierte, hielt Corbett die Ermittlungen entgegen aller internen Debatten und trotz immensen Drucks von Seiten des Weißen Hauses, die Sache nicht an die Öffentlichkeit zu bringen, am Laufen. Damit produzierte sie einen der größten Zeitungsknüller der Bush-Ära.[25]

Wie Jodi und Megan war sie in männerdominierten Redaktionen herangewachsen und hatte zwischen der Hetzerei von einer Ermittlung zur nächsten eine Tochter großgezogen. Als sie 2013 in die Chefetage der *Times* berufen wurde, war deren Besetzung damit zum ersten Mal zu fünfzig Prozent weiblich, aber dieser Meilenstein blieb weitgehend unbemerkt. Später sagten die Leute, zwei Frauen hätten die Weinstein-Story erstmals herausgebracht, in Wahrheit aber waren es drei.

Corbett verfolgte mit, wie die Menge an Hotelzimmerstorys wuchs, doch trieb sie vor allem eine Sorge um. »Welche Strategie habt ihr, um diese Frauen dazu zu bringen, sich öffentlich zu äußern?«, fragte sie alle paar Tage. Die Notantwort von Jodi und Megan lautete: Wenn wir genug von ihnen auftreiben, können wir sie dazu bringen, gemeinsam an die Öffentlichkeit zu gehen – je mehr es sind, desto sicherer ist es für jede Einzelne.

Corbett fand das zu riskant. Die Quellen hatten verständliche Gründe, so extrem zögerlich zu sein. Diese Art der Berichterstattung hatte etwas sehr Unfaires an sich: Warum lastete es, obwohl die Frauen nie etwas falsch gemacht hatten, auf ihren Schultern, Geschichten publik zu machen, die für sie selbst höchst unangenehm waren? Corbett fürchtete, dass Jodi und Megan am Ende zwar womöglich eine schockierend große Ansammlung von vertraulichen Hotelzimmerstorys hätten, aber keinen Artikel. Selbst wenn die Reporterinnen eine oder zwei Frauen überzeugen würden, konnte das zu dem alten »Er sagte, sie sagte«-Problem führen.

Den Journalistinnen wurde klar, dass die Weinstein-Story bei ihrer erstmaligen Veröffentlichung gut belegt sein musste: idealerweise mit offiziellen Äußerungen, vor allem aber mit der erdrückenden Kraft schriftlicher, rechtlicher und finanzieller Nachweise.

Kapitel 3

WIE MAN EIN OPFER ZUM
SCHWEIGEN BRINGT

Mitte Juli wandte sich Megan, während Jodi mit Hollywood beschäftigt war, einer grundlegenden investigativen Fragestellung zu: Existierten öffentlich einsehbare Aufzeichnungen über missbräuchliches Verhalten von Harvey Weinstein?

Schließlich gab es Gesetze zum Schutz von Opfern sexueller Übergriffe sowie, zumindest theoretisch, Regierungsinstitutionen, die diese umsetzten. Wenn Weinstein sich tatsächlich solcher Übergriffe schuldig gemacht hatte, konnte es ja sein, dass einige seiner Opfer Beschwerde bei der Equal Employment Opportunity Commission (EEOC, US-Behörde zur Bekämpfung von Diskriminierung am Arbeitsplatz) oder entsprechenden bundesstaatlichen Behörden in New York und Los Angeles[1] eingereicht hatten, jenen Städten, in denen Weinsteins Unternehmen ihren Sitz hatten.

Die Bundesbehörde und die Behörde in New York hatten nichts. Aber Grace Ashford, einer cleveren jungen Rechercheurin, gelang es gleich in ihrem ersten Monat bei der *Times*, an einen Bericht des California Department of Fair Employment and Housing (Ministerium für faire Arbeits- und Wohnbedingungen des Bundesstaates Kalifornien) zu kommen[2], der mehrere Beschwerden über den Arbeitgeber Miramax enthielt. Die Informationen waren hinter der schwer zu entschlüsselnden Sprache staatlicher Bürokratie versteckt: Adressen und Daten, dazu numerische Codes für die Art der Anschuldigung und wie darüber entschieden worden war, jedoch keinerlei Hinweise auf die betroffenen Personen oder dazu, was genau ihnen widerfahren war.

Am 12. September 2001 war eine Beschwerde gegen Miramax wegen sexueller Übergriffe bei der Behörde eingegangen und der Vorgang seltsamerweise noch am selben Tag ad acta gelegt worden.

In den Aufzeichnungen stand »Beschwerdeführer entschied sich für gerichtliche Klage«, was normalerweise bedeutete, dass die Behörde die Sache zu den Akten legte, weil sie für die Beschwerde gute Chancen vor Gericht sah und sie in das Zivilrechtssystem weiterleitete. Doch hierzu fanden sich keine weitergehenden Informationen, auch keine Aufzeichnungen zu einem entsprechenden Verfahren in der Prozessliste des Staates Kalifornien. Wie konnte es sein, dass eine bei einer staatlichen Stelle eingereichte Beschwerde innerhalb von Stunden wieder verschwand?

Megan rief immer wieder bei der Behörde an, um nachzufragen, aber die war wie ausgestorben – nie ging jemand ans Telefon. Als es ihr schließlich gelang, jemanden per E-Mail zu kontaktieren, erfuhr sie, dass die Beschwerde gegen Miramax sowie sämtliche damit in Zusammenhang stehenden Aufzeichnungen vernichtet worden waren. Grundlage dafür bildete eine Vorschrift, die eine Aufbewahrung solcher Unterlagen höchstens für drei Jahre gestattete. Eine andere Vorschrift verbot es den Beamten, den Namen der Person zu nennen, von der die Anschuldigung stammte. Es war zum Verrücktwerden.

Doch Megan ließ sich nicht abwimmeln. Am Ende gelang es ihr, den Namen der Ermittlungsbeamtin in Erfahrung zu bringen, die den Fall damals bearbeitet hatte. Sie war im Ruhestand. Niemand in der Behörde wusste, wo sie wohnte. Mit Hilfe der sozialen Medien und einer Adressensuche machte Megan die Frau schließlich ausfindig. Sie lebte östlich von Los Angeles.

Das Interview am Telefon war kurz. Die ehemalige Ermittlungsbeamtin hatte während ihrer Tätigkeit bei der kalifornischen Regierungsbehörde Hunderte von Beschwerden bearbeitet und konnte sich an diese spezielle nicht erinnern.

Sie fragte: »Was ist Miramax?«

Am Nachmittag des 14. Juli versammelten sich die Mitglieder des Teams, das seit dem O'Reilly-Coup an weiteren Storys über sexuelle Übergriffe arbeitete – darunter Rebecca Corbett, Matt Purdy, Emily Steel und andere – im Page-One-Konferenzraum, um sich gegenseitig auf den neuesten Stand zu bringen.[3] Der Raum war vollkommen schmucklos, es gab weder Bilder von Präsidenten noch von historisch bedeutsamen Ereignissen. Doch zweimal am Tag saßen hier die leitenden Redakteure zusammen, um darüber zu diskutieren, welche Storys als Aufmacher für die Print- und Online-Ausgabe der *Times* in Frage kamen. Reporter waren bei den Treffen so gut wie niemals anwesend, daher war die Teilnahme an dieser Sitzung etwas ganz Besonderes.

Die neuen Storys über sexuelles Fehlverhalten waren vielversprechend. Zwei Wochen zuvor hatte Katie Benner, die im Silicon Valley recherchierte, einen detaillierten Enthüllungsartikel über Belästigungen in der Tech-Branche veröffentlicht.[4] Darin ging es um Unternehmensgründerinnen, die versucht hatten, Gelder von männlichen Risikokapitalgebern einzuwerben, stattdessen jedoch zu Adressatinnen unangemessener Textnachrichten, übergriffigen Verhaltens und anstößiger Bemerkungen wurden (»Ich war ein bisschen verwirrt, weil ich nicht mehr wusste, ob ich dich anheuern oder anbaggern soll«). Die meisten Frauen in der männerdominierten Branche hatten lange Zeit über das Problem geschwiegen, weil sie eine Diskussion darüber als hohes Risiko und Tabu empfanden.

Jetzt traten sie zunehmend gemeinsam an die Öffentlichkeit. Einige Monate zuvor war es bei Uber drunter und drüber gegangen, als Susan Fowler, eine ehemals bei dem Unternehmen angestellte Ingenieurin, einen Blogtext zu Übergriffen und Vergeltungsmaßnahmen schrieb, die sie dort erlebt hatte.[5] In Katie Benners Artikel meldeten sich mehr als zwei Dutzend Frauen zu Wort. Viele von ihnen hatten ihre Aussagen offiziell zu Protokoll gegeben oder die betreffenden Investoren beim Namen genannt. Die Fotoporträts, die zu dem Artikel gehörten, zeigten starke, selbstbewusste, innovative Frauen, die Unternehmen gründeten und einen fairen Umgang erwarteten.

Die Story hatte wie eine Bombe eingeschlagen. Einer der Männer und eine der Firmen hatten sich entschuldigt.[6] Die Frauen wurden von ihren Kolleginnen und Kollegen, Leserinnen und Lesern dafür gelobt, ihre Erfahrungen geteilt zu haben. Benners Posteingang quoll über von neuen Berichten und Hinweisen.

Dies bedeutete, dass der Erfolg der O'Reilly-Story keine einmalige Sache mehr war. Megan und Jodi hatten Benners Artikel und die breite Unterstützung, die diese Frauen erfuhren, mit ihren Weinstein-Quellen geteilt, als wollten sie ihnen auf diese Weise sagen: Ja, das Ganze ist tricky, aber unser Team weiß, wie man das macht.

Das Meeting begann mit kurzen Updates: Jodi und Megan kamen in Sachen Weinstein langsam, aber stetig voran. Bei Emily Steel gingen alarmierende Berichte über Gesetzesverstöße bei Vice Media ein.[7] Catrin Einhorn befand sich in ausführlichen Gesprächen mit Mitarbeitern der Restaurant-, Einzelhandels-, Hotel- und Baubranche.[8] Susan Chira konzentrierte sich auf ehemals männlich dominierte Industriearbeitgeber wie Schiffswerften und Kohlegruben.[9]

Jede Branche hatte ihre eigene Soziologie sexueller Übergriffe. In Restaurants war Alkohol omnipräsent, untergrub das Urteilsvermögen und lockerte Hemmungen, während die Inhaber und leitenden Angestellten nur sehr ungern Kunden konfrontierten, die sich danebenbenahmen. Das Silicon Valley war voll mit jungen Männern, die über Nacht reich geworden waren und meinten, niemandem mehr Rechenschaft schuldig zu sein. In Werften, auf Baustellen und an anderen traditionell männlich geprägten Arbeitsplätzen versuchten Männer gelegentlich, Frauen aus dem Unternehmen zu drängen, indem sie sie absichtlich in Gefahrensituationen brachten. Chira hatte von einer Frau gehört, die ohne Kommunikationsmöglichkeit allein in einer Mine zurückgelassen worden war; eine andere hatte man ganz oben auf einer Windturbine im Stich gelassen.

Alle Journalistinnen und Journalisten, die zu dem Projektteam gestoßen waren, verfügten über ein grundlegendes Verständnis des Problems. Seit den 1960er-Jahren war ein gesetzliches Regelwerk gewachsen, das Menschen vor unerwünschten Annäherungsversuchen am Arbeitsplatz schützen sollte. Sexuelle Belästigung war zwar keine Straftat, es sei denn, es handelte sich um Vergewaltigung oder Missbrauch, aber ein Verstoß gegen bürgerliche Grundrechte. Alle im Raum kannten die Geschichten von Clarence Thomas und Bill Clinton. Doch nun, da das Reporterteam das, was es aus den einzelnen Branchen erfuhr, miteinander in Beziehung setzte, wurde klar, dass das Problem viel tiefer lag: Einige der Waffen, die dazu dienen sollten, sich gegen sexuelle Übergriffe zur Wehr zu setzen, machten diese überhaupt erst möglich.

Emily Steel war aufgrund ihrer Arbeit zu Fox und O'Reilly als Erste dran. Es war allgemein bekannt, dass viele Fälle von sexueller Belästigung durch außergerichtliche Vergleiche beigelegt wurden, und zusammen mit Michael Schmidt hatte sie bereits enthüllt, dass O'Reilly und Fox Vergleiche geschlossen hatten, die Verschwiegenheitsklauseln enthielten – das Schweigen der Opfer wurde also mit Geld erkauft. Die speziellen Bedingungen dieser Vereinbarungen schrien geradezu nach weiteren Ermittlungen.

Wie Steel feststellte, klang die Sprache, in der solche Deals verfasst waren, weniger nach einem redlichen juristischen Vergleich als vielmehr nach Verschleierung. Die Vereinbarungen waren eine einzige Abfolge restriktiver Klauseln. Die Frauen verpflichteten sich, alle in ihrem Besitz befindlichen Beweise – Audioaufnahmen, Tagebuchaufzeichnungen, E-Mails, Sicherungsdateien, noch den kleinsten Beweisschnipsel – an O'Reilly und seine Anwälte zu übergeben. Ihnen – und in einem Fall ihren Anwälten – wurde untersagt, anderen Frauen zu helfen, die eventuell ähnliche Vorwürfe gegenüber dem Talkmaster geltend machen könnten. Erhielten sie eine gerichtliche Vorladung, die sie zu einer Aussage zwang, waren sie verpflichtet, O'Reilly und sein Anwaltsteam zu informieren, um diesen zu ermöglichen, die Aussage der Frauen zu verhindern.[10]

Der Anwalt einer der Frauen stimmte einem Seitenwechsel zu, »um Mr. O'Reilly in Fragen sexueller Belästigung juristisch zu beraten«, wie es in der Sprache der Vereinbarung hieß. Ein anderes mutmaßliches Opfer gab das Versprechen ab, sich »weder mündlich noch schriftlich, weder direkt noch indirekt« jemals abfällig über O'Reilly oder Fox News zu äußern und nie auf Anfragen von Journalistinnen und Journalisten zu antworten, die sie in dieser Angelegenheit kontaktieren mochten. Mit ihrer Unterschrift bestätigte sie außerdem, keinerlei Beschwerde bei einer der für den Kampf gegen sexuelle Belästigungen zuständigen Behörden eingereicht zu haben, einschließlich der EEOC.

Im Gegenzug erhielt ein mutmaßliches Opfer etwa 9 Millionen US-Dollar, ein anderes 3,25 Millionen. Sollten sie die von ihnen getroffenen Vereinbarungen verletzen, hatten sie das Geld zurückzuzahlen. Auf diese Weise wurde die Frage, was genau O'Reilly den Frauen angetan hatte oder auch nicht, ein für alle Mal in einen tiefen Brunnen geworfen. Geld gegen Schweigen, das war der Deal.

Steel, die auch weiterhin in Sachen O'Reilly recherchierte, stellten sich in diesem Sommer aber noch weitergehende Fragen: Waren solche Klauseln überhaupt legal? Unterzeichneten Frauen im ganzen Land tagtäglich solche Dokumente, und kaum jemand bekam etwas davon mit? Widmeten sich die auf sexuelle Belästigung spezialisierten Anwälte tatsächlich dem Problem, das sie vorgeblich bekämpften, oder legten sie es in solchen Fällen von vornherein auf Vergleiche an, um aus dem System Profit zu schlagen?

Steel hatte den Redakteuren gegenüber angeregt, dass die Zeitung diesen Fragen umfassend nachgehen sollte, also waren sie auch Bestandteil des Auftrags, den Corbett Jodi gegeben hatte. Daher hatte sie zwischen all ihren Versuchen, Filmstars zu erreichen, immer wieder auch Juristen und Rechtsexperten im ganzen Land angerufen, von Arbeitsrechtsanwälten in Kleinstädten bis hin zu Gelehrten an renommierten Hochschulen. Und jetzt teilte sie den anderen mit, was sie herausgefunden hatte.

Die Klauseln, die Steel beschrieb, seien keineswegs Ausreißer, meinten die Befragten. Vielmehr sei dies im Umgang mit sexuellen Übergriffen die Standardpraxis und oftmals eine der wenigen Möglichkeiten, überhaupt etwas zu erreichen.

Frauen würden solche Vereinbarungen aus guten Gründen unterzeichnen, hatten die Anwälte betont. Sie bräuchten das Geld, wollten ihre Privatsphäre schützen, sähen keine besseren Optionen oder wollten das Geschehene hinter sich lassen. Sie könnten damit verhindern, als Petze, Lügnerin, Nutte oder Querulantin gebrandmarkt zu werden. Immerhin würden sie wenigstens entschädigt und könnten wieder nach vorne schauen. Die Alternative, nämlich einen solchen Fall vor Gericht zu bringen, war hart. Die Bundesgesetzgebung im Hinblick auf sexuelle Belästigung war schwach und ließ ganze Betroffenengruppen außen vor, so etwa Freiberufler und Angestellte in Unternehmen mit weniger als fünfzehn Beschäftigten. Die gesetzlich geregelte Frist zur Einreichung einer solchen Beschwerde konnte in einzelnen Bundesstaaten lediglich 180 Tage betragen, und die staatliche Entschädigung war bei 300 000 US-Dollar gedeckelt, meist keine ausreichende Summe, um die entgangenen Einkünfte auszugleichen oder einen guten Anwalt anzuheuern. Kein Wunder also, dass vielen ein Vergleich als die sicherere Option erschien.

Und auch für die Anwälte zahlten diese Deals sich aus, insbesondere finanziell. Sie arbeiteten in der Regel auf Erfolgsbasis, erhielten also nur dann ein Honorar, wenn auch die Mandanten etwas bekamen. Wobei ihre Gebühr bei mindestens einem Drittel dessen lag, was diesen zugesprochen wurde. Vor Gericht zu verlieren konnte dagegen bedeuten, vollkommen leer auszugehen. Und so hatten sich Vergleiche im Zusammenhang mit sexuellen Übergriffen zu einer sprudelnden Einnahmequelle entwickelt. Manche Anwälte setzten sich gegen ausufernde Provisionen zur Wehr, andere strichen sie einfach ein oder kapitulierten sogar verfrüht, um größere Summen zu kassieren.

Selbst die EEOC, die Regierungsbehörde, die die Gesetze gegen sexuelle Belästigung eigentlich durchsetzen sollte, hielt Informationen über erzielte Vergleiche häufig unter Verschluss. Die Behörde hatte nur eine geringe Durchsetzungsbefugnis und war durch ihren Regierungsauftrag dazu angehalten, wo immer möglich Vergleiche zu erzielen und so wenige Informationen preiszugeben wie irgend möglich. »Wir wissen intern ganz genau, gegen welche Unternehmen die meisten Anschuldigungen erhoben werden«, hatte Chai Feldblum, damalige Beauftragte der EEOC, Jodi gegenüber zugegeben. Doch der Behörde sei es untersagt, diese Informationen öffentlich zu machen.[11] Daher war es Frauen nicht möglich, bei der EEOC nachzufragen, ob und welche Eintragungen für ihren künftigen Arbeitgeber im Zusammenhang mit sexuellen Übergriffen vorlagen, bevor sie eine Stelle annahmen. Kein Wunder also, dass Megan mit den alten Beschwerden über Miramax nicht weitergekommen war. Behörden wie die in Kalifornien sammelten in der Regel mit Hilfe von Steuergeldern Informationen ein, waren gleichzeitig jedoch angewiesen, diese zum größten Teil unter Verschluss zu halten, so dass kaum jemand sie nutzen konnte.

Jodi brachte es auf den Punkt: In den Vereinigten Staaten gab es ein System, das dazu diente, Vorwürfe wegen sexueller Belästigung verstummen zu lassen, und den Belästigern häufig noch in die Karten spielte, anstatt sie zu stoppen. Frauen verzichteten mit ihrer Unterschrift regelmäßig auf das Recht, über ihre Erfahrungen zu sprechen. Täter machten einfach weiter und fanden immer neue Gründe, dieselben alten Verstöße zu begehen. Die Vergleiche und Vertraulichkeitsvereinbarungen selbst waren kaum einmal Gegenstand näherer Betrachtung, weder in den Seminarräumen juristischer Fakultäten noch bei öffentlichen Gerichtsverhandlungen. Deshalb wusste die Öffentlichkeit so gut wie nichts über diese Vorfälle. Und selbst den Anwesenden, die schon lange Zeit zum Thema Geschlechtergerechtigkeit publizierten, war nicht in vollem Umfang klar gewesen, was hier vor sich ging.

Jodi und Megan verließen das Meeting mit der Gewissheit, dass noch viel zu recherchieren war. Doch hätte die Öffentlichkeit überhaupt ein Interesse an diesen obskuren juristischen Instrumenten und deren Folgen? Es gab einigen Grund, optimistisch zu sein: Benner war nach der Veröffentlichung ihrer Story von Aktivistinnen und Abgeordneten kontaktiert worden, die die gesetzlichen Regelungen des Bundesstaates Kalifornien in Bezug auf die Legalität von Vergleichen zur Geheimhaltung sexueller Übergriffe verändern wollten.

Doch falls Harvey Weinstein auch mit anderen Opfern außer Rose McGowan Vergleiche geschlossen hatte und diese Frauen mit Hilfe der beteiligten Anwälte zum Schweigen verdonnert worden waren – konnte man sie denn überhaupt finden?

Im Jahr 2005 hatten die Weinstein-Brüder die Kontrolle über Miramax, ihre erste Filmfirma, abgegeben.[12] Viele der ehemaligen Angestellten blieben jedoch miteinander in Kontakt, verbunden durch schreckliche und wunderbare Momente, die sie gemeinsam durchlebt hatten. Für viele von ihnen war die Arbeit dort Bildung und Ausbildung gewesen, Feuerprobe, Privileg, aber auch traumatische Erfahrung. Man konnte den Filmgeschmack des Publikums weltweit beeinflussen, einen Deal auf einer Yacht vor der Küste von Cannes verhandeln und das letzte bisschen Würde verlieren, weil einen der Chef zusammenbrüllte, und das alles an einem Tag. Als vormalige Miramaxer in New York und Los Angeles informelle Ehemaligentreffen abhielten, bezeichneten sie diese scherzhaft als »Mir-anon«-Meetings, als würden sie alle einer anonymen Selbsthilfegruppe angehören und gemeinsam an ihrer Genesung arbeiten.

Im Juli dieses Jahres arbeiteten sich Megan und Jodi Tag für Tag durch diese Zirkel, indem ein Mitglied sie ans nächste verwies. Diejenigen unter ihnen, die vermutlich am meisten wussten, riefen nicht zurück oder gingen nicht ans Telefon. Viele ehemalige Angestellte, über die das Gerücht ging, sie hätten Weinstein bei seinen Übergriffen assistiert, hatten kein Interesse daran, ihre Komplizenschaft bei seinen Missetaten aufgedeckt zu sehen. Doch die Reporterinnen baten andere ehemalige Angestellte um Hinweise: Hatte jemand über die Jahre hinweg vielleicht irgendetwas von Frauen gehört, die Vergleiche eingegangen waren?

Am letzten Juliwochenende, vierzehn Tage nach der Versammlung im Page-One-Konferenzraum, fuhr Megan aus New York City Richtung Norden, durch die gewundenen Straßen eines lauschigen Vororts. Sie verfolgte die mysteriöse Spur einer Assistentin aus den frühen Jahren von Miramax, die abrupt gekündigt hatte.

Megan kannte ihren Namen. Die Frau hatte am Anfang ihrer Tätigkeit bei Miramax andere durch ihre Klugheit und Ernsthaftigkeit beeindruckt und war schnell aufgestiegen. Doch dann, 1990, war sie plötzlich verschwunden. Das Einzige, was sie im Unternehmen zurückgelassen hatte, war ein Paar Laufschuhe, das hübsch beieinander unter ihrem Schreibtisch stand. Mehrere ehemalige Miramax-Angestellte hatten sich daran erinnert, gehört zu haben, dass Weinstein ihr etwas angetan hätte. Aber niemand wusste irgendwelche Details.

Der vielversprechendste Hinweis kam von Kathy DeClesis, die zu dieser Zeit zu Weinsteins Assistentinnen gehörte. Sie sagte, ein Anwalt des Vaters der Frau hätte kurz nach deren Verschwinden einen Brief ans Büro geschickt. An die genauen Formulierungen könne sie sich nicht mehr erinnern, aber sie hätte den Eindruck gehabt, in dem Brief würden rechtliche Schritte angedroht. Das war mehr, als Megan und Jodi von jedem anderen Befragten erfahren hatten. Worüber hatte sich die junge Frau beschwert? Wie war die Angelegenheit geregelt worden? Und wie war es ihr danach ergangen?

Die ehemalige Assistentin hatte im Internet kaum Spuren hinterlassen, die darauf hingedeutet hätten, wer sie war oder wo sie in den letzten siebenundzwanzig Jahren gelebt hatte. Sie hatte kein LinkedIn-Profil. Und auch kein Facebook-Profil. Doch Grace Ashford, die junge Rechercheurin bei der *New York Times*, fand sie schließlich in einer weit abgelegenen Ecke des Internets, im Beschäftigtenverzeichnis einer anderen Stadt. Das Foto enthielt keinerlei Hinweise auf Hollywood oder Prominenz. Es zeigte lediglich eine ungeschminkte Frau in den Vierzigern mit schulterlangem Haar.

Mit der ehemaligen Miramax-Assistentin in Kontakt zu treten war noch schwieriger als ihre Identifizierung. Megan hinterließ mehrere Nachrichten am Empfangstresen ihres Arbeitgebers, in denen sie erklärte, sie sei Reporterin bei der *Times* und würde gerne mit ihr sprechen, bekam jedoch nie eine Antwort. Schon allein mit der Empfangssekretärin zu reden war tricky, denn sie wollte vermeiden, dass den Kolleginnen der Frau die heikle Natur ihrer Fragen auffiel. Megan dachte kurz darüber nach, ob sie in die Stadt fliegen sollte, wo die Frau lebte, wollte sie aber nicht verschrecken.

Es gab allerdings auch die Adresse ihrer Mutter. Sie wohnte nicht weit entfernt, in einem New Yorker Vorort. Megan entschloss sich, dorthin zu fahren und persönlich zu erklären, warum sie Interesse daran hatte, mehr über die Erlebnisse der ehemaligen Miramax-Angestellten zu erfahren. Falls die Mutter nicht zu Hause war, würde sie ihr einen handgeschriebenen Brief an die Tür kleben. Als sie bei der Adresse ankam, fand sie ein großzügiges, modernes Haus vor.

Megan klopfte nun schon seit mehr als zehn Jahren als ungebetener Gast an Türen. Das gehörte zu ihrem Job, wurde deshalb aber nicht leichter. Es war oft nötig, um Quellen zum Reden zu bringen, die sich gegen ein Interview sträubten. Über die Jahre hatten viele Menschen sie hereingebeten, letztendlich umgestimmt von der Hartnäckigkeit, mit der Megan ihre Spur verfolgt und sie ausfindig gemacht hatte. Sie war aber auch auf Menschen getroffen, für die schon ihre bloße Anwesenheit eine Verletzung ihrer Privatsphäre darstellte. Als sie den Klopfer an der wuchtigen hölzernen Tür betätigte, überkam Megan unwillkürlich das Gefühl, in jemandes Leben einzudringen.

Die Person, die in der Eingangstür erschien, war nicht die Mutter. Es war die Frau von dem Foto auf der Webseite. Megan stand der ehemaligen Assistentin von Angesicht zu Angesicht gegenüber.

Neben der Frau stand ein kleines Mädchen und schaute sie neugierig an. Megan stellte sich als Reporterin der *New York Times* vor, und ein Anflug des Erkennens – oder vielleicht auch von Angst – huschte über das Gesicht der Frau. »Ich kann nicht glauben, dass Sie mich gefunden haben«, sagte sie. Sie sei nach New York gekommen, um mit ihren Töchtern den Sommerurlaub hier zu verbringen, erklärte sie. Megan hatte sie mitten in einem gemütlichen Beisammensein mit Freunden der Familie erwischt. Die Reporterin wollte vor den Anwesenden nicht allzu viel sagen und fragte die Frau, ob sie vielleicht für ein paar Minuten zu ihr herauskommen könnte. Sie willigte ein.

Als sie nebeneinander auf der Vordertreppe saßen, erklärte ihr Megan, dass sie und ihre Kollegin Jodi hart an einer Recherche über Harvey Weinstein arbeiteten. Ihre bisherigen Ermittlungen hätten ein Muster zu Tage gefördert, welches ein raubtierartiges Verhalten zeige. Sie hätten Grund zu der Annahme, Weinstein habe ihr Gewalt angetan, als sie bei Miramax angestellt war. Megan hätte nicht so viel auf sich genommen, um sie zu finden, wenn es nicht wichtig wäre.

Während sie sprach, gingen die Mundwinkel der Frau kaum merklich nach oben. Kein Lächeln, aber ein Hinweis, dass sie sich an etwas erinnerte. »Ich habe seit siebenundzwanzig Jahren darauf gewartet, dass jemand an meine Tür klopft«, sagte sie. »Alles, was ich sagen kann, ist, dass ich geschäftliche Diskrepanzen mit Miramax hatte. Der Disput wurde in beiderseitigem Einvernehmen beigelegt, und wir haben uns geeinigt, nicht darüber zu sprechen.«

Megan schwieg einen Augenblick, um zu überlegen, was sie gerade gehört hatte. Technisch gesehen, sagte die Frau gar nichts. Aber das, was sie *nicht* sagte, hatte eine Bedeutung. Sie klang, als würde sie versuchen, die Leerzeichen zwischen den Wörtern mit etwas zu füllen. Es schien, als wollte sie sagen: Mir ist tatsächlich vor Jahren etwas Schlimmes zugestoßen, aber mehr als diesen sorgfältig konstruierten Satz kann ich Ihnen nicht sagen.

Genau so etwas würde eine Frau antworten, die einen Vergleich unterzeichnet hatte. Es gibt in einem Reporterleben Zeiten, wo es das einzig Richtige ist, sich abzuwenden und zu gehen, die Quelle in Ruhe zu lassen. Doch dieser hier war kein solcher Moment. Megan war fest entschlossen, die Frau weiter zum Reden zu bringen, wenn auch nur über Dinge, die mit der eigentlichen Frage nichts zu tun hatten. Wie alt ihre Töchter wären? Megans eigene Tochter sei erst vier Monate alt. Die Frau war etwa in ihrem Alter, es gab also zahlreiche Anknüpfungspunkte. Das Gespräch plätscherte munter dahin.

Nach einer halben Stunde kam Megan zum Punkt. Sie bat die ehemalige Assistentin, sich zu überlegen, ob sie nicht die Recherche der *Times* unterstützen wolle. Sie machte ihr klar, dass sie sehr wohl wisse, welche Risiken es mit sich brachte, die Vereinbarungen eines Vergleichs zu brechen. Es gebe jedoch, so meinte sie, Mittel und Wege, den Inhalt solcher Vereinbarungen öffentlich zu machen und dabei die Quelle zu schützen. Ihre Kolleginnen hätten das schon im Zusammenhang mit den von O'Reilly gezahlten Schmiergeldern erfolgreich praktiziert. Die Frau nickte die ganze Zeit. Sie sagte nicht nein. Sie sagte nicht ja. Stattdessen willigte sie ein, Megan etwas zu geben, das bei Journalisten heißbegehrt war: ihre Handynummer.

Doch bereits auf ihrer Rückfahrt nach Brooklyn erreichte Megan ein Telefonanruf, der ihren Optimismus dämpfte. Die Frau sagte, sie hätte gerade mit ihrem Anwalt gesprochen. Er hätte sie angewiesen, nicht mit der *Times* zu reden. Megan behielt ihren positiven Tonfall bei, obwohl ihr innerlich der Mut sank. Sie erwiderte, dieser Ratschlag des Anwalts sei vorhersehbar gewesen, aber sie müsse ja nicht sofort eine endgültige Entscheidung treffen. Alles, worum sie sie bitten würde, wäre, dass sie beide in Kontakt blieben und die Möglichkeiten weiterhin diskutierten. Die Frau willigte zögernd ein.

Als sie ihre Fahrt fortsetzte, wuchs in Megan ein Verdacht. Die Gerüchte über den Produzenten betrafen bisher nur Schauspielerinnen, aber jetzt eröffnete sich ihr und Jodi der Blick auf eine vollkommen neue Kategorie von möglichen Opfern: die Angestellten in Weinsteins Unternehmen. Die Frau, die auf der Vordertreppe direkt neben Megan gesessen hatte – womöglich »Patient null« der gesamten Weinstein-Ermittlung –, war nicht im Mindesten berühmt. Und sie war jung und verletzlich gewesen, als sie bei Miramax gearbeitet hatte. War es möglich, dass der Produzent Frauen systematischer nachgestellt hatte, als sie oder Jodi es jemals gedacht hatten? Wie viele Frauen waren unterdessen Opfer seines Verhaltens geworden, und wären die Dinge anders gelaufen, wenn die ehemalige Assistentin die Möglichkeit gehabt hätte, offen darüber zu sprechen?

Am letzten Juliwochenende wusste Megan immer noch nicht genau, was der Frau vor siebenundzwanzig Jahren passiert war. Aber sie wollte unbedingt mit ihr im Gespräch bleiben und schickte ihr daher zwei Tage nach dem Besuch folgende Textnachricht:

Ich weiß, dass ich Ihren Heimatbesuch vermutlich komplett ruiniert habe. Es tut mir sehr leid. Und bitte seien Sie versichert, dass ich es nur getan habe, weil die Sache so wichtig ist. Wir haben hier die echte Chance, etwas zu bewirken. Ich hoffe sehr, dass wir miteinander in Kontakt bleiben und ich Sie auf dem Laufenden halten kann, wie sich die Dinge auf unserer Seite entwickeln. Ich vermute, Sie haben mit jemandem darüber gesprochen, Familienangehörigen oder vielleicht

Freunden. Das wichtigste Gespräch, dass Sie jetzt führen müssen, ist aber, glaube ich, das Gespräch mit sich selbst.

Sie schickte ihr auch einen Link zu dem *New-York-Times*-Artikel über die Vergleiche, die O'Reilly geschlossen hatte. Noch während sie tippte, fürchtete Megan, dass sie nie wieder etwas von der Frau hören würde.

Einige Abende später unternahm Megan erneut eine Autofahrt, diesmal zum Haus von John Schmidt[13], einem ehemaligen leitenden Mitarbeiter von Miramax. Er war 1990, in dem Jahr, als die junge Assistentin so plötzlich verschwand, Finanzchef des Unternehmens gewesen. Megan nahm an, dass Schmidt, der immer noch im Filmgeschäft tätig war, etwas über einen eventuellen Vergleich wissen könnte, den die Frau unterzeichnet hatte. Aber bei ihren Anrufen hatte er sich jedes Mal verleugnen lassen. Also überwachte sie sein Haus in Riverdale, einem grünen Viertel der Bronx, tauchte jedes Mal ab, wenn einer der örtlichen privaten Sicherheitsdienste vorüberfuhr, und wartete darauf, dass im Wohnzimmer das Licht anging, als Zeichen, dass jemand zu Hause war. Kurze Zeit später stand sie Schmidt persönlich gegenüber. Sie entschuldigte sich, so unangemeldet zur Abendbrotzeit aufzutauchen. Ihr war nicht ganz wohl zumute, denn seine Frau war ebenfalls zu Hause und hörte jedes Wort mit.

Megan erläuterte Schmidt, wie tückisch Vergleiche waren, die den Opfern das Gefühl vermittelten, sich nicht äußern zu dürfen, und ihnen, falls sie es doch taten, mit empfindlichen Schadenersatzforderungen drohten. Wenn andere über solche Schweigegeldzahlungen auf dem Laufenden seien, hätten sie die einmalige Chance, hier entscheidende Hilfe zu leisten. Megan bat Schmidt nicht, offiziell dazu Stellung zu nehmen. Sie wollte lediglich wissen, wie er zu den möglichen Geschehnissen vor all diesen Jahren stand.

Doch Schmidt war nicht bereit, mit ihr zu sprechen, zumindest nicht jetzt. Er sagte ihr, dass er darüber nachdenken müsse, und begleitete sie zur Tür. Die Reporterin wusste, dass die Leute häufig Zeit brauchten, um sich alles in Ruhe zu überlegen, aber frustrierend war es trotzdem. Manche der ehemaligen Angestellten Weinsteins schienen sehr wohl um die Probleme zu wissen, aber trotzdem nicht reden zu wollen.

An einem Freitagabend, ebenfalls im Juli, sprach Jodi am Telefon mit einem Hollywoodmanager namens Matt Brodlie, der viele Jahre zuvor bei Miramax gearbeitet hatte. Er hörte ungewöhnlich aufmerksam zu, und sie hatte das Gefühl, dass er versuchte, sie einzuschätzen. Kurz darauf meldete er sich bei ihr zurück und gab ihr einen Namen und eine Telefonnummer. Er hätte eine enge Freundin bei Miramax, die schon seit langer Zeit etwas mit sich herumtrüge. Sie sei misstrauisch, würde aber darauf brennen, endlich mit jemandem zu sprechen. Ihr Name sei Amy Israel, und sie sei ebenfalls eine anerkannte Führungskraft in der Unterhaltungsbranche.

»Ich möchte eine lange, erfolgreiche Karriere haben und nicht offiziell damit in Verbindung gebracht werden«, sagte Amy Israel, sobald sie Jodis Anruf angenommen hatte. »Ich will nicht zitiert werden, Punkt. Ende der Geschichte.« Doch sie werde seit beinahe zwanzig Jahren von einer Erinnerung gequält, und die wolle sie jetzt teilen.

Im Herbst 1998 war sie zusammen mit Weinstein zum Filmfestival in Venedig gereist, um nach neuen Filmen Ausschau zu halten, die sie einkaufen könnten. Während einer Besprechung in Weinsteins Hotelsuite bekam sie mit, dass mit zwei seiner Assistentinnen ganz offensichtlich etwas nicht stimmte. Es handelte sich um Zelda Perkins, eine feste Größe im Londoner Büro, und Rowena Chiu, die erst vor kurzem eingestellt worden war.

»Die beiden saßen da und zitterten am ganzen Leib«, erinnerte sich Israel. »Sie schlotterten buchstäblich vor Angst.« Mit Weinstein schien alles in Ordnung zu sein. Er redete über Filme, wie immer. Doch es musste gerade etwas passiert sein, und es hatte mit den beiden Frauen zu tun, das spürte Israel instinktiv. Und Weinstein weigerte sich, es zur Kenntnis zu nehmen.

Israel wusste aus eigener Erfahrung von den Übergriffigkeiten des Produzenten. Er hätte sie mit Lob überschüttet und ihr große Verantwortung übertragen, als sie noch sehr jung war, und dann hätte er sie belästigt, sagte sie. Einmal, beim Toronto Film Festival, sei sie zu seinem Hotel gekommen, um ihn zu einer Galavorstellung abzuholen, als ein Assistent sie aufforderte, nach oben zu gehen, ins Hotelzimmer des Chefs. Sie hatte sich gefügt, weil sie dachte, der Assistent würde ebenfalls anwesend sein. Stattdessen fand sie Weinstein beinahe nackt vor. Er trug nur ein winziges Handtuch um die Hüften und bat sie um eine Massage. Sie platzte spontan heraus, sie müsse dringend ihre Mutter anrufen, und tat so, als würde sie auf der Stelle deren Nummer wählen.

Ein oder zwei Jahre später, nachdem sie zur Leiterin ihrer Abteilung befördert worden war, führte sie Weinstein in New York gerade einen Film vor, als er sie unvermittelt fragte: »Warum ziehst du nicht deine Bluse aus und schlägst ein bisschen Rad?«

»Fick dich doch selbst, du fettes Schwein«. schoss sie zurück, woraufhin er begann, Tic-Tac-Toe zu spielen. (Weinstein leugnete ihre Darstellung.)

Jetzt, nach all den Jahren, fürchtete Israel jedoch, dass damals in Venedig weitaus Schlimmeres geschehen war. Darüber, wie es danach weitergangen sei, wisse sie nur wenig. Zelda Perkins hätte das Unternehmen verlassen und irgendeinen Vertrag unterschrieben, der ihr untersagte, über das Vorgefallene zu sprechen – also einen Vergleich, dachte Jodi. Israel empfahl ihr, noch eine andere ehemalige Angestellte des Londoner Büros zu kontaktieren, eine Frau namens Laura Madden. Sie könnte ebenfalls etwas zu erzählen haben.

Amy Israel warf zudem eine größere Frage auf: Was hatten sie alle bei Miramax die ganze Zeit über stillschweigend hingenommen? Das wollte sie wissen und es war der eigentliche Grund, warum sie am Telefon mit einer Reporterin sprach. Sie selbst hatte in jenen Tagen versucht, kleine Schritte zu unternehmen, um Kolleginnen zu schützen. So untersagte sie den ihr unterstellten Mitarbeiterinnen beispielsweise, jemals mit Weinstein allein zu sein. Mehr zu tun schien ihr unmöglich, sie wusste ja nicht mit Sicherheit, was genau in Venedig passiert war, und es gab nur wenige realistische Beschwerdemöglichkeiten. Als sie mit einem ihrer Vorgesetzten über ihr eigenes Erlebnis mit Weinstein sprach, wurde ihr gesagt, dasselbe wäre auch einer anderen Kollegin passiert, aber unternommen wurde nichts.

Sie und ihre Kolleginnen konzentrierten sich wieder auf ihre Arbeit. »Er zählte darauf, dass ich mich viel zu sehr schämte, um mich jemandem anzuvertrauen«, sagte Israel. Seit jedoch die Enthüllungen über Bill Cosbys Vergehen an die Öffentlichkeit gelangt seien, warte sie darauf, dass auch Weinsteins Name falle, damit auch dessen Taten endlich ans Licht kämen.

»Warum outen wir uns nicht?«, fragte sie Jodi am Telefon. »Warum reden die Leute zwanzig Jahre später immer noch nicht darüber?«[14]

Drei Wochen später, am Mittwoch, dem 2. August, war Jodi in London. Sie saß mit Zelda Perkins in einem Restaurant in South Kensington und hörte sich ihren Bericht über die Ereignisse von 1998 an.

Perkins strahlte die nüchterne Verbindlichkeit einer guten Produzentin aus. Größtenteils Theaterfrau, war sie seit vielen Jahren die rechte Hand von einem der Top-Produzenten im Theater- und Filmgeschäft der Stadt. Sie hatte nicht nur an zahlreichen prestigeträchtigen Theaterstücken mitgearbeitet, sondern auch gelegentlich bei Fernsehserien wie *The Crown* (*Die Krone*, seit 2016). Sie verbrachte viel Zeit in einem Haus auf dem Land, wo sie eine Schafherde hütete, und fuhr für die Arbeit häufig nach London. Weil ihr rechtlich untersagt war, darüber zu sprechen, kannten nur sehr wenige Menschen die ganze Geschichte ihrer Karriere.

Dieses Treffen war das größte Zugeständnis, das sie einem der vielen Journalisten, die sie über die Jahre hinweg wegen der Gerüchte um Weinstein kontaktiert hatten, jemals gemacht hatte. (Bei den anderen hätte es sich ausnahmslos um Männer gehandelt, betonte sie.) Und dann nahm sie mit gedämpfter Stimme die Geschichte wieder auf, die sie beim ersten Telefonat mit Jodi zu erzählen begonnen hatte.

Perkins war 1995 bei Weinstein gelandet, als der gerade kurz vor dem Zenit seiner Macht stand. Sie war damals erst zweiundzwanzig Jahre alt und hatte den Job durch eine Zufallsbegegnung bekommen. »Ich wusste nicht, wer er war, und ich hatte keine gesteigerten Ambitionen, im Filmbusiness zu arbeiten«, sagte sie. »Ich war nicht erfahren genug, um zu verstehen, dass ich da gerade eine extrem begehrte und seltene Position ergattert hatte.«

Weinstein hatte Perkins beinahe vom ersten Tag an belästigt. »Er war krankhaft davon abhängig, Frauen zu erobern«, sagte sie. »Das war es, was ihn morgens überhaupt aufstehen ließ.« Und das meinte sie nicht im übertragenen Sinne. Jeden Morgen musste Perkins oder wer auch immer im Londoner Büro die Frühschicht hatte, einen teilweise oder vollkommen nackten Weinstein in seinem Hotelzimmer aus dem Bett holen und die Dusche für ihn anstellen, als könnte er den Hebel nicht selbst bedienen, erinnerte sie sich. Manchmal hätte er auch versucht, sie zu sich ins Bett zu ziehen. Es gab niemanden, bei dem sie sich dieses Benehmens wegen hätte beschweren können. Das winzige Londoner Büro verfügte weder über eine Personalabteilung noch gab es eine dahingehende Firmenpolitik, ja, nicht einmal den Anschein von Regeln im Umgang mit den Angestellten.

Perkins gab den Avancen Weinsteins niemals nach. Sie war klein, aber taff und hatte den Job nicht ohne Vorbereitung angetreten. Eine andere Kollegin hatte ihr geraten, sich in Weinsteins Gegenwart nur in Sessel zu setzen, niemals auf Sofas, um ihm keine Gelegenheit zu bieten, sich unaufgefordert an sie heranzumachen, und zu ihrem Schutz stets ihren Winterparka zu tragen, auch dann, wenn es warm war. »Es gelang mir immer, nein zu sagen«, sagte sie.

So groß die Gefahren waren, die es mit sich brachte, für Weinstein zu arbeiten (sie waren jenseits dessen, was Perkins je erlebt hatte), so groß waren auch die Vergünstigungen. Bei Reisen nach Paris und Rom »gab er uns für gewöhnlich einfach Bares, und das war unser Blutgeld«, sagte sie. »Nach einem solchen Trip mit ihm war man von einer sonderbaren Mischung aus Schuldgefühlen und Erleichterung darüber überflutet, dass man es überlebt hatte.« Jede Reise hätte sich angefühlt wie ein Bungee-Sprung, so Perkins. Unglaublich belebend, aber immer dem Abgrund nah. Manchmal gab er am Ende einer solchen Reise auch den Wohltäter und meinte zu ihr: Nimm den Firmenjet, behalte die Suite im Ritz noch das Wochenende über, lade deinen Freund ein, amüsier dich. »Wir alle nahmen diese Geschenke an«, sagte sie.

1998 stellte Perkins eine weitere Assistentin ein. Rowena Chiu war eine aufstrebende junge Produzentin mit so viel Kreativität und Energie, dass sie es als Präsidentin der Oxford University Drama Society geschafft hatte, mit ihrer Truppe ein Brecht-Stück und Euripides im griechischen Original auf die Bühne zu bringen. Perkins warnte sie vor und riet ihr, in Weinsteins Gegenwart vorsichtig zu sein. In jenem September flogen die beiden Frauen nach Italien, um das Filmfestival in Venedig zu besuchen, und waren Teil von Weinsteins üblicher Festivalroutine: Filmvorführungen, Aufenthalt in einem Hotel der Spitzenklasse, Treffen mit Kollegen aus New York, darunter Amy Israel.

Doch Chiu hatte sich noch vor dem Meeting, an das Israel sich erinnerte, an Perkins gewandt und sie um Hilfe gebeten. Als sie ihrer Vorgesetzten die verstörenden Details dessen gestand, was Weinstein ihr am Abend zuvor angetan hatte, kamen Perkins fast die Tränen. Sie meinte, das sei skrupellos und unzumutbar, und machte sich sofort auf die Suche nach ihm, um ihn zur Rede zu stellen.

Allerdings könne sie keinerlei Details zu dem preisgeben, was ihre junge Kollegin ihr anvertraut habe, sagte Perkins zu Jodi. Es sei einzig und allein Rowena Chius Entscheidung, ob sie über diese Dinge sprechen oder das alles für immer für sich behalten wolle.[15]

Erst viel später erzählte Rowena Chiu diesen Teil der Geschichte Jodi tatsächlich selbst. Auf der Reise nach Venedig wäre es ihre Aufgabe gewesen, sich abends um Weinstein zu kümmern, was dazu führte, dass sie stundenlang allein mit ihm in seinem Hotelzimmer war. Er hätte ihr von Anfang an Avancen gemacht, sagte sie, aber am zweiten oder dritten Abend des Festivals hätte sich sein Benehmen drastisch verschlimmert. Eigentlich wollten sie gemeinsam einen Stapel Drehbücher durchgehen. Während sie sich die Skripts ansahen, begann er, ihr zu schmeicheln, meinte, sie hätte echten Durchblick und ein Händchen für das Filmgeschäft.

Sie trug an diesem Abend vorsorglich zwei Strumpfhosen übereinander. Doch während sie zu arbeiten versuchte, unterbrach er sie ständig mit sexuellen Anzüglichkeiten, und die Forderungen (Massage, gemeinsames Bad) wurden immer dreister. Sie versuchte, ihn friedlich zu stimmen, indem sie eine Strumpfhose auszog und ihm gestattete, ihr die Beine zu massieren. Als seine Hände immer weiter nach oben wanderten, protestierte sie und sagte, sie wolle sich wieder mit den Drehbüchern beschäftigen, und außerdem habe sie einen Freund. Er reagierte darauf, indem er vollmundige Versprechungen machte, auch diesem bei seiner Karriere behilflich zu sein.

»Ich habe nicht rundheraus nein gesagt«, erzählte sie. »Ich wollte nicht so konfrontativ sein. Er war viel größer als ich, und solange er freundlich zu mir war, wollte ich auch freundlich zu ihm sein.«

So sei es vier Stunden lang gegangen, sagte sie. Sie hätte sich immer wieder der Arbeit zugewandt, und dann hätte er jedes Mal wieder damit angefangen, sie unter Druck zu setzen und anzufassen. Sie könnten doch Oralsex haben und er hätte noch nie Sex mit einem chinesischen Mädchen gehabt, meinte er und zog ihr die zweite Strumpfhose aus. Aber als er sie bat, auch ihr Höschen auszuziehen, weigerte sie sich.

»Es ist so erschöpfend. Er versucht, dich weichzukochen, Stück für Stück«, sagte Chiu. »Bei mir schrillten inzwischen alle Alarmglocken; ich hatte Angst, gleich vergewaltigt zu werden.« Weinstein brachte es irgendwie fertig, sie auf das Bett zu bugsieren – er hätte sie niedergedrückt, sagte sie, aber nicht mit Gewalt, sondern eher spielerisch. Er spreizte ihre Beine und sagte zu ihr, nur ein einziger Stoß, dann sei alles vorbei. Bevor Schlimmeres passieren konnte, rollte sie sich zur Seite, kroch energisch von ihm weg und beendete pflichtbewusst ihre Schicht. Sie verließ das Hotelzimmer etwa um zwei Uhr morgens, als die Arbeit schließlich getan war.[16]

Weinstein stritt später alles ab. »Nichts davon entspricht auch nur im Entferntesten der Wahrheit«, ließ er über einen Sprecher ausrichten, »und jede Berichterstattung, die diese Geschichte nacherzählt, trägt die Lüge nur weiter.«

In London erzählte Perkins die Geschichte weiter: Sie hätte Weinstein schließlich gefunden, bei einem geschäftlichen Mittagessen auf der Hotelterrasse. Im Beisein der anderen Gäste forderte sie ihn unmissverständlich auf, mitzukommen. Er wäre lammfromm gewesen, beinahe unterwürfig, erinnerte sie sich, und ihr den Korridor entlang gefolgt, als wäre sie der Boss und er ihr Assistent. Als sie ihn mit den Vorwürfen konfrontierte, schwor er beim Leben seiner Frau und seiner Kinder, nichts Schlimmes getan zu haben.

Perkins war damals vierundzwanzig Jahre alt und damit sowohl älter als auch die Angestellte mit dem größeren Standing. Chiu, ihre Assistentin, hatte ihre Version der Geschichte erzählt, Perkins dagegen wusste generell über das Fehlverhalten ihres Chefs Bescheid. Also taten Chiu und Perkins sich zusammen und kündigten gemeinsam. »Ich musste sie beschützen«, sagte Perkins. »Allein hätte sie niemals etwas dagegen unternehmen können. Es hätte nur ihr Wort gegen seins gestanden. Ich war ihr Schutzschild.«

Perkins beriet sich mit einer höhergestellten Mitarbeiterin, Donna Gigliotti.[17] Die Produzentin sollte bald darauf Auszeichnungen für *Shakespeare in Love* (OT *Shakespeare in Love*, 1998) sowie, viele Jahre später, für *Unerkannte Heldinnen* (OT *Hidden Figures*, 2016) einheimsen. Sie war wesentlich besser vernetzt als Perkins, eine der wenigen Produzentinnen mit genügend Einfluss und Erfahrung, um wirklich große Filme zu machen. Gigliotti drängte Perkins, sich einen Anwalt zu nehmen, und empfahl ihr einen in New York. Sie war dabei, als Perkins mit diesem telefonierte, und bot ihr auch in anderer Form stillschweigende Unterstützung an. Zu dieser Zeit war Perkins ihr dafür dankbar; jetzt, Jahre später, fragte sie sich, ob Gigliotti nicht mehr hätte tun können.[18] (Gigliotti betonte später, sie habe Perkins geholfen, einen Anwalt zu finden, der sich der Sache federführend annehmen würde.)

Perkins und Chiu (zu diesem Zeitpunkt Teilzeitstudentin der Rechtswissenschaften) fanden eine Anwältin in London, eine Mitarbeiterin der Kanzlei Simons Muirhead & Burton, und gingen davon aus, dass der nächste Schritt in ein Strafverfahren münden würde.

Die Anwälte sagten den beiden Frauen jedoch etwas anderes. Sie hätten keine handfesten Beweise. Sie hätten in Venedig nicht die Polizei gerufen. Sie wären zwei junge Frauen in den Zwanzigern, die vorhätten, sich mit Weinstein und womöglich sogar Disney anzulegen, dem Unternehmen, dem Miramax inzwischen gehörte. Stattdessen, so sagte man ihnen, wäre es in dieser Angelegenheit das Beste, einen Vergleich zu schließen. Vielleicht gegen Zahlung eines Jahresgehalts, so um die 20 000 Pfund. Auf diese Art würden solche Fälle üblicherweise gehandhabt. Perkins und Chiu widersprachen. Sie wären nicht auf das Geld aus. Es sollte stattdessen wohltätigen Zwecken gespendet werden und dadurch öffentliche Aufmerksamkeit für den Fall erregen. Daraufhin hieß es, so würden diese Dinge nicht funktionieren. Es sei nicht einmal wahrscheinlich, dass sich Weinsteins Anwälte ohne finanzielle Forderung überhaupt auf eine Verhandlung einlassen würden.

Empört forderte Perkins daraufhin eine weit größere Summe und versuchte, einen Vergleich zu erreichen, der irgendwie dazu beitragen könnte, Weinsteins Verhalten zu unterbinden. Sie forderte, Weinstein solle sich einer Therapie unterziehen, und sie selbst wolle bei seiner ersten Sitzung anwesend sein. Miramax müsse endlich verbindliche Regeln für den Umgang mit sexueller Belästigung einführen, dazu entsprechende Weiterbildungen. Ein dreiköpfiges Team zur Evaluierung von Beschwerden wegen sexuellen Fehlverhaltens müsse installiert werden, und darunter müsse ein Anwalt sein. Erhob jemand innerhalb der nächsten zwei Jahre eine ähnliche Anschuldigung und schloss einen Vergleich über mindestens 35 000 Pfund oder ein halbes Jahresgehalt, wäre entweder Disney darüber in Kenntnis zu setzen oder Weinstein zu entlassen.

Weinsteins Anwälte schlugen zurück. Eine Londoner Kanzlei, Allen & Overy, vertrat ihn, und ein Miramax-Anwalt namens Steve Hutensky, der normalerweise im New Yorker Büro Deals und Verträge mit Schauspielern, Regisseuren und Drehbuchautoren aushandelte, tauchte wie aus dem Nichts in London auf, um sie zu unterstützen. (Hutensky sagte später, dass dies die einzige Forderung wegen sexueller Nötigung gegen Weinstein gewesen sei, von der er Kenntnis gehabt hätte, und dass der Produzent ihm gegenüber darauf bestanden hätte, dass die Begegnung einvernehmlich gewesen sei und er diesen Vergleich nur schließen würde, um seine Ehe zu retten.) Eine der Verhandlungssitzungen dauerte bis fünf Uhr morgens. Am Ende sollten die beiden Frauen jeweils 125 000 Pfund bekommen, mussten aber außergewöhnlich strengen Auflagen zustimmen.

Während Perkins mit Jodi in London beim Mittagessen saß, befand sich der schriftliche Beweis für diese Auflagen die ganze Zeit in ihrer Tasche. Jodi und Megan wussten zwar von Rose McGowans Vergleich und hegten den Verdacht, dass mit der ehemaligen Assistentin, die Megan aufgesucht hatte, ebenfalls einer getroffen worden war, allerdings hatten die beiden Reporterinnen ein solches Dokument noch niemals zu Gesicht bekommen. Für Investigativjournalisten ist das Wissen, dass belastende Unterlagen vorliegen, gut; sie wirklich zu sehen, ausgezeichnet; eine Kopie zu kriegen, das Beste. In den Tagen vor Jodis Reise nach London hatte Megan ihr immer wieder Mut zugesprochen und aufmunternde Emojis geschickt: »Du wirst die Papiere zu sehen bekommen. Ich weiß es einfach.«

Jetzt zögerte Perkins, bevor sie die zerknitterten Blätter mit dem unverwechselbaren Miramax-Logo aus der Tasche zog. Dann begann sie, sie laut vorzulesen. Ihr war untersagt, mit irgendjemandem über ihre Zeit bei Miramax zu sprechen. Jede »medizinische Fachkraft«, die sie wegen ihrer Erlebnisse aufsuchte, musste eine Verschwiegenheitserklärung unterzeichnen. Sie durfte ihrem Steuerberater die wahre Herkunft des Geldes nicht erklären, das sie erhalten hatte. Bestandteil des Vergleichsdokuments war eine Liste, auf der alle Personen standen, mit denen sie über die Vorfälle in Venedig gesprochen hatte – nicht namentlich, das hatte Perkins erfolgreich abgewehrt. Stattdessen handelte es sich um eine merkwürdige, anonyme Aufzählung beteiligter Parteien, die

Bescheid wussten: Drei Angestellten von Miramax und ihrem Freund hatte sie erzählt, dass sie Miramax »wegen eines Vorfalls« und aus moralischen Gründen verließ; ihren beiden engsten Freundinnen hatte sie offenbart, was wirklich passiert war, und so weiter und so fort.

Die Aufzählung der Auflagen war lang. Sie durfte mit »keinerlei aktuellen oder künftigen Medien« über das Vorgefallene sprechen (*Gott segne dich, Zelda Perkins*, dachte Jodi im Stillen, dass du hier beinahe zwanzig Jahre später mit einer Reporterin sitzt.) »Für den Fall, dass eine Offenlegung durch die Parteien stattfindet«, fuhr Perkins fort, sei sie verpflichtet, »jede nur denkbare Unterstützung zu leisten, welche geboten erscheint, um alle erforderlichen Schritte zu unternehmen, die geeignet sind, mit dem Vorgenannten angemessen umzugehen und weitere Offenlegungen zu vermeiden beziehungsweise deren Auswirkungen zu minimieren.« Mit anderen Worten: Perkins war verpflichtet, zur Verschleierung der Wahrheit beizutragen, selbst dann, wenn diese irgendwie ans Licht käme.

Diese Auflagen waren eine Beleidigung des gesunden Menschenverstandes. Obwohl der Vergleich Perkins' Leben entscheidend prägte, war es ihr noch nicht einmal gestattet, eine vollständige Kopie der Unterlagen zu besitzen. Stattdessen hatte sie nur beschränkten Zugang: Für den Fall, dass sie die Unterlagen einsehen wolle, befände sich eine Kopie im Büro ihrer Anwältin. Bei den Papieren, die Perkins zu dem Treffen mitgebracht hatte, handelte es sich um einzelne, unzusammenhängende Auszüge, die sie sich erbettelt hatte. Als sie ihre Anwältin gefragt hatte, wie, um Himmels willen, sie sich an eine Vereinbarung halten solle, die sie nicht jederzeit konsultieren könne, hatte diese sie ihr auszugsweise übergeben. Aber das war noch nicht das Schlimmste. Auf enormen

Druck von Weinsteins Anwälten hin hatten Perkins und Chiu, deren Vereinbarungen miteinander abgestimmt waren, zusätzlichen Verschwiegenheitsklauseln zugestimmt, die es ihnen untersagten, das Thema auch untereinander jemals wieder zur Sprache zu bringen.

Die Dokumente waren auf den 23. Oktober 1998 datiert. Es hatte nur Wochen gedauert, die Sauerei, die in Venedig passiert war, aus der Welt zu schaffen. Chiu sandte Perkins zum Dank einen Filofax-Planer und verschwand aus ihrem Leben.

Perkins fühlte sich danach »gebrochen und desillusioniert«. Ihre Suche nach einer neuen Arbeitsstelle gestaltete sich schwierig und unangenehm, denn sie konnte potenziellen Arbeitgebern nicht erklären, warum sie so plötzlich ein Spitzenunternehmen verlassen hatte. Sie begriff, dass ihre Karriere im Filmgeschäft vorbei war. Sie ging nach Guatemala, um Pferde zu trainieren. In den Vergleichsverhandlungen hatte sie hart für das Recht gekämpft, gemeinsam mit Weinstein zur Therapie zu gehen. Sie hatte sogar einen Therapeuten für ihn gefunden. Allerdings gelang es ihr nicht zu erreichen, dass die Sitzungen auch tatsächlich stattfanden, und sie gab auf.

Die Oscarverleihung 1999, die fünf Monate nach Unterzeichnung der Dokumente stattfand, stand ganz im Zeichen von *Shakespeare in Love*. Der Film gewann sieben Oscars, mehr als jeder andere in diesem Jahr. Gwyneth Paltrow wurde als Beste Hauptdarstellerin ausgezeichnet. Weinstein und Donna Gigliotti nahmen den Oscar für den Besten Film mit nach Hause. (Gigliotti arbeitete später noch einmal kurz mit ihm zusammen: 2010 als Präsidentin der Produktionsabteilung von The Weinstein Company.) Perkins' Name tauchte im Abspann des Films auf.

In den knapp zwanzig Jahren, die seitdem vergangen waren, hätte sich ihre Sicht auf die Dinge verändert, sagte Perkins. Sie sei nicht mehr von dem Wunsch getrieben, Harvey Weinstein dranzukriegen. Vielmehr wolle sie die Fairness des gesamten Vergleichssystems öffentlich in Frage stellen, damit es anderen Frauen in Zukunft erspart bliebe, unter Druck gesetzt zu werden und mit einer Unterschrift auf ihre Rechte verzichten zu müssen.

»Für mich bestand das weitaus größere Trauma in dem, was bei den Anwälten ablief«, sagte sie später. »Ich wollte Harvey entlarven, ja. Was mir aber das Herz brach, war das, was passierte, als wir zu den Anwälten gingen.«

Perkins war versucht, sich über die Geheimhaltungsvereinbarung, die sie knebelte, hinwegzusetzen und sich öffentlich zu äußern, und Jodi war beeindruckt von ihrem Mut. So viele andere Frauen gingen noch nicht einmal ans Telefon, und Perkins dachte in ihrer Gegenwart darüber nach, ernsthafte finanzielle und juristische Risiken in Kauf zu nehmen. Jodi hatte vor ihrer Abreise nach London einen dort ansässigen Spitzenanwalt für Arbeitsrecht angerufen und um seine Einschätzung gebeten, wie hoch das Risiko für eine Frau war, die einen Vergleich unterzeichnet hatte, wenn sie die Vereinbarungen brach und sich äußerte. »Sie werden sie verklagen und das Geld zurückfordern«, hatte der Anwalt geantwortet. Er hätte es in seiner gesamten Berufspraxis noch nie erlebt, dass ein Mandant gegen eine Vertraulichkeitsvereinbarung verstoßen hätte. »Sie zahlen Schweigegeld«, sagte er zum Schluss. Perkins hatte, wie alle anderen, beschlossen, dass sie Verbündete brauchte: Sollte es Jodi und Megan gelingen, andere Frauen dazu zu bringen, ihr Schweigen zu brechen, dann würde sie es auch tun.

Ein sichererer, wenn auch weniger befriedigender Weg, voranzukommen, bestand darin, die grundlegenden Fakten von Perkins' Vergleich zu belegen, indem man mit anderen Betroffenen sprach. Amy Israel wusste über einen Teil der Geschehnisse Bescheid, und sie war nicht die Einzige. Doch es gab noch ein anderes Problem. Chiu, das mutmaßliche Opfer, reagierte weder auf E-Mails noch auf Nachrichten auf ihrem Anrufbeantworter. Sie wollte nicht gefunden werden.

Eine Woche vor ihrer Londonreise war Jodi in die San Francisco Bay Area geflogen, hatte ein Auto gemietet und war zu Chius Wohnhaus im Silicon Valley gefahren. Wie Megan einige Wochen zuvor, hatte auch sie die feste Absicht, nett, aber beharrlich zu bleiben, und ein mentales Skript im Kopf.

In der Auffahrt werkelte ein Mann an einem Auto herum. Jodi stellte sich vor und fragte ihn, ob Rowena Chiu zu Hause sei. Nein, sie sei außer Landes, antwortete er. Aber er sei ihr Ehemann und absolut sicher, dass seine Frau nicht mit Journalisten sprechen wolle. Ob sie wohl bitte gehen könne?

Jodi nickte, fragte ihn jedoch, bevor sie sich zum Gehen wandte, ob sie nicht ein paar Worte mit ihm sprechen könne, ganz inoffiziell, gleich hier auf der Auffahrt. Sie wolle ihm wenigstens erklären, warum sie den weiten Weg von New York auf sich genommen hätte.

Er sagte seinen Namen nicht, aber den kannte sie bereits: Andrew Cheung. Sie versuchte, sein Gesicht zu lesen. Es musste seltsam für ihn sein: Da wäscht man in aller Ruhe sein Auto, und dann steht da plötzlich eine Reporterin.

Cheung nickte zögernd. Sobald Jodi grob skizziert hatte, worum es ging, begann er, Fragen zu stellen. Sie sei nicht die einzige Journalistin, die versuche, seine Frau zu kontaktieren, sagte er. Warum denn all diese Reporterinnen und Reporter hinter ihr her seien?

Jodi wunderte sich. Er kannte doch mit Sicherheit die

Antwort auf diese Frage. Es schien unmöglich, dass zahlreiche Kollegen versuchten, seine Frau zu kontaktieren, und er keine Ahnung hatte, weswegen. Vielleicht war das nur ein Test, um herauszufinden, wie viel Jodi wusste, und er bediente sich desselben Musters, das Megan bereits von der ehemaligen Assistentin kannte, die sie im Haus ihrer Mutter in dem New Yorker Vorort aufgestöbert hatte: einfach leugnen, dass überhaupt etwas passiert war.

Wie sollte sie reagieren? Lügen konnte sie nicht. Schließlich war sie vor dem Haus dieses Mannes aufgetaucht und hatte ihn um ein Gespräch gebeten. Wenn sie wollte, dass das Ehepaar ihr gegenüber etwas mitteilsamer wurde, dann musste auch sie etwas preisgeben. Allerdings kannte sie zu diesem Zeitpunkt die Details der Anschuldigungen nicht, und wenn er wirklich keine Ahnung hatte von dem, was damals in Venedig passiert war, dann sollte er es jedenfalls nicht von ihr erfahren.

Jodi teilte ihm so sanft wie möglich mit, dass sie den Verdacht hätte, Harvey Weinstein könnte sich an seiner Frau vergangen haben, und machte sehr deutlich, dass sie sich auch irren könnte. Als sie einen Vergleich erwähnte, lachte Cheung und deutete auf das relativ einfache Haus hinter sich. »Sehe ich wie jemand aus, dessen Frau einen Vergleich geschlossen hat?«[19]

Er weiß wirklich nichts, wurde Jodi mit Schrecken klar. Diese Frau hatte ihrem Ehemann nie etwas von der Sache erzählt. Noch so viele Jahre später hatten die Verschwiegenheitsklauseln bizarre Auswirkungen: eine Frau, die mit ihrem Ehemann nicht über ihre Erlebnisse sprechen durfte, und ein Ehemann, der zweifelnd in seiner eigenen Auffahrt stand und gerade von einer Fremden erfahren hatte, dass seine Frau ein Geheimnis hatte. Er versprach, ihr eine Nachricht weiterzuleiten, meinte aber, er sei sich ganz sicher, dass Rowena in Ruhe gelassen werden wolle. Wenn Weinstein sich wirklich an so vielen Frauen vergangen hätte, könne sie dann nicht einfach ihren Artikel schreiben und seine Frau aus dem Spiel lassen?

Bevor sie abfuhr, beantwortete Jodi, die inständig hoffte, die Lage nicht gerade noch verschlimmert zu haben, seine Frage: »Wenn das alle so sehen, dann wird diese Story nie geschrieben.«

Nachdem sie weg war, fragte Cheung wegen Jodis Besuch bei seiner Frau nach, die zu diesem Zeitpunkt ihre Eltern in Großbritannien besuchte, aber Rowena wiegelte ab, und er wollte nicht weiter nachbohren. Er wusste, dass sie bei Miramax gearbeitet hatte, doch weil er weder von der mutmaßlichen Nötigung noch von dem Vergleich Kenntnis hatte, entging ihm auch jenes Detail, das in diesem Zusammenhang die deutlichste Sprache sprach: Neun Monate nach dem Filmfestival in Venedig war Chiu zu ihrem ehemaligen Arbeitgeber zurückgekehrt.

Sie hatte das nicht gewollt. Doch ebenso wie Perkins stellte sie fest, dass es aussichtslos war, sich unter dem Umstand der Geheimhaltungspflicht bei anderen Unternehmen der Filmbranche in London vorzustellen. Miramax hatte ihr als Teil der Vergleichsvereinbarung bereits ein Empfehlungsschreiben übergeben, also hatte sie Steve Hutensky, den Anwalt des Unternehmens, um Hinweise auf offene Stellen bei anderen Organisationen gebeten.

Die Nachricht, die sie daraufhin bekam, lautete wie folgt: *Harvey schätzt dich wirklich sehr und würde sich freuen, wenn du zurückkämst.*

Chiu gab klein bei und kehrte im Sommer 1999 zu Miramax zurück. Sie ging, als Scout für mögliche Hollywood-Remakes asiatischer Filme, nach Hongkong. Bis auf eine Konferenzschaltung, bei der auch Hutensky in der Leitung war, um das Gespräch zu überwachen, hatte sie keinen direkten Kontakt zu Weinstein. Sie fragte sich, was andere Angestellte wussten – sie selbst konnte ihnen natürlich nichts erzählen.

»Ich tat mein Bestes, um einen Neuanfang zu machen. Es war ein völlig neues Land«, sagte sie. »Ich versuchte, es so zu sehen: ›Ich baue mir mein eigenes Imperium auf, und ich bin weit weg von New York und den sexuellen Übergriffen in der Miramax-Zentrale.‹« Anfangs stürzte sie sich mit ganzer Kraft in die Arbeit, um interessante asiatische Filme zu finden, stellte aber fest, dass Miramax sich nicht ernsthaft mit dem Material beschäftigte. Allmählich kam ihr der Verdacht, dass der Job nur als Vorwand diente, damit Weinstein sie unter Kontrolle behalten konnte.

»Es war ein Pakt mit dem Teufel«, sagte sie. Sie bekam Depressionen und unternahm zwei Selbstmordversuche, bevor sie Miramax ein für alle Mal verließ und wieder zurück nach London zog. Dort begann sie ein Betriebswirtschaftsstudium und baute sich ein neues Leben auf.

Zu dem Zeitpunkt, als Jodi in der Auffahrt ihres Hauses erschien, hatte sie zahlreiche Erfolge und gewagte Unternehmungen in der Geschäftswelt vorzuweisen. Und sie hatte vier Kinder, darunter ein Baby. Chiu sagte ihrem Ehemann, er solle Jodis Besuch einfach vergessen, und beruhigte ihn. Journalistinnen und Journalisten wären immer mal wieder bei ihr aufgetaucht, hätten jedoch nie etwas geschrieben, und sie glaube auch nicht, dass sie das jemals tun würden.

#

Am Donnerstag, dem 3. August, vierundzwanzig Stunden nach dem Lunch mit Zelda Perkins in London, saß Jodi an einem Picknicktisch der zweiten Frau gegenüber, auf die Amy Israel sie verwiesen hatte: Laura Madden.

Als Jodi sie gefragt hatte, ob sie vorbeikommen und mit ihr sprechen könne, hatte Madden zögernd zugestimmt. Sie lebte in Wales, machte in dieser Woche jedoch Urlaub in Cornwall, im äußersten Südwesten Englands, und hatte nur etwa eine Stunde Zeit. Jodi fuhr trotzdem hin. Die Flüge von London waren ausgebucht, also nahm sie eine fünfstündige Zugfahrt in Kauf. Eine Stunde vor Ankunft blieb der Zug liegen, und sie musste für den Rest des Weges einen Bus nehmen. Sie wollte Madden unbedingt sehen, denn in ihrer Story, die sie am Telefon bereits stockend zu erzählen begonnen hatte, lief vieles von dem zusammen, was die Reporterinnen bereits herausgefunden hatten.

Madden war 1992 gerade mal ein- oder zweiundzwanzig gewesen, ein irisches Mädchen vom Lande mit wenig Lebenserfahrung. Sie war auf einem Anwesen aufgewachsen, das ihrer Familie seit Generationen gehörte, und hatte sich dort ziemlich isoliert gefühlt. Von dem einstmals vorhandenen Vermögen war nicht mehr viel übrig – ihre Eltern betrieben auf dem Anwesen ein Hotel –, doch galt Maddens Familie unter den Einheimischen trotzdem als hochnäsig, als zu britisch. Als Kind las Madden viel und durchstreifte das Familiengrundstück, zu dem Farmen und Gärten gehörten. Sie hatte keine Universität besucht und war, abgesehen von einem mehrmonatigen Sprachkurs in Spanien, noch nie von zu Hause weggewesen.

Als in der Nähe Dreharbeiten für einen Film begannen, ergatterte sie einen Job. Ihre Aufgabe bestand darin, Komparsen anzuheuern. Dabei steckte sie sich mit dem Filmfieber an. Die Crew riet ihr, sich um einen Job bei dem Projekt *Das weiße Zauberpferd* (OT *Into the West*, 1992) mit Gabriel Byrne und Ellen Barkin zu bemühen. Sie wurde angenommen, und so kam es, dass sie eines Tages nach Dublin in Weinsteins Hotelzimmer geschickt wurde. Sie war ganz aufgeregt, weil sie für den Produzenten, den sie noch nie zuvor getroffen hatte, Telefonanrufe entgegennehmen und kleine Aufträge erledigen durfte. Als sie ankam, warteten Champagner und Sandwiches auf sie. Weinstein machte ihr Komplimente, meinte, allen an der Produktion Beteiligten seien ihr Talent und ihre große Einsatzbereitschaft aufgefallen.

»Er meinte, mir sei ein unbefristeter Job im Londoner Büro von Miramax sicher, und ich könnte sofort anfangen«, schrieb Madden später in einer E-Mail an Jodi. »Ich war ganz aus dem Häuschen, denn das war in der Tat mein Traumjob.«

Weinstein, der einen Bademantel trug, sagte Madden, er sei ziemlich erschöpft von der Reise und hätte gerne eine Massage von ihr. Sie lehnte ab. Er drängte sie, sagte ihr, das würden alle machen, es handele sich nicht um eine romantische Avance, er müsse sich einfach nur entspannen. »Ich fühlte mich völlig gefangen in einer Situation, von der ich instinktiv wusste, dass daran etwas falsch war«, erinnerte sie sich. »Aber ich war mir nicht sicher, ob das Problem nicht vielleicht bei mir lag und das Ganze völlig normal war«, schrieb Madden.

Als er seinen Bademantel auszog und Madden ihn berührte, erstarrte sie. Er schlug vor, zuerst sie zu massieren, um ihr die Befangenheit zu nehmen. Auf seine Anweisung hin zog sie ihr Top aus, dann auch den BH, und er betatschte sie von oben bis unten. Sie war angeekelt, hatte gleichzeitig jedoch Angst, den Job im Londoner Büro zu verlieren.

Erst Monate später, als die Story schon in der Welt war,

erzählte Madden auch die letzten schlimmen Details. Bald war auch ihr Höschen ausgezogen. Weinstein stand über ihr, nackt, und masturbierte. »Ich lag auf dem Bett und hatte schreckliche Angst. Ich fühlte mich beschmutzt und war zutiefst erschüttert«, schrieb sie. Sie bat ihn, sie in Ruhe zu lassen. Doch er forderte immer neue sexuelle Gefälligkeiten von ihr, dieselben, die Ashley Judd beschrieben hatte – könnten wir nicht dies, könnten wir nicht das. Weinstein schlug vor, gemeinsam zu duschen, und Madden war so betäubt, dass sie nachgab. Unter der Dusche masturbierte er weiter, und Madden weinte so laut, dass der Produzent schließlich verärgert schien und hinausging. Immer noch schluchzend, schloss sie sich im Badezimmer ein. Ihr schien, als hörte sie ihn auf der anderen Seite der Tür noch immer masturbieren.

Bei dem ersten Treffen mit Jodi beschrieb Madden unter Auslassung der Details, wie sie irgendwann aus dem Bad gestürmt sei, ihre Kleidung und Habseligkeiten zusammengerafft habe und weggelaufen sei. (Weinstein leugnete später ihre Darstellung in vollem Umfang).

Das Schmerzlichste dabei war, dass sie am Beginn ihrer Arbeit so enthusiastisch gewesen war, geradezu kribbelig angesichts dieser Chance und des Glücks, das sie gehabt hatte. »Die überwältigenden Gefühle, an die ich mich immer noch erinnern kann, waren Scham und Enttäuschung darüber, dass etwas, das so vielversprechend begonnen hatte, derartig schmutzig endete«, sagte sie. »Der ganze Optimismus, den ich für meine Zukunft verspürt hatte, wurde mir durch ihn genommen. Die Hoffnung, dass ich mir dieses Jobangebot durch meine eigene Leistung verdient hatte, war dahin.«

Nach den Geschehnissen rief eine Kollegin, die sie um Unterstützung gebeten hatte, bei Weinstein an und konfrontierte ihn mit seinem Verhalten. Er entschuldigte sich bereitwillig. »Ich solle die Stelle annehmen und mich auf keinen Fall kompromittiert fühlen«, sagte Madden. Der Produzent schwor, so etwas werde nie wieder vorkommen.

Madden nahm den Job in London an und arbeitete die folgenden sechs Jahre über an Produktionen des Mannes mit, der sich an ihr vergangen hatte. Sie fühlte sich dort relativ sicher, weil sein Hauptwohnsitz in den Vereinigten Staaten lag. Letztendlich wäre es ja genau die Arbeit gewesen, die sie immer gewollt hätte, sagte sie. Ihr Vater, zunächst wegen der unmöglichen Behandlung seiner Tochter außer sich vor Wut, unterstützte am Ende ihre Entscheidung.

Doch Madden war niemals wirklich glücklich bei Miramax. Besuchte der Produzent die Londoner Dependance, wusste sie nie, mit welcher Version von ihm sie es zu tun bekommen würde: der charmanten oder der gefährlichen. Sie hätte noch jede Menge weitere unangenehme Momente mit Weinstein in Hotelzimmern gehabt, sagte sie, auch wenn keiner davon so schlimm gewesen sei wie der erste. Sie hätte sich während der ganzen Zeit, die sie bei dem Unternehmen angestellt war, von dem »kompromittiert« (so ihre eigene Wortwahl) gefühlt, was gleich zu Beginn passiert war. »Ich trug die Last des Gefühls, für diesen Übergriff selbst verantwortlich gewesen zu sein. Dass ich mich ihm eigentlich gleich hätte offen widersetzen müssen und den Job niemals hätte annehmen dürfen«, schrieb sie später.[20]

Maddens Geschichte war eine Art Destillat. In ihr kamen alle Elemente dessen zusammen, was Jodi und Megan inzwischen »Das Muster« nannten: die Eckpfeiler von Weinsteins Verhalten, seine Schachzüge, die sich laut allen Berichten stark ähnelten. Jede dieser Storys war schon für sich allein genommen erschütternd, aber noch vielsagender, noch beunruhigender war die frappierende Ähnlichkeit ihrer Wiederholungen. Schauspielerinnen und ehemalige Angestellte des Filmunternehmens, Frauen, die einander nicht kannten, in verschiedenen Ländern lebten, erzählten den Reporterinnen Varianten ein und derselben Geschichte, benutzten teilweise dieselben Wörter, beschrieben unglaublich ähnliche Szenarien: hochmotivierte junge Frauen, frisch eingestellt bei Miramax, die hofften, Kontakt zum Produzenten zu bekommen. Hotelsuiten. Champagner. Weinstein im Bademantel. Sie waren so jung gewesen, so überrumpelt. Alle hatten sie gewollt, was Laura Madden wollte: ihr entsprechendes Äquivalent dieses Jobs im Londoner Büro, die Chance zu arbeiten, teilzuhaben und erfolgreich zu sein.

Bei ihrem Gespräch mit Madden erwähnte Jodi nicht ihr Mittagessen am Tag zuvor mit Perkins, und sie hatte Perkins auch von Madden nichts erzählt. Sie durfte nicht: Die Gespräche waren vertraulich. Obwohl die beiden Frauen Seite an Seite im Londoner Büro gearbeitet hatten, hatten sie ihre schmerzlichen Geschichten nie miteinander geteilt. Beide waren isoliert; keine war imstande, das ganze Bild zu sehen. Es wäre zu schön gewesen, alle mutmaßlichen Opfer Weinsteins zusammenzubringen, ihnen zu zeigen, dass jede von ihnen ein Puzzleteil von etwas Größerem darstellte. Doch das wäre höchst riskant, selbst mit ihrer Einwilligung, und zwar sowohl für die Frauen als auch für die Reporterinnen. Keine der Quellen durfte erfahren, wer die anderen waren. Angst war ansteckend, das wussten sie. Eine Frau konnte alle anderen überreden, sich aus der Sache zurückzuziehen. Eine einzige undichte Stelle konnte alles zunichtemachen.

Zuvor hatte Madden am Telefon gesagt, dass sie niemals imstande sein würde, die Story in aller Öffentlichkeit zu erzählen. Jetzt, da sie nebeneinander am Strand saßen, bekam

Jodi ein klareres Bild von ihr. Etwas an Madden war auf stille Weise beeindruckend. Sie achtete sorgfältig darauf, woran sie sich erinnerte und woran nicht. Ihre Beschreibungen waren besonnen, mit Blick für Nuancen und Details. Nach ihrer Zeit bei Miramax war sie Mutter geworden, und das hatte sie sehr glücklich gemacht. Doch jetzt war sie an einem entscheidenden Punkt ihres Lebens angelangt, an dem sie kämpfen musste. Gerade war ihre Ehe gescheitert, und sie versuchte herauszufinden, wie sie als alleinerziehende Mutter von vier Kindern im Alter von elf bis sechzehn Jahren über die Runden kommen sollte. Vor kurzem hatte sie Brustkrebs gehabt. Sie hatte eine Brust verloren und würde sich in den kommenden Monaten, neben einem rekonstruktiven Eingriff, einer zweiten Mastektomie unterziehen müssen. Seit ihrer Kündigung bei Miramax hatte sie nie wieder Vollzeit gearbeitet, nur kurz ein kleines Catering-Unternehmen betrieben. Gerade war sie dabei, eine Ausbildung als Landschaftsgärtnerin zu beenden, aber ihr Selbstvertrauen war ziemlich erschüttert. Das alles erwähnte sie Jodi gegenüber zu diesem Zeitpunkt nicht, doch zwischen dem Scheitern ihrer Ehe und dem Verlust ihrer Brüste hatte sie das Gefühl, dass ihr ganzes Selbstverständnis als Frau in Frage stünde, und sie fragte sich, ob sie sich wohl jemals wieder attraktiv oder begehrt fühlen würde. Während ihres Gesprächs am Strand wurde Jodi klar, dass selbst dieser Urlaub für Madden eine Herausforderung war. Sie war es nicht gewohnt, die Sommerferien allein zu verbringen.

Abgesehen davon war Madden das Gefühl niemals losgeworden, dass das Ganze irgendwie auch ihre eigene Schuld gewesen sei. (Darum hatte sie Jodi nur eine gekürzte Version der Geschichte geschildert.) Dass sie nie öffentlich darüber sprechen könne, sagte sie Jodi, weil sie zu viel Angst hätte, dafür verurteilt zu werden, dass sie nicht weggelaufen sei.

Dennoch spräche sie hier im Vertrauen mit ihr, weil sie vor Beginn ihres persönlichen Austausches einen Anruf erhalten hätte. Pamela Lubell, eine ehemalige Assistentin von Weinstein, mit der sie seit fast zwei Jahrzehnten nichts mehr zu tun gehabt hatte, hatte sich bei ihr gemeldet und sich darüber ausgelassen, wie viel Glück sie alle doch gehabt hätten, für Miramax arbeiten zu dürfen, und wie nett Weinstein gewesen sei. Dann hatte sie gefragt, ob Madden Anrufe von irgendwelchen Journalisten erhalten hätte – »Zeitungskakerlaken«, wie sie sich ausdrückte –, und verlangte von ihr, nicht mit ihnen zu reden. Madden lehnte jedes dahingehende Versprechen ab, woraufhin Lubell sie immer wieder angerufen und unter Druck gesetzt hätte. »Falls du jemals ein Projekt haben solltest, das du gern machen würdest, kannst du es zu mir bringen. Und ich bringe es dann zu Harvey«, hatte sie gesagt. Madden war sicher, dass Weinstein ihre alte Kollegin auf sie angesetzt hatte, und sprach diesen Verdacht ihr gegenüber auch ganz offen aus. Ja, Weinstein habe sie belästigt. Nein, sie könne ihr nicht zusichern, dass sie nicht darüber sprechen würde. Tatsächlich war sie außer sich vor Wut, wie man hier versuchte, sie zum Schweigen zu bringen. Deshalb hatte sie Jodis ersten Anruf angenommen.

Jodi bat Madden, sich einmal rein hypothetisch vorzustellen, was passieren würde, wenn sie ihre Story öffentlich machte. Sie skizzierte den wachsenden Umfang der Anschuldigungen, ohne Namen zu nennen, sagte Madden, dass ihre Story unglaublich wichtig wäre für andere, und versprach ihr, alles vor der Veröffentlichung noch einmal mit ihr durchzugehen und zu tun, was in ihrer Macht stünde, damit das Ganze so würdevoll wie möglich abliefe. Sollte

Weinstein auf irgendeine Weise zurückschlagen, dann würde das sein Schicksal nur besiegeln, fügte sie hinzu.

Madden blieb vorsichtig, versprach aber, darüber nachzudenken. Sie wollte, dass die Story funktionierte. Jetzt, da Jodi um die persönlichen Schwierigkeiten wusste, in denen Madden steckte, war sie in Sorge, dass es einfach das falsche Timing war, der falsche Zeitpunkt für die ehemalige Assistentin, sich zu äußern. Doch Madden dachte ganz im Stillen genau das Gegenteil: »Es fühlte sich so an, als würde mein ganzes Leben in sich zusammenfallen«, sagte sie. »Auf ein bisschen mehr schien es da auch nicht mehr anzukommen.« Sie sehnte sich danach, proaktiv zu sein, etwas Positives zu tun.

Und im Geiste formulierte Madden sogar ein noch stärkeres Argument. Sie erkannte, dass sie frei war. Sie arbeitete nicht mehr in Hollywood. Und was noch entscheidender war: Sie hatte weder Geld für ihr Schweigen erhalten noch irgendeine Vertraulichkeitsvereinbarung unterschrieben. Sie begann sich zu fragen, ob sie nicht sogar die Verpflichtung hätte, sich öffentlich zu äußern, weil andere schweigen mussten.

Derweil unternahm Megan in New York einen letzten Versuch, die mysteriöse Beschwerde zu finden, die 2001 beim California Department of Fair Employment and Housing gegen Miramax eingegangen war. Sie brauchte die Hilfe von jemandem, der sich auf dem Gebiet auskannte und verstand, warum Megan nicht aufgeben wollte. Sie schickte eine E-Mail an Gloria Allred. Megan hatte die feministische Anwältin im Oktober 2016 während ihrer Berichterstattung zu Trumps Umgang mit Frauen kennengelernt. Nach der Veröffentlichung des *Access-Hollywood*-Videos vertrat Allred mehrere Opfer, die ihre Anschuldigungen gegen Donald Trump öffentlich gemacht hatten. Sie hatte strengstens kontrollierte Pressekonferenzen angesetzt, ihre Mandantinnen getröstet, wenn diese vor laufender Kamera in Tränen ausbrachen. Als Trump begann, gegen die Frauen, die ihn beschuldigten, auszuteilen, schlug Allred zurück.

Manche Journalisten und Kritikerinnen hielten sie für eine schamlose Selbstdarstellerin. Doch nachdem sie Allreds Autobiografie[21] gelesen und lange mit ihr gesprochen sowie einige ihrer ehemaligen Mandantinnen und Kolleginnen interviewt hatte, nahm Megan sie sehr ernst. Sie wusste, dass Allred als junge, alleinerziehende Mutter für das ihr zustehende Kindergeld gekämpft hatte, im Alter von fünfundzwanzig Jahren unter Vorhaltung einer Pistole vergewaltigt worden war und eine illegale Abtreibung hinter sich hatte, an der sie beinahe gestorben wäre. Allreds Entschlossenheit, andere Frauen zu schützen und Opfern eine Stimme zu geben, war nichts als das Ergebnis dessen, was sie selbst durchgemacht hatte.

Doch es gab etwas, das Megan zögern ließ, Allred in der Weinstein-Untersuchung um Hilfe zu bitten: das seltsame Gebaren von Lisa Bloom, Allreds Tochter. Als sie mit Allred sprach, erwähnte sie daher nicht Weinsteins Namen, sagte nur, sie bräuchte einen Rat, wie sie an eine alte Beschwerde wegen sexueller Belästigung bei einer Regierungsbehörde ihres Bundesstaates herankommen könne. Allred hielt sich sehr bedeckt, konnte ihr kaum weiterhelfen. Was Megan nicht klar war und was sie auch niemals vermutet hätte: Allreds Kanzlei saß auf diversen Aufzeichnungen über Weinstein, welchen, die weder die Regierung noch die Öffentlichkeit jemals zu Gesicht bekommen hatten.

Während die Anwältin ihren Ruf als Stimme der Opfer

sexueller Übergriffe kultivierte, erzielte sie ihre Einnahmen zum Teil aus der Verhandlung von geheimen Vergleichen, die ebendiese Opfer zum Schweigen brachten und Anschuldigungen wegen sexueller Belästigung und Nötigung ein für alle Mal verstummen ließen. 2011 hatten sie und ein Partner einen Vergleich für O'Reilly ausgehandelt – einen von jener unfassbar restriktiven Sorte, das er Emily Steels Aufmerksamkeit erregt hatte.[22] Als die Öffentlichkeit gegen Ende 2016 zum ersten Mal vom Missbrauch von Eliteturnerinnen durch den ehemaligen Teamarzt Larry Nassar erfuhr, arbeitete Allred an einem Vergleich mit, der einer der Topathletinnen dieser Sportart, der Olympia-Medaillengewinnerin McKayla Maroney, einen Maulkorb anlegte.[23]

Erst Monate später erfuhr Megan, dass Allreds Kanzlei im April 2004 auch einen Vergleich mit Harvey Weinstein ausgehandelt hatte. Sein mutmaßliches Opfer – die Mandantin der Kanzlei – war Ashley Matthau (damals Anderson), die als Backup-Tänzerin bei *Dirty Dancing 2: Heiße Nächte auf Kuba* (OT *Dirty Dancing 2: Havana Nights*) mitgearbeitet hatte, einem Film, der im selben Jahr von Miramax produziert wurde. Matthau war zu diesem Zeitpunkt dreiundzwanzig Jahre alt, fühlte sich aber viel jünger. Sie hatte ihre Teenager-Jahre in der sehr behüteten Tanzszene verbracht und war mit dem American Ballet Theatre um die Welt gereist. Anschließend hatte das Schicksal sie in die Welt der Musikvideos, Playboy-Mansion-Partys und anderer aufregender Settings geführt, wo man von ihr erwartete, dass sie gut aussah und wenig sagte.

Was dann aber bei den Dreharbeiten geschah, hätte in ihr eine tiefsitzende Wut ausgelöst, erzählte Matthau. Während eines Besuchs am Filmset in Puerto Rico hätte Weinstein auf einem Treffen mit ihr in seinem Hotelzimmer bestanden, um in privater Atmosphäre über künftige Projekte zu sprechen. Als sie allein gewesen seien, sagte Matthau, habe er sie auf das Bett gestoßen, ihre Brüste betatscht und über ihr masturbiert. »Ich sagte immer wieder: ›Hören Sie auf, ich bin verlobt!‹«, erzählte Matthau Megan später. »Aber er antwortete nur: ›Wir kuscheln doch bloß ein bisschen. Das ist überhaupt kein Problem. Wir haben doch gar keinen richtigen Sex.‹« Am nächsten Tag hätte er ihr immer noch mehr Arbeit versprochen, als ginge es um einen Geschäftsabschluss. »Ich wollte nicht, dass er damit davonkam. Ich wollte für mich einstehen.«

Auf Drängen ihres Verlobten wandte sich Matthau an Gloria Allred. Er hatte sie im Fernsehen gesehen und dachte, sie könnte helfen. Allred verwies Matthau an ihren Partner, John West, der sie ermutigte, einen privaten außergerichtlichen Vergleich anzustreben. Aus Angst, sich öffentlich mit Weinstein und all seiner Macht anzulegen, hatte sie dem Vergleich schnell zugestimmt und war einverstanden gewesen, 125 000 US-Dollar anzunehmen. Im Gegenzug musste sie das rechtlich bindende Versprechen abgeben, niemals wieder über die von ihr erhobenen Anschuldigungen zu sprechen. »Ich erinnere mich, dass John nicht besonders ernsthaft verhandelt hat, weil er dachte, ich sei emotional am Ende und hätte es nicht im Griff«, erklärte Matthau. »Er schlug vor, ich solle einfach das Geld nehmen, meiner Wege gehen und versuchen, gesund zu werden.« Der Anteil der Kanzlei an dem Deal waren 40 Prozent der Abfindungssumme.[24]

West und Allred weigerten sich, im Zusammenhang mit Matthaus Mandat einen Kommentar abzugeben. Doch in einem extra Interview brachte Allred dieselben Argumente für Geheimhaltungsvereinbarungen vor, die die Reporterinnen bereits kannten: Sie seien für die Mandantinnen besser;

viele der Frauen wollten ihre Privatsphäre schützen und hätten Angst, von ihren Arbeitgebern aus dem Unternehmen gedrängt zu werden; vor Gericht zu gehen sei ein hohes Risiko und könne Jahre dauern. »Nie hat irgendwer irgendwen gezwungen, eine Vertraulichkeitsvereinbarung zu unterzeichnen«, sagte sie zu Megan. »Keiner hält ihnen eine Pistole an die Schläfe.«

Allred räumte allerdings die harte Wahrheit ein: Die Verschwiegenheitsklauseln dienten auch den Tätern, denen, die sich sexuellen Fehlverhaltens schuldig gemacht hatten. »Die Mandantinnen sagen immer: ›Ich will eine Entschädigung dafür, Sie haben eine beträchtliche Summe für mich herausgeholt, ich bin damit sehr zufrieden, aber warum soll ich das alles geheim halten?‹«, sagte Allred. »Nun, weil diese einflussreiche Persönlichkeit in Frieden gelassen werden will, einen Schlussstrich ziehen und ebenso nach vorn schauen will in ihrem Leben wie Sie.«

Im Jahr 2017 gelangte eine Vereinigung von Anwälten für Verbraucherrecht[25] in Kalifornien, dem Bundesstaat, in dem auch Allred lebte, zu der Einsicht, dass diese Argumentationslinie gefährlich war. Die Opfer sexueller Übergriffe verdienten eine finanzielle Entschädigung, doch sollten Vergleiche nicht dazu dienen, diese Dinge zu vertuschen und so raubtierhaftes Verhalten weiterhin zu ermöglichen. »Wenn es da draußen jemanden gibt, der regelmäßig sexuelle Übergriffe begeht, dann können Sie diese Geheimnisse nicht für sich behalten, weil die Übergriffe dann weiterhin passieren«, sagte Nancy Peverini, Lobbyistin der Gruppe, später zu Megan.

Im Januar desselben Jahres hatte Connie Leyva, Abgeordnete im Oberhaus des kalifornischen Parlaments, in Betracht gezogen, Mittel für die Ausarbeitung eines von diesen

Anwälten eingeforderten Gesetzes bereitzustellen, das die Vergleichspraxis im Zusammenhang mit sexueller Belästigung und Missbrauch in Kalifornien grundlegend verändern würde. Verschwiegenheitsklauseln sollten verboten und es sollte sichergestellt werden, dass künftige Opfer über die Taten sprechen und die Täter namentlich benennen durften. Dies war genau der Anstoß, den Katie Benner im Page-One-Konferenzraum der *Times* ihren Kolleginnen gegenüber erwähnt hatte.

Dann trat Allred auf den Plan. Bei einem angespannten Telefongespräch mit Lobbyisten und einem Referenten aus Leyvas Büro blieb Allred unerbittlich: Belästiger würden nie irgendwelche Zahlungen an die Opfer leisten, ohne dafür im Gegenzug ein Schweigeversprechen zu bekommen. Sollte der Gesetzentwurf vorgelegt werden, würde sie höchstpersönlich nach Sacramento reisen und im State Capitol dagegen stimmen.[26]

Kein Gesetzentwurf zum Schutz der Opfer hätte einer öffentlich geführten Attacke durch Gloria Allred standgehalten, das wussten die Verbraucheranwälte genau. Sie konnte sich der Unterstützung der vielen Fans sicher sein, die sie für die beste Anwältin aller Zeiten hielten. Wenig überraschend gab Connie Leyva ihre Pläne zur Finanzierung des Gesetzentwurfs auf. Angesichts von Allreds Drohung wurde ein Anlauf, das System zu reformieren und den Opfern ihre Stimme zu lassen, im Keim erstickt.

Kapitel 4

»POSITIVE REPUTATION MANAGEMENT«

Am 12. Juli versammelte Dean Baquet, der Chefredakteur der *Times*, Jodi, Megan, Corbett und Matt Purdy in seinem Büro, um zu hören, wie es mit der Weinstein-Story voranging. Aber er hatte auch Anweisungen parat.

Baquets Büro war ein abgetrennter Bereich innerhalb der Nachrichtenredaktion. Dort gab es nicht nur mehr Platz und Ruhe, sondern auch jede Menge Erinnerungsstücke aus einem ganzen Leben im Zeitungsgeschäft. Baquet war in New Orleans aufgewachsen, in einer Wohnung hinter dem kreolischen Restaurant seiner Eltern.[1] Es war so bescheiden, dass als Kasse ursprünglich eine Zigarrenkiste diente. Der erste schwarze Chefredakteur der *Times* sprach mit seinen Mitarbeitern nur selten über seine persönlichen Erfahrungen mit Rassismus, gerne aber darüber, dass man die Mächtigen zur Rechenschaft ziehen müsse und wann man im Umgang mit ihnen aggressiv oder besser zurückhaltend sein solle.

An diesem Tag wollte Baquet seinen Leuten besonders eins vermitteln: Seht euch vor! Als im Jahr 2014 in Cambridge, Massachusetts, eine frühe Version von Weinsteins problembelasteter Musical-Produktion *Finding Neverland* auf die Bühne kam, hatte der Produzent versucht, die Zeitung davon abzuhalten, eine Rezension darüber zu bringen. Er wusste genau, dass eine einzige schlechte Kritik das Schicksal der Show besiegeln würde. Er hatte sich bei Baquet und dem damaligen Verleger Arthur Sulzberger beschwert und eine nicht allzu subtile Anspielung auf die Summen gemacht, die er für Werbung in ihrer Zeitung ausgab. Außerdem hatte er sich auf eine Tradition berufen, nach der New Yorker Publikationen keine Rezensionen von Probeaufführungen in anderen Städten brachten. Doch eine der Kulturredakteurinnen hatte Baquet eingeredet, diese Regel sei veraltet: *Finding Neverland* sei eine Großproduktion und im Zeitalter des Internets ohnehin kein Geheimnis mehr. Als Weinstein diese Antwort hörte, kündigte er an, Baquet solle sich auf einen Anruf von niemand Geringerem als Meryl Streep höchstpersönlich gefasst machen.

Der Anruf der berühmten Schauspielerin fand nie statt. Stattdessen wurde Baquet von David Boies kontaktiert[2], einem der prominentesten Anwälte des Landes. Boies hatte in den 1990er-Jahren die Kartellrechtsklage der US-Regierung gegen Microsoft verhandelt, 2000 Al Gore bei der Anfechtung der Präsidentschaftswahl vertreten und daran mitgearbeitet, den Supreme Court davon zu überzeugen, das Verbot der gleichgeschlechtlichen Ehe in Kalifornien zu kippen. Seit 2001 war er als juristischer Berater für Harvey Weinstein tätig. Doch als er 2014 Baquet anrief, um ihn davon zu überzeugen, auf eine Rezension der Probeaufführung von *Finding Neverland* zu verzichten, begann er das Gespräch mit folgenden Worten: »Ich rufe nicht als Harveys Anwalt an, sondern als Harveys Freund.«[3] Baquet empfand den Anwalt in dieser Sache als unaufrichtig und seinen kumpelhaften Lass-mich-hier-mal-was-für-dich-klarstellen-Ton zudem als herablassend. Er weigerte sich, seine Haltung zu ändern.

Im darauffolgenden Jahr stand die Broadway-Premiere von

Finding Neverland bevor, und die *Times* arbeitete an einer Story über die Produktion des Musicals. Weinstein brüllte eine Kulturredakteurin des Blattes an und verlangte, jede Erwähnung eines gerade hochkochenden Skandals zu unterlassen: Gegen ihn waren in New York Ermittlungen eingeleitet worden, und zwar in Zusammenhang mit einer Beschwerde von Ambra Battilana Gutierrez wegen sexueller Belästigung. Der Produzent behauptete beharrlich, die Anschuldigung sei reine Erfindung, und forderte von der *Times*, das Ganze zu ignorieren, obwohl es hier und auch in anderen Medien bereits ausführlich besprochen wurde.

Baquet wies seine Mitarbeiter an, alles sehr sorgfältig zu dokumentieren, und untersagte Weinstein ausdrücklich, je wieder in einem solchen Ton mit seinen Journalisten zu sprechen. »Sie und ich werden bald ein sehr unerquickliches Gespräch darüber führen, wie mit meinen Mitarbeitern umzugehen ist«, hatte der Chefredakteur im März 2015 in einer E-Mail an Weinstein geschrieben. »Ein höchst unerquickliches, verlassen Sie sich darauf.«

Eine investigative Recherche zu Weinsteins Umgang mit Frauen hatte weitaus größere Auswirkungen als jede Theaterrezension, und Baquet sagte voraus, dass Weinstein alles in seiner Macht Stehende tun würde, um sie zu verhindern. Der Chefredakteur hängte es nicht an die große Glocke, aber sowohl Weinstein als auch Boies hatten ihn und den Verleger bereits wiederholt angerufen und um vertrauliche Gespräche gebeten.

Baquet bat Jodi und Megan eindringlich, bei ihrem weiteren Vorgehen zwei Dinge zu beachten. Erstens sollten sie damit rechnen, dass Weinstein sich zunehmend verzweifelterer Methoden bedienen – etwa Privatdetektive anheuern – würde, um sie oder ihre Quellen ausfindig zu machen oder in ihrer

Vergangenheit herumzuwühlen. Er sah den beiden tief in die Augen. »Gehen Sie davon aus, dass jeder Ihrer Schritte beobachtet wird. Führen Sie jedes Gespräch so, als ob es heimlich mitgeschnitten würde.« Zweitens bat Baquet die Reporterinnen, bloß kein vertrauliches Gespräch mit Weinstein zu führen. Das würde Disziplin verlangen. Welcher Journalist wäre nicht scharf darauf, direkt mit einer Person zu sprechen, über die er berichtete? Doch Jodi und Megan müssten strategisch vorgehen, meinte Baquet. Weinstein ein vertrauliches Gespräch zu gestatten würde ihm die Möglichkeit bieten, ihnen ungestraft Lügen aufzutischen. Falls er etwas zu sagen hatte, dann musste er es laut sagen, in aller Öffentlichkeit.

Als Jodi in der ersten Augustwoche einen unerwarteten Telefonanruf erhielt, begann Megan, Baquets Instruktionen in Frage zu stellen. Der Anruf kam von Lanny Davis, einem Washingtoner Anwalt aus der Ära Clinton, der ein lukratives Geschäft als Krisenberater betrieb und häufig zwielichtige Personen vertrat, darunter afrikanische Staatschefs, über die die *Times* berichtet hatte. Er sei soeben von Weinstein angeheuert worden und wolle vertraulich mit ihr sprechen. Als Jodi ihm sagte, dass alle Gespräche aufgezeichnet werden müssten, und er dies ablehnte, wandte sie sich an Megan und Corbett. Während Jodi noch auf deren Rückmeldung wartete, stellte Davis ihr eine Frage nach der anderen: Ob sie sich treffen könnten, unverzüglich? Ob David Boies dazukommen könne? »Er ist ein enger Freund des Mandanten«, schrieb er in einer E-Mail und wiederholte damit jenen Satz, über den sich Baquet all die Jahre zuvor so geärgert hatte.

Jodi und Corbett hatten bereits mit Lanny Davis zu tun gehabt. Er war ein Mann der alten Schule, nach außen freundlich und verbindlich, aber es kam auch vor, dass er Reporterinnen und Reporter anbrüllte, die seiner Auffassung nach ihn oder seine Mandanten unfair behandelten.

Trotz allem, was Baquet gesagt hatte, beharrte Megan darauf, sich mit Davis zu treffen. Sie fand die Argumente ihres Chefs nachvollziehbar, hatte jedoch andere Erfahrungen gemacht: Menschen, die etwas zu verbergen hatten, konnten sich in einem zwanglosen Gespräch auch leicht mal verplappern. Außerdem war sie neugierig. Wie war es Weinstein gelungen, frühere Ermittlungen durch Journalisten abzuwürgen? Wenn der Produzent tatsächlich etwas im Schilde führte, dann wollte sie das lieber früher wissen als später.

Megan schlug vor, sie und Jodi sollten ein Hintergrundgespräch mit Davis führen, was bedeutete, dass sie weiter über das, was er sagte, schreiben und berichten könnten, solange sie nichts davon mit seinem Namen in Verbindung brachten. Einige Tage später sagte Corbett, sie hätten von ihr und Baquet grünes Licht und könnten sich mit Davis treffen. Unter zwei Bedingungen – die Zusammenkunft dürfe nicht als Ersatz für ein offizielles Gespräch mit Weinstein dienen, und Boies dürfe nicht daran teilnehmen. Die Reporterinnen sollten zwar sehr direkt sein, aber keinesfalls etwas über die Schauspielerinnen und ehemaligen Angestellten preisgeben, die inzwischen begonnen hatten, in aller Stille ihre verstörenden Geschichten zu erzählen.

Als Jodi Davis anrief, um die Details des Treffens festzumachen, streute der eloquente PR-Mann gleich Informationen über seinen Mandanten ein. Weinstein mache »gerade eine sehr schwere Zeit durch« und reagiere »nicht immer rational«.

Am 3. August nahm Davis im Konferenzraum der *Times* Platz und plauderte locker über Baseball und seine Jahre an der Juristischen Fakultät in Yale, wobei er auch erwähnte, dass er zu den engsten Freunden von Hillary Clinton gehöre. Als Zeichen für die Ernsthaftigkeit des Augenblicks war neben Jodi und Megan auch Corbett bei dem Treffen anwesend. Megan legte ihr iPhone auf den Tisch und startete mit Davis' Erlaubnis die Aufzeichnung. Das vertraute Klickgeräusch setzte dem Small Talk ein Ende.

»Ich bin nicht hier«, sagte Davis, »um den Versuch zu unternehmen, irgendetwas abzuwürgen, zu verdrehen oder in die falsche Richtung zu lenken.« Er hätte diverse andere Ziele im Kopf.

Das erste war Verteidigung. Er erwähnte den undurchsichtigen Vergewaltigungsvorwurf gegen Weinstein von Rose McGowan auf Twitter ein Jahr zuvor. Sein Team wusste, dass sie überlegte, ob sie die Anschuldigung in ihre Autobiografie aufnehmen sollte, an der sie gerade schrieb. Falls Jodi und Megan vorhätten, über die Vorwürfe zu berichten, bitte er sie um eine Möglichkeit, darauf zu reagieren.

Das war einfach. Selbstverständlich würde die *Times* Weinstein um eine Stellungnahme zu allen erhobenen Vorwürfen bitten.

Das zweite war ein Test: »Ich gehe davon aus, dass Sie keine Namen nennen, schon gar nicht in einer Story wie dieser. Doch wenn es Ihnen möglich wäre, mir mitzuteilen, worum es dabei im Großen und Ganzen geht, dann würde mir das sehr helfen, meinen Job zu machen. Denn schließlich soll ich Antworten auf Ihre Fragen geben und sicherstellen, dass sie der Wahrheit entsprechen.«

Auch das war leicht. Jodi und Megan sagten Davis, sie würden problematisches Verhalten Weinsteins gegenüber Frauen untersuchen, und beließen es dabei.

Sein drittes Ziel bestand darin, möglichst geballt die eigenen Informationen loszuwerden: Weinstein leugne zwar hartnäckig jeden Vorwurf der Vergewaltigung oder sexuellen Nötigung, sei sich aber der wachsenden Anzahl von Beschwerden über seinen Umgang mit Frauen durchaus bewusst, so Davis, und sehe sein früheres Verhalten inzwischen in einem anderen Licht. Bei den mächtigen Männern einer älteren Generation vollziehe sich gerade ein Wandel im Verständnis des Begriffes *einvernehmlich*, sagte er. Sie fingen langsam an zu begreifen, »warum Frauen nicht das Gefühl der Einvernehmlichkeit haben, auch wenn der Mann sich einredet, dass dem so ist«.

Worauf wollte Davis hinaus? Diese Frage war nicht so leicht zu beantworten. An diesem Tag und während der folgenden Wochen wurde ihnen immer klarer, dass er ein echter Profi war, was Kommunikation anging, und der Umgang mit ihm eine Herausforderung. Er machte Aussagen, die nicht genau zu deuten waren. Er warf ihnen kleine, hübsch verpackte Informationshäppchen über seine hochkarätigen Mandanten hin, doch einige seiner Behauptungen stellten sich als falsch heraus.

»Ich glaube, dass wir hier in Bezug auf diese Thematik eine Geschichte über die Evolution der Männer im Allgemeinen und Harvey Weinstein im Besonderen zu erzählen haben«, sagte Davis.

Und dann wurde es noch verschwurbelter: »Also vielleicht liegt darin ja eine sehr viel größere Story. Nämlich die, dass das, was da seit langer Zeit über Harvey und eine ganze Menge andere Leute in Hollywood, also Männer, mächtige Männer, kursiert, vielleicht etwas ist, das, wenn Sie mit Ihrem Artikel fertig sind, Männer auf einer sehr viel breiteren Basis erreichen kann, so dass sie ein anderes Bewusstsein für dieses Thema bekommen.«

Was genau versuchte Davis ihnen hier auf so umständliche

Art und Weise zu verkaufen? War Weinstein etwa bereit, Megan und Jodi ein Interview zu geben, in dem er über sein zweifelhaftes Benehmen Frauen gegenüber sprechen würde?

Davis sagte, er habe gerade damit begonnen, diese Möglichkeit mit Weinstein zu diskutieren, und erwähnte, sein Mandant wolle »das zuallererst mit seiner Frau und seinen Kindern klären«. Aber sein persönlicher Eindruck sei, dass der Produzent vielleicht tatsächlich geneigt wäre, diese Diskussion mit den Reporterinnen zu führen. »Ich bin zumindest ein klein wenig dahingehend ermutigt worden, dass das passieren könne«, sagte er.

Dies war das erste Treffen überhaupt mit Weinsteins Team, und sie schienen Fehlverhalten bereits einzuräumen – ein Hinweis darauf, dass die volle Bandbreite dessen, was sie herausfinden würden, noch weitaus schlimmer war. Falls es stimmte, dass Weinstein schon jetzt dazu bereit war, über die Vergehen zu sprechen, die er begangen hatte, dann konnte ein Interview mit ihm einen Meilenstein bedeuten, und die Ermittlungen wären viel einfacher, als sie sich das jemals hätten träumen lassen. Aber die Vorstellung, dass der Medienmogul einfach so in die Nachrichtenredaktion spazieren und offen über seine sexuellen Grenzüberschreitungen sprechen würde, war nicht plausibel. Kaum jemand gab solche Dinge zu, ohne mit unwiderleglichen Beweisen konfrontiert worden zu sein.

Die Journalistinnen sagten Davis, dass sie natürlich offen für alles seien, was der Produzent ganz offiziell zu sagen hätte. Und dabei beließen sie es. Falls Davis gerade versuchte, hier irgendeinen Kuhhandel zu veranstalten und ihre Ermittlungen abzuwürgen im Austausch gegen ein Interview, dann würde dieses Interview nicht stattfinden.

Stattdessen lenkte Megan das Gespräch noch einmal auf

Rose McGowan. Davis beharrte felsenfest darauf, ihr Vorwurf der Vergewaltigung sei falsch. Warum man McGowan nicht trauen könne? Nun, vor allem, weil es von ihrer Seite »keinen Aufschrei in unmittelbarem zeitlichem Zusammenhang« mit der behaupteten Tat gegeben habe. »Hat sie sich umgehend jemandem anvertraut? Wirkte sie verzweifelt?«, fragte er.

Doch McGowan hatte Megan und Jodi erzählt, dass sie nach ihrer Begegnung mit Weinstein 1997 in einem Hotelzimmer sehr wohl aufgelöst gewesen sei. Sie hatte ihrem Manager davon erzählt, danach einem Anwalt, der ihr half, die Abfindung in Höhe von 100 000 US-Dollar von Weinstein zu bekommen. Allerdings hatte sie bisher nicht offiziell mit irgendwelchen Journalisten gesprochen, und auch Megan und Jodi waren noch immer auf der Suche nach Belegen dafür, dass sie einen Vergleich geschlossen hatte. Vielleicht konnte Megan ja Davis dazu bringen, mehr über diese Ereignisse zu erzählen, und ihn damit so in die Enge treiben, dass sie von ihm die Bestätigung bekam, dass es eine Schweigegeldzahlung gegeben hatte.

Megan bohrte weiter: War Davis *ganz sicher*, dass McGowan zum damaligen Zeitpunkt keinerlei Anzeichen von Verzweiflung hatte erkennen lassen? Hatte Weinstein durch ihren Tweet im letzten Jahr tatsächlich *zum ersten Mal* davon erfahren, dass die Schauspielerin wegen eines Vorkommnisses mit ihm Probleme hatte?

Davis schwenkte leicht um: »Probleme?«, fragte er. »Ja, da … ihm war bewusst, dass es da Probleme gab, aber nicht, dass sie ihn der Vergewaltigung beschuldigte. Ich unterstreiche jetzt also mal ganz dick das Wort *Vergewaltigung*. Alles unterhalb dieser roten Linie, da war ihm klar, dass es da Probleme gab, dass …«

»Was für Probleme?«, fragte Corbett.

»Und falls die Probleme nicht mit einer Vergewaltigung zusammenhingen«, fragte Jodi, »womit dann?«

Davis hatte vorgehabt, den Journalistinnen zu erzählen, was Weinstein McGowan *nicht* angetan hatte. Jetzt musste er erklären, was der Produzent *getan* hatte. »Die einzige Art, wie ich auf diese Frage antworten kann, Jodi, basiert auf dem, was ich jetzt weiß. Es ist ein Gefühl, ausgebeutet zu werden wegen dieser unausgewogenen Machtverteilung. Ausgenutzt, ausgebeutet, es gibt da eine ganze Bandbreite von Verben, die beschreiben, was Frauen post facto oder mitten im Geschehen selbst das Gefühl vermittelt, nicht auf Augenhöhe zu sein.«

»Es gibt ja auch eine Nötigung, die nur mental stattfindet«, sagte Davis und fügte hinzu, Lisa Bloom hätte hart mit Weinstein daran gearbeitet, ihm den Unterschied zu vermitteln. »Er hat erwähnt, dass Lisa das geprüft hat, ihn geprüft hat, sein früheres Verhalten geprüft hat, und ihm geholfen hat, das zu verstehen.«

Lisa Bloom! Die Anwältin, die Jodi einige Wochen davor eine E-Mail geschickt hatte. Was gab es noch zu wissen über ihre Beziehung zu dem Produzenten? Doch statt ihm diese Frage zu stellen, mussten sie Davis dazu bringen, ihnen zu verraten, was Weinstein über McGowan wusste und seit wann.

Falls Weinstein tatsächlich schon damals über McGowans Probleme ins Bild gesetzt wurde, wie hatte er darauf reagiert?

»Ich glaube, er hatte wegen dieser Dinge juristisch mit ihr zu tun«, sagte Davis.

»Und wie würden Sie dieses ›juristisch mit ihr zu tun haben‹ charakterisieren?«, fragte Megan. Sie waren kurz davor, eine Bestätigung zu bekommen, dass es einen Vergleich gegeben hatte.

»Ich denke, ihm wurde klar, dass das, was passiert war, für sie nicht in Ordnung war«, sagte Davis. »Ich spreche nicht von Vergewaltigung; ich spreche von der Wirkung, die er auf Rose McGowan hatte. Sie sagt, das war eine sehr belastende Wirkung. Dass, statt sich zu streiten …«

»… was?«, fragte Megan.

»Ich denke, dass er eher Vergleichsvereinbarungen zugestimmt hat, als einen Prozess zu führen, weswegen auch immer«, sagte Davis. Weinsteins Auffassung nach, erklärte er, »ist es besser, einen Vergleich zu schließen, auch dann, wenn man gar nichts Falsches getan hat.«

Volltreffer! Da sprachen sie erst seit ein paar Minuten mit Weinsteins Seite, und schon hatte Davis bestätigt, dass es einen Vergleich gab, dass der Produzent McGowan Geld gezahlt hatte, ja, sogar Andeutungen gemacht, die auf weitere Schweigegeldzahlungen hindeuteten.

Ob es noch weitere Fälle von »fragwürdigen intimen Beziehungen mit Frauen« gäbe, »mit denen Weinstein Vergleiche geschlossen« hätte, fragte Megan. Die Reporterinnen sagten nichts darüber, aber bisher wussten sie von McGowan, Perkins und Chiu, und sie glaubten, auch die Assistentin, die aus dem New Yorker Büro geflohen war, könnte eine Abfindung bekommen haben. Darüber hinaus war in Megan der Verdacht gereift, dass Ambra Battilana Gutierrez, die Weinstein 2015 bei der Polizei angezeigt hatte, ebenfalls einen Vergleich geschlossen hatte. Kannte Davis die Wahrheit?

Der begann sich jetzt zu winden. »Ich habe also versucht, sehr vorsichtig zu sein, weil ich nicht sicher bin, was meine genaue rechtliche Position ist in Bezug auf die Frage, ob es Vergleiche gegeben hat und ob es dabei um persönliches se xuelles Verhalten ging. Also sagen wir doch fürs Erste, auch wenn es hier nur um ein Hintergrundgespräch geht, dass ich herausfinden muss, wo mein juristischer Bewegungsspielraum ist, auch dann, wenn ich als Hintergrundannahme bestätige, dass es Vergleiche gegeben hat. Ich muss nur erst mal rausfinden, wo ich stehe. Aber die Antwort lautet, ja, es gab welche, aber ich muss noch klären, wie ich das für Sie besser definieren kann.«

Bevor er ging, wollte Megan (der Baquets Warnungen vor Privatdetektiven, Einschüchterungsversuchen und Drohungen nicht aus dem Kopf gingen) gerne noch eines von ihm wissen. Also fragte sie den Anwalt: Was hatte Weinstein, abgesehen davon, dass er ihn, Davis, angeheuert hatte, in Reaktion auf die Interviews, die sie und Jodi führten, noch unternommen? Hatte er versucht, auf irgendeine Art und Weise Einfluss auf die Ermittlungen zu nehmen?

»Hören Sie, der Mann kann ein echter Albtraum sein«, erwiderte Davis. »Das hängt davon ab, in welcher Stimmung er gerade ist und wie viel er gegessen hat.«

Doch nein, betonte er noch einmal, der Produzent plane in keinster Weise, ihrer Berichterstattung in die Quere zu kommen. Er hätte Weinstein während ihres ersten Treffens genau diese Frage gestellt: »Haben Sie irgendwelche Pläne, Leute anzuheuern, die sich jeden vorknöpfen, der mit der *New York Times* kooperiert? Dann muss ich das wissen.«

Davis sagte, Weinsteins Antwort wäre unmissverständlich gewesen: »Nein« und »Ich habe nicht vor, das zu tun«.[4]

Davis verließ den Konferenzraum mit dem Versprechen, das mögliche Interview mit Weinstein voranzutreiben. Die Journalistinnen waren immer noch skeptisch, fühlten sich jedoch ermutigt. Vielleicht realisierte Weinstein ja, dass er die Ermittlungen der *Times* nicht aufhalten konnte. Und genauso wichtig war der Gesprächsmitschnitt, in dem Davis offiziell bestätigte, dass Weinstein es noch nicht einmal versuchen wollte.

Allerdings war der Produzent den Ermittlungen von Anfang an einen Schritt voraus gewesen. Seine Bemühungen, die mutmaßlichen Übergriffe zu verschleiern, reichten bis zu jenem Tag im Oktober 2016 zurück, als McGowan ihren ersten Tweet geschrieben hatte, das *New York Magazine* versucht hatte, die Story weiterzuverfolgen, und Weinstein von Gwyneth Paltrow verlangt hatte, nichts zu sagen. Er hatte Hunderttausende von Dollar ausgegeben, um Leute zu identifizieren, die eventuell reden könnten; sich sogar Auszüge aus McGowans Autobiografie beschafft, während sie noch an den Entwürfen arbeitete, um seine Spuren zu verwischen. Zu dem Zeitpunkt, als Davis sich mit der *Times* traf, hatte er Jodis und Megans Arbeit bereits auf eine Art und Weise torpediert, die weit darüber hinausging, sie als »Zeitungskakerlaken« zu brandmarken.

Das Erstaunliche war, wie viel Hilfe er dabei bekam.

Zwei Tage vor dem Treffen in Baquets Büro und etwa einen Monat vor dem Gespräch mit Lanny Davis war David Boies am 10. Juli gerade dabei, nach einer Familiengeburtstagsfeier in East Hampton einen privaten Helikopter zu besteigen, als sein Handy klingelte. Es war Weinstein, schon wieder. Weinsteins Assistentinnen und Assistenten zufolge hatte der Produzent den Anwalt schon häufiger angerufen. Die beiden Männer schmiedeten unter dem Deckmantel des Anwaltsgeheimnisses Pläne für einen Kampf gegen die Story in der *Times*.

Weinstein rief an, um eine neue Idee mit ihm zu besprechen, erinnerte sich Boies später. Der Produzent erläuterte ihm, dass er Arthur Sulzberger Jr., den Verleger der *Times*, als Freund betrachte und dass Weinsteins Unternehmen in den letzten Jahren zu den größten Werbekunden der Zeitung gehört hätten. Die beiden Männer hätten sich hin und wieder zu einem geschäftlichen Mittagessen getroffen und wären seit langer Zeit in ähnlichen Kreisen unterwegs. Nun könnte er doch diese Verbindung nutzen, um Sulzberger unter Druck zu setzen, die Story einzustampfen, schlug Weinstein vor.

Der Produzent und der Anwalt arbeiteten schon sechzehn Jahre zusammen, hatten jedoch eine völlig gegensätzliche Art. Weinstein war kühn und direkt, aber auch sprunghaft, brutal und gelegentlich primitiv. Boies war geschliffen und überzeugungskräftig. Der Anwalt zügelte zwar einige der schlimmsten Instinkte des Produzenten, bestärkte zugleich aber andere und half damit einem Mann, der, wie er wusste, wiederholt sexueller Übergriffe beschuldigt worden war, sich zu schützen.

Boies, Sohn eines Lehrerehepaares aus Illinois, war mit einer nicht diagnostizierten Lese-Rechtschreib-Schwäche aufgewachsen, die ihn am Lernen hinderte. Trotzdem war es ihm gelungen, einen Juraabschluss in Yale zu machen und Giganten der Unternehmenswelt zu Fall zu bringen. Der Draufgänger frönte nicht nur seit seiner Jugend begeistert dem Kartenspiel, er war auch wegen einer Affäre mit der Frau eines Professors (die er später heiratete) von der ersten Juristischen Fakultät, an der er studierte, verwiesen worden und hatte mit seinen fragwürdigen Methoden vorherige Kanzleipartner verprellt.

Außerdem genoss er es, im Rampenlicht zu stehen. Als Boies eine Kanzlei verließ, um einen Interessenkonflikt zu vermeiden und einen neuen Mandanten (George Steinbrenner, den Eigentümer der New York Yankees) vertreten zu können, und seine eigene Kanzlei gründete, zog er schnell andere Prominente an, darunter Modedesigner Calvin Klein, Radiomoderator Don Imus und Comedian Garry Shandling.

Zu jenen, die seine Dienste in Anspruch nahmen, gehörten auch die Verleger von Miramax Books, einem neuen Imprint, das Weinstein und sein Bruder Bob ins Leben gerufen hatten. Es war im Jahr 2001, Boies hatte gerade den Fall *Bush gegen Gore* verloren, eine Niederlage von unermesslich großer Tragweite, die der Anwalt geschickt genutzt hatte, um Legionen neuer Fans zu gewinnen. Die Verleger wollten, dass Boies seine Autobiografie für sie schrieb, aber der berühmte Anwalt reagierte nicht auf ihre Anrufe. Dann rief eines Tages Weinstein höchstpersönlich an und bat um eine Verabredung zum Lunch, wie Boies sich später in einer Reihe von Interviews mit Megan erinnerte.

Bald darauf traf er die Weinstein-Brüder im angesagten Szenerestaurant Tribeca Grill und machte ihnen eines sofort klar: Er hätte nicht die Zeit, ein Buch zu schreiben, und er sei auch nicht gerade ein Meister der Selbstreflexion. Aber Weinstein ließ nicht locker. Boies sagte, Weinstein hätte ihm einzureden versucht, die Aufgabe wäre ganz leicht: Alles, was er tun müsste, wäre, die Story einiger seiner Fälle aufzuschreiben. Nach dem Dessert war Boies einverstanden.

Das folgende Jahr ging vorüber, ohne dass er ein einziges Wort zu Papier brachte. Eines Nachmittags blickte seine Frau von ihrem Computer auf. »Schatz, du hast mir ja gar nicht erzählt, dass du dein Buch fertig hast«, sagte sie. »Welches Buch?«, erwiderte Boies. »Na, das Buch für Harvey«, gab sie zurück. »Ich habe gerade nachgesehen, und da steht, es kommt diesen Herbst heraus.« Boies fühlte sich total in die Enge getrieben. Machte er jetzt nicht gute Miene zum bösen Spiel, würde es aussehen, als hätte er versagt. Also schrieb er jeden Tag daran, bis seine Verleger das Buch auf dem Tisch hatten. Schon seit dem ersten Tag ihrer Geschäftsbeziehung hatte Weinstein offenbar gewusst, wie er Boies gefügig machen konnte, und Boies hatte nicht nein gesagt.

Weinstein bekam mehr als nur das Buch. Er hatte auf diese Weise auch einen neuen Rechtsbeistand gewonnen, und innerhalb weniger Monate nach ihrem ersten Geschäftsessen 2001 half der Anwalt ihm privat, einen möglichen Artikel zu verhindern, der sich mit Rowena Chius Vorwürfen wegen sexueller Nötigung befasst hätte.

Ken Auletta, der für die Zeitschrift *The New Yorker* schrieb, hatte 2002 über eine Quelle von den Abfindungen gehört, die Weinstein Zelda Perkins und Rowena Chiu gezahlt hatte[5] – denselben Vergleichen, die Jodi und Megan gerade zusammenzusetzen versuchten. Auletta war es nicht gelungen, Perkins und Chiu dazu zu bringen, mit ihm zu sprechen, er hoffte aber immer noch, über das Schweigegeld und die Vorkommnisse schreiben zu können, für die es gezahlt worden war.

Auletta, David Remnick, der Verleger der Zeitschrift, ein weiterer Redakteur und der Anwalt des Blattes trafen sich mit Weinstein, dessen Bruder Bob und David Boies, um die Angelegenheit zu diskutieren. Anfangs sah es so aus, als wollte Boies den Schiedsrichter spielen. Als Weinstein darauf bestand, eine Unterlassungsklage gegen die Zeitschrift zu erwirken, tätschelte Boies ihm den Arm und meinte, es gebe da etwas, das nenne sich First Amendment, und das sei nicht zu umgehen. Damit verwies er auf den ersten Zusatzartikel der amerikanischen Verfassung, der die Meinungs- und Pressefreiheit garantiert. Danach wandte er jedoch seine volle Aufmerksamkeit den Journalisten zu und sagte ihnen, es wäre ein schwerer Fehler, die Story weiterzuverfolgen.

Boies erzählte Megan später, er hätte Weinsteins Aussage geglaubt, bei dem Vorkommnis mit Chiu hätte es sich um ein einvernehmliches, außereheliches Abenteuer gehandelt. Er hätte es für plausibel gehalten, dass eine Frau log, um Weinstein Geld abzupressen, was er auch bei dem Treffen mit dem *New Yorker* besonders betont habe. Bei einem Folgetreffen mit den Journalisten des Blattes am nächsten Tag hätte Bob Weinstein Kopien persönlicher Schecks übergeben, die er den beiden Frauen im Namen seines Bruders ausgestellt hatte: Beweise dafür, so Boies Behauptung, dass keine Unternehmensgelder zur Regelung von Weinsteins Privatangelegenheiten verwendet worden waren. Ohne offizielle, aktenkundige Nötigungsvorwürfe oder irgendeinen Beweis für den Missbrauch von Firmengeldern waren auch Auletta und seine Redakteure der Meinung, dass er über die Vergleiche nicht schreiben könne.

Boies war inzwischen anwaltlicher Berater der Weinstein-Brüder und wurde immer tiefer in deren Arbeit hineingezogen. Die Brüder lieferten sich eine Schlacht mit Disney. Als der Mutterkonzern sich weigerte, Michael Moores *Fahrenheit 9/11* zu verleihen, half Boies den beiden, die Kontrolle über den Film wiederzugewinnen, so dass sie ihn Lionsgate Films anbieten konnten. Als die Weinsteins sich 2005 entschlossen, sich ganz und gar von Disney zu trennen und The Weinstein Company zu gründen, war Boies an der Ausarbeitung von Verträgen beteiligt, die sicherstellten, dass die Brüder nur im Falle einer Verurteilung wegen Kapitalverbrechen gefeuert werden konnten.

Weinstein und Boies besuchten gemeinsam Filmpremieren, Wohltätigkeitsveranstaltungen und politische Spendensammlungen, zwei Prominente unter Prominenten. Boies bewunderte, dass »Harvey ständig irgendwem irgendwas verkauft«, und hatte mit Weinstein eine wertvolle Verbindung in die Filmwelt. Seine Tochter Mary Regency war eine aufstrebende Schauspielerin. Boies investierte auch selbst in die Filmbranche und gründete 2012 mit einem der Söhne seines Kanzleipartners eine eigene Produktionsfirma, die Boies/Schiller Film Group. Über die Jahre machte das Unternehmen Geschäfte mit The Weinstein Company, und Weinstein erwies seinem Anwalt unschätzbar wertvolle Gefälligkeiten. So sprach er zum Beispiel mit Boies über eine Filmrolle für dessen Tochter, die 2011 eine winzige Nebenrolle in einem wenig wahrgenommenen, kaum besprochenen Film mit dem Titel *Son of Morning* gespielt hatte.

Lieber David,

ich hoffe, es geht dir gut. Danke, dass du mir SON OF MORNING geschickt hast. Mein Team und ich haben ihn uns angesehen – Mary spielt ganz wunderbar. Der Film ist starker Tobak – ich denke nicht, dass er sich geschäftlich lohnen oder zu meiner Firma passen würde –, aber Mary sticht auf jeden Fall hervor.

Schicke mir doch bitte alle ihre Szenen und früheren Arbeiten. Ich werde mein Team anweisen, daraus ein tolles Promoband für sie zusammenzustellen und es den richtigen Casting-Agenten zukommen zu lassen. Ich werde auch einen internen Kontakt mit meinen Leuten für sie machen, damit sie eine kleine Rolle in der geplanten Produktion I DON'T KNOW HOW SHE DOES IT mit Sarah Jessica Parker bekommt. Ich helfe gern.

Mit den allerbesten Wünschen,
Harvey

Aus der versprochenen Rolle wurde nichts, aber im Jahr darauf war Mary Regency in seinem Film *Silver Linings* (OT *Silver Linings Playbook*, 2012) zu sehen. Im Oktober 2011 schickte Jon Gordon, ein ehemaliger Assistent Weinsteins, der an der Produktion des Films mitarbeitete, eine E-Mail an Weinstein und bat im Namen des Regisseurs, David O. Russell, um Anweisungen:

> David hat es gelesen und möchte, dass Regency, David Boies' Tochter, die Sekretärin von Dr. Patel spielt.
> DAVID O. HAT IHR DIE ROLLE NOCH NICHT ANGEBOTEN, DENN ER WOLLTE WISSEN, OB DU ZUERST ETWAS MIT DAVID BOIES ERLEDIGEN WILLST/MUSST.

Erklärten diese Verwicklungen mit Weinstein im Filmgeschäft, warum Boies sich daran beteiligt hatte, die zunehmenden Vorwürfe wegen sexuellen Fehlverhaltens gegen den Produzenten zu decken? »Na ja, im Grunde schon, wissen Sie?«, sagte Boies. »Wenn ich Harveys Anwalt bin, dann werde ich natürlich versuchen, solche Dinge unter Verschluss zu halten. Ist doch mein Job, oder?«

Verwicklungen hin oder her, sagte er, »ich engagiere mich mit Leib und Seele für meine Mandanten«.

Danach erfuhr Boies von immer mehr Menschen, die Vorwürfe erhoben. Wiederholt verteidigte er Weinstein und half ihm, Dinge zu vertuschen, Tatsachen zu verdrehen und Leute zum Schweigen zu bringen. Er wollte daran glauben, dass Weinsteins Behauptungen, er hätte doch bloß ein wenig geflirtet, stimmten. »Ich dachte, genau wie eine ganze Menge Leute in Hollywood ist er von sehr attraktiven Frauen umgeben, die von ihm gemocht werden wollen, und da hat er sich eben in viele Affären verstrickt«, sagte Boies.

Selbst Jahre später, als das ganze Ausmaß mutmaßlicher Übergriffe durch Weinstein ans Licht kam, fand es Boies nicht problematisch, dass er so weit gegangen war, um den Produzenten zu schützen: »Rückblickend bereue ich nicht, ihn so vertreten zu haben, wie ich es tat.«[6]

Als Weinstein an jenem Sommerabend des Jahres 2017 den Vorschlag machte, Sulzberger unter Druck zu setzen, wischte Boies die Idee sofort als Zeitverschwendung vom Tisch. Auf diese Art und Weise Druck auszuüben mochte anderswo funktionieren, aber bei der *Times* sei dieser Versuch völlig aussichtslos.

Um einen Artikel in der Zeitung zu verhindern, konzentrierte sich Boies stattdessen auf eine verdecktere Methode, die lediglich eine Variante von dem darstellte, was Weinstein längst tat.

Der Produzent verließ sich schon seit langem auf private Ermittler, um seinen Ruf zu schützen.[7] Bei diesen Unternehmen handelte es sich im Grunde um professionelle Überwachungsfirmen. Sie beobachteten Journalisten, schrieben Berichte, wühlten sich ab und an sogar durch das, was Reporter in den Müll warfen. Privatdetektive zu beschäftigen galt gemäß den ungeschriebenen Gesetzen für die Interaktion mit Journalisten zwar als dubiose Praxis, war aber weder überraschend noch illegal. Baquet hatte Jodi und Megan ja bereits gewarnt, dass sie mit so etwas rechnen müssten.

Doch neun Monate zuvor hatte Weinstein damit begonnen, geheime Beziehungen zu einer israelischen Firma ganz anderen Kalibers aufzunehmen: »Die Black-Cube-Gruppe aus Israel hat über ehud Barack Kontakt mit mir aufgenommen«, hatte der Produzent in einer E-Mail vom 16. Oktober 2016 an Boies geschrieben, die Megan später in die Hände bekam. »Es sind Strategen und sie sagen, deine Kanzlei hat ihre Dienste schon genutzt.« Black Cube tat sehr viel mehr, als Leute nur zu überwachen. Sie manipulierten sie auch, bedienten sich sogar eines Schauspielers, der eine falsche Identität annahm, um nichtsahnende Zielpersonen hinters Licht zu führen. Bei anderen Mitarbeitern handelte es sich um ehemalige Angehörige des militärischen Geheimdienstes. Zu dem Zeitpunkt, als die E-Mail geschrieben wurde, waren zwei operativ tätige Mitarbeiter der Firma gerade im Zusammenhang mit Vorwürfen inhaftiert worden, einen Hackerangriff auf Rumänien verübt zu haben. Boies, Schiller & Flexner hatte die Dienste von Black Cube tatsächlich schon in Anspruch genommen, und bald war die Kanzlei damit beschäftigt, eine Vereinbarung zwischen Weinstein und der israelischen Firma aufzusetzen. Gemäß den Bedingungen eines Vertrages, der in jenem Oktober geschlossen wurde, stimmte Weinstein zu, den professionellen Manipulatoren 100 000 US-Dollar monatlich zu zahlen, damit sie sein Verhalten jeder sorgfältigeren Überprüfung entzogen.[8]

Schon bald war die Geschäftsbeziehung in vollem Gange.

Seth Freedman, ein freier Journalist aus Großbritannien, fütterte Black Cube mit Informationen über Frauen, von denen Weinstein fürchtete, sie könnten mit für ihn nachteiligen Aussagen an die Öffentlichkeit gehen. Freedman stellte sich den Frauen als Reporter vor und sagte, er hätte für den *Guardian* gearbeitet. Gelegentlich behauptete er auch, über das Leben in Hollywood zu schreiben, ein anderes Mal über die Filmindustrie. Die Schauspielerin Katherine Kendall und andere Frauen, die telefonische Anfragen von ihm beantwortet hatten, sagten später, sie hätten sich ganz frei geäußert und niemals den Verdacht gehabt, er könnte irgendetwas tun, das jenseits von ehrlichem, direktem Journalismus lag.[9]

Black Cube recherchierte über Benjamin Wallace, den Autor, der Weinsteins Umgang mit Frauen für das *New York Magazine* untersuchte. Freedman hatte ihn kontaktiert und ihm Informationen angeboten, die für ihn von Interesse sein könnten, diese jedoch nie geliefert. Außerdem war eine Black-Cube-Agentin an Wallace herangetreten, die sich als potenzielle Quelle ausgab. Als sie sich trafen, erzählte Wallace der Frau, die sich Anna nannte, nichts von Belang, denn er hegte den Verdacht, dass sie für Weinstein arbeitete. Am Ende entschieden er und seine Redakteure, die Ermittlungen einzustellen. Niemand hätte geredet, erklärte Wallace später; die Weinstein-Story kam ihnen wie eine Sackgasse vor.[10]

Im Mai 2017 machte sich dieselbe Agentin an Rose McGowan heran.[11] Dieses Mal nannte sich die Frau Diana Filip und sagte, sie sei Chefin der Abteilung für nachhaltige und verantwortungsvolle Investments beim Vermögensverwalter Reuben Capital Partners in London. Sie sprach mit deutschem Akzent, benutzte eine britische Mobilfunknummer und bot McGowan 60 000 US-Dollar für einen Redebeitrag auf einer Veranstaltung an.

Während der folgenden Monate trafen sich die beiden mindestens drei Mal, immer in einer Stadt, die für McGowan bequem zu erreichen war, und sprachen stundenlang über Frauenthemen und den erklärten Wunsch Filips, in Rose McGowans Produktionsfirma zu investieren. McGowan las ihr eine Passage aus ihrer Autobiografie vor.

»Sie stellte sich als jemand dar, dem Frauenthemen wirklich am Herzen lagen«, erzählte McGowan Megan später.

Jetzt, im Juli 2017, arbeitete Boies daran, Weinsteins Vertrag mit Black Cube neu zu verhandeln, denn es mussten zwei Probleme gelöst werden. Das erste war die Berichterstattung von Jodi und Megan. Das zweite war ein Streit zwischen Weinstein und Black Cube um Geld. Die israelische Firma hätte einen Bonus für die Beschaffung von Informationen aus McGowans Autobiografie erwartet, Weinstein die Extrazahlung jedoch mit dem Argument verweigert, diese wiederholten im Wesentlichen nur das, was die Schauspielerin bereits getweetet hätte, sagte Boies.

In dem Vertrag, an dessen Überarbeitung Boies beteiligt war, lautete die Aufgabe von Black Cube nun wesentlich präziser: Stoppt Kantors und Twoheys Ermittlungen.[12]

Black Cube würde »geheime Informationen beschaffen, die die Bemühungen des Mandanten unterstützen, die Veröffentlichung eines neuen, negativen Artikels in einer führenden New Yorker Zeitung zu verhindern«, außerdem ging es um weitere Informationen aus McGowans Buch. Die Agentin »Anna« alias Diana Filip, jene Frau also, die sich an McGowan und Wallace herangemacht hatte, würde Vollzeit an dem Fall arbeiten, ebenso wie ein sogenannter freier Journalist. Darüber hinaus versprach der Vertrag den laufenden Einsatz von »Avatar Operators«, deren Aufgabe es war, falsche Identitäten zu erstellen, sowie von Linguisten und »Operations Experts«, die sich um das »Social Engineering« in den sozialen Medien kümmern sollten. Alle diese Leute würden ihre Anweisungen von ehemaligen Chefs der israelischen Geheimdienste erhalten. Für den Fall, dass es Black Cube gelang, die Publikation des Artikels zu verhindern, war eine Bonuszahlung in Höhe von 300 000 US-Dollar vorgesehen. Boies unterzeichnete den neuen Vertrag am 11. Juli, also Wochen bevor Lanny Davis sich in der Redaktion der *Times* mit Jodi, Megan und Corbett traf.

Während Davis den Journalistinnen die Aussicht auf ein Interview wie einen Köder vor der Nase baumeln ließ, hatte er an keiner Stelle erwähnt, dass bei seiner ersten Besprechung mit Weinstein auch eine Agentin von Black Cube zugegen gewesen war. Das gab er Megan gegenüber erst sehr viel später zu mit der Begründung, er hätte nicht genau gewusst, was diese Frau für seinen Mandanten tat.

In derselben Woche, in der das Meeting mit Davis in der Redaktion stattfand, erhielt Jodi eine Reihe von E-Mails und Textnachrichten von ebenjener Diana Filip.[13] Sie hatte noch nie etwas von dieser Frau gehört, die sagte, sie sei von einer Organisation namens Reuben Capital Partners in London, arbeite gerade an der Vorbereitung einer Veranstaltungsreihe zur Förderung von Frauen am Arbeitsplatz und wolle Jodi um einen Beitrag bitten. Jodi hatte diese wiederholten Anfragen alle zurückgewiesen, doch dann wurde die Frau in einer E-Mail besonders nachdrücklich:

Hi Jodi,

danke für die Klarstellung.

Wir planen eine Reihe von Diskussionen am Runden Tisch über Geschlechterungerechtigkeit und Diskriminierung am Arbeitsplatz. Unser Ziel ist es, Politiker, diverse Branchenmanager, Journalisten und andere Interessierte zusammenzubringen, um diese Dinge aus unterschiedlicher Perspektive zu diskutieren.

Einige prominente Persönlichkeiten haben bereits ihre Bereitschaft erklärt, sich an dieser Initiative zu beteiligen, und wir sind derzeit dabei, die Planung der zeitlichen Abläufe und Inhalte abzuschließen.

Angesichts Ihrer Arbeit auf diesem Gebiet hätte ich in einer bestimmten Phase dieses Prozesses liebend gerne Input von Ihnen (wenn nicht als Rednerin, dann gern auch auf andere Weise).

Ich will, dass diese Veranstaltungen eine echte Wirkung entfalten und allen Beteiligten etwas bringen. Sie sollen mehr als leeres Gerede sein. Daher möchte ich sicherstellen, dass die richtigen Fragen gestellt werden. Wie Sie sich vielleicht denken können, liegt mir dieses Projekt sehr am Herzen – tatsächlich geht es zum größten Teil auf meine Initiative zurück.

Ich verstehe Ihre Schwierigkeiten, eine direkte Rolle in dieser Angelegenheit zu übernehmen, würde mich aber dennoch sehr freuen, wenn wir uns zeitnah darüber unterhalten könnten. Ihre Meinung interessiert mich sehr.

Vielen Dank, dass Sie sich die Zeit nehmen,

Diana.

Irgendetwas an dieser E-Mail kam Jodi komisch vor, doch konnte sie nicht genau sagen, was es war. Sie leitete die Nachricht an den Experten für Online-Sicherheit der Zeitung weiter. Dieser meinte, die URL sähe in Ordnung aus. Die Webseite zeigte das Bild einer lächelnden Frau in einem Businesskostüm und war ein Aufruf für Geschlechtergerechtigkeit in der Unternehmenswelt. »Frauen verdienen weniger, werden seltener befördert und erfahren am Arbeitsplatz nur geringe Wertschätzung«, hieß es dort. »Diese Initiative wird ihren Fokus nicht nur auf den Kampf gegen alle Formen der Diskriminierung von Frauen am Arbeitsplatz richten, sondern sich auch für eine echte Teilhabe von Frauen am Geschäftsleben einsetzen – aktiv und auf allen Ebenen.« Gemessen an den in der Unternehmenskultur gängigen feministischen Standards war die Sprache härter als gewöhnlich. Sie rief zu einem »progressiven Aktivismus« in Unternehmen auf und forderte von ihnen »volle Transparenz«.

Statt Jodi anzusprechen, machte es sie misstrauisch. Ihr Job bestand darin, Informationen zu sammeln und Geheimnisse aufzudecken, nicht darin, an politischen Aktionen teilzunehmen. Und weil die Ethikregeln der *Times*, die die Zeitung gegen gekauften Einfluss schützen sollten, den Journalisten untersagten, sich von Unternehmen für Vorträge engagieren zu lassen, hätte sie das Honorar ohnehin nicht annehmen dürfen. Abgesehen davon hatte sie keine Zeit für netten, unverbindlichen Small Talk bei einer Tasse Kaffee.

Einige Tage später schickte Filip ihr eine weitere E-Mail. Um ihr Desinteresse deutlich zum Ausdruck zu bringen, hielt Jodi ihre Antwort kurz und bündig: »Ich stecke bis über beide Ohren in Arbeit, wünsche Ihnen aber viel Glück mit Ihrem Projekt.«

Später sollte es Ronan Farrow gelingen, zumindest in Teilen herauszufinden, was Black Cube in Weinsteins Auftrag so trieb. Boies zufolge hielt Weinstein es vermutlich für das Beste, sich gegen kritische Berichterstattung über seinen Umgang mit Frauen mit Fakten zu wehren, die seine Verteidigung stärkten, und er dachte, Black Cube würde ihm diese Informationen beschaffen. Von den hinterhältigen Methoden, die die Firma Journalisten gegenüber anwandte, habe er nichts gewusst, meinte Bois. Und er bedauere, nicht genauer hingesehen zu haben. Bemerkenswerterweise war seine Kanzlei an der Ausarbeitung eines Vertrages beteiligt, der die Ermittlungen der *Times* sabotieren sollte, während sie das Blatt zur selben Zeit in Rechtssachen vertrat. Boies beharrte darauf, dass sich daraus keinerlei Interessenkonflikt ergeben hätte, doch die Zeitung feuerte ihn und nannte sein Handeln »verwerflich«.

Allerdings wäre Jodi im Sommer 2017 niemals auf die Idee gekommen, dass die aufdringlichen feministischen Botschaften, die sie bekam, von einer als Agentin auftretenden Schauspielerin stammten, die versuchte, ihre Ermittlungen zu behindern und die Geschichten der Opfer zu diskreditieren. Und sie hätte auch nie gedacht, dass Boies auf irgendeine Weise damit zu tun haben könnte. Sie und Megan hatten sich strikt an Baquets Anweisungen gehalten und alle Anfragen des Anwalts, sich mit ihm zu treffen, abgelehnt. In ihren Augen war er nur ein Anzugträger, verbannt auf einen Nebenschauplatz.

Gerade, als Megan und Jodi Weinsteins Team abcheckten, schickte Emily Steel ein Exemplar des soeben veröffentlichten Hochglanzfrauenmagazins W mit einem Porträt über Gloria Allred und Lisa Bloom an sie weiter. »Gloria Allred und Lisa Bloom sind die Verteidigerinnen der Frauenrechte 2017«, lautete die Überschrift.[14]

Der Artikel stellte Allreds Tochter nicht nur als ihre Erbin dar, sondern die beiden Frauen auch als Gleichgesinnte und Vorkämpferinnen für bürgerliche Grundrechte, insbesondere gegen »die sexuelle Belästigung und Nötigung von Frauen durch mächtige Männer«. Die beiden Anwältinnen posierten vor Allreds Haus in Malibu, im Hintergrund Kaliforniens Pazifikküste, und wirkten eher wie Schwestern als wie Mutter und Tochter.

Auch Blooms Metier war, genau wie das ihrer Mutter, öffentliche Aufmerksamkeit. Im Verlauf ihrer Karriere war sie in zahlreichen Medien als Rechtsexpertin aufgetreten und hatte sogar eine eigene Sendung auf Court TV moderiert. Sie führte in Los Angeles ihre eigene Anwaltskanzlei und wirkte, als würde sie ganz dem Vorbild ihrer Mutter folgen: Sie pflegte Beziehungen zu prominenten Mandanten und handelte dann privat häufig große Abfindungen für sie aus.

Der Artikel in W breitete ihre Fähigkeiten in Sachen Öffentlichkeitsarbeit aus. Bloom brüstete sich mit einem vertraulichen Vergleich, den sie gerade erreicht hatte: »Frauen, die sexuell belästigt wurden, sind jetzt Millionärinnen«, sagte sie. Für das Interview trug sie ein T-Shirt mit der Aufschrift »Notorious R.B.G.«, als wollte sie eine Verbindung zu der feministischen Richterikone Ruth Bader Ginsburg für sich beanspruchen.

Warum also hatte Bloom sich anheuern lassen, um einen Mann zu vertreten, von dem es hieß, er sei notorisch sexuell übergriffig? Hatte es mit dem Filmdeal zu tun, über den Bloom einige Monate zuvor so triumphierend getweetet hatte? Was war ihr Motiv, und wie ging sie vor?

Megan erzählte Jodi und Steel, sie wäre, was Bloom betraf, zum ersten Mal 2016 misstrauisch geworden, als sich die Anwältin in dem Gerichtsverfahren engagierte, bei dem es um Vorwürfe gegen Donald J. Trump ging. Er stand im Verdacht, ein dreizehnjähriges Mädchen vergewaltigt zu haben, und zwar auf einer Party von Jeffrey Epstein in den 1990er-Jahren. Es handelte sich um ebenjenes Gerichtsverfahren, über das zu berichten sich Megan geweigert hatte, weil es unmöglich war, die Behauptungen des anonymen Opfers zu überprüfen. Eine Woche vor dem Wahltag, als die Debatte über den *Access-Hollywood*-Mitschnitt hochkochte und immer mehr Vorwürfe gegen Trump laut wurden, hatte Bloom angekündigt, »Jane Doe« zu vertreten. Megan hatte nie mit Bloom gesprochen, schickte ihr aber sofort eine E-Mail.[15]

Ich finde diesen Fall schon lange dubios und habe stets bezweifelt, dass tatsächlich eine echte Klägerin/ein echtes Opfer existiert.
Haben Sie die Klägerin getroffen und sind zu dem Schluss gelangt, dass das juristisch alles mit rechten Dingen zugeht?
Ich wüsste Ihre Meinung wirklich sehr zu schätzen.

Megan bekam nie eine Antwort. Stattdessen verfolgte sie die Pressekonferenz, die Bloom in ihrem Büro in Los Angeles abhielt und bei der »Jane Doe« ihren ersten Auftritt haben sollte.[16]

Die einzige Person, die an diesem Tag vor die Kameras trat, war allerdings Bloom. Sie verkündete, das Opfer befände sich hier in ihrem Büro, hätte aber Todesdrohungen erhalten und wäre zu entsetzt, um sich in aller Öffentlichkeit zu äußern. Das mochte stimmen. Vielleicht war Blooms Mandantin tatsächlich von Trump vergewaltigt worden und hatte zu viel Angst, öffentlich ihre Stimme zu erheben. Doch für Megan sah das Ganze so aus, als würde es sich um einen geschickt inszenierten Versuch handeln, die Aufmerksamkeit der Medien auf unbegründete Anschuldigungen gegen den Präsidentschaftskandidaten zu lenken.

Bloom gab später zu, Geld von einer Pro-Clinton-Wahlkampforganisation erbeten zu haben, weil sie es benötigt hätte, um Jane Does Behauptung zu beweisen, und dass sie, nachdem das Gerichtsverfahren gestoppt worden war, von Pro-Clinton-Spendern 700 000 US-Dollar für Sicherheitsmaßnahmen, Ortswechsel und ein mögliches »sicheres Haus« für andere potenzielle Beschuldigerinnen von Trump angenommen hätte. Nachdem die anderen Frauen sich entschieden hatten, ihre Vorwürfe nicht öffentlich zu machen, erstattete Bloom Berichten zufolge einen Spendenanteil in Höhe von 500 000 US-Dollar zurück, behielt aber die restlichen 200 000 US-Dollar für sich und sagte später gegenüber der *Times*, sie hätte »einen Teil des Geldes« für ihre »Auslagen und Spesen« gebraucht. Als diese finanziellen Arrangements später ans Licht kamen, wurde Bloom von republikanischer Seite vorgeworfen, Frauen Geld geboten zu haben, damit diese Lügen über Trump verbreiteten. Andere waren der Auffassung, die Anwältin habe auf wackeligen Füßen stehende Vorwürfe gegen Trump zu ihrem eigenen finanziellen Vorteil manipuliert.[17]

Bloom sagte später, sie hätte Monate damit zugebracht, Jane Does Geschichte zu belegen, und dass am Ende die Frau zu viel Angst gehabt hätte, tatsächlich an die Öffentlichkeit zu gehen. Also hätte sie ihr Team angewiesen, den Fall zu den Akten zu legen und nicht weiter zu erörtern. Sie bestritt, für ihre Arbeit mit Trumps Beschuldigerinnen jemals Honorare angenommen zu haben.[18]

Etwa um dieselbe Zeit geriet Bloom auch bei einigen ihrer eigenen Mandantinnen in die Kritik. Im Jahr 2016 hatte Steel begonnen, Tamara Holder zu interviewen, eine politisch progressive Anwältin und ehemalige Fox-Mitarbeiterin, die gegen den Sender Beschwerde erhoben und behauptet hatte, sexuell genötigt worden zu sein. Juristischen Dokumenten zufolge, die Steel eingesehen hatte, behauptete Holder, ein Fox-Manager namens Francisco Cortes hätte sie im Februar 2015, als sie als Moderatorin einer Sendung mit dem Titel *Sports Court* tätig war, in seinem Büro eingeschlossen und versucht, sie zum Oralsex zu zwingen.

Während Steel ihre Berichterstattung weiterverfolgte, half Bloom Tamara Holder, einen Vergleich auszuhandeln, der eine Zahlung von mehr als 2,5 Millionen US-Dollar vorsah. Holder sagte, sie hätte die besonders rigiden Vertragsbedingungen gar nicht verstanden. Sollten die *Times* oder das *Wall Street Journal* Berichte über ihre Erlebnisse veröffentlichen, würde sie einen Großteil der Summe wieder verlieren. »Ich hätte das nie unterzeichnet, wenn ich gewusst hätte, dass ich, falls Steel – oder ein Reporter des *Wall Street Journal* – eine Story darüber schrieb, die zweite Zahlung verlieren würde«, schrieb Holder später an Bloom.

Holder war außer sich. Ihrer Auffassung nach hatte Bloom sie dazu gedrängt, eine Vereinbarung zu akzeptieren, ohne ihr das Ausmaß des finanziellen Risikos, das sie damit einging, eindeutig zu erläutern. Schlimmer noch, sie fürchtete, dadurch jede Möglichkeit verloren zu haben, mit ihrer Geschichte an die Öffentlichkeit zu gehen. Dabei hätte sie Bloom sehr deutlich gemacht, dass ihr diese Möglichkeit mehr bedeutete als jede Abfindungszahlung. Als sie kurz nach Unterzeichnung des Vergleichs ihre Besorgnis zum Ausdruck brachte, hätte Bloom sie als Mandantin fallen gelassen und wäre mit einer Million US-Dollar aus der Sache rausgegangen.

»Ich war ihr völlig egal«, sagte Holder später zu Megan. »Ihr ging es nur ums Geld.«

Bloom leugnete, Holder jemals zur Unterzeichnung des Vergleichs gedrängt zu haben, und sagte, sie ginge Vergleichsvereinbarungen stets Zeile für Zeile mit ihren Mandantinnen und Mandanten durch und es entspräche der üblichen Praxis, das Mandat niederzulegen, sobald ein Vergleich geschlossen worden sei. Bloom wies außerdem darauf hin, dass Holder doch schließlich selbst eine erfahrene Zivilrechtsanwältin sei.[19]

Am Abend des 26. August, einem Samstag, kam Megan unerwartet eine Geschichte über Lisa Bloom zu Ohren, die ihr einen ersten Eindruck von dem vermittelte, was die Anwältin für Weinstein tat.

Megan hatte eine Verabredung mit jemandem, von dem sie hoffte, er könnte ihr eine ungewöhnliche Finanztransaktion erklären. Beteiligt waren die von Weinstein verantwortete Broadway-Produktion *Finding Neverland* (die Baquet erwähnt hatte) und die Aids-Wohltätigkeitsorganisation amfAR, deren aufsehenerregende Spendengalas der Produzent in Cannes mitorganisiert hatte. Da das Musical nicht so recht ins Laufen kam, hatte Weinstein, ohne die Wohltätigkeitsorganisation darüber zu informieren, dafür gesorgt, dass aus den Einnahmen einer amfAR-Versteigerung im Jahr 2015 eine Summe von 600 000 US-Dollar direkt in die Taschen der *Finding-Neverland*-Investoren floss. Einige der Führungspersönlichkeiten der Stiftung fühlten sich betrogen und befürchteten illegale Machenschaften.[20]

Jetzt traf sich Megan mit Tom Ajamie, einem Anwalt, den die Geschäftsführung von amfAR beauftragt hatte, um der Sache auf den Grund zu gehen. Er erzählte ihr, die Ermittlungen gegen Weinstein wären anders als alles, was er je erlebt hätte. Der Produzent hätte seine Prüfung der Finanztransaktion auf Schritt und Tritt blockiert. David Boies hätte Mitglieder der amfAR-Geschäftsführung mit Hilfe von Geheimhaltungsvereinbarungen ruhiggestellt. Unterdessen kämen ihm, Ajamie, immer mehr Vorwürfe gegen Weinstein wegen sexueller Belästigung und Übergriffen zu Ohren, je länger er sich in der Sache umhörte.

Ajamie war wegen dieser Behauptungen dermaßen beunruhigt, dass er Bloom, als er sie im Oktober 2016 in Los Angeles auf einen Drink traf, darauf ansprach. Die beiden waren sich bereits zuvor einmal begegnet, und Ajamie war beeindruckt gewesen von Blooms feministischen Referenzen. Er hatte gehofft, eine gute Beziehung unter Berufskollegen mit ihr aufbauen zu können. Wenn sie sich bereitwillig mächtigen Männern wie Donald Trump entgegenstellte, hätte sie doch mit Sicherheit keine Angst, es auch mit Harvey Weinstein aufzunehmen. Vielleicht arbeitete sie ja sogar schon für einige von Weinsteins Opfern?

Bloom erzählte Ajamie, ihr wären noch nie irgendwelche

Beschwerden über Weinsteins Verhalten Frauen gegenüber zu Ohren gekommen, und bat ihn, sie diesbezüglich auf dem Laufenden zu halten. Doch einige Monate später nahmen die Dinge eine seltsame Wendung. Bloom akzeptierte Ajamies Angebot, während des Sundance Film Festivals im Januar 2017 gemeinsam mit ihm und einigen Freunden in einer Eigentumswohnung zu logieren, die er in Park City, Utah, angemietet hatte. Nach einer Party, die Weinstein und Jay-Z geschmissen hatten, war Bloom in die Unterkunft zurückgekommen und hatte gesagt, Weinstein bitte um ein Treffen mit ihm. Widerwillig gestattete Ajamie Bloom, ihn zu einem gemeinsamen Frühstück mit Weinstein in dessen Suite im Hotel Main and SKY zu bringen. Es dauerte keine Minute, und Weinstein ging auf ihn los, er solle gefälligst nicht in seiner Vergangenheit herumstöbern. Augenblicke später flehte er ihn geradezu an, eine Art Deal mit ihm zu schließen. Ajamie müsse nur eine von Boies vorbereitete Geheimhaltungsvereinbarung unterzeichnen, in der er zustimme, alles, was er über Weinstein in Erfahrung bringe, geheim zu halten. »Lassen Sie uns einfach Freunde sein«, hatte Weinstein gesagt. »Wir können gute Geschäfte miteinander machen.«

Ajamie lehnte einen Deal im Austausch gegen sein Schweigen ab und verließ den Raum mit der Überzeugung, dass die 600 000-Dollar-amfAR-Transaktion noch das Geringste war, was der Produzent zu verbergen hatte.

Als er und Bloom danach das Hotel verließen, wandte sie sich ihm zu. Während des Treffens hatte sie sich als neutrale Person präsentiert und im Wesentlichen geschwiegen. Jetzt gab sie ihm einen Rat.

»Wissen Sie was? Ich finde, Sie sollten Ihre Position ihm gegenüber wirklich überdenken«, sagte sie.

»Was meinen Sie damit?«, fragte Ajamie.

»Er kann Ihnen wirklich bei Ihrer Karriere behilflich sein«, erwiderte sie.[21]

Zum Zeitpunkt der Reise nach Park City arbeitete Bloom bereits seit sechs Wochen für den Produzenten – zu einem Stundensatz von 895 US-Dollar.[22]

Viel später sagte Bloom, die Vertretung Weinsteins 2017 sei ein »kolossaler Fehler« gewesen, den sie »zutiefst bereue«. »Es war naiv von mir, zu glauben, er hätte im Umgang mit Frauen lediglich eine unangemessene Sprache benutzt, und zu denken, ich könnte auf andere Art und Weise zur Wurzel des Problems vordringen: Ich wollte ihn nämlich ermutigen, sich zu entschuldigen, was er ja auch tat, als die Geschichte rauskam«, schrieb sie in einer E-Mail an Jodi und Megan. »Natürlich hat mein Ansatz überhaupt nicht funktioniert, und ich hätte es besser wissen müssen. Hätte ich davon ausgehen müssen, dass alles noch sehr viel schlimmer gewesen sein konnte, als mir zu diesem Zeitpunkt klar war? Ja. Das geht auf meine Kappe.«

Doch im Gegensatz zu dem, was sie in dieser E-Mail schrieb, wusste Bloom im Dezember 2016, als Weinstein sie anheuerte, wohl schon ziemlich genau, worauf sie sich einließ. Und empfahl sich selbst für eine Aufgabe, die weitaus finsterer war als das Vorhaben, ihn zu einer Entschuldigung zu ermutigen.

Ihre Vision legte sie in einem Memo dar, das sie zusammen mit zwei Privatdetektiven namens Jack Palladino und Sara Ness an Weinstein geschickt hatte und das später Megan in die Hände fiel:

Harvey,

es war ein Vergnügen, heute mit Ihnen zu sprechen, obwohl, nun ja, wir alle hätten bessere Umstände vorgezogen. Ich habe den Rest des Tages damit verbracht, Jacks und Saras detaillierte Berichte über Rose durchzugehen, die wirklich als gestörte Frau und pathologische Lügnerin rüberkommt, und auch Ihre ehemalige Assistentin ... um die wir uns meiner Meinung nach aber weniger Sorgen machen müssen. Ich habe auch sorgfältig eine ganze Menge von Roses Twitter-Feeds gelesen, um ein Gefühl für sie zu bekommen, und ihren Kurzfilm *Dawn* geschaut. (Ich bin keine Filmkritikerin, aber ich fand ihn schrecklich. Er sagt allerdings eine ganze Menge darüber aus, wer Rose ist: Mädchen trifft Junge. Mädchen vertraut Junge. Junge ermordet Mädchen. Alle Männer sind Schweine. Ende.)

Ich fühle mich gewappnet, Ihnen gegen die Roses dieser Welt zu helfen, weil ich so viele von ihnen vertreten habe. Sie fangen als eindrucksvolle, kühne Frauen an, aber wenn man sie dann dazu drängt, Beweise zu liefern, kommen die Schwächen und Lügen ans Licht. Bei ihr scheint dieser Tage nicht allzu viel zu laufen, abgesehen davon, dass sie in rasantem Tempo zu einer feministischen Kriegerin mutiert, was sich aber komplett auf ihre Internet-Tiraden zu beschränken scheint. Um ihre Gefolgschaft, ihre »RoseArmy« bei der Stange zu halten, muss sie der Ungeheuerlichkeit ihrer Hetzreden immer noch eins draufsetzen.

Es ist ganz klar, dass sie in ihren lächerlichen, verleumderischen Angriffen auf Sie gestoppt werden muss. Sie ist gefährlich. Sie sind zu Recht besorgt.

Optionen nach meiner ersten Lektüre, die ich bei unserem nächsten Telefonat genauer konkretisieren kann:

1. Über mich oder einen anderen Vermittler freundlichen Kontakt mit ihr aufnehmen; nach Etablierung einer Beziehung eine »Win-win-Vereinbarung« ausarbeiten. Kernfrage: *Wie viel will sie? Zu direkt vielleicht?*

2. Als Gegenmaßnahme eine Online-Kampagne, um sie zurückzudrängen und als pathologische Lügnerin zu entlarven. Ein paar gut platzierte Artikel zum jetzigen Zeitpunkt werden eine große Hilfe sein, falls uns die Dinge in Zukunft um die Ohren fliegen. Wir können einen Artikel darüber, wie sie zunehmend durchdreht, so platzieren, dass er als Erstes aufploppt, wenn Leute sie googeln, und sie diskreditiert. Wir haben alle Fakten, die auf öffentlich verfügbaren Informationen beruhen. Das kann zeitgleich mit #1 starten.

3. Schreiben mit Unterlassungsaufforderung von mir, inklusive einer Warnung, die Vereinbarung mit Ihnen zu verletzen, und der Androhung gerichtlicher Schritte wegen Falschbehauptung, Eindringens in die Privatsphäre, Verleumdung etc. für diesen Fall. Risiko: Sie stellt den Brief online und erzeugt damit Aufruhr und Backlash. (Sara: Ich muss mir unbedingt die Vereinbarung ansehen.)

4. Sie und ich gehen vorab mit einem Interview an die Öffentlichkeit, in dem Sie darüber sprechen, wie Sie sich im Hinblick auf Frauenthemen weiterentwickelt haben, ausgelöst vom Tod Ihrer Mutter, Trumps Pussy-Grapsch-Tape und, eventuell, widerlichen, unbegründeten, schmerzlichen Gerüchten über Sie. Das wird Stoff für Schlagzeilen, wenn Sie den Frauen gegenüber, denen Sie wehgetan haben, echte Reue zum Ausdruck bringen und zugleich betonen, dass es sich stets um einvernehmliches Verhalten unter Erwachsenen gehandelt hat. Sie dachten zu diesem Zeitpunkt, das würde ausreichen, Ihnen ist jedoch inzwischen

klar, dass es da mehr Nuancen gibt, dass ein Machtun-gleichgewicht etwas bedeutet etc. Sie haben sich an mich gewandt, damit ich Ihnen helfe, die gesellschaftlichen Gepflogenheiten im Zusammenhang mit sexuellem Fehl-verhalten zu verstehen, die sich derartig schnell verändert haben; weil Sie ein guter, ehrbarer Mensch sind (wie Ihr Lebenswerk beweist, denn das besteht schließlich darin, dass Sie Filme zu wichtigen gesellschaftlichen Themen ge-macht haben und ein extrem spendabler Menschenfreund sind). Beispiel: Charlie Sheen hat, als Frauen sich anschick-ten, seine HIV-Infektion öffentlich zu machen, kürzlich ein Interview für die *TodayShow* gegeben, indem er es selbst publik machte und dafür viel Lob bekam. Ich habe einige der Frauen vertreten, und ihre Storys fielen durch sein Inter-view und den Zuspruch, den er dafür erhielt, größtenteils in sich zusammen. Vom Standpunkt des Reputation Ma-nagement aus ist es absolut entscheidend, dass man die Geschichte als Erster erzählt. Ich empfehle das dringend. Wenn Sie zustimmen, würde ich gerne zu Ihnen rüber-kommen und mich mit Ihnen treffen, um die Details der Story durchzusprechen, damit wir den maximalen Effekt erzielen können. Sie sollten in dieser Geschichte der Held sein, nicht der Bösewicht. Und das ist absolut mach-bar.

5. Gründen Sie die Weinstein Foundation, eine Stiftung, die sich für Geschlechtergerechtigkeit in der Filmindustrie etc. einsetzt. Oder stellen Sie die Weinstein-Standards auf, die darauf abzielen, dass ein Drittel der Filme von Frauen ge-dreht oder geschrieben werden oder den Bechdel-Test bestanden haben (zwei namentlich genannte weibliche Rollen sprechen miteinander über etwas anderes als einen Mann), was auch immer. Kündigen Sie an, dass Sie bei al-

len Filmen, die Sie verantworten, unverzüglich und auf ganz bestimmte Weise die Standards in Bezug auf Geschlechterparität anheben werden. Kündigen Sie eine Partnerschaft mit der von Geena Davis geleiteten Gruppe an, die für Geschlechtergerechtigkeit in der Filmbranche kämpft, zum Beispiel, indem Sie anordnen, dass die Hälfte aller Komparsen bei Massenszenen Frauen sein müssen. Sie wissen schon, worauf ich hinauswill. Diese Details lassen sich weiter ausarbeiten, aber der Punkt ist, dass Sie beschließen, hier Vorreiter zu sein und die Messlatte auf konkrete Weise höherzuschrauben, und zwar so, dass es für Schlagzeilen sorgt.

6. Positive Reputation Management. Ich habe Ihren Namen gegoogelt, und da sind ein paar widerwärtige Artikel aufgeploppt. Ich arbeite mit dem führenden Unternehmen in diesem Bereich zusammen, das die positiven Artikel über Sie rückverlinken und so eine »Firewall« errichten kann, die verhindert, dass negative Texte bei Google weit oben landen. Ihre erste Google-Seite mit Ergebnissen ist der Schlüssel, denn 95 Prozent der User bleiben bei dieser Seite. Das sollten wir optimieren. Ist ganz einfach und sollte parallel zu den anderen Optionen geschehen.

Eine kleine Erinnerung: Würden Sie mich bitte mit David Boies in Verbindung setzen, damit ich meinen Vorschuss bekomme? Und noch etwas: Angesichts der Tatsache, dass Ihre E-Mails während der Clinton-Kampagne gehackt wurden, empfehle ich Ihnen, einen neuen, sicheren E-Mail-Account für den E-Mail-Austausch innerhalb dieses Teams einzurichten. Wir sollten über solche sensiblen Themen nicht von Ihrer Dienst-Mail-Adresse aus mailen, auf die Ihre IT-Leute und andere womöglich Zugriff haben.

Danke, und ich fühle mich wirklich geehrt, Teil des Teams zu sein.

Sprechen wir morgen?

Beste Grüße,

Lisa Bloom

Weinstein zahlte ihr einen ersten Vorschuss in Höhe von 50 000 US-Dollar. Die Rechnungen, die darauf noch folgten, erzählen eine ganz eigene Geschichte darüber, wie Bloom von dem, was sie für Weinstein tat, privat profitierte.

Sie kooperierte mit der Black-Cube-Agentin »Anna« alias Diana Filip. Sie traf geheime Absprachen mit Weinstein und Boies. Sie half mit, Informationen über Rose McGowan, Ambra Battilana Gutierrez, Ashley Judd und andere Frauen zu beschaffen, die Weinstein öffentlich anklagen konnten. Sie arbeitete Hand in Hand mit Sara Ness, der Privatdetektivin, die Dossiers über Journalisten zusammenstellte, die gegen Weinstein ermittelten, und untersuchte deren Social-Media-Accounts nach Hinweisen darauf, wer ihre Quellen waren. Es passierte genau das, was Baquet vorhergesagt hatte: Weinstein und sein Team beobachteten die Reporterinnen und verfolgten jeden ihrer Klicks in den sozialen Medien, um herauszufinden, mit wem sie sich unterhielten.

»Basierend auf ihren Aktivitäten in den sozialen Medien und den Kommentaren von HW scheinen die folgenden Personen zu den relevanteren/wichtigen potenziellen Quellen für Kantor und Farrow zu gehören«, hieß es in Ness' Dossier[23], das Jodi und Megan erst Monate später zu Gesicht bekamen. So ging es seitenlang weiter. Detailliert wurde aufgelistet, wem sie auf Twitter folgten und seit wann. Auf der Liste fanden sich mehrere von Jodis und Megans wichtigsten Quellen.

Manche Einschätzungen stellten sich als unzutreffend heraus. »Es ist schwierig vorauszusagen, ob McGowan Farrow oder Kantor ein Interview gewähren wird«, schrieb die Detektivin, nachdem Jodi und Megan bereits seit Wochen mit McGowan im Gespräch waren. »Es scheint unwahrscheinlich, dass Judd sich öffentlich äußern möchte und den *Variety*-Artikel von 2015 wieder aufwärmt«, notierte Ness. Und Weinstein »glaubt nicht, dass Paltrow eine Bedrohung ist«.

Andere Notizen wiederum kamen der Wahrheit bedrohlich nahe. Mehrere der Frauen wurden als potenziell »feindliche Quellen« beschrieben, darunter die Assistentin, die Miramax 1990 überstürzt verlassen und die Megan im Haus ihrer Mutter angetroffen hatte.

»Feindliche Quellen« klang sehr nach einem anderen Wort: Gegner. Mit Unterstützung eines riesigen Teams führte Weinstein Krieg.

Kapitel 5

DAS UNTERNEHMEN
ALS KOMPLIZE

Im August und September 2017 stellte sich Jodi und Megan ein wachsendes Problem: Bei allem, was sie über Weinsteins mutmaßliches Fehlverhalten Frauen gegenüber erfahren hatten, gab es nur wenig, das hätte gedruckt werden können.

Eines Abends bestellte Rebecca Corbett die beiden in eine ruhige Bar im Zentrum von Manhattan und bat sie um ein Update. Jodi und Megan zählten auf, was sie bislang wussten. Die Stars, die ihnen Weinstein-Storys erzählt hatten. Die früheren Angestellten. Die Vergleiche.

Corbett wusste genau Bescheid, über welches Material sie verfügten. Sie wollte die Sache auf den Punkt bringen. Wie viele Frauen äußerten sich offiziell? Wie viele Vergleiche waren bestätigt worden? Von ihren Quellen mit Erfahrungen aus erster Hand hatte nur Laura Madden zugestimmt, sich öffentlich zu äußern, und ihre Antwort war noch nicht endgültig. Das Beweismaterial zu den Abfindungen war unvollständig.

»Ihr habt keine publizierbare Story«, sagte Corbett.

Frühere Weinstein-Angestellte zum Reden zu bringen wurde auch nicht einfacher, vor allem, wenn es um den innersten Zirkel der Führungskräfte ging, die über die Jahre mit dem Produzenten zusammengearbeitet hatten. Es lag nicht in ihrem Eigeninteresse zu reden. Warum hätten sie die Welt wissen lassen sollen, dass sie Karriere gemacht hatten, indem sie einem Mann ermöglichten, Frauen nachzustellen? Am besten konnte man sie noch damit überzeugen, dass die Ermittlungen der *Times* ihnen die Chance boten, zumindest ansatzweise Wiedergutmachung für alte Fehler zu leisten, früheres Verhalten zu thematisieren, das ihnen womöglich die ganze Zeit zu schaffen gemacht hatte.

Am Ende eines nicht besonders aufschlussreichen Gesprächs mit jemandem aus der Führungsriege bekam Jodi doch noch etwas Interessantes zu hören. Es ging um Irwin Reiter, einen von Weinsteins Topleuten. Ehemalige Kollegen hatten den Finanzchef von The Weinstein Company als institutionelles Gedächtnis des Unternehmens beschrieben: Er führte für die Brüder seit 1989 die Bücher. Außerdem war er bisher als ebenso loyal wie ruppig beschrieben worden, also kaum als jemand, der sich Gedanken über den Umgang seines Bosses mit Frauen machen würde. Doch diese Quelle sagte etwas, das vorher noch niemand erwähnt hatte: »Irwin Reiter *hasst* Harvey Weinstein.«

Jodi hatte Reiters Telefonnummer schon lange auf dem Tisch. Sie wollte jedoch erst eine Vorstellung von ihm haben, bevor sie sich bei ihm meldete. Dieser Augenblick war jetzt gekommen. Am Telefon wollte Reiter nicht mit ihr reden, bevor er aber auflegte, gab er ihr seine private E-Mail-Adresse. Jodi verfasste folgende Nachricht an ihn:

Freitag, 15. September 2017, 16:46 Uhr
An: Irwin Reiter
Von: Jodi Kantor

Lieber Irwin,

vielen Dank für die E-Mail-Adresse. Wir dokumentieren gerade Anschuldigungen, die mit einer jahrelangen, systematischen Misshandlung von Frauen zu tun haben. Unsere Berichterstattung fördert in diesem Zusammenhang Hinweise auf zahlreiche Vergleiche zu Tage. Mir wurde zugetragen, dass Ihnen das im Lauf der Zeit Sorgen bereitet haben könnte. Wenn Sie uns in dieser Sache behilflich wären, könnte das für Sie eine Gelegenheit sein, die Lage zu verändern, ohne dass irgendjemand etwas davon erfährt. Ich würde mich sehr über ein vertrauliches Gespräch mit Ihnen freuen und Ihnen unsere Informationen gern zur Überprüfung vorlegen.
Meine Schwester wohnt in Ihrer Gegend, und ich habe demnächst vor, sie in New Jersey zu besuchen. Darf ich Sie zu einer Tasse Kaffee einladen, damit Sie das Material ein bisschen unter die Lupe nehmen?

Freitag, 15. September 2017, 20:27 Uhr
An: Jodi Kantor
Von: Irwin Reiter

Ihr Hintergrundwissen ist beeindruckend. So wie die Dinge heute, 2017, stehen, habe ich einen gesunden Respekt vor Reportern. Ich wünsche Ihnen ein schönes Wochenende.

Jodi leitete Irwins Nachricht sofort weiter.

Freitag, 15. September 2017, 20:37 Uhr

An: Megan Twohey

Von: Jodi Kantor

Wie soll ich jetzt weiter vorgehen?

Freitag, 15. September 2017, 21:11 Uhr

An: Irwin Reiter

Von: Jodi Kantor

Vielen Dank, das bedeutet mir viel. Eine sorgfältige Dokumentation der Wahrheit scheint heute wichtiger denn je. Ich kann am Montag gegen 11 Uhr bei Ihnen vorbeikommen, um mich persönlich vorzustellen. (Laut Telefonbuch wäre das: 3 Hebron Drive, East Windsor.) Lassen Sie mich wissen, ob Ihnen ein anderer Tag oder eine andere Uhrzeit besser passen würde.

Freitag, 15. September 2017, 21:46 Uhr

An: Jodi Kantor

Von: Irwin Reiter

Sie sind eine gute Reporterin, aber von Adressen haben Sie keine Ahnung. In New Jersey habe ich noch nie gewohnt. Ich werde darüber nachdenken. Am Montag lasse ich Sie meine Entscheidung wissen.

Um den Dialog nicht abreißen zu lassen, machte Jodi weiter Small Talk per E-Mail, während Megan unsichtbar mitlas und Jodi Ratschläge für ihre Antworten gab.[1]

Bald schickte Reiter Instruktionen: Treffen Sie mich um 21:30 Uhr in Tribeca in der Bar hinter dem Restaurant Little Park. Und er stellte bestimmte Regeln für das Treffen auf:

Er werde die Fragen stellen; er behalte sich das Recht vor, nach fünf Minuten zu gehen; er werde die Rechnung bezahlen. Dagegen hatte Jodi nichts einzuwenden, die Wahl des Ortes aber erstaunte sie. Der New Yorker Stadtteil Tribeca war Weinsteins Welt. Nachdem er Jahrzehnte zuvor die Büros von Miramax dorthin verlegt hatte, hatte der Aufstieg des Unternehmens der bis dato düsteren Nachbarschaft zu Wohlstand, Prestige und Macht verholfen. Hier gab es Millionen Dollar teure Lofts, schicke Restaurants und ein berühmtes Filmfestival. Das neue Little Park, kostspielig und stylisch, war für den Filmproduzenten wie gemacht. Sein Büro in den Räumen von The Weinstein Company, dem Unternehmen, das er 2005 mit seinem Bruder gegründet hatte, lag nur wenige Straßenzüge entfernt. Doch Jodi stellte die Wahl des Ortes nicht in Frage. Wenn Reiter sich mit ihr direkt vor Weinsteins Nase treffen wollte, dann sollte es ihr recht sein.

Am 18. September, einem Montagabend[2], betrat Jodi das gut besuchte Restaurant und sah sich um. Auch wenn Weinstein nicht hier war, wollte sie sichergehen, dass sie niemanden der Anwesenden kannte, damit sie ungestört blieben. Sie ging nach hinten durch zu einem etwas versteckten Raum, in dem kaum Leute waren: einer schummrig beleuchteten Bar, die wie ein exklusives Wohnzimmer wirkte. Mit viel Platz zwischen den einzelnen Gruppen von Sofas und Ohrensesseln bot sie den idealen Ort für vertrauliche Gespräche. Wo war Reiter? Und: War er ein Spion, der herausfinden sollte, was die Reporterin wusste?

Aber der kleine Mann Mitte fünfzig, der in einem Sessel im hinteren Teil saß, wirkte viel zu nervös für einen Spitzel. Er blickte sich ständig suchend um und machte finstere Witze darüber, wie man den Schlägertypen entgehen könnte, die

Weinstein mit Sicherheit beschäftigte. Er hatte eine onkelhafte Art und den typischen, gar nicht hippen Tonfall des New Yorkers, der nicht aus Manhattan stammt.

Nach den ersten paar Minuten ihrer Unterhaltung war Reiter zwar immer noch nervös, aber er stellte Jodi weder besonders viele Fragen noch schien er die Absicht zu haben zu gehen. Daher riskierte sie nun selbst ein paar Fragen, zum Beispiel, ob er irgendwelche finanziellen Details in Zusammenhang mit einigen der frühen Vergleiche wisse. Als sie ihn so über die Vergangenheit aushorchte, sah er sie leicht verwundert, vielleicht sogar enttäuscht an. Irgendwann fragte er schließlich nach: Warum sie ihn über diesen ganzen alten Kram aushorche, wenn es doch erst in der letzten Zeit so viele Vergehen Weinsteins gegenüber seinen eigenen Angestellten gegeben habe?

Vergehen. In letzter Zeit.

Hierüber hatten Jodi und Megan bislang kaum etwas gehört; abgesehen von den polizeilichen Ermittlungen 2015 gegen den Produzenten hatten sie nur wenige, nicht bestätigte Hinweise bekommen. Als Jodi Reiter bat, ihr mehr zu sagen, verkrampfte er sich und fing an, in Kürzeln zu reden. Er erwähnte eine junge leitende Angestellte in der Produktentwicklungsabteilung, die Drehbücher sichtete, und eine andere, die während ihres Wirtschaftsstudiums bei The Weinstein Company gejobbt hätte. Er verwendete die Initialen EN, LO und einen Haufen andere. Mehr wollte er nicht sagen. Ihm gehe es vor allem darum, sagte er, Weinstein Einhalt zu gebieten und ihn zu hindern, jungen Frauen, die in seiner Firma arbeiteten, weiterhin Derartiges anzutun.

In den darauffolgenden zwei Wochen trafen sich Jodi und Reiter alle paar Tage, stets spätabends, fast immer in der Bar hinten im Little Park. Außer ihren Redakteuren sagten Jodi und Megan niemandem etwas davon. In E-Mails und Text-nachrichten, die sie einander schickten, nannten sie ihn ein-fach nur »die Quelle« oder »Jodis Mann«. Der Finanzchef schwor jedes Mal, es sei das letzte Treffen gewesen. Sein Job stehe auf dem Spiel. Er redete fahrig und gehetzt, einiges ent-hüllte er bereitwillig, anderes wieder nicht, mitunter wei-gerte er sich, Namen zu nennen, sprang zwischen wichtig erscheinenden und nebensächlich oder schwer nachweisbar klingenden Vorfällen hin und her. Weder behauptete er, alles zu verstehen, was im Unternehmen vor sich gegangen war, noch erzählte er die Geschichte chronologisch.

Zwischen den einzelnen Interviews bemühten sich Jodi und Megan, seine Aussagen zu entschlüsseln, nachzuverfol-gen und zu untermauern, indem sie mit ehemaligen Ange-stellten sprachen, Aufzeichnungen in ihren Besitz brachten und die Frauen kontaktierten, auf die Reiter angespielt hatte. Dabei konzentrierten sie sich auf das Wesentliche: Was hatte Weinstein diesen jungen Frauen angetan, und wofür gab es Belege?

Zugleich aber dämmerte ihnen, dass Reiter ihnen hier flüchtige Blicke in eine Story gewährte, deren Berichterstat-tung viel mehr Zeit in Anspruch nehmen würde. Im Verlauf zweier schrecklicher Jahre, 2014 und 2015, war für die Leute in den Führungsetagen des Unternehmens sehr viel deut-licher sichtbar geworden, welche Gefahr der Produzent für die eigenen Mitarbeiterinnen darstellte. Die Probleme traten mit verstörender Regelmäßigkeit ans Licht.

Harvey Weinstein hatte schon seit langem eine Reihe von Angestellten seiner illustren Unternehmen (von Anwälten bis hin zu Assistenten) in seine Machenschaften einbezo-gen und Praktiken (von Verträgen bis hin zur Abrechnung von Spesen) für sich genutzt, um seine Nachstellungen voranzutreiben beziehungsweise sie zu vertuschen. Manche Angestellte wussten wenig bis gar nichts, während sie an Marketingpostern arbeiteten oder Filmstarts vorbereiteten. Doch Reiter, dem aktivsten Verwaltungsratsmitglied im Unternehmen, und auch Weinsteins eigenem Bruder und Geschäftspartner Bob wurden in jenen zwei Jahren die Anschuldigungen gegen Weinstein wegen sexueller Belästigung und Übergriffe immer stärker bewusst. Obwohl sie jedoch zunehmend besorgt waren, versäumten sie es ein ums andere Mal, das Problem anzusprechen, während Weinstein selbst erstaunliches Geschick bewies, sich seine eigene Wirklichkeit zu schaffen und eine Reihe von Problemen einfach unter den Teppich zu kehren.

Wie hatte es passieren können, dass sich ein ganzes Unternehmen dermaßen tief in übergriffiges und missbräuchliches Verhalten verstrickt hatte?

Reiter hatte lange Zeit weggeschaut, was das Verhalten seines Bosses gegenüber Frauen betraf. Er hatte am 15. Juli 1989 im Alter von dreißig Jahren bei Miramax angefangen, ein am Brooklyn College ausgebildeter Wirtschaftsprüfer voller Ehrfurcht gegenüber den gewagten Filmen, die Weinstein produzierte und die so ganz anders waren als alles, was sonst in den Kinos lief. Gleich in seinem ersten Jahr fiel ihm der plötzliche, mysteriöse Abgang der Assistentin des winzigen New Yorker Büros auf – derselben Frau, die Megan später im Haus ihrer Mutter aufgesucht hatte. Ihm wurde mitgeteilt, Weinstein hätte sich ihr gegenüber unangemessen verhalten, sie hätte eine Art Vergleich ausgehandelt, und das war's.

Knapp zehn Jahre später kam ihm zu Ohren, Zelda Perkins hätte ein Problem im Londoner Büro gehabt und ein Rechtsanwalt der Firma wäre nach England entsandt worden, um es zu beseitigen. Wie viele Kollegen, so hörte auch Reiter Gerüchte von »Affären« des Produzenten mit Schauspielerinnen, aber er war sich nicht sicher, wer hier wen benutzte: Waren Schauspielerinnen nicht bekannt dafür, dass sie für eine Rolle alles taten? Und schließlich war er ja nur der Typ für die Zahlen im Hintergrund, der für die Buchhaltung bezahlt wurde und nicht das Recht hatte, Weinsteins Benehmen anzuzweifeln. Also fragte er nicht weiter nach.

Bis 2014, als ihn allmählich ein mulmiges Gefühl beschlich. Über den Sommer hatte Reiter einigen beunruhigenden Bürotratsch über Weinsteins Umgang mit Frauen mitbekommen. Im Oktober beschuldigten dann Frauen verschiedenster Herkunft und unterschiedlichsten Alters Bill Cosby öffentlich der sexuellen Nötigung. Als die Nachricht herauskam, lösten sich Cosbys TV-Projekte und Tourneetermine in Luft auf.[3] Trat er doch irgendwo auf, äußerten Demonstranten und Zwischenrufer lautstark ihre Abscheu.

Angesichts der Nachrichten über Cosby hatte Reiter das Gefühl, einschreiten zu müssen. Er hatte sich noch nicht damit auseinandergesetzt, ob Frauen verletzt worden waren und wie. Ihm machte der Zustand des Unternehmens Sorgen, das nach außen ein strahlendes Bild abgab. Ihm gelangen zwar Prestigehits wie *The King's Speech* (OT *The King's Speech*, 2010) und die TV-Castingshow *Project Runway* (2004–2019), aber es war wegen zahlreicher gescheiterter Projekte und Hunderten von Millionen Dollar Verlust in einer deutlich heikleren Lage, als Außenstehende es vermuten konnten. Ein Sexskandal konnte es ins Verderben stürzen.

Im November 2014 verfasste Reiter eine E-Mail an Weinstein, in der er die Beschuldigungen auflistete und einige der Namen nannte, die er über den Flurfunk mitbekommen hatte. »Hören Sie auf mit diesem Mist«, hieß es in einem Entwurf der E-Mail an seinen Boss. Ihm sei egal, was Weinstein mit den Frauen anstelle, »solange es das Unternehmen nicht in Gefahr bringt. Tut es das?«, fragte er. Am folgenden Tag konfrontierte Weinstein Reiter, ohne irgendetwas zuzugeben. Danach zeigte er ihm die kalte Schulter und bezeichnete ihn im Büro nur noch als »die Sexpolizei« (Weinstein leugnete dies).

Einige Wochen darauf, kurz vor der Weihnachtspause im Dezember 2014, kam Reiter eines Morgens zur Arbeit, als er einige Führungskräfte antraf, die vor Sorge ganz außer sich waren. Emily Nestor, eine fünfundzwanzigjährige Doktorandin, hatte einen befristeten Job als Urlaubsvertretung der Rezeptionistin im Büro in Los Angeles angenommen. An ihrem zweiten Arbeitstag hatte Weinstein sie zu einem Frühstück im Peninsula Hotel in Beverly Hills gedrängt, ihr Sex im Austausch gegen die Förderung ihrer beruflichen Karriere angeboten und damit geprahlt, wie viele Schauspielerinnen angeblich auf ein solches Angebot eingegangen und zu Ruhm und Reichtum gekommen wären. Nestor sagte zu allem nein. Weinstein ließ nicht locker. Als sie sich endlich aus der Situation gerettet hatte, erzählte sie anderen Angestellten, was vorgefallen war, und diese wiederum alarmierten ihre Kollegen in New York.[4]

Reiter war beunruhigt: Offensichtlich hatte das Unternehmen es hier mit einem Fall sexueller Nötigung zu tun. Nestor wollte keine Beschwerde bei der Personalabteilung einreichen. Also überzeugten Reiter und eine Reihe weiterer Führungskräfte die Angestellten in Los Angeles, die den Bericht der jungen Frau aus erster Hand gehört hatten, alles aufzuschreiben. In einer dieser Aufzeichnungen stand, wie lange sie gebraucht hätte, um Weinstein abzuwehren. »Sie sagte, er sei sehr hartnäckig und fokussiert geblieben, obwohl sie mehr als eine Stunde lang immer nein gesagt habe.«[5]

Anfang 2015 traf sich Reiter in einem Restaurant im Zentrum von Manhattan mit seiner sechsundzwanzig Jahre alten Tochter Shari. Sie war etwa in Nestors Alter, Psychologiestudentin und überzeugte Feministin. Als ihr Vater ihr erzählte, was an seinem Arbeitsplatz vor sich ging, und ihr und einem befreundeten Jurastudenten sogar sein Handy mit einigen der E-Mails und Dokumente zeigte, war sie entsetzt. Shari drängte ihren Vater zu handeln, wie sich die beiden später erinnerten, und der Freund sagte, Reiter müsse unbedingt einen Weg finden, Harvey Weinsteins Verhalten ein Ende zu setzen.

Reiter wollte ja. Inzwischen hatte er nicht mehr bloß Angst um die Firma, sondern fing auch an, sich um die Sicherheit der weiblichen Angestellten zu sorgen. Die Vorstellung, dass sein Chef womöglich seinen eigenen Mitarbeiterinnen Schaden zufügte, beunruhigte ihn. Zugleich aber fühlte er sich hilflos. Der externe Rechtsberater hatte den Führungskräften geraten, dem Verwaltungsrat den Bericht nicht vorzulegen: Dies sei wenig sinnvoll, da Nestor ja keine offizielle Beschwerde einreichen wolle. Weiteren Druck auszuüben schien sinnlos. Zudem, fügte er seiner Tochter gegenüber hinzu, wüssten sie doch beide, was in solchen Situationen passierte: Am Ende würde häufig den Opfern die Schuld gegeben, als hätten *sie* etwas falsch gemacht.

Shari ließ dennoch nicht locker. Das Gespräch wäre so hitzig geworden, dass Leute von den anderen Tischen herübergeschaut hätten, erinnerte sie sich später. Er habe doch Einfluss, sagte sie zu ihrem Vater. Er könne doch dazu beitragen, eine Atmosphäre herzustellen, die es den Frauen erleichterte, darüber zu sprechen, und er habe die Pflicht, mehr zu tun.[6]

In jenem Winter kamen Reiter die Probleme einer weiteren jungen Angestellten zu Ohren. Sandeep Rehal war Weinsteins persönliche Assistentin, achtundzwanzig Jahre alt und in ihrer ersten richtigen Anstellung, abgesehen von stundenweisen Einsätzen im Einzelhandel. Sie vertraute Reiter und einigen anderen Führungskräften an, dass zu ihren Aufgaben auch einige gehörten, die ihr unangenehm seien. Weinstein hatte ihr aufgetragen, ein möbliertes Apartment für ihn zu besorgen und über seine Firmenkreditkarte mit Damenwäsche, Blumen und zwei Bademänteln auszustatten. Sie hatte eine Liste von Frauen mit dem Titel »Harveys Freundinnen« zu führen, eine Bezeichnung, die Reiter bereits im Büro aufgeschnappt hatte. Irgendwie war es Teil ihres Jobs geworden, deren Kommen und Gehen zu managen.

Rehal war zu beschämt und verängstigt gewesen, um den männlichen Führungskräften von den schlimmsten Erfahrungen zu erzählen, sagte sie später. Wie sie Weinsteins persönlichen Vorrat eines Erektionsmittels namens Caverject, das in den Penis injiziert wird, beschaffen musste. Wie sie immer über einen Vorrat dieser Spritzen in ihrem Schreibtisch verfügen musste, die sie ihm dann in einer braunen Papiertüte übergeben und manchmal direkt vor seinen Treffen mit einer Frau in Hotels oder an andere Orte bringen lassen musste. Und wie Weinstein ihr, nachdem sie eine Woche lang nach einem neuen Lieferanten für das Medikament gesucht und mit der Firmenkreditkarte dafür bezahlt hatte, einen Bonus von 500 Dollar gewährt hatte, der ebenfalls von der Firma bezahlt worden war, wie sie einer Mail von ihm an die Personalabteilung entnehmen konnte. Er hatte ihr implizit Konsequenzen für den Fall angedroht, dass sie irgendjemandem von diesen Aufgaben erzählte, und sowohl ihren Studienkredit erwähnt wie auch, dass er wüsste, wo ihre kleine Schwester zur Schule ginge. Er könnte dafür sorgen, dass sie rausgeschmissen würde. Verschwiegenheit hingegen würde ihr zum Vorteil gereichen: »Du bist hier an der Harvey-Weinstein-Privatuni, und ich entscheide, ob du die Prüfungen bestehst.« Bald darauf verließ Rehal das Unternehmen, und Reiter hörte nie wieder etwas von ihr.[7]

Doch beschwerte sich Reiter jetzt öfter wegen eines anderen, von Rehal erwähnten Themas gegenüber Kollegen: der Verwendung von Firmengeldern. Weinstein stellte über seine Firmenkreditkarte Unsummen in Rechnung und verließ sich dabei auf laxe Regelungen bezüglich der Erstattung persönlicher Ausgaben. Zusätzlich zu seinem großzügigen Gehalt – 2015 waren es 2,5 Millionen Dollar[8] – verlangte er mitunter von der Filmgesellschaft, fragwürdige Rechnungen zu begleichen, darunter 24 000 Dollar Trinkgeld für Yachtpersonal – die er am Ende zurückzahlte – und einen Privatflug nach Europa, um dort ein Model abzuholen. (Weinstein leugnete, jemals Firmengelder veruntreut zu haben.)

Als Weinstein Zahlungen für eine neue Runde von Frauen in der Filmproduktion forderte, die keine klar definierten Jobs oder Aufgaben hatten, schrieb Reiter an Tom Prince, den Produktionsleiter von The Weinstein Company[9]:

Dienstag, 10. Februar 2015:
An: Tom Prince
Von: Irwin Reiter

Wie viele??????????
Wie viele sind genug????
Wie viele sind zu viel???

An: Tom Prince

Von: Irwin Reiter

Man darf gar nicht daran denken ... es wird passieren ... wie alt ist Cosby? Wie lange konnte er seine abartige Sexsucht verstecken? Es wird passieren und ich hoffe, noch zu Lebzeiten und nicht erst posthum ...

An: Irwin Reiter

Von: Tom Prince

Es ist wirklich unfassbar

Zwischen Jodis spätabendlichen Gesprächen mit Reiter waren die Reporterinnen weiterhin unermüdlich auf der Suche nach Belegen für seine Aussagen. Emily Nestor wollte die damaligen Vorgänge nicht öffentlich kommentieren. Doch bald hatte Megan eine andere junge Assistentin am Telefon, deren Initialen Reiter geliefert und die The Weinstein Company im Sommer 2015 verlassen hatte. Die Stimme der Frau zitterte. Nach einer Weile jedoch erklärte sie, sie habe das Unternehmen »aus moralischen Gründen« verlassen. Weil sie eine Vertraulichkeitsvereinbarung unterzeichnet habe, wolle sie Megan nicht im Detail erzählen, was ihr widerfahren sei. Weinstein hätte sie verfolgt und mit Forderungen nach Sex und Massagen bombardiert, die sie wiederholt abgelehnt hätte. Sie hätte die Chance, in einer so hoch angesehenen Firma zu arbeiten, nicht verschenken wollen und sich daher in eine neue Position vorgearbeitet, die ihr mehr Abstand zu ihm verschaffte.

Als Weinstein von ihr verlangt hätte, wieder direkt für ihn zu arbeiten, hätte sie sich bei jemandem aus der Führungsetage über Verabredungen beschwert, die sie für Weinstein hätte arrangieren müssen, in der Hoffnung, diese Person könnte dafür sorgen, dass sie nicht mehr in die Nähe des Bosses kam. Stattdessen hätte Weinstein sie persönlich angerufen, sie unter Druck gesetzt und gezwungen, ihre Beschuldigung zu leugnen und aus dem Unternehmen auszusteigen, nicht ohne vorher einen Brief zu verfassen, sie hätte »positive Erfahrungen« mit der Firma gemacht.

Zur selben Zeit führte Jodi unheimlich ähnlich klingende Gespräche mit Michelle Franklin, einer ehemaligen Assistentin, die 2012 im Londoner Büro gearbeitet hatte.[10] Auch sie hatte große Angst davor zu reden und bestand auf ein vertrauliches Gespräch. Weinstein hatte Franklin nie zu Sex gezwungen. Doch wie die junge Assistentin, mit der Megan gesprochen hatte, sagte auch sie, sie hätte Hotelzimmertreffen mit »Harveys Freundinnen« – genau dieselbe Bezeichnung, wie Reiter und andere sie verwendet hatten – organisieren müssen. Wie Rehal war sie damit beauftragt, in der Apotheke Medikamente für die Penisinjektionen zu besorgen, und hatte beim Aufräumen seiner Hotelzimmer sogar benutzte Spritzen vom Boden aufgesammelt. (Weinstein leugnete ihre Aussagen.)

Als sie eines Tages eine junge Frau in Mr. Weinsteins Hotelzimmer führte, konfrontierte sie ihn. »Das ist nicht meine Aufgabe, und ich will das nicht mehr machen.« Seine Antwort lautete: »Deine Meinung zählt nicht.« Kurz danach wurde sie gefeuert.

Am Nachmittag des 19. September machte Megan ihre erste persönliche Erfahrung damit, wie Weinstein Druck ausübte, andere für seine Zwecke einspannte und schamlos vortäuschte, dass Probleme nicht existierten.

Zwei Wochen war sie damit beschäftigt gewesen, weitere Details darüber zusammenzustellen, wie die bei der Wohltätigkeitsauktion zugunsten der Aids-Forschung ersteigerten 600 000 Dollar auf dem Investorenkonto für Weinsteins Produktion von *Finding Neverland* gelandet waren. Jodi und die Redakteure trieb währenddessen die Sorge um, sie hätte dabei das größere Ziel, nämlich Weinsteins Umgang mit Frauen, aus den Augen verloren und sich auf einem Nebenschauplatz verirrt.

Doch Megan konnte nicht anders. Sie hatte die Bestätigung, dass der Generalstaatsanwalt von New York ermittelte. Sie hatte interne Aufzeichnungen erhalten, in denen amfAR-Leute innerhalb der Wohltätigkeitsorganisation schwere Bedenken äußern. In einer E-Mail hatte der Finanzchef geschrieben: »An diesem Deal fühlt sich für mich alles falsch an.« Rechtsexperten erteilten Megan die Auskunft, bei der Vereinbarung könne es sich durchaus um Betrug handeln. Selbst wenn er nicht gegen das Gesetz verstoßen hatte, schien Weinstein über eine halbe Million Dollar, die eigentlich der Aids-Forschung dienen sollten, umgeleitet zu haben, um seine eigenen Investoren zu entschädigen.

Megans Überzeugung nach zeigte diese Story, wie gut es Weinstein verstand, sich eine Institution gefügig zu machen. Der Produzent hatte über Jahre eine enge Beziehung zu amfAR unterhalten und der Organisation geholfen, ihre von Stars nur so gespickte Benefizveranstaltung in Cannes – jene mit den sensationellen Fotos vom roten Teppich, die Jodi Monate zuvor studiert hatte – zu schmeißen. David Boies hatte Weinstein geholfen, den amfAR-Vorstand zu beschwichtigen, als dieser eine externe Ermittlung anordnen wollte. In einem kürzlich geführten Interview hatte Boies Megan mit Unterstützung von Lanny Davis und Charlie

Prince, einem Anwalt von The Weinstein Company, die beide die Hier-gibts-nichts-zu-sehen-Verteidigungslinie stärkten, fast zwei Stunden lang verbal an der Nase herumgeführt.

Jetzt stand Weinstein höchstpersönlich im vierten Stockwerk des *Times*-Gebäudes, fest entschlossen, sich mit Megan anzulegen und die Story zu unterbinden.

Baquet und Corbett hatten dem Interview unter zwei Bedingungen zugestimmt: Erstens, es würde aufgezeichnet, und zweitens, es würde dabei einzig und allein um die finanzielle Transaktion gehen, kein Wort zu den Beschuldigungen wegen Fehlverhaltens gegenüber Frauen. Megan drängte auf Antworten, doch wollte sie sich unbedingt auch ein Bild von dem Mann machen, über den sie und Jodi nun schon seit Monaten recherchierten. Corbett würde an dem Treffen teilnehmen, damit nichts aus dem Ruder lief.

Die Kleider des Produzenten waren zerknittert, er humpelte etwas und knurrte eine Begrüßung. Er sprach leise und näselnd, mit dem New Yorker Akzent alter Schule.

Ihm hinterher kam seine Entourage. Megan war nicht überrascht, Davis und Prince zu sehen. Ein weiterer Anwalt, Jason Lilien, den Weinstein anscheinend gerade erst angeheuert hatte, stellte sich als ehemaliger Chef des Charities Bureau for the New York State Office of the Attorney General (Spendenbüro der Oberstaatsanwaltschaft des Staates New York) vor. »Ich weiß, dass das egoistisch klingt, aber ich habe in New York buchstäblich das Gesetz für diese Bereiche geschrieben«, sagte er zu Megan.

Die Anwesenheit zweier weiterer Mitglieder des Aufgebots war irritierend. Megan schüttelte Roberta Kaplan die Hand, der Prozessanwältin, die in dem bahnbrechenden Fall *Vereinigte Staaten gegen Windsor* vor dem Supreme Court erfolgreich argumentiert und so landesweit der gleichgeschlechtlichen Ehe den Weg gebahnt hatte. Außerdem war da eine große, auffallende Frau mittleren Alters mit dunklem Haar, deren Gesicht Megan seltsam bekannt vorkam: Karen Duffy, auch »Duff« genannt, MTV-Videojockey aus ihrer Jugendzeit. Warum hatten die beiden sich darauf eingelassen, Weinstein in einer Angelegenheit zur Seite zu stehen, über die sie mit Sicherheit nicht im Bilde waren?

Corbett wollte die Erwartungen von Anfang an klar umreißen: Das Treffen sollte streng fokussiert bleiben – und zwar ausschließlich auf die amfAR-Transaktion.

Doch schnell wurde deutlich, dass Weinstein vorhatte, seine ganz eigene Story zu stricken. Sie sollte sich um seine Sensibilisierung für das herzzerreißende Thema Aids, seine großzügigen, wohltätigen Spenden und seine Anteilnahme an dem Leid der Menschen drehen. Und die Besucher, die am Konferenztisch saßen, waren die Nebendarsteller seiner Inszenierung.

Zunächst war Weinsteins Tonfall freundlich, wenn auch herablassend. Er begann mit einer Erklärung, wie die Welt der Wohltätigkeitsspenden *wirklich* funktionierte. Wenn die Journalisten tiefer graben würden, erklärte er, dann könnten sie erkennen, dass kreative Transaktionen wie diese konkrete, bei der es um amfAR ging, extrem verbreitet seien. Jeder mache das so. Man müsse Wohltätigkeitsorganisationen wie ein Geschäft leiten, wenn man Gutes für die Welt tun wolle, sagte er. Und betonte, dass weiteres, von ihm bei der Auktion ersteigertes Geld durchaus an amfAR geflossen sei.

»Und ob nun legal oder illegal«, sagte er mit breitem Lächeln in die Runde, »unsere Idee war es, Leute zum Helfen zu animieren.«

Es sei Zeit für ein Gespräch über das, was er im Kampf gegen Aids getan hätte. Er erinnere sich, wie er die Verwüstungen der Krankheit vor Jahrzehnten zum ersten Mal hautnah miterlebt hätte, als Michael Bennett, der Regisseur des berühmten Broadway-Musicals *A Chorus Line*, daran erkrankte.

»Eines Tages erhalte ich da diesen Anruf von ihm höchstpersönlich, und er sagt mir, dass er eine Lungenentzündung hat. Und ich …« Weinstein machte eine Pause, als müsse er sich fangen. »Nein, nein, ich krieg das schon hin«, sagte er.

Bald las Weinstein ein echtes Skript vor – das schriftliche Statement eines ehemaligen Vizepräsidenten der Aids-Forschungsstiftung, der nicht an dem Meeting teilnehmen konnte. Darin stand über ihn selbst in der dritten Person, wie mitfühlend und großzügig er sei:

»Harvey tauchte auf und fragte: ›Braucht ihr Hilfe‹?«, las Weinstein vor. »Und die brauchten wir in der Tat. Von da an übernahm er praktisch die Leitung der Auktion und setzte den Leuten so richtig zu.«

Die Worte schienen ihm vor Rührung fast im Halse stecken zu bleiben.

»Ich mache Ihnen hier nichts vor«, sagte Weinstein.

Er setzte wieder an, hielt inne, als hätten ihn seine Gefühle übermannt, und reichte das Skript über den Tisch an Duffy weiter, die den Rest vorlas. Mit Tränen in den Augen sagte sie, Weinstein hätte ihr das Leben gerettet, als eine seltene Krankheit bei ihr diagnostiziert wurde. Jetzt gehe es darum, »die Leute zu vertreten, die hier wirklich gerade nicht selbst sprechen können«, nämlich Aids-Opfer, die direkt von Weinsteins Großzügigkeit profitiert hätten.

Megan ließ sie aussprechen, bevor sie zu weiteren Fragen ansetzte. Ob Leute, die auf einer Wohltätigkeitsauktion Dinge ersteigerten, nicht wissen sollten, wohin ihr Geld

fließen würde? Ob es angemessen sei, dass Wohltätigkeitsspenden am Ende zu Weinstein und anderen Investoren von
Finding Neverland zurückflössen?

Mit jeder Frage wurde Weinstein sichtlich ärgerlicher.

Ob Megan und Corbett wüssten, dass ihr eigener Arbeitgeber Geld von Non-Profit-Organisationen bekäme, um den
Investigativjournalismus zu subventionieren? »Wer schreibt
denn das ab? Wie geht denn das vor sich?«, schnauzte er
sie an. Dann machte er schnell eine 180-Grad-Wende und
fing an, das Blatt über den grünen Klee zu loben. »Ich liebe
die *New York Times*«, sagte er. »Meine schönste Geschichte
stammt von 1977, da ist dieser Schneesturm in Buffalo, New
York, während meines Studiums. Einer der Jungs, mein
Freund Gary, geht raus. ›Was willst du holen?‹ Er: ›Ich geh
Twinkies kaufen.‹ Ein anderer will Milch, das Mädchen sagt:
›Ich will Cheerios‹ oder was auch immer. Und mein berühm-
ter Spruch – Sie können ihn wahrscheinlich googeln – lautet:
Und für mich einfach nur die neueste Ausgabe der *New York
Times*.«

Falls irgendetwas an der 600 000-Dollar-Transaktion
nicht rechtskonform gewesen sei, behauptete er weiter beharrlich, solle Megan bei den Anwälten nachhorchen, die
dafür verantwortlich waren. Und wenn diejenigen, die bei
der Auktion mitboten, nicht kapiert hätten, dass ihr Geld seinem Geschäft diente, dann wäre das schließlich ihr Problem.
»Willst du nichts spenden, dann lass es halt bleiben«, sagte er.

Kaplan sagte, sie sei im Verwaltungsrat einer anderen
Aids-Stiftung, und falls die *Times* an der Story dranbleibe,
könne das am Ende Aids-Patientinnen und -Patienten auf
der ganzen Welt schaden. Sie schien gar nicht zu begreifen,
worum es bei der Finanztransaktion, die sie hier verteidigte,
eigentlich gegangen war.

Megan fragte, ob Weinstein solche finanziellen Vereinbarungen wieder treffen würde.

»Nicht, wenn Sie dabei sind«, witzelte der Produzent.

»Ich denke, wir sollten es hierbei belassen«, sagte Corbett.

Doch Weinstein hatte noch ein letztes Argument: Er kämpfe nicht nur für das Gute; er kämpfe gegen die Bösen. Die Verwaltungsratsmitglieder der Stiftung, die ihn an den Generalstaatsanwalt verpfiffen hätten, wollten einfach die Organisation übernehmen, um ihre eigenen finsteren Interessen zu verfolgen.

Der Anwalt von The Weinstein Company versuchte, sich einzuschalten, aber Weinstein schmetterte ihn ab.

»Wenn ich Sie wäre, würde ich bei der Wahrheit bleiben«, erklärte Weinstein den Journalistinnen. »Damit bin ich schließlich aufgewachsen. Mit der Wahrheit.«

Megan dankte der Gruppe für die Zeit, die sie sich genommen hätten. Sie würde ihre Story über die 600 000-Dollar-Transaktion schreiben, trotz des ganzen vor Pathos triefenden Theaters. Sprachlos, wie dieser Mann sich seinen Weg durch die Welt bahnte und erwartete, dass ihm alle zu Füßen liegen müssten, sah sie zu, wie der Filmmogul, gefolgt von seinen Anhängern, den Raum verließ.[11]

Als Jodi die Leute nacheinander herauskommen sah, ging sie hinunter in die Lobby. Sie hatte sich Weinstein schon vor Beginn des Meetings vorgestellt und wollte ihn jetzt, bevor er ging, noch einmal sehen, um ihn an Lanny Davis' Vorschlag eines möglichen Interviews zu erinnern.

Weinstein stand außerhalb der Sicherheitsdrehkreuze, inmitten der gewohnten Mischung aus Büroangestellten und Touristen, die Fotos von dem berühmten *Times*-Logo machten. Als sie zu ihm ging, rückte er ihr so nahe, dass sie sich zusammenreißen musste, keine Zeichen von Einschüchterung erkennen zu lassen. Sie sagte ihm, in der aktuellen Besprechung sei es ja um amfAR gegangen, aber sie und Megan hofften, ihn zu einem späteren Zeitpunkt bezüglich seines Umgangs mit Frauen zu interviewen.

An seine Entourage gewandt, machte Weinstein sich über die Ermittlung lustig, indem er Ergebnisse schilderte, obwohl die Reporterinnen nie etwas davon hatten verlauten lassen. »Er lockt sie in Hotelzimmer«, sagte er verächtlich.

»Kommen Sie, wir setzen uns und reden *jetzt* drüber«, schlug er unerwartet vor. »Ich werde Ihnen alles erzählen. Wir reden ehrlich miteinander, und es wird keinen Artikel geben«, fügte er hinzu. »Na los, bringen wir es hinter uns.«

Jodi lehnte ab. Sie und Megan würden sich melden, sobald sie so weit seien.

Er trat noch näher an sie heran, und Jodi lachte nervös. Er habe die schrecklichen Dinge, die Frauen ihm vorwerfen würden, gar nicht getan, sagte er. So schlimm sei er nicht.

Und dann, nach einem sardonischen Lächeln: »Ich bin schlimmer.«[12]

Die Taktik, die Weinstein bei dem persönlichen Gespräch über amfAR-Transaktionen angewandt hatte, war ein Leitfaden dafür, wie er vorging. Später half sie Megan zu entschlüsseln, was im März 2015 in seinem Unternehmen vor sich gegangen war, als die nächste und gefährlichste Beschwerde kam, und zwar von dem italienischen Model Ambra Battilana Gutierrez. Emily Nestor und Sandeep Rehal waren gerade erst fort, doch diese neue Beschuldigung sorgte für mehr Tumult als die anderen, weil jetzt zum ersten Mal eine Frau in aller Öffentlichkeit Vorwürfe gegen Weinstein erhob. Nach einer Arbeitsbesprechung in Weinsteins Büro ging Gutierrez zum New York Police Department, wo sie den

Produzenten bezichtigte, sie begrapscht zu haben. Die Nachricht machte Schlagzeilen. Und für das Unternehmen hätte das Timing nicht schlechter sein können: Es war im Begriff, seine Fernsehsparte für mehr als 400 Millionen Dollar an den britischen Sender ITV zu verkaufen, ein Geschäft, das als potenzieller Rettungsanker hätte dienen sollen. Reiter, der sagte, man hätte ihm für den Verkauf einen Bonus in Höhe von einer Million Dollar versprochen, war entsetzt: Es war genau das eingetreten, was er befürchtet hatte – ein öffentliches Desaster.

Die Polizei half Gutierrez dabei, ihr Gespräch mit Weinstein über den Vorfall heimlich aufzuzeichnen. Später ließ die Polizei verlauten, sie wäre darauf erpicht gewesen, ihn wegen sexuellen Missbrauchs vor Gericht zu sehen.[13]

Doch ein Sprecher der Bezirksstaatsanwaltschaft verkündete bald darauf, es werde kein Verfahren eröffnet: »Nach Analyse der Beweislage, darunter zahlreiche Interviews mit beiden Seiten, wird eine Strafanzeige nicht unterstützt.« Gutierrez verließ New York, ohne Interviews zu geben oder ihre Beschwerde gegen Weinstein auf andere Weise öffentlich zu kommentieren, so dass Reiter und andere sich unweigerlich fragten, was hinter den Kulissen passiert war.

Zu der Zeit wusste kaum jemand, dass Weinstein eine ausgefeilte Kampagne geführt hatte, um die Anschuldigung des Models unter den Teppich zu kehren.

Der Strafverteidiger Elkan Abramowitz, ehemaliger Partner des Bezirksstaatsanwalts Cy Vance, war das öffentliche Gesicht von Weinsteins Anwaltsteam.

Insgeheim hatte auch Linda Fairstein, die bekannte, auf Sexualdelikte spezialisierte Staatsanwältin aus Manhattan, Hilfe geleistet. Sie stand wegen des Falls im Kontakt mit Weinsteins Büro und stellte die Verbindung zwischen Weinsteins Team und dem führenden Staatsanwalt her. (Als sie im Sommer 2017 Megan gegenüber betonte, die Beschuldigungen des Models seien unbegründet, legte Fairstein ihre persönliche Verbindung zu dem Fall nicht offen. Später sagte sie, es wäre Megans Fehler gewesen, weil sie nicht danach gefragt hätte. An ihrem eigenen Vorgehen wäre nichts Ungewöhnliches gewesen.)

Weinsteins private Ermittler machten sich daran, Unterlagen über zwei Rechtsfälle in Italien ausfindig zu machen, in die Gutierrez involviert gewesen war. Im Jahr 2011 hatte sie bei einem Verfahren gegen den früheren italienischen Premierminister Silvio Berlusconi, der wegen des Umgangs mit einer minderjährigen Prostituierten angeklagt war, als Zeugin für die Staatsanwaltschaft ausgesagt. Gutierrez hatte in ihrer Aussage eine Sexparty mit minderjährigen Mädchen beschrieben, die in Berlusconis Haus stattgefunden hatte, wo sie selbst, wie sie sagte, sich geweigert hatte, sich an anstößigen Handlungen zu beteiligen. Die Verteidigung hatte sie im Zeugenstand gedrängt, sich zu einem Vorwurf wegen sexueller Nötigung zu äußern, den sie Jahre davor gegen einen Mann erhoben hatte, der damals in seinen Siebzigern gewesen war. Die Staatsanwaltschaft hatte es abgelehnt, den Fall aufzunehmen, als Gutierrez die Zusammenarbeit verweigerte. Im Kreuzverhör leugnete sie die ursprünglichen Fakten, die sie in einer eidesstattlichen Erklärung dargelegt hatte.

Die Gerichtsunterlagen waren kein Beweis dafür, dass Gutierrez log, was Weinstein anging. Sie waren nicht einmal ein Beweis dafür, dass sie bezüglich des älteren Mannes gelogen hatte. Doch die New Yorker Staatsanwälte gaben später zu, dass sie sich Sorgen gemacht hätten, wie glaubhaft sie angesichts dieser Geschichte, die dank Weinstein ins

Schlaglicht gerückt war, in einem Prozess herübergekommen wäre.

Boies und Abramowitz legten die Unterlagen aus Italien auch Ken Auletta, dem Journalisten der Wochenzeitschrift *The New Yorker*, vor. Auletta hatte ursprünglich überlegt, über den Fall zu berichten. Doch die Anwälte hätten ihn überzeugt, dass Gutierrez nicht glaubwürdig wäre, wie Auletta später erklärte.[14]

Der frühere Bürgermeister von New York Rudolph Giuliani hatte einen der ersten Anrufe bekommen, die Weinstein direkt nach der polizeilichen Strafanzeige getätigt hatte, und ihn an Daniel S. Connolly, einen seiner Firmenpartner, verwiesen.

Nachdem die Staatsanwaltschaft abgelehnt hatte, Anklage zu erheben, zahlte Weinstein Gutierrez mit Hilfe von Connolly eine siebenstellige Abfindung im Austausch gegen ihr Schweigen.[15] Zur Vereinbarung gehörte auch die Übergabe von Gutierrez' Kopie der Aufnahme, die sie auf Anordnung der Polizei von dem Gespräch mit ihm gemacht hatte.[16]

Gegenüber der Unternehmensführung und anderen behauptete Weinstein, die ganze Episode sei ein ausgeklügelter Versuch gewesen, ihn zu erpressen. Die deftige Abfindung, die er Gutierrez gezahlt hatte, verschwieg er.

»Sie ist eine Erpressungskünstlerin, sie hat das genauso gemacht wie auch schon mit so einem alten Kerl in Italien, und außerdem ist sie zu Berlusconis Bunga-Bunga-Partys gegangen«, hätte sich Weinstein ihm gegenüber geäußert, erinnerte sich Verwaltungsratsmitglied Lance Maerov. »Und wenn Sie mir nicht glauben, dann werde ich veranlassen, dass Rudy Giuliani mal mit Ihnen redet.«

Um das heimliche Geschäft zu besiegeln und seine Beschuldigerin mundtot zu machen, bediente sich Weinstein schließlich auch noch der Macht und Ressourcen seines eigenen Unternehmens.

Am 18. April 2015, einem Samstagabend, zitierte der Produzent zwei prominente weibliche Führungskräfte in Giulianis Kanzlei. Gutierrez und ihr Anwalt waren ebenfalls anwesend. Wie sich Teilnehmer des Treffens später erinnerten, hätten die beiden Frauen auf Weinsteins Anweisung hin Gutierrez die einzelnen Schritte beschrieben, mit denen sie in die Schauspielerei einsteigen und ihre öffentliche Präsenz anschieben könnte.

Das gehörte zu dem Deal, den beide Seiten aushandelten: Weinstein würde im Stillen eine Förderung von Gutierrez' Karriere veranlassen. Dem Model bot es die Möglichkeit, sich wieder aufzuraffen und nach vorn zu schauen. Für den Filmmogul war es ein bewährtes Druckmittel: Wenn du die Klappe hältst, verhelfen meine Leute und ich dir zum Erfolg.

Am selben Abend schrieb Weinstein den beiden Führungskräften eine Dankesmail, die später Megan zugespielt wurde.

Danke, dass ihr heute um 18 Uhr zu der Besprechung in Giulianis Kanzlei gekommen seid. Ich versichere euch, dass ich euch alle entstandenen finanziellen Aufwendungen erstatten werde. Ihr werdet komplett von mir entschädigt, und ich schätze sehr, was ihr da tut …

Jede von euch erhält einen Bonus von 10 000 Dollar und meinen aufrichtigen Dank.

Mit den besten Grüßen
Harvey

Derjenige, der von allen am meisten Grund hatte, Harvey Weinstein für sein Verhalten zur Rechenschaft zu ziehen, war Bob Weinstein, sein Bruder und langjähriger Geschäftspartner.[17]

Als Kinder hatten sich die Brüder in der kleinen Wohnung der Familie in Queens ein Zimmer geteilt, was sie verband und die Grundlage für ihren Aufstieg im Filmgeschäft bildete. Harvey war schon im Alter von zehn oder zwölf Jahren eine Leseratte gewesen, hatte sich mit Prominenten ausgekannt und einen Riecher für Talente gehabt. Er bekam mit, wer in den Late-Night-Shows und in den heißen Nachtclubs auftrat und über wen die Boulevardpresse berichtete. »Wisst ihr, dass Sinatra heute Abend in der Stadt ist?«, fragte er dann am Esstisch und erstaunte den Rest der Familie mit seinem Wissen. Bob dagegen hatte es mehr mit den Zahlen. Er erinnerte sich später, wie die Familie zu kämpfen hatte, als die Miete von 86 auf 92 Dollar im Monat stieg.

Nach der Gründung von Miramax zog Harvey die prestigeträchtigen Filme an Land, während Bob sich um die Finanzplanung kümmerte und ein lukratives Geschäft mit Horrorfilmen und anderen massentauglichen Franchiseprodukten aufbaute. In der Anfangszeit telefonierten die Brüder oft nächtelang miteinander, von neun oder zehn bis ein oder zwei Uhr morgens. Manche Leute fanden es schwierig, allein mit Bob zusammenzuarbeiten. Er war ebenso unbeholfen im sozialen Umgang wie unberechenbar: mal freundlich, dann plötzlich aggressiv. Bei seinem älteren Bruder fand Bob Inspiration, Kreativität und Antrieb. In einer Reihe von Interviews erzählte er Megan, die Beziehung zu Harvey wäre für ihn wie eine Ehe, die »beste Freundschaft überhaupt«, wie ein ununterbrochenes und lebendiges Zwiegespräch gewesen.

Aber es gelang The Weinstein Company, gegründet 2005,

nie, an die kulturellen oder finanziellen Erfolge von Miramax anzuknüpfen, und die Brüder stritten sich bald ums Geld: Bobs disziplinierter Ansatz gegen Harveys Unersättlichkeit, Filme einzukaufen, grünes Licht für Filmprojekte zu geben, riesige Geldsummen einzutreiben und auszugeben, um dann noch mehr zu kaufen und zu machen. Besorgt sah Bob zu, wie sein Bruder besessen dem persönlichen Ruhm nachjagte und am Ende aus seinem Namen eine Marke machte: Harvey.

Ihm blieb auch nicht verborgen, welche Bedrohung sein Bruder für Frauen darstellte. Zwei Leute, die Kenntnis von der Vereinbarung hatten, sagten später Megan, dass Bob an Diskussionen über die geheime Abfindung teilgenommen hätte, die der jungen, bereits 1990 von Miramax geflüchteten Assistentin gezahlt wurde, obwohl Bob selbst abstritt, davon gewusst zu haben. Als Harvey Weinstein Geld für Zelda Perkins und ihre Kollegin brauchte, schrieb Bob die Schecks aus.[18] (Später beteuerte er, sein Bruder hätte ihm gesagt, er bräuchte das Geld, um außereheliche Aktivitäten zu vertuschen.)

Doch für ihn war das sexuelle Verhalten seines Bruders nur ein weiterer von dessen Exzessen, wie er Megan erzählte. In Bobs Augen war sein Bruder »verrückt, außer Kontrolle – außer Kontrolle, was Geld anbelangt, außer Kontrolle, was Einkäufe anbelangt, außer Kontrolle, was Wut und Liebeleien anbelangt«.

Eines Tages, es war 2010 oder 2011, stritten sich die Brüder in dem kleinen Vorzimmer zu Harveys Büro mal wieder über Geld. Als Bob aufstand und gehen wollte, schlug ihm Weinstein ins Gesicht. Anwesend waren noch andere Führungskräfte: Reiter, der Assistenzjustitiar, der leitende Geschäftsführer und ein Rechnungsprüfer. Alle sahen schweigend zu, wie Bob das Blut über das Gesicht lief. Keiner, nicht einmal

Bob selbst, unternahm etwas, um seinen Bruder für den Gewaltausbruch zur Rechenschaft zu ziehen.

Das war der Zeitpunkt, an dem Bob für sich entschied, dass er – ungeachtet der gemeinsamen Verantwortung für ihre Firma, für die Mitarbeiter und die enormen Investitionen anderer in ihr Geschäft – nicht Harveys Aufpasser war.

Von nun an distanzierte sich Bob von seinem Bruder. Zwar führten sie das Unternehmen gemeinsam, und die Welt betrachtete sie weiterhin als Team, aber sie redeten immer weniger miteinander. In verschiedenen Gebäuden hatten sie schon immer gearbeitet. Jetzt bekam diese räumliche Distanz noch eine andere Bedeutung.

Von Zeit zu Zeit überlegte Bob, ob sie das Unternehmen aufteilen sollten. Dann schlich er sich davon, um den Plan, den er verschlüsselt »splitco« nannte, mit Bankern zu besprechen. Die finanzielle Last wäre jedoch untragbar gewesen, sagte er. Wann immer Bob das Thema zur Sprache gebracht habe, hätte sein Bruder nur geantwortet: »Aber sicher können wir die Firma auseinanderdividieren. Ich kriege dann alles und du nichts.« Letztendlich wollte Bob dann doch nicht gehen. »Ich war nicht bereit aufzugeben«, sagte er. »Es ist nicht so leicht, wieder von vorn anzufangen.«

Seine Einstellung gegenüber seinem Bruder war zudem von einer persönlichen Erfahrung beeinflusst, über die er bei der Arbeit kaum sprach.

Während der Scheidung von seiner ersten Frau in den frühen 1990er-Jahren habe er sich, so Bob, jeden Abend in den Schlaf getrunken. Erst mit Hilfe der Anonymen Alkoholiker und Al-Anon war es ihm gelungen, vom Alkohol fortzukommen, und inzwischen sah er alles menschliche Verhalten durch die Brille dessen, was er in seinem Kampf gegen den Drogenmissbrauch an Einblicken und Erkenntnissen gewonnen hatte. Er glaubte an das Grundprinzip des Zwölf-Schritte-Programms: Niemand kann einen anderen ändern. Man muss die Veränderung selbst wollen.

Bob war überzeugt, dass das Problem seines Bruders Sexsucht war und dass Harvey Weinstein niemand Einhalt gebieten konnte außer er selbst. Mit Hilfe dieser bequemen und womöglich verheerenden moralischen Entscheidung rechtfertigte Bob sein mangelndes Eingreifen. Er führte das Unternehmen mit seinem Bruder weiter, hielt sich aber mit dieser Ausrede aus allem heraus, was sein Bruder sonst tat. Er weigerte sich, Verantwortung zu übernehmen oder auch Mitarbeitern beizustehen, die sich, verstört über die respektlose Sprache seines Bruders oder seine zermürbende Taktiererei, an ihn wandten.

»Da kamen Leute in mein Büro und beschwerten sich: ›Ihr Bruder schreit mich an‹«, erzählte er. »Und ich antwortete: ›Kündigen Sie. Sie haben doch Talent.‹«

Das galt als sein Management-Credo. »Schicken Sie dem Personalbüro eine Nachricht«, riet er gelegentlich seinen Mitarbeitern, obwohl die Personalabteilung des Unternehmens schwach war und kaum Rückendeckung bot. »Schreiben Sie einen Brief.«

Aber in den Wochen nach den öffentlich geäußerten Vorwürfen von Gutierrez fühlte sich Bob endlich bemüßigt zu handeln. Der geplatzte Verkauf der Fernsehsparte war ein schwerer Schlag für das Unternehmen. Er fürchtete, dass sein Bruder, wenn niemand einschritt, der Firma noch weiteren Schaden zufügen könnte. Anstehende Termine lieferten ihm zufällig genau den richtigen Aufhänger: Die Verträge der Weinstein-Brüder und weiterer Topmanager liefen zum Jahresende 2015 aus. Bob würde die Chance nutzen und dafür sorgen, dass sein Bruder sich wegen seines sexuellen Fehlverhaltens einer tiefgreifenden professionellen Behandlung unterzog.[19]

In jenem Sommer schickte Bob eine E-Mail an David Boies, die einen Brief an seinen Bruder beinhaltete. In der E-Mail, die Megan später vorlag, brachte er seine Hoffnung zum Ausdruck, Harvey Weinstein und Boies würden mit einem »Aktionsplan« reagieren, »der Verantwortungsgefühl demonstriert«.[20]

Lieber Harvey,

lass mich als Erstes sagen, wie sehr ich mich freue, dass du mit Dr. Evans und Dr. Carnes die ersten Schritte unternommen hast, um die Probleme anzugehen, die dich seit vielen Jahren plagen. Es ist ein großer Anfang, wenn du dich diesen Themen ehrlich und mit der Ernsthaftigkeit stellen willst, die sie verdienen.

Ich schreibe dir aus meiner eigenen Erfahrung, damit du siehst, wie dein Verhalten auf mich gewirkt hat. Ich spreche für keinen anderen außer mich selbst.

Seit 15, vielleicht sogar 20 Jahren habe ich es auch persönlich mit den Auswirkungen von deinem Verhalten zu tun. Das halte ich hier fest, damit du begreifst, wie lange das schon läuft und wie es mit der Zeit nur schlimmer geworden ist.

Es hat Momente gegeben, in denen ich und David Boies dir aus Schwierigkeiten heraushelfen mussten. Ich meine da einen Vorfall in England. Damals und auch sonst habe ich jedes, aber auch wirklich jedes Mal dein Verhalten oder Fehlverhalten heruntergespielt und die anderen Beteiligten irgendwie schlechtgemacht, um von deinem Fehlverhalten abzulenken. Es hat mich immer traurig und wütend gemacht, dass du deinen eigenen Anteil daran nicht zugeben konntest oder wolltest.

Wenn ich wollte, könnte ich über die Jahre mindestens hundert Vorfälle aufzählen, und ich übertreibe nicht, das sind fünf pro Jahr, mehr als zwanzig Angestellte sind zu mir ins Büro gekommen, um sich zu beschweren, dass du verbal oder emotional übergriffig warst. Sie haben mir berichtet, dass du sie dumm, inkompetent, Idiot usw. genannt hast, und dass du nicht ihre Arbeit meintest, sondern sie als Person. Du hast diese Leute als Menschen schlechtgemacht.

Ich habe dich immer vor ihnen verteidigt, gesagt, du hättest es nicht so gemeint, oder es würde vorübergehen, aber ich wusste und sie wussten, dass du Angestellte ebenso behandelst und dass das so weitergehen würde. Und so war es, und es wurde nur noch schlimmer. In vielen Fällen habe ich Leuten gesagt, wenn sie irgend könnten, sollten sie den Mut aufbringen und kündigen. Diese Leute hatten alle eine Familie, für die sie sorgen mussten, und das war keine leichte Entscheidung für sie.

Was mich angeht, wurde ich immer trauriger und wütender. Du hast auf mich gewirkt wie jemand, der sich selbst völlig verloren hat und die Leute gar nicht mehr als Menschen sehen konnte. Ihr Recht darauf, mit Menschenwürde behandelt zu werden, war dir völlig egal.

Eigentlich wusste ich, dass du der typische Fiesling bist, der nur seine eigene Unsicherheit an Leuten auslässt, die schwächer sind als er.

Außerdem fing ich an, mich und meine eigene Beziehung zu dir genauer anzusehen. Ich sah meine eigenen Schwächen und meine Abhängigkeit von dir und begriff, dass auch ich nicht den Mut hatte, mich dir entgegenzustellen. Auch ich habe deine Übergriffe freiwillig weiter über mich ergehen lassen. Ich gehe dieses Problem jetzt ernsthaft an, meiner eigenen Gesundheit wegen. Ich warte nicht mehr darauf, dass du gesund wirst, um meine Entscheidungen zu treffen. Es ist ein harter und langsamer Prozess, aber es geht mir schon besser. Nur damit das klar ist: Du hast mich in deinem Büro tätlich angegriffen und es noch vor ein paar Wochen geleugnet und kleingeredet, als ich das Thema in der Praxis deines Therapeuten aufbrachte. Du hast zwar gesagt, dass es dir leidtut, aber das war nicht ehrlich gemeint, und es war kein bisschen echtes Mitgefühl dabei.

Ich hab doch schon gesagt, dass es mir leidtut!! Also lass uns nach vorn schauen.

Wenn du dich so verhältst, hasse ich dich, und du tust mir leid.

Und noch ein Letztes: Würdest du je deine Kinder so schlagen, wie du mich geschlagen hast? Würdest du deine Kinder jemals Idiot, dumm, inkompetent usw. nennen oder würdest du einen Filmstar oder jemand finanziell Gleichgestellten oder irgendeinen Boss so behandeln? Das würde ich stark bezweifeln.

Es gibt noch andere Verhaltensweisen, auf die ich nicht eingehen will. Du kennst sie und musst dich ihnen stellen.

Vor kurzem hast du mir gesagt, dein eigentliches Thema sei die Wut, als wolltest du das andere kleinreden. Das ist klassisches Suchtverhalten. Du schaffst dir einen Vorwand, das eine Verhalten aufzugeben, damit du das andere »Fehlverhalten« beibehalten kannst.

Du hast mit diesem Verhalten auch viele Menschen verletzt. Du hast Leute drangsaliert und deine Macht missbraucht. Du hast mit deinem Fehlverhalten Schande über die Familie und das Unternehmen gebracht.

Deine Reaktion war wieder mal, dass du die Opfer beschuldigt oder dein Fehlverhalten auf unterschiedliche Weise kleingeredet hast. Falls du meinst, an deinem Fehlverhalten ist in diesem Bereich nichts falsch, dann erzähl es ruhig deiner Frau und deiner Familie. In Bart Mandels' Büro hast du mir gesagt, dass du dich für dieses Benehmen schämst und möchtest, dass sonst keiner was davon erfährt.

Ich habe beobachtet, wie es mit den Jahren immer nur schlimmer mit dir geworden ist, so schlimm, dass es aus meiner Sicht keine Person Harvey und keinen Bruder Harvey mehr gibt; ich erkenne dich nicht mehr, da ist nur noch eine leere Hülle, einer, der sich zügellos benimmt, um die Leere auszufüllen und Verletzungen zu überdecken, die trotzdem nicht verschwinden werden.

Der Grund, warum ich das alles sagen kann, ohne dich zu verurteilen, Bruder, ist, dass auch ich diesen Weg gegangen bin. Ich spreche aus Erfahrung. Auch ich habe gelitten, war zügellos und am Ende komplett verloren und am Boden. Und erst als ich ganz unten war, wurde mir klar, dass ich Hilfe brauchte.

Da bat ich darum, und ich bekam sie.

Als ich die Hilfe dann bekam, sagten sie mir, dass es mir nur dann wirklich besser gehen wird, wenn ich mein Leben lang daran arbeite, und dass ich mit Sicherheit in meine schlechten Gewohnheiten zurückfallen würde, falls ich mir die Lösung einfach vorstellte oder meinte, mit der Behandlung bald wieder aufhören zu können. Einen Rückfall habe ich zum Glück nie erleben müssen.

Also, was will ich von dir. Erstens, ich möchte, dass du weißt, dass dieser Brief und mein folgendes Anliegen aus der Liebe für meinen Bruder und aus der Sorge um ihn kommen.

Was ich von dir will, ist, dass du ganz genau darstellst, auf welche Art von Behandlung du dich bei Dr. Evans und Dr. Carnes einlässt, wie oft du sie jeweils pro Woche sehen wirst und wie viele Jahre du dich einer Behandlung unterziehen wirst.

Ich möchte wissen, ob du dich auf einen Gruppentherapieplan einlässt. Wie oft in der Woche oder im Monat wirst du das tun und wie lange.

Ich möchte mit jedem der Therapeuten ein persönliches Gespräch oder einen Termin, wo ich von meiner Erfahrung mit dir berichten kann.

Ich möchte, dass du mir, David Boies und Bert Fields dein Wort gibst, dass du den abgestimmten Plan durchziehst. Jeder von uns dreien weiß, dass es nicht in unserer Macht liegt, dafür zu sorgen, dass du dein Wort hältst, wir möchten das nur gern für uns und für dich als Beweis, dass du uns einmal dein Wort gegeben hast.

Ich werde diesen Brief und dein Versprechen keinem aus unseren Familien zeigen. Ich werde nichts davon unseren Geschäftspartnern zeigen, weder früheren noch jetzigen. Es betrifft nur uns drei.

Was mich persönlich angeht, möchte ich dich warnen. Falls du mich je noch mal schlagen oder verbal angreifen oder mich verunglimpfen solltest, werde ich entsprechende Maßnahmen treffen, um mich und meine Familie zu schützen und meine Interessen zu verteidigen. Das ist keine Drohung. Es ist nur die Feststellung, dass ich mein Recht auf menschenwürdige Behandlung ausüben werde.

Was anderes Fehlverhalten angeht, das mit unserem Unternehmen nichts zu tun hat, habe ich weder die Absicht noch Interesse daran, die Polizei zu rufen oder es sonst irgendwie publik zu machen. Das ist nicht meine Aufgabe.

Bitte besprich mit David Boies, was ich dir geschrieben habe, und lass mir deine Entscheidung über ihn zukommen. Es ist dir jetzt wahrscheinlich nicht klar, aber das Ganze ist nur zu deinem Besten.

Es gibt nichts, worauf ich mich mehr freue als auf die Rückkehr des Menschen, der einfach nur Harvey war. Ich hab ihn gekannt und kann dir versichern, er war ein echt toller Typ.

In Liebe, dein Bruder Bob

Zur selben Zeit fühlte sich, unabhängig davon, eine weitere Führungskraft des Unternehmens bemüßigt zu handeln.

Die Weinstein-Brüder hatten im Verwaltungsrat der Firma Verbündete um sich versammelt. Fast alle waren Männer – nur eine Frau, die Aids-Forschungs-Pionierin Dr. Mathilde Krim, war je dabei gewesen, und sie war weder Spezialistin für die Unterhaltungsindustrie noch allgemein für Unternehmensführung. Die meisten Sitze hatten schwerreiche Führungskräfte aus der Finanz- oder Unterhaltungsbranche inne, deren Grundprinzip darin bestand, sich nicht einzumischen.

Nur Lance Maerov, der 2013 auf einen der drei unabhängigen Sitze berufen worden war, fiel aus dem Rahmen[21]: Seine Aufgabe war die des Aufpassers. Maerovs Arbeitgeber, der Werberiese WPP, sowie Goldman Sachs und andere Großinvestoren wollten von ihm die Sicherheit, dass die Brüder die Aktionäre nicht abzockten. »Sorg dafür, dass diese Typen ehrlich bleiben«, sagte Maerov später zu Megan. »So lautete mein Auftrag.«

Zunächst hatte er Weinsteins Verhalten gegenüber Frauen wenig Beachtung geschenkt. Er kannte die Gerüchte, Weinstein setze »Freundinnen« in seinen Filmen ein, und er schien bei Filmvorführungen und anderen Veranstaltungen immer eine junge Frau am Arm zu haben, aber Maerov hielt das für außereheliche Affären, nicht mehr. Ihm ging es darum, finanzielles Fehlverhalten aufzuspüren, und er versuchte, tiefergehende Schieflagen im Unternehmen zu thematisieren.

»Du kamst zum Beispiel aus einer Verwaltungsratssitzung, und es fühlte sich wie das gestörteste Thanksgiving-Dinner an, bei dem du je warst«, sagte er über die verbalen Ausfälle zwischen den Brüdern.

Als jedoch die Anklage wegen Grapscherei Schlagzeilen machte, fürchtete Maerov genau wie Bob, Weinstein hätte womöglich ein sexuelles Verhaltensmuster, für das die Firma haftbar gemacht werden könnte. Er wollte die Neuverhandlung der bestehenden Verträge nutzen, um das Thema auf den Tisch zu bringen. Er und Bob zogen nicht an einem Strang; Bob betrachtete Maerov als Bedrohung seiner eigenen Macht. Doch gehörte Maerov zu den Verwaltungsratsmitgliedern, die mit den Vertragsanpassungen beauftragt waren. In diesem Zusammenhang hatte er routinemäßig das Recht auf Einsicht in Weinsteins Personalakte – was ihm die Möglichkeit geben würde zu prüfen, ob irgendetwas Zweifelhaftes vorlag.

Weinstein weigerte sich jedoch, Maerov die Akte zu zeigen, und David Boies stärkte ihm den Rücken, indem er Maerov unmissverständlich zu verstehen gab, er würde die Akte selbst prüfen und dem Verwaltungsrat über potenzielle juristische Probleme für das Unternehmen berichten.

Maerov fand den Vorschlag lächerlich, sein Misstrauen gegenüber Boies wuchs. Mal sagte Boies, er arbeite fürs Unternehmen, dann wieder, für Weinstein. Da schien es, wenn es um Informationen ging, die dem Unternehmen möglicherweise schaden konnten und die Weinstein daher dem Verwaltungsrat gegenüber geheim halten wollte, einen Interessenskonflikt zu geben.

Am Morgen des 1. Juli 2015 gelang es Maerov dann doch, heimlich einen Blick in die Akte werfen, und zwar dank einer Person, die seine Bemühungen zu unterstützen versuchte: Irwin Reiter. Der Finanzchef und zwei weitere Führungskräfte trafen sich im Four Seasons Hotel in Beverly Hills mit Maerov zum Frühstück, um ihm von den Beschwerden wegen verbaler Übergriffe zu berichten, die über die Jahre gegen Weinstein erhoben worden waren. Dann hätte ihm Reiter mehrere Blatt Papier über den Tisch geschoben, wie Maerov sich später erinnerte. Es handelte sich um das Memo, in dem stand, was Weinstein Emily Nestor angetan hatte. Reiter und die anderen Führungskräfte, die hier ohnehin schon ein erhebliches Risiko eingingen, wollten allerdings nicht, dass das Verwaltungsratsmitglied es mitnahm, so dass Maerov das Memo nur vor Ort überfliegen konnte. Endlich bekam er einige der Informationen, um die er sich bemüht hatte – und einen Beweis, der seine Befürchtungen bezüglich Weinsteins Verhalten bestätigte.

Maerov, Reiter und Bob Weinstein waren sich einig, dass es so nicht weitergehen konnte. Doch vier Monate später, im Oktober 2015, unterschrieb Harvey Weinstein einen brand neuen Vertrag, der seine Macht für die kommenden Jahre sicherte. Der Produzent hatte mit David Boies' Hilfe nicht nur Maerov und Reiter, sondern auch seinen eigenen Bruder an der Nase herumgeführt, beschwichtigt und auf vielfältige Weise ausgebremst.

Was Maerov bei dem Versuch, hinter Weinsteins Fassade zu blicken, erlebte, war anders als alles, was er in seiner jahrzehntelangen Tätigkeit in Unternehmen bis dato erlebt hatte. Weinstein und Boies arbeiteten Hand in Hand, Ersterer mit brutalem Druck, der Anwalt mit seinen Überredungskünsten. Im Sommer der Vertragsverhandlungen drohte Weinstein Maerov nach dessen eigener Aussage bei einer Filmpremiere Schläge an. Als Maerov sich deswegen bei Boies beschwerte, antwortete dieser mit einem knapp formulierten Brief, in dem er die Beschwerde »übertrieben«, »ein bisschen hysterisch« nannte und als Beweis dafür anführte, »dass jemand, der Harvey gegenüber so empfindet, wie Sie es tun, nicht in einer Position sein sollte, um mit ihm zu verhandeln«. Boies warf Maerov eine Art Köder zu Weinsteins Personalakte hin: Rodgin Cohen, einer der bekanntesten Firmenanwälte im Land, hatte die Datei geprüft und Rückmeldung gegeben, dass sich darin nichts befände, wofür »das Unternehmen haftbar gemacht werden konnte«[22]. (Maerov erfuhr erst später, dass Cohens Sohn Nachwuchskraft bei The Weinstein Company war und gerade versuchte, im Filmgeschäft Fuß zu fassen.)

Zugleich jedoch ließ Maerov zentrale Informationen außer Acht. Als Boies ihm gegenüber zugab, Weinstein hätte Frauen über die Jahre Abfindungen gezahlt, und betonte, dafür wäre kein Firmengeld geflossen, forderte Maerov keine weiteren Details für diese Behauptung. Ebenso entschied er sich, das Memo über Emily Nestor zu ignorieren, das er gesehen hatte. Stattdessen spielte er Megan gegenüber die Bedeutung des Memos sogar mit der Bemerkung herunter, es hätte wie eine schlechte Fotokopie oder wie der Scan von einem Scan ausgesehen, und er hätte bemerkt, dass es nicht Nestor selbst, sondern ihre Kollegen und Kolleginnen geschrieben hätten.

Für ihn war die Sache erledigt, da Weinstein in den Vertragsverhandlungen zugestimmt hatte, eine Entschädigung zu zahlen. Die Firma würde einen neuen Verhaltenskodex einführen. Sollte sie je infolge eines Fehlverhaltens von Weinstein Abfindungen zahlen müssen, würde Weinstein die Kosten decken und wäre von einer Reihe weiterer finanzieller Sanktionen betroffen – 250 000 Dollar für den ersten Vergleich, 500 000 für den zweiten und so weiter bis hin zu einer Million Dollar, eine regelrechte Gebührenstruktur für potenzielle künftige Anschuldigungen. Der Vertrag sah außerdem vor, dass Weinstein für eventuelles Fehlverhalten gekündigt werden konnte. Der Text las sich fast so, als erwartete das Unternehmen regelrecht weitere Beschuldigungen gegen Weinstein und als ließe sich das Problem durch die dafür festgelegten finanziellen Strafzahlungen lösen.

Maerovs Hauptanliegen war die Haftungsfrage: Er versuchte sicherzustellen, dass, falls irgendetwas schieflief, nicht das Unternehmen in Mitleidenschaft gezogen würde. Ihm ging es nicht darum, Frauen vor Belästigung oder Verletzung zu schützen. Als er das Gefühl hatte, sichergestellt zu haben, dass die Organisation rechtlich geschützt war, und noch einige zusätzliche Finanzkontrollen eingerichtet hatte, war er der Meinung, er hätte genug getan.

Irwin Reiter wusste nicht, was er noch tun sollte. Er hatte sich mit Bob Weinstein dazu verschworen, Wege zu finden, um dessen Bruder aus dem Unternehmen zu drängen, und stattdessen miterlebt, wie Harveys Bruder einknickte. Er hatte einem Verwaltungsratsmitglied Dokumente zugespielt – umsonst. Er arbeitete nur noch drei Tage in der Woche, und in jenem Sommer versuchte das Unternehmen, ihn für das doppelte Gehalt – insgesamt 650 000 Dollar im Jahr – in die Vollbeschäftigung zurückzuholen. Beunruhigter denn je, schlug er das Angebot aus. »Es gibt so gut wie keinen Vertrag, den ich nicht unterzeichnen würde, wenn HW nicht mein Chef wäre, und es gibt keinen, den ich unterzeichnen würde, solange er es ist«, schrieb er einem Verwaltungsratsmitglied im Sommer 2015. Trotzdem blieb er im Unternehmen und tat weiterhin im Wesentlichen das, was er schon als Dreißigjähriger dort gemacht hatte.

Derjenige, der am meisten Verantwortung trug, Bob Weinstein nämlich, war zufrieden, weil sein Bruder ihm endlich gegeben hatte, was er wollte: das Versprechen, sich einer Intensivtherapie gegen Sexsucht zu unterziehen. Ursprünglich hatte Bob gefordert, auch dies in einem schriftlichen Vertrag ähnlich dem Verhaltenskodex festzulegen, gekoppelt an gestaffelte Strafzahlungen. Boies redete es ihm jedoch mit der Begründung aus, Maerov würde die Information nur dafür nutzen wollen, seine Kontrolle über das Unternehmen auszuweiten. Also gab sich Bob mit einem persönlichen Versprechen zufrieden, mit dem keinerlei Vollstreckungsgewalt verbunden war.

»Es gab jede Menge E-Mails, in denen er schwor, er würde es tun und er ginge ja schon hin, und dann verschob er es jedes Mal, worauf ich immer nur antwortete: Junkie, Junkie, Junkie, Junkie, Junkie«, sagte Bob.

»Du hörst das, immer und immer wieder, und am Ende bist du fertig – einfach nur fix und fertig. Sie bombardieren dich pausenlos mit ihren Lügen, einfach gnadenlos. Irgendwann war ich nur noch fertig und sagte mir: ›Ich geb's auf‹, verstehen Sie?«

Fünf Tage nach der Veröffentlichung von Megans Artikel über die amfAR-Sauerei traf sich Jodi am späten Abend des 28. September 2017 wieder mit Reiter in der Bar hinten im Little Park. Die Angestellten von The Weinstein Company hatten den Artikel gelesen und darüber diskutiert, und Reiter hatte Jodi per Textnachricht von den Reaktionen innerhalb des Unternehmens berichtet. Er sei in die fraglichen Transaktionen mit der Aids-Stiftung nicht involviert gewesen, da Weinsteins Theatergeschäfte getrennt liefen. Doch seien er und andere Mitarbeiter fasziniert von dem Artikel: Endlich zog jemand ihren Boss zur Verantwortung. (Weinstein leugnete weiterhin jedes Fehlverhalten, später wurden jedoch die Behörden aktiv: Bundesstaatsbeamte in Manhattan begannen mit einer polizeilichen Untersuchung der Transaktionen, haben bislang jedoch kein öffentliches Statement zum Stand der Ermittlungen abgegeben. Die New Yorker Staatsanwaltschaft schrieb einen Brief an amfAR mit dem Inhalt, die Transaktionen hätten Bedenken aufkommen lassen, darunter auch, ob sie »am Ende privaten Interessen gedient« hätten, und wies die Stiftung an, ihre unternehmensinternen Kontrollinstanzen zu stärken.)[23]

Reiter war ihnen bereits eine so große Hilfe gewesen, und bei der Zeitung machten die Redakteure Jodi und Megan Druck, endlich einen ersten Artikel über Weinstein zusammenzustellen. Doch die Reporterinnen wollten mehr – vor allem mehr Beweise über das, was in den beiden turbulenten Jahren in The Weinstein Company passiert war und sich so veröffentlichen ließ, dass niemand die Quelle erraten konnte. Reiter hatte ein Memo erwähnt, verfasst von einer sehr angesehenen Junior-Führungskraft namens Lauren O'Connor, die aufgrund von Weinsteins Verhalten gegenüber Frauen das Unternehmen verlassen hätte.

Ohne zu viel preiszugeben, wollte Jodi Reiter zeigen, dass seine seit 2014 wachsende Entrüstung durchaus gerechtfertigt war. Wenige Minuten, nachdem sie sich zusammengesetzt hatten, zog Jodi einen Ausdruck aus der Tasche, den sie einige Stunden zuvor vorbereitet hatte, und reichte ihn ihm. Bei allem, was Reiter über das Geschehen im Unternehmen wusste, hatte er so gut wie keine Ahnung von dem, was sich zwischen Weinstein und diversen Schauspielerinnen in Hotelzimmern abgespielt hatte und inzwischen durchgesickert war. Jodi erklärte ihm, es handele sich um den Bericht einer sehr bekannten Schauspielerin. Es war nur ein einziger Absatz, in dem außer Weinstein niemand namentlich genannt wurde und auch die Angaben zu Ort und Zeit fehlten. Es wurde geschildert, wie die Frau arglos zu einer Besprechung mit Weinstein in ein Hotel gekommen und stattdessen zu ihrer Überraschung nach oben in ein Zimmer geführt worden war. Als sie dort ankam, erwartete Weinstein sie im Bademantel und forderte eine Massage. Er versuchte, sie zum Sex zu drängen, indem er versprach, ihre Karriere zu fördern.

Wie Jodi vermutet hatte, wirkte Reiter entsetzt. Sie sagte ihm, diese Schauspielerin sei bei weitem kein Einzelfall; ihr und Megan seien Variationen ein und derselben Geschichte wieder und wieder zu Ohren gekommen, und alle würden den Erzählungen der Mitarbeiterinnen ähneln, die ihn so beunruhigten. Sie und Megan würden die genaue Zahl der Frauen, die solche Geschichten über Weinstein zu erzählen hätten, nicht kennen, aber auf der Grundlage dessen, was sie zu Gehör bekämen, könnten es sehr, sehr viele sein.

Jodi bat Reiter noch einmal um O'Connors Memo. Er hatte ihr bereits einige Zitate daraus vorgelesen, die sie schnell notiert hatte, doch wollte sie das Dokument gern genauer verstehen. Ob er es auf seinem Handy nochmals aufrufen könne? Er hatte schon angefangen, ihr das Memo vorzulesen, als er innehielt.

»Ich muss mal eben für kleine Jungs«, sagte er, warf Jodi sein Handy mit der aufgerufenen E-Mail hin, die das Memo enthielt, stand auf und ließ sie damit allein.

Nach all seiner Empörung, den fruchtlosen Versuchen einzugreifen und den Situationen, in denen er einfach nur die Hände über dem Kopf zusammengeschlagen hatte, tat der Finanzchef hier nun endlich etwas Unwiderrufliches, um seinen Chef zu stoppen.

Als Reiter das Memo zum ersten Mal gesehen hatte, fühlte es sich für ihn wie ein Déjà-vu an. Kurz nach Weinsteins Unterzeichnung des neuen Vertrags im November 2015 war er zur Arbeit erschienen, wo er seine Kollegen in einem Büro versammelt vorfand. Sie waren wieder einmal mit einer Beschwerde über Weinstein beschäftigt. Diesmal stammte sie von einer Frau, die sie kannten und der sie vertrauten: O'Connor war eine Senkrechtstarterin im Unternehmen und genoss sowohl wegen ihres guten Geschmacks als auch ihrer Arbeitsethik allseits hohen Respekt. Anders als Nestor, hatte sie eine lange, detaillierte Beschwerde aufgesetzt, die weit über einen Einzelfall hinausging.[24] Weinstein hatte beleidigende Dinge zu ihr gesagt, doch ihre Anklage war sehr viel umfassender: Es war eine Schilderung dessen, wie er Frauen behandelte und wie dieses Verhalten das Unternehmen korrumpierte.

Reiter und die anderen informierten Bob Weinstein, der das Dokument las und ebenfalls meinte, dass der Verwaltungsrat über diese Beschuldigungen in Kenntnis gesetzt werden müsse. Statt das Dokument jedoch einfach weiterzuleiten – zu riskant –, diktierte Bob ein Memo, in dem er die Verwaltungsratsmitglieder zu sich ins Büro bat, um es ihnen persönlich vorzulesen. Danach wartete er eine halbe Stunde, bevor er seinen Bruder informierte.

Reiter schöpfte nach frustrierenden Monaten nun endlich Hoffnung. Am folgenden Tag sah er im Büro zufrieden zu, wie Maerov über dem Dokument saß, die erste und die letzte Seite fotografierte und sämtliche Zeugen und weitere Details, die O'Connor beigefügt hatte, notierte. »Es wirkte sehr glaubhaft«, sagte Maerov später.

Doch dann löste sich O'Connors Beschwerde in Luft auf, genau wie die Vorwürfe von Gutierrez. Reiter konnte es sich nicht erklären. Bob Weinstein musste wieder mal eingeknickt sein. Vielleicht war auch David Boies einmal mehr eingesprungen, um die Vergehen seines Mandanten zu vertuschen. Schon bald war O'Connor mit einer fadenscheinigen Begründung zur Tür hinaus.

Nur dass diesmal die Beschuldigungen nicht verschwunden waren: Reiter hatte das Memo gesehen, ebenso eine Reihe seiner Kollegen. Direkt nachdem er es gelesen hatte, hatte er eine Kopie für sich selbst gemacht. Und nun, zwei Jahre später und nur einige Straßenzüge von den Büros der Weinstein Company entfernt, saß Jodi in einer Bar, das Handy mit dem Dokument im Schoß, während ihre Quelle höchst vorsätzlich auf dem Weg zur Toilette war. *Indirekt sagt er mir damit, dass ich das Memo kopieren soll*, dachte sich Jodi.

Sie beeilte sich, verzichtete darauf, das Dokument dabei zu lesen, und arbeitete sorgfältig, um keine Fehler zu machen. Ein paar Clicks später befand sich das gesamte Memo in ihrem Besitz.

Als Reiter an den Tisch zurückkam, lag sein Telefon auf seinem Stuhl, und Jodi dankte ihm kurz und schlicht.

Kaum war er ein paar Minuten später gegangen, ging sie selbst zur Toilette, um Megan und Corbett die Screenshots weiterzuleiten. Sie wollte keine Sekunde länger als nötig die einzige Besitzerin des elektronischen Beweises sein. In den Betreff der E-Mail schrieb Jodi nur: *Memo*.

Lauren O'Connor hatte das Dokument am Dienstag, dem 3. November 2015, mit einer harmlosen Betreffzeile (»Zu Ihrer Kenntnisnahme«) und einer Einleitung versandt: »Wie gewünscht, habe ich mir die Mühe gemacht, Folgendes zu katalogisieren und zusammenzufassen …« Dann kam sie zum Kern der Sache.

In diesem Unternehmen herrscht eine für Frauen toxische Atmosphäre. Ich wollte hier wirklich nichts anderes tun, als gute Arbeit zu leisten und voranzukommen. Die Belohnung für meine Einsatzbereitschaft und harte Arbeit waren wiederholte Belästigungen und Nachstellungen durch den Chef dieses Unternehmens. Darüber hinaus wurde ich Zeugin weiterer verbaler und physischer Angriffe von Harvey gegenüber anderen Angestellten bzw. ist mir von solchen Fällen berichtet worden. Ich bin 28 Jahre alt und eine Frau, die versucht, sich ihren Lebensunterhalt zu verdienen und eine Karriere aufzubauen. Harvey Weinstein ist 64 Jahre alt und weltberühmt, und dies ist sein Unternehmen. Das Kräfteverhältnis zwischen mir und Harvey Weinstein beträgt 0:10.

Ich bin Fachkraft und habe versucht, mich professionell zu verhalten. Behandelt werde ich jedoch ganz anders. Ich werde sexualisiert und kleingemacht.

Ich bin jung und stehe gerade erst am Anfang meiner Karriere. Daher hatte und habe ich Angst, den Mund aufzumachen. Aber sein abscheuliches Verhalten, dem ich ständig ausgesetzt bin, und das anhaltende Schweigen darüber versetzen mich in große Not.

Der Rest des Memos bestand aus einer detaillierten Beschreibung von Weinsteins Verhalten, darunter auch das Geständnis einer Assistentin gegenüber O'Connor, dass er sie gezwungen hätte, ihn zu massieren:

Sie sagte mir, Harvey sei nackt gewesen und habe sie gezwungen, ihn zu massieren. Als ich fragte, was genau passiert sei, berichtete sie, sie habe im Nebenzimmer der Suite seinen Computer eingerichtet, und als sie zu ihm ins Schlafzimmer hinübergegangen sei, habe er nackt auf dem Bett gelegen und sie aufgefordert, ihm eine Massage zu geben. Sie sagte mir, sie habe ihm angeboten, in der Rezeption anzurufen und ihm eine Masseurin zu schicken, woraufhin er geantwortet habe, sie solle sich nicht so anstellen und es einfach selber tun. Sie antwortete ihm, dass sie das nicht wollte und sich dabei unwohl fühlte. Meine Kollegin sagte mir, Harvey habe sie so lange bearbeitet, bis sie schließlich eingewilligt habe, ihn zu massieren. Es war furchtbar, sie so aufgelöst zu sehen. Ich hätte es gern gemeldet, aber sie bat mich um Vertraulichkeit, da sie bei einer Beschwerde Konsequenzen befürchtete.

Während des Gutierrez-Skandals, schrieb O'Connor, hätte sie vor Weinsteins Sextherapie-Raum sitzen und sich bereithalten müssen. Als ein weiblicher »persönlicher Gast« von Weinstein in einer Hotellobby eine Stunde auf ein Zimmer hätte warten müssen, hätte er einen Tobsuchtsanfall bekommen und O'Connor auf das Übelste beschimpft. Sie solle lieber einen »fetten reichen Judenfick« heiraten und »verfickte kleine Babys machen«. Bei einer anderen Fahrt gab er ihr gegenüber zu, er sei ein »schlimmer Junge«, versuchte sie aber mit einer konfusen Logik zu beschwichtigen: »Wir reden nicht drüber – kann ich dir vertrauen? Ich meine, ich bin zwar ein schlimmer Junge, aber wichtig ist doch, dass ich es ehrlich zugebe.«

Als sich O'Connor gegenüber einer Führungskraft der Personalabteilung über Weinsteins verbale Ausfälle beschwerte, lautete »die Antwort im Wesentlichen: Lassen Sie uns wissen, wenn er Sie schlägt oder eine körperliche Grenze überschreitet«, schrieb sie.

Am schlimmsten fand sie, dass Weinsteins verstörendes sexuelles Verhalten dazu führte, dass sie nicht mehr das tun konnte, wofür sie ursprünglich ins Unternehmen gekommen war. Sie hatte hier schließlich angefangen, um Bücher in fesselnde Filmstoffe zu verwandeln. Wie hatte es dazu kommen können, dass sie stattdessen in die fragwürdigen sexuellen Aktivitäten ihres Bosses verwickelt war?

Bei anderen Reisen mit Harvey wies er mich an, nach einer »privaten« Verabredung in seinem Hotelzimmer aufstrebende junge Schauspielerinnen zu treffen. Er beauftragte mich, sie zu begrüßen, sobald sie in die Hotellobby kamen, sie Managern und Agenten vorzustellen und ihnen bei ihren Castings für Projekte von The Weinstein Company zu assistieren. Das Bemerkenswerteste daran ist, dass nur weibliche Führungskräfte diese Aufgaben für Schauspielerinnen übernehmen, mit denen Harvey eine »persönliche Freundschaft« pflegt, was meinem Verständnis nach so viel heißt wie: Entweder hat er eine sexuelle Beziehung mit ihnen gehabt oder er will sie haben. Weibliche Angestellte werden von Weinstein im Wesentlichen dazu benutzt, seine sexuellen Eroberungen verletzlicher Frauen zu managen, die darauf hoffen, dass er ihnen Arbeit besorgt.

Ich bin Literaturscout und Produzentin. Ich wurde angestellt, um Bücher aufzuspüren, aus denen The Weinstein Company Filme machen kann, und mein weiterer Aufgabenbereich umfasste auch die eigentliche Filmproduktion. Dass das Management von Harveys vergangenen und gegenwärtigen sexuellen Eroberungen einmal Teil meiner beruflichen Aufgaben werden könnte, hätte ich mir nie auch nur im Entferntesten vorstellen können.

Als Jodi, Megan und Corbett spät am Abend das Memo vollständig gelesen hatten, hatte sich der moralische Aspekt ihrer Recherche plötzlich verändert und ausgeweitet. Was zunächst ein historisches Korrektiv gewesen war, kam ihnen jetzt weitaus dringlicher vor. Diesem Mann hatte noch nie jemand Einhalt geboten. Sollten die Ermittlungsergebnisse der Reporterinnen nicht bald veröffentlicht werden, könnte er womöglich noch mehr Menschen Schaden zufügen.

Kapitel 6

»WER HAT SICH SONST NOCH OFFIZIELL GEÄUSSERT?«

FREITAG, 29. SEPTEMBER 2017

Am nächsten Morgen hatte Corbett das Memo bereits an Baquet und Purdy weitergeleitet. Das geheime Dokument aus dem Innern des Unternehmens war von unschätzbarem Wert. Es stellte nicht nur eine Bestätigung des Musters dar, das die Reporterinnen seit Monaten zusammengesetzt hatten, sondern konkretisierte es sogar. Während sie von außen auf die Situation blickten, hatte O'Connor sie von innen erlebt. Ihr Memo war wie der Schlüssel zu einer verschlossenen Tür.

Corbett, Purdy und Baquet erteilten die gleiche Weisung: *Schreibt!*

Doch zunächst diskutierte das Team darüber, was genau. Baquet und Purdy hatten noch den O'Reilly-Artikel im Kopf und drängten auf eine komprimierte Version, die die Spur der Vergleiche dokumentierte. Sie wollten sie so schnell wie möglich in der Zeitung veröffentlicht sehen und ein Zeichen setzen. Denn in den Tagen zuvor hatten Jodi und Megan mitbekommen, dass Ronan Farrow ebenfalls ihre Quellen kontaktierte und seine Ergebnisse offenbar dem *New Yorker* vorgelegt hatte. Das *Times*-Team wusste weder, über welches Material er verfügte, noch, wie nah dran er war, es zu veröffentlichen.

Jodi, Megan und Corbett hatten zwar ebenfalls den Wunsch, die Story herauszubringen, kannten das Material aber besser als Baquet und Purdy. Sie waren der Ansicht, dass der erste Artikel breiter angelegt sein und die geballte Kraft dessen enthalten musste, was sie gehört und dokumentiert hatten. Die abscheuliche Wiederholung der Hotelzimmergeschichten. Das offensichtliche Abzielen auf Frauen, die neu im Job waren. Das entsetzliche Tauschgeschäft von Sex gegen Arbeit und das langjährige Schweigen derer, die Bescheid wussten. Corbett drängte die Reporterinnen, die Story, die für die drei Frauen jetzt langsam Gestalt annahm, so schnell wie möglich zu schreiben, und versuchte zugleich, Baquet und Purdy zu bremsen.

Für diese Story würden sie Namen, Daten, Informationen über juristische und ökonomische Details, offizielle Interviews und Dokumente benötigen. Jodi und Megan schoben die nur halb geprüften Berichte und Gerüchte, denen sie noch hinterherermittelten, beiseite und stellten eine Liste zusammen, die alles Material enthielt, das sich voraussichtlich ausreichend erhärten ließ, um in einen ersten Artikel aufgenommen werden zu können. Die Vorwürfe wegen sexueller Belästigung und Nötigung markierten sie schwarz, die Vergleiche rot:

1990 – Assistentin bei Miramax, New York. Vergleich.

1992 – Laura Madden, Irland.

1994 oder 1995 – Gwyneth Paltrow, Los Angeles.

1996 – Ashley Judd, Los Angeles.

1997 – Rose McGowan, Park City, Utah. Vergleich.

1998 – Zelda Perkins und Rowena Chiu, Venedig, Italien. Vergleich.

2014 – Emily Nestor, Los Angeles.

2015 – Ambra Battilana Gutierrez, New York. Vergleich.

2015 – Lauren O'Connor, New York. Vergleich?

2015 – Assistentin in New York kündigt aus »moralischen Gründen«.

Einige Tage davor hatte Lanny Davis Megan während eines Hintergrundgesprächs endlich die Frage beantwortet, wie viele Abfindungen Weinstein an Frauen gezahlt hatte, Informationen, die sie ohne Nennung seines Namens offiziell nutzen konnte: Es waren acht bis zwölf Vergleiche. Megan stockte. Dass Weinsteins Team einfach so mit einer derart vernichtenden Information herausrückte, schockierte sie nun doch ein bisschen.

Ob er es *normal* fände, dass Männer so viele Ausgleichszahlungen machten, hatte sie Davis gefragt. »Ja«, hatte er in nüchtern-sachlichem Ton geantwortet.

Doch sie brauchten noch eine weitere Quelle, um diese Zahlen zu untermauern. Außerdem mussten sie alle kontaktieren, die vielleicht bereit wären, sich offiziell zu äußern, darunter auch ehemalige Angestellte von Miramax und The Weinstein Company, die ihre Ergebnisse bestätigen konnten. Alle Personen, die die Reporterinnen nennen wollten – wie zum Beispiel Steve Hutensky, der Syndikus bei Miramax, der die Vergleiche von Perkins und Chiu mitverhandelt hatte –, mussten die Gelegenheit bekommen, ein Statement abzugeben. Außerdem war es jetzt an der Zeit, O'Connor wissen zu lassen, dass sie eine Kopie ihres Memos besaßen.

Sie würden den Artikel bei laufender Ermittlungstätigkeit ausarbeiten, da nahezu jede Zeile verhandelt, nahezu alle

Fakten auf Herz und Nieren geprüft und entsprechend korrigiert oder gelöscht werden mussten.

Am Freitagnachmittag fand eine Telefonkonferenz zwischen Corbett, Jodi, Megan und O'Connor sowie ihrer Anwältin Nicole Page statt.

Die meiste Zeit redete Page. O'Connor schwieg, doch ihre Erschütterung darüber, dass die *Times* ihr Memo besaß und beabsichtigte, Auszüge davon zu veröffentlichen, war deutlich zu sehen. Sie hatte nie vorgehabt, an die Öffentlichkeit zu gehen. Nach dem Debakel bei Weinstein hatte sie versucht, nach vorn zu schauen und mit Hilfe eines Jobs bei einem anderen Unternehmen einen Neubeginn zu schaffen.

Sie befürchtete, Weinstein werde sich rächen, und Page bat die Journalistinnen, noch einmal zu überdenken, ob sie das Memo wirklich verwenden wollten oder nicht zumindest O'Connors Namen heraushalten konnten, um ihr diesen Stress zu ersparen. Die Journalistinnen wechselten besorgte Blicke. O'Connor Probleme zu verursachen war das Letzte, was sie wollten. Sie war jung, noch nicht einmal dreißig. Sie war für andere eingetreten, die ihrer Meinung nach schikaniert worden waren, und damit eine Seltenheit in der endlosen Weinstein-Geschichte: die Einzige, die es gewagt hatte, ausdrücklich und in schriftlicher Form Fragen zu seinem Verhalten aufzuwerfen.

Doch werden in der Zeitungsberichterstattung Dokumente, die eine Nachricht wert sind, den Leserinnen und Lesern nur selten vorenthalten. O'Connor gehörte nicht zu den Quellen, die sich den Reporterinnen unter dem Siegel der Verschwiegenheit anvertraut hatten; sie war die Verfasserin einer kritischen Anklageschrift gegen Weinstein, die auf den höchsten Ebenen seines Unternehmens die Runde gemacht hatte und dann gedeckelt worden war. In vielen Veröffentlichungen werden die Namen von Opfern sexueller Gewalt wegen der rein privaten Natur dieses Vergehens weggelassen, weil die Opfer es so wünschen. Doch bei O'Connor lagen die Dinge anders: Sie beschrieb zwar Weinsteins verbale Ausfälle ihr gegenüber, aber die eigentliche Kraft ihres Memos lag in ihrer Rolle als Zeugin, denn sie dokumentierte Weinsteins sexuelles Fehlverhalten gegenüber anderen Frauen.

Corbett strich sich ein paar Strähnen ihres akkuraten silberblonden Bobs hinter die Ohren und übernahm die Gesprächsführung. Es war ihr Stil, die Leute stets ausreden zu lassen und sie so neutral wie möglich anzuhören, und normalerweise überließ sie, genau wie Baquet, den Kontakt mit den Quellen den Reportern. Jetzt aber setzte sie sich auf eine Weise für ihre Institution ein, wie es die Reporterinnen nicht gekonnt hätten. Das Blatt müsse das Memo publizieren, sagte sie sanft, aber bestimmt. Nein, nicht den gesamten Text. Ja, sie könnten darauf hinweisen, dass O'Connor jeden Kommentar verweigert hätte, und, um sie vor Vergeltungsmaßnahmen zu schützen, klarzustellen versuchen, dass nicht sie ihnen das Memo zugespielt hätte. Ja, das Blatt beabsichtige, sie als Autorin des Memos zu nennen, um dessen Glaubwürdigkeit nachzuweisen. Falls Page oder O'Connor weitere Gründe hätten, ihren Namen herauszuhalten, sollten sie sie nennen.

Page antwortete nicht, und ihre Mandantin schwieg. Später sagte Page, die Entscheidung der *Times* hätte absolut endgültig geklungen. Die Anwältin beendete das Gespräch mit der Bemerkung, sie wisse zu schätzen, was die Journalistinnen da versuchten.

Megan ahnte, warum O'Connor während des Telefongesprächs nichts gesagt hatte, und nach ein paar weiteren Anrufen bestätigte sich ihre Vermutung: Auch O'Connor hatte einen Vergleich akzeptiert. Es war ihr rechtlich untersagt, darüber zu sprechen.

Sehr viel später erfuhr Megan die Vorgeschichte. Direkt nachdem O'Connor das Memo verschickt hatte, wurde sie suspendiert. Nur Tage später war Page bereits dabei, mit Boies und einem Anwalt von The Weinstein Company einen Vergleich auszuhandeln. Boies sagte, er habe mitgeholfen, O'Connors Geschichte zu verschleiern: Sie würde noch einige Wochen bleiben, um Projekte zu Ende zu führen, und an Orten arbeiten, die ihr ermöglichten, jeden Kontakt mit Weinstein zu vermeiden. Ihre Karriere im Unternehmen wäre aber beendet. In einem Interview mit Megan erklärte O'Connor später, die Reaktion des Unternehmens auf ihre Beschwerde hätte so ausgesehen: »Wie können wir das Teil so schnell wie möglich verschwinden lassen?«

Sechs Tage, nachdem sie das Memo verschickt hatte, wäre die Ausstiegsvereinbarung bereits ausgearbeitet gewesen, sagte Boies. O'Connor hatte, wie verlangt, einen Brief an Weinstein geschrieben, in dem sie ihm für die Gelegenheit dankte, etwas über die Unterhaltungsindustrie lernen zu dürfen, sowie diese nachfolgende Notiz an das Personalbüro:

Montag, 9. November 2015, 15:23 Uhr
Von: O'Connor, Lauren
Betreff: Zu Ihrer Kenntnisnahme

Da diese Angelegenheit geregelt wurde und keine weiteren Schritte veranlasst werden müssen, ziehe ich meine Beschwerde zurück. Lauren

\#

Jodi und Megan waren sich einig, dass im nächsten Schritt Lance Maerov, Verwaltungsratsmitglied der Weinstein Company, zu kontaktieren war. In dieser ersten Story wollten sie zeigen, was sie bisher in Ansätzen von Reiter über die Mitschuld des Unternehmens erfahren hatten.

Maerov ging an sein Handy, als er gerade mit einem Becher Kaffee auf dem Weg in sein Büro in der Park Avenue war. Megan stellte sich vor und erklärte, die *Times* stelle gerade eine Story über Anschuldigungen gegen Weinstein zusammen, die Jahrzehnte zurückreichten. Sie las ihm einen Auszug aus dem O'Connor-Memo vor und fragte dann: »Was haben Sie dagegen unternommen?« Maerov rutschte der Becher aus der Hand und er verschüttete den brühend heißen Kaffee. *Woher zum Teufel hat sie diese Unterlagen?*, dachte er, wie er sich später erinnerte.

Nur wenige Stunden später traf sich Megan mit Maerov im Stadtzentrum von Manhattan, im Bryant Park. Mit seinem akkuraten Scheitel und dem teuren Schal sah er wie der perfekte, lupenreine Geschäftsmann aus.

Maerov meinte, ja, er wäre wegen Weinsteins Umgang mit Frauen beunruhigt gewesen, vor allem nach der Ermittlung des New York Police Department. Er berichtete Megan, wie Weinstein dies als Erpressungsversuch bezeichnet und der Verwaltungsrat einen Verhaltenskodex ausgegeben hätte, um Fehlverhalten einzudämmen. Als der Verwaltungsrat später im selben Jahr über das O'Connor-Memo verständigt worden wäre, hätte er verlangt, ein externer Jurist sollte der Sache auf den Grund gehen. Doch nur einen oder zwei Tage darauf hätte Boies ihn darüber informiert, dass die Geschichte erledigt wäre. »Boies sagte mir damals, die Beschwerde wäre zurückgezogen worden«, erklärte Maerov Megan. Also hätte er die Sache auf sich beruhen lassen.

Megan nickte, während er sprach, und verlangte weitere Details. Sie bezweifelte, dass er ihr alles sagte, was er wusste. Doch war allein das, was er sagte, schon wertvoll genug, vor allem, wenn sie es offiziell nutzen durfte. Der Verwaltungsrat von The Weinstein Company war also tatsächlich auf dem Laufenden gewesen, was die Anschuldigungen wegen sexuellen Fehlverhaltens gegen Weinstein betraf, und hatte im Wesentlichen, mal abgesehen von einem schriftlich niedergelegten Verhaltenskodex, weggeschaut.

Maerov war damit einverstanden, zitiert zu werden, wies Megan aber darauf hin, dass er die Pflicht hätte, die anderen Verwaltungsratsmitglieder über die bevorstehende *Times*-Story und sein Gespräch mit ihr zu informieren. Sie bat ihn, doch bitte das Wochenende abzuwarten. Fand Weinstein erst einmal heraus, dass sie kurz davor standen, ihren Artikel zu veröffentlichen, würde er seine Bemühungen intensivieren, dies zu verhindern. Sie und Jodi bräuchten mehr Zeit. Maerov versprach ihnen zwei Tage.

Bevor sie sich verabschiedeten, stellte Maerov noch eine Frage: »Sind Sie sicher, dass diese jungen Frauen nicht einfach ihre Karriere vorantreiben wollen und dafür mit einem berühmten Filmproduzenten ins Bett gehen?«

Später sagte er Megan, er hätte sich erleichtert gefühlt, als er den Park verließ. Jahrelang wäre er im Großen und Ganzen daran gescheitert, Weinstein zur Verantwortung zu ziehen. Egal, was zum Vorschein kam, Weinstein hätte sich immer aus der Affäre gezogen. »Es war wie im Film, wie bei diesen Krimis, in denen einer wie Al Capone immer davonkommt; ständig ist er dem Gesetz einen Schritt voraus«, erklärte Maerov. Endlich rückte ihm jemand auf den Pelz.

Doch wie üblich fühlte sich Maerov verpflichtet, The Weinstein Company zu schützen. Als er zurück an seinem

Schreibtisch war, brach er sogleich das Versprechen, das er Megan gegeben hatte. Er rief Bob Weinstein und den Unternehmenspräsidenten David Glasser an und erzählte ihnen brühwarm weiter, was sie ihm gerade gesagt hatte.

SAMSTAG, 30. SEPTEMBER 2017

Irgendwie war auch Weinstein gleich am selben Morgen über die Details im Bilde. Er rief Maerov an und bat ihn, die Story zu killen: »Lance, ich weiß, dass wir über die Jahre unsere Differenzen hatten, aber kannst du bitte nur dieses eine Mal für mich einstehen?«

Maerov fand das Gespräch so widerlich, dass er sich Notizen machte. Denn als er sich weigerte, fing Weinstein an, ihm zu drohen. Jahre zuvor war Maerov mit dem Model Stephanie Seymour ausgegangen, als diese von ihrem Mann, dem Medienmogul Peter Brant, getrennt lebte. Weinstein sagte Maerov, ihm sei ein Brief zugespielt worden, den Maerov an Seymour geschrieben habe, und er werde diesen gegen ihn verwenden. Der Brief an Seymour sei »widerwärtig«, so Weinstein wörtlich.

Maerov blieb hart. Seine Aufgabe war es, das Unternehmen zu schützen, nicht den Produzenten. Außerdem wäre an dem Brief nichts Anstößiges gewesen, sagte er später.

Am Tag darauf mailte er Weinstein einen einzigen Satz: »Wir müssen einen Plan machen, um TWC zu schützen, falls Megan Twohey ihren Artikel herausbringt.«

Jodi und Megan saßen unterdessen an ihren Tastaturen und schrieben. Jodi tippte:

Schauspielerinnen und ehemalige Assistentinnen erzählten der *NY Times* verschiedene Versionen ein und derselben Geschichte, in manchen Fällen ohne jede Kenntnis, dass andere dasselbe erlebt hatten.

Da er gewöhnlich von seinem [Londoner] Hotelzimmer aus arbeitete und nur selten ins Büro kam, waren die Frauen häufig allein mit ihm und konnten sich ihm kaum entziehen.

Über die Jahre setzte er einen strikten Schweigekodex durch, bedrohte Frauen, die sich beschwerten, und knebelte Angestellte mit Vertraulichkeitsvereinbarungen.

Megan flocht in den Artikel ein, dass sie über die bemerkenswerten Ereignisse von 2015 Bescheid wussten. Gutierrez' Polizeibericht war zwar nie an die Öffentlichkeit gelangt, aber eine Quelle hatte einem *Times*-Kollegen jedes Wort am Telefon vorgelesen. Jetzt bediente sich Megan dieser Sprache, um zu beschreiben, wie Weinstein bei dem Arbeitsgespräch mutmaßlich »ihre Brüste begrapscht« hätte, »nachdem er gefragt hatte, ob sie echt wären, und ihr die Hände unter den Rock geschoben« hätte. Bisher war noch nie darüber berichtet worden, dass Weinstein im Stillen »eine Zahlung geleistet hatte«, um Gutierrez ruhigzustellen. Als O'Connors Memo »mit seitenweise detaillierten Beschuldigungen« beim Verwaltungsrat eingeschlagen hätte wie eine Bombe, hätte Maerov ermitteln wollen, doch dann hätte Weinstein auch mit O'Connor einen Vergleich erzielt.

Samstagabend waren sie so weit, Corbett einen Entwurf des Artikels vorzulegen. Sie erstellte im Redaktionssystem der *Times* eine geheime Datei, die nur von den Reporterinnen und eingeweihten Redakteuren geöffnet werden konnte. Üblicherweise wurden Storys mit dem Thema und dem geplanten Publikationsdatum versehen, zum Bei-

spiel 16TRUMPSPEECH, 07EARTHQUAKE, 21BEYONCE.
Dieser Story verpasste Corbett das allgemeine Label 00IN-
QUIRY, so dass selbst Kollegen, die beim Scrollen im Redaktionssystem zufällig darauf stießen, nicht wissen konnten,
worum es hier ging.

#

Noch während sie ihren Artikel verfassten – und die Geschichte zu erweitern versuchten –, überprüften Jodi und
Megan genau, was sie über welche mutmaßlichen Übergriffe
schreiben konnten und unter Angabe welcher Quellen. Die
beiden Reporterinnen hatten lediglich ein offizielles Interview mit einem mutmaßlichen Opfer von Weinstein an der
Hand: die Aussage von Laura Madden über ihre erste Begegnung mit dem Produzenten 1992 in Dublin. Da Zelda Perkins
noch immer an ihre Vertraulichkeitsvereinbarung gebunden
war und Rowena Chiu gar nicht geredet hatte, schrumpfte
ihre ursprüngliche Geschichte auf vier kurze, aber wesentliche Absätze zusammen, die zeigen sollten, dass es ernstzu-
nehmende Anschuldigungen und einen Vergleich gegeben
hatte, während die beiden betroffenen Frauen zugleich geschützt wurden.

Unverzichtbar für die Story war die Assistentin aus dem
Jahr 1990, die Megan im Haus von deren Mutter angetroffen
hatte.

Am Ende bestätigte John Schmidt, ehemalige Führungskraft bei Miramax, dem Megan im Sommer einen unangekündigten Besuch abgestattet hatte, dass die ehemalige
Assistentin nach einer unangenehmen Begegnung mit
Weinstein eine Abfindung erhalten hatte. Er hatte sich
bereiterklärt, mit Megan zu sprechen, weil er von ihrem

amfAR-Artikel beeindruckt gewesen war, wollte aber nicht namentlich genannt werden. Megan hatte die Hoffnung, dass die Frau sich offiziell äußern würde, noch nicht aufgegeben. Doch als sie sich an sie wandte, bekam sie folgende Antwort:

Liebe Megan,

es tut mir leid, aber bitte versuchen Sie nicht, mich noch einmal zu kontaktieren, weder direkt noch indirekt. Ich habe nichts zu sagen und erteile auch sonst niemandem die Vollmacht, für mich zu sprechen. Ich möchte weder in einem Artikel genannt noch als anonyme Quelle zitiert werden und werde andernfalls rechtliche Schritte einleiten.

Da es bei ihrer Geschichte um sexuelle Nötigung zu gehen schien, war klar, dass Jodi und Megan ihren Namen nicht ohne Erlaubnis nutzen würden. Sie beschlossen, sie einfach als junge Frau zu zitieren, die, den Aussagen verschiedener ehemaliger Angestellter zufolge, das Unternehmen nach einem Zwischenfall mit Weinstein abrupt verlassen und später einen Vergleich geschlossen hatte, und zitierten lediglich die Aussage ihrer ehemaligen Chefin bei Miramax, Kathy DeClesis: »Im engsten Führungskreis war es kein Geheimnis.«

Später erfuhr Megan, dass die Assistentin mutmaßlich sexuell von Weinstein genötigt worden war, als sie ihm eine Besorgung nach Hause gebracht hatte. Und Schmidt sagte Megan noch mehr: Weinstein hätte ihm kurz nach dieser Begegnung gebeichtet, »etwas Furchtbares« getan zu haben. »Ich weiß nicht, was da in mich gefahren ist. Es wird nicht wieder vorkommen«, erinnerte sich Schmidt später an Weinsteins Worte. (Weinstein leugnete, dies je gesagt zu haben.)

Als Nächstes rief Megan Rose McGowan an, die so entschlossen gewirkt hatte, Weinstein bloßzustellen. Doch McGowan sagte, sie sei nicht in der Lage, mit ihren Anschuldigungen gegen den Produzenten an die Öffentlichkeit zu gehen. Weinstein hätte ihr erst kürzlich eine Million Dollar als Preis für ihr Schweigen angeboten, und ihr Anwalt rede ihr zu, das Geld anzunehmen, sagte sie Megan. Sie habe zwar nicht vor, das zu tun, aber aufgrund einer Fülle von Komplikationen werde sie die Sache aussitzen. Sie sagte außerdem, ihr Anwalt habe Ronan Farrow eine Unterlassungsaufforderung geschickt, um sicherzustellen, dass er nichts von dem Interview verwendete, das er mit ihr geführt hatte. »Es tut mir leid«, sagte McGowan. »Ich kann einfach nicht.«

Doch auf Jodis und Megans Drängen hin hatte sich McGowan eine Kopie des Vergleichs beschafft, den sie 1997 mit Weinstein geschlossen hatte. Erstaunlicherweise enthielt das einseitige Dokument keine Vertraulichkeitsklausel, daher konnte McGowan es den Reporterinnen zeigen, ohne etwaige legale oder finanzielle Konsequenzen zu riskieren. McGowan lehnte ab, einen Kommentar zu ihrer Story abzugeben. Doch Jodi und Megan könnten in ihrem Artikel aus dem Dokument zitieren und schreiben, dass Weinstein ihr infolge eines Zwischenfalls in einem Hotelzimmer während des Sundance Film Festivals 100 000 Dollar gezahlt hätte. Die Zahlung wäre »nicht als Zugeständnis zu verstehen«, sondern dazu gedacht gewesen, »Streit zu vermeiden und Frieden zu erkaufen«.

Die meisten der ehemaligen Angestellten von Weinstein, die die Reporterinnen gern zitiert hätten, fürchteten Vergeltungsmaßnahmen. Jodi und Megan argumentierten, die Story enthalte erdrückende Beweise und es sei auch nach so vielen Jahren nicht zu spät, an die Öffentlichkeit zu treten.

Die meisten lehnten dennoch ab. (»Ich habe ein *Privatleben*!«, protestierte eine Führungskraft.) Ein anderer bot folgendes Zitat an:

»Über sexuelle Belästigung wurde oft gemunkelt, selten wurde sie nachgewiesen. Leider und schändlicherweise hatten nur wenige von uns den Mut oder die nötigen Mittel, sich dem entgegenzustellen.«

Doch wenige Stunden darauf verbot sein Arbeitgeber – ein Großkonzern – die Aufnahme des Zitats mit der Begründung, das Unternehmen wolle nicht einmal indirekt mit dem Artikel in Verbindung gebracht werden.

Einer der wenigen, die sich zu einem Statement durchringen konnten, war Mark Gill, ehemaliger Vorsitzender von Miramax Los Angeles. »Von außen war alles schimmerndes Gold – die Oscars, der Erfolg, der beachtliche kulturelle Einfluss, aber hinter den Kulissen war es ein einziger Schlamassel, und das war der größte Schlamassel überhaupt«, sagte er zu den mutmaßlichen Übergriffen des Produzenten auf Frauen. Für Jodi und Megan waren seine Aussage und die einiger anderer ein Sieg, und sie nahmen sie in ihren Entwurf auf.

Am Montagmittag schrieb Jodi Ashley Judd eine Textnachricht, in der sie fragte, ob sie Zeit zum Reden hätte. Baquet und Purdy machten weiterhin Druck, sie sollten sich nicht bei den Schauspielerinnen aufhalten. Wesentlich wäre es jetzt, die Story erstmals herauszubringen, dann würde, so ihre Prophezeiung, auch der ganze Rest herauskommen. Es würde ausreichen, Judd und Paltrow erst dann an die Öffentlichkeit zu holen.

Jodi und Megan sahen das anders. Die Weinstein-Story hatte zwei Stränge: die offensichtliche Bedrohung ganzer Generationen von eigenen Angestellten und die von Schauspielerinnen, die eine Filmrolle ergattern wollten. Für den ersten Strang hatten die Reporterinnen ausreichend Belege. Ohne den zweiten – zahlreiche Schauspielerinnen, darunter sogar einige Superstars, hatten gesagt, sie wären von Weinstein belästigt worden – würde die Story unvollständig bleiben.

Judd antwortete sofort. Ja, sie sei gerade im Wartezimmer ihres Zahnarztes, und sie könnten reden.

Mehr als drei Monate lang hatte Jodi daran gearbeitet, die Grundlagen für diesen Augenblick zu schaffen. Als Judd zwei Wochen zuvor in der Stadt gewesen war, um an der Generalversammlung der Vereinten Nationen teilzunehmen, hatten sie sich persönlich getroffen. Auf einer Terrasse hoch über Manhattans East Side hatte Jodi Judd gebeten, sich vorzustellen, wie es für sie wäre, an die Öffentlichkeit zu gehen, und betont, sie würde sich gerade bemühen, auch von anderen Schauspielerinnen Aussagen zu bekommen. Judd hatte ihr aufmerksam zugehört und gesagt, sie wäre sich nicht sicher.

Jetzt fühlte sich die Bitte falsch an. Die Story würde direkt vor der Premiere der neuen Staffel von Judds Fernsehserie *Berlin Station* (OT *Berlin Station*, 2016–2019) herauskommen, ein Szenario, das die Schauspielerin vermeiden wollte. Was noch schlimmer war: Judd hatte von Anfang an gemeinsam mit Kolleginnen in die Öffentlichkeit gehen wollen. Aber selbst nach Dutzenden von Gesprächen hatten Megan und Jodi keine der Aussagen offiziell und schriftlich. Salma Hayek, Uma Thurman und Angelina Jolie waren gar nicht erst ans Telefon gegangen. Jodi war noch dabei, Gwyneth Paltrow zu überreden, doch stand hinter Letzterer noch immer ein Fragezeichen. Rosanna Arquette, die Jodi ebenfalls eine verstörende Begegnung im Hotelzimmer geschildert hatte, fühlte sich noch nicht bereit für die Öffentlichkeit. Weitere – bekannte und unbekannte – Schauspielerinnen hatten den Reporterinnen Geschichten über Weinstein erzählt und sie zu Geheimhaltung verpflichtet. Das Muster, das Weinstein über Jahrzehnte geschützt hatte – keine Schauspielerin wollte diejenige sein, die hervortrat und Weinstein beim Namen nannte –, funktionierte noch immer.

Am Telefon bettelte Jodi Judd nicht an, sie versuchte der Schauspielerin auch nicht zu vermitteln, wie sehr sie eine offizielle Äußerung von ihr herbeisehnte. Stattdessen versuchte sie, ihr deutlich zu machen, wie stark der Artikel sein würde: Beschuldigungen aus einem Zeitraum von 25 Jahren, ein klar erkennbares Muster, Namen und Beispiele, Aufzeichnungen aus Personalakten, Informationen über juristische und finanzielle Belange sowie Zitate von männlichen und weiblichen Angestellten, die das Problem beschrieben.

Schon während sie sprach, wappnete sich Jodi gegen eine Absage. Judd ließ sich jedoch nicht in die Karten schauen. Sie versprach, die Bitte ernst zu nehmen und sich bald wieder zu melden.

Einige Stunden darauf erreichte Jodi eine Nachricht von Laura Madden. Sie hatte schon befürchtet, Madden wieder zu verlieren. Das verkürzte Zeitfenster für den Artikel hatte Madden in eine unangenehme Lage gebracht: Ihre seit langem gefürchtete nächste Brust-OP, eine zweite Mastektomie plus Rekonstruktion, war für den 10. Oktober angesetzt. Jodi war nicht in der Lage, Madden einen festen Publikationstermin zu nennen, und es sah so aus, als könnten Operation und Publikation auf ein und denselben Tag fallen. Das war für jeden zu viel des Guten – für die Journalistinnen jedoch wäre es ein Desaster gewesen, Madden zu verlieren.

Madden hingegen machte sich Sorgen, womöglich die einzige Frau aus dem Londoner Büro zu sein, die sich offiziell äußerte – falls ja, wäre sie raus. Sie stellte Jodi weitere Fragen zu dem Artikel: Wie viele Frauen insgesamt, wie viele Frauen von hier, von diesem Büro, aus diesem Jahr?

Alle wollten – verständlicherweise – die Kraft und den Schutz der Gemeinschaft.

MONTAG, 2. OKTOBER 2017

Kurz nach zwölf Uhr mittags trafen sich die Reporterinnen bei Dean Baquet im Büro, um den letzten Schritt der Ermittlungen zu besprechen: wann die Ergebnisse Weinstein vorzulegen wären und wie viel Zeit man ihm für eine Reaktion lassen sollte. Nachdem sie die Quellen so lange geschützt hatten, war es nun Zeit, an Weinstein und seine Vertrauenspersonen heranzutreten, von der Story zu berichten und alle Anschuldigungen aufzuzählen, die sie an die Öffentlichkeit bringen wollten. Jede Geschichte, jedes Datum, die Namen aller Frauen. (Judd und Paltrow würden sie nicht nennen, da diese noch unentschlossen waren, ob sie sich öffentlich äußern wollten.) Anschließend würden Jodi und Megan seine Antworten in den Artikel einbauen. Leugnete er die Vorwürfe, würden sie das so aufnehmen. Entschuldigte er sich, würden sie ihn direkt zitieren. Verweigerte er jeden Kommentar, würde auch das publiziert werden. Und konnte er eine der Beschuldigungen widerlegen, würden sie diese streichen müssen.

Ermittlungsergebnisse vorzulegen war gängige journalistische Praxis; das gehörte sich so im Umgang mit Personen, die Gegenstand einer Story waren, so unglaubwürdig sie auch sein mochten. Allerdings konnte sich die Gruppe nicht einigen, wie viel Zeit Weinstein eingeräumt werden sollte. Sie mussten ihm eine Deadline setzen: bis dann und dann, dann publizieren wir. Wusste Weinstein aber erst einmal, was die *Times* vorhatte, würde er die Frauen unter Druck setzen, ihre Äußerungen zurückzunehmen, andere einschüchtern, damit sie deren Berichte anfochten, oder versuchen, den Ruf der Quellen zu untergraben. Er konnte Informationen an andere Medien durchsickern lassen, um die Wirkung der Story abzuschwächen, oder der Veröffentlichung zuvorkommen, indem er selbst eine Art öffentliches Reuebekenntnis ablegte. Die Journalistinnen mussten die Opfer schützen – und den Artikel.

Sie saßen zu sechst in Baquets Büro, alles Leute mit einer gewissen Autorität, in deren Verantwortung es letztlich lag, die Weinstein-Story sicher in den Hafen der Veröffentlichung zu steuern. Baquet war der Chef, er hatte die Oberaufsicht über die komplette Ausgabe mit all ihren Themen, Tag für Tag. Er hatte stets das letzte Wort. Doch Corbett hatte das Projekt von Anfang an geleitet, und Baquet verließ sich auf sie, auch weil ihr Instinkt ein wenig anders gelagert war. Sie standen in ständigem Austausch mit Matt Purdy, der in dem Getümmel all der anderen Geschichten der Redaktion, die er überwachen musste, diese Ermittlung noch immer genau im Blick hatte.

Aber Jodi und Megan hatten als Reporterinnen eine ganz eigene Autorität und Verantwortung. Sie hatten die Informationen zusammengetragen. Sie hatten die Verbindung zu den Quellen. Sie schrieben die Story, ihre Namen würden ganz oben stehen, so dass sie, egal was passierte, den Großteil des Tadels oder des Lobes auf sich nehmen würden.

Die sechste Person im Raum war David McCraw, der Anwalt der *Times*. Er musste dafür sorgen, dass dem Blatt juristische Schwierigkeiten erspart blieben; daher würde keiner der Anwesenden seinen Rat ignorieren.

Corbett fand, sie sollten Weinstein 48 Stunden geben, sowohl um der Zeitung als auch um seinetwillen. Dann könnten sie jedenfalls sagen, sie hätten sich fair verhalten und alles richtig gemacht, und würden Weinstein damit keine Angriffsfläche bieten.

Baquet fand das zu lang. Keiner der Anwesenden traute Weinstein, aber Baquet war der Misstrauischste von allen. Sein Instinkt sagte ihm, Weinstein würde einfach auf Zeit spielen. Abgesehen davon war allen bewusst, dass Weinstein, egal, wie viel Zeit sie ihm auch zugestanden, mehr fordern würde. Man würde darüber verhandeln, und die Journalisten mussten mit einer Minimalforderung anfangen.

Zugleich wollte Baquet die Geschichte absolut hieb- und stichfest haben. Zu Beginn seiner Zeitungskarriere hatte er über den Fall Gerald Hatcher berichtet. Der unbedeutende Schauspieler war beschuldigt worden, sich als Talentscout ausgegeben zu haben, um Mädchen, die von einer Schauspielkarriere träumten, manche erst 14 Jahre alt, in eine private Begegnung zu locken und zu vergewaltigen. Die Art und Weise, wie er diese Geschichten verfasst hatte, ließ Baquet noch immer schaudern. Der Mann war schuldig, da war er ganz sicher. Aber inzwischen fand er, er hätte ihn auf dem Papier doch sehr voreilig verdammt. Sein Schreibstil war zu sensationsgierig und melodramatisch gewesen, ohne eine faire Aufarbeitung der Fakten, die zugunsten des Mannes sprachen. »Wahrscheinlich war es sogar den betroffenen Frauen gegenüber respektlos«, sagte er später. »Ich hatte immer das Gefühl, jeder im Gerichtssaal hätte ein wenig an Respekt vor mir verloren, auch die Staatsanwälte.«[1] Baquet wollte Weinstein stellen, aber in richtiger Weise.

Alle, auch Jodi und Megan, fanden abwechselnd Argumente für jede Variante; sie versuchten abzuwägen, welches Risiko größer war: eine Ermittlung zu gefährden, indem man am Ende in Hektik verfiel, oder einem nachweislichen Manipulanten gegenüber zu großzügig zu sein. Während sich die Reporterinnen zurückzogen, um weiterzuschreiben, beratschlagten die Redakteure sich weiter.

Als die Dunkelheit über den Times Square hereinbrach, war die Entscheidung endlich gefallen. Megan rief Lanny Davis an, um ihn zu informieren: Sie und Jodi wollten Weinstein und seinem Team am folgenden Tag um 13 Uhr per Telefon die Beschuldigungen vorlegen.

Plötzlich war es so weit, nur noch ein oder zwei Tage bis zur Veröffentlichung. Um die beiden Journalistinnen herum unternahmen Kollegen all die kleinen Schritte, die eine Zusammenstellung von Wörtern in einen *Times*-Artikel verwandelten. Für den Anfang der Story und fürs Titelblatt brauchten sie das passende Foto von Weinstein, und Beth Flynn, die Fotoredakteurin, schickte eine Auswahl. Sollte er lächeln oder eher nicht? Auf dem roten Teppich stehen? Mit einer Frau – und wenn ja, mit *welcher?* War es ein Problem, wenn seine Frau, Georgina Chapman, auf einem der Fotos erschien? Und überhaupt, sollte im Artikel erwähnt werden, dass er verheiratet war, schon zum zweiten Mal, und dass er auch zu der Zeit verheiratet gewesen war, in der die meisten der mutmaßlichen Übergriffe stattfanden?

In die Datei konnte sich immer nur einer einloggen, also arbeitete erst Jodi an dem Artikel, dann Megan, dann Rebecca, dann Rory Tolan, ein zweiter Redakteur, der vor allem die Wortwahl prüfte. Sie suchten nach der treffenden Ausdrucksweise und schrieben einiges auf der Grundlage von

McCraws Empfehlungen neu, damit die Story auch juristisch absolut wasserdicht war.

Kurz nach Mitternacht verließen Megan und Jodi die Redaktion und fuhren gemeinsam zurück nach Brooklyn. Jetzt erlaubten sie sich zum ersten Mal, darüber zu spekulieren, wie die Reaktionen der Leserinnen und Leser auf die Story ausfallen würden. Megan ging davon aus, dass der Verwaltungsrat von Weinsteins Unternehmen gezwungen wäre, Schritte gegen ihn einzuleiten. Aber würde sich sonst jemand dafür interessieren? Jodi zitierte Purdy, der schon zu einem früheren Zeitpunkt der Ermittlungen in der klassisch-skeptischen Manier des Zeitungsredakteurs betont hatte, Harvey Weinstein wäre doch gar nicht *so* berühmt. Vielleicht würde das schäbige Verhalten eines Hollywoodproduzenten die Leute gar nicht weiter überraschen.

DIENSTAG, 3. OKTOBER 2017

Während sie sich auf die für 13 Uhr angesetzte Telefonkonferenz vorbereiteten, erhielt Corbett eine sehr spezielle Nachricht von Lanny Davis:

Liebe Rebecca:

Dies ist eine sehr persönliche Nachricht.
Ich habe erst gestern Abend von Laurens E-Mail erfahren und sie zum ersten Mal gelesen. Werde mein Bestes tun, damit passiert, was schon lange hätte passieren müssen. Was eine Stellungnahme angeht, bin ich nicht optimistisch. Ich strebe heute 13 Uhr an, da das die absolute Deadline zu sein scheint. Korrigieren Sie mich, falls ich mich irre.

Auf alle Fälle danke ich Ihnen für Ihre Rücksichtnahme und Freundlichkeit – geht beides weit über das hinaus, was üblich oder gar notwendig wäre.

Lanny

Für einen Außenstehenden hätte die E-Mail womöglich nach Routine geklungen: Tut mir leid, einige Dokumente habe ich erst spät erhalten; ich bringe mich gerade auf den neuesten Stand und werde mein Bestes tun. In die Sprache von Journalismus und Pressearbeit übersetzt, las sich die Nachricht so:

Stellen Sie sich vor: Weinstein hat mich beauftragt, mich mit Ihrem Artikel zu befassen, mir aber nie das Memo von Lauren O'Connor gezeigt! Das ist so peinlich und, übrigens, das Memo ist richtig stark. Bitte üben Sie Nachsicht, ich versuche, Weinstein dazu zu kriegen, Ihnen irgendeine Art von Stellungnahme zu geben, die Sie in der Story drucken können, aber dieser Mandant ist eine echte Herausforderung.

David Boies konnte an der Konferenzschaltung nicht teilnehmen, versuchte aber dennoch, im Namen von Weinstein zu intervenieren. Um 12:19 Uhr erhielt Baquet eine E-Mail des Anwalts, in der dieser nachdrücklich forderte, man müsse mehr Zeit für eine Reaktion bekommen, damit »der Artikel fair und ausgewogen« sei (»nicht im Sinne von Fox News, sondern im Sinne der *New York Times*«). Boies stellte noch einmal klar, in dieser Sache nicht Weinsteins Anwalt zu sein, gab aber zu verstehen, die *Times* solle sich ein Beispiel an anderen Medien nehmen.

»Drei große Verlagshäuser/Sender, darunter die *Times*, haben in den letzten Monaten zu dieser Story recherchiert und, soweit ich das beurteilen kann, ein und dieselben Beschuldigungen und Beweise untersucht«, schrieb Boies in Anspielung auf NBC und den *New Yorker*. »Einer der beiden anderen hat gesagt, dass sie die Story nicht publizieren wollen; der andere, dass sie sich, bevor sie publizieren, genügend Zeit nehmen, um die Vorwürfe gegen Harvey sorgfältig mit ihm gemeinsam zu prüfen und ihm ausreichend Zeit für eine Antwort zu geben. Ich hoffe doch sehr, dass die *Times* mindestens ebenso handelt.«

»Darauf reagiere ich nicht«, sagte Baquet zu den Reporterinnen.

Kurz vor 13 Uhr setzten sie sich mit Corbett für den Anruf zusammen. Sie hatten, was sie sagen wollten, beinahe wortwörtlich aufgeschrieben. An erster Stelle standen bei ihnen allen die Frauen, deren Namen sie nennen würden. In den Stunden davor hatten Jodi und Megan Madden, Perkins und die anderen telefonisch vorgewarnt: *Wir sind kurz davor, Harvey zu informieren, und zwar über jede einzelne Anschuldigung im Artikel, darunter auch Ihre. Ich weiß, dass Ihnen das Angst macht, aber es wird Sie und uns schützen, denn dann können wir sagen, dass alles fair abgelaufen ist und wir ihm die Chance gegeben haben zu reagieren. Wir glauben zwar nicht, dass er oder seine Vertreter Sie kontaktieren werden. Aber tragen Sie ab jetzt sicherheitshalber immer ein Notizbuch bei sich, und falls Sie einen Anruf bekommen, schreiben Sie bitte jedes einzelne Wort auf. Jede Drohung, jeder Einschüchterungsversuch muss direkt in den Artikel einfließen. Die einzige Möglichkeit, diese Taktiken zu entlarven, ist, sie zu bekämpfen.*

Die Frauen waren einverstanden – ihr ultimativer Vertrauensbeweis.

Als die Telefonkonferenz begann, waren auf Weinsteins Seite nicht nur Davis und Bloom, sondern auch noch ein neuer Anwalt, Charles Harder, zugeschaltet.[2]

Harder hatte sich mit Angriffen gegen Publikationen einen Namen gemacht, in denen seine reichen oder berühmten Mandanten kritisiert wurden.[3] Erst kürzlich hatte er seinen Teil dazu beigetragen, dass die Klatsch-Webseite Gawker offline gehen musste, indem er sie im Namen von Hulk Hogan bankrott klagte. Dabei war es um ein Sex-Tape gegangen, und der Technologie-Investor Peter Thiel hatte den Prozess heimlich finanziert.[4] Harder fand die Gesetze, die Rufschädigung verhindern sollten – also regelten, wer was über wen drucken durfte –, zu lax. Der geltende juristische Standard war 1964 etabliert worden, durch die Entscheidung des Supreme Court im Fall *New York Times gegen Sullivan.* Der Oberste Gerichtshof hatte damals verfügt, eine erfolgreiche Verleumdungsklage müsse nicht nur nachweisen, dass die Journalisten falsche Informationen druckten, sondern auch, dass sie, sofern es sich um Persönlichkeiten des öffentlichen Lebens handelte, dies in einer »Schädigungsabsicht« taten, die wiederum als »fahrlässige Missachtung der Wahrheit« definiert war. Dies war eine hohe Messlatte, die Journalisten im Allgemeinen schützte, und Harders Auffassung nach eine zu hohe.

Er hatte Roger Ailes vertreten, als dieser versuchte, die Medienberichterstattung über seine mutmaßlichen sexuellen Übergriffe zu unterbinden.[5] Nachdem Harder einen 2,9-Millionen-Dollar-Vergleich mit der *Daily Mail* ausgehandelt hatte, bei dem es um einen 2016 erschienenen, falschen Bericht über Melania Trumps einstige Tätigkeit für einen Escortservice gegangen war, engagierte ihn auch der Präsident.[6] Das Magazin *GQ* hatte Harder erst kurz zuvor als »die vielleicht größte Bedrohung für Journalisten, das First Amendment und überhaupt das Grundverständnis von Pressefreiheit« bezeichnet, »die es in den USA derzeit gibt«.[7]

Am Telefon war Harder knapp und höflich, er ließ die Reporterinnen ausreden, als sie ihr Material vorstellten, und wiederholte lediglich diverse Varianten von: »Wir werden uns bei Ihnen melden.«

Sein Mandant übte keine derartige Zurückhaltung. Vom ersten Moment der Konferenzschaltung an unterbrach Weinstein die Reporterinnen ständig, um herauszufinden, mit wem sie gesprochen hatten, wer ihn verraten hatte. Über das Telefon hatte seine Stimme noch mehr Kraft als von Angesicht zu Angesicht; sie war tief, harsch und eindringlich, und seine Taktik bestand darin, ein und dieselbe Frage gebetsmühlenartig zu wiederholen. Während Megan und Jodi die Vorwürfe aufzählten, versuchte Weinstein mit einem endlosen Strom von Zwischenrufen die Kontrolle zu übernehmen:

»Wer hat sich sonst noch offiziell geäußert?«

»Haben Sie jemanden auf der Liste, der das gesagt hat?«

»Warum sagen Sie mir nicht, wer sich offiziell äußert, und lassen mich darauf antworten?«

»Und diese Frau äußert sich offiziell?«

»Und haben Sie jemanden dabei, der sich offiziell dazu geäußert hat?«

Er war so damit beschäftigt, die Reporterinnen in die Mangel zu nehmen, dass er gar nicht zu verstehen schien, dass sie nicht nur über Interviews, sondern auch über Unterlagen zu Vergleichen und andere Dokumente, wie O'Connors Memo, verfügten.

Megan warf die zentrale Frage auf, wie viele Vergleiche Weinstein über die Jahre geschlossen hatte. Die Antwort – acht bis zwölf – kannte sie bereits von Davis, aber sie brauchte eine zweite Quelle, und eine Bestätigung von Seiten Weinsteins selbst wäre ideal gewesen. Doch als sie die

Zahl nannte, die sie von Davis gehört hatte, ging Weinstein auf seinen eigenen Berater los. »Das ist deine Rede, nicht meine«, schnauzte er Davis an. »Wenn Lanny was gesagt hat, dann jedenfalls nicht im Namen seines Mandanten«, sagte er.

Megan wurde nervös. Nur ein sehr kleiner Kreis von Leuten wusste über die Vergleiche Bescheid. Ging ihnen diese wichtige Zahl etwa gerade verloren?

Als die Journalistinnen mit ihrer Aufzählung der Vorwürfe fertig waren, fragte Harder, wie viel Zeit sie für eine Antwort hätten. »Wir erwarten, dass Sie sich bis heute Abend bei uns melden«, sagte Corbett, wie mit den Redakteuren vereinbart.

»Das ist unmöglich«, schoss Harder zurück. »Sie geben uns drei Stunden, um auf eine ellenlange Liste zu antworten mit Sachen, die bis in die frühen 1990er-Jahre zurückreichen?« Er forderte zwei Wochen, was Corbett ablehnte. Dann schraubte er seine Forderung auf 48 Stunden zurück. Corbett versprach, sich zurückzumelden.

Da dröhnte wieder Weinsteins Stimme durch das Telefon. »Wenn Ihnen das zeitlich nicht passt, werden wir mit jemand anderem kooperieren«, drohte er und hatte damit die Angst der Zeitung erkannt, er könnte aufhängen und sich mit einer aufgeweichten, verzerrten Version der Story direkt an ein anderes Nachrichtenmedium wenden.

»Ich bin gewiss kein Heiliger«, sagte Weinstein, »aber der Sünder, für den Sie mich halten, bin ich auch nicht.«

Dann erging er sich in einer Lektion über den Journalismus im Allgemeinen.

»Auf die Fakten kommt es an«, sagte er. »Wir helfen Ihnen mit den Fakten. Würde ich keine Filme machen, dann wäre ich Journalist geworden. Ich habe jedes Buch über die *New York Times* gelesen, jedes Buch über Journalismus und jede

Zeitung und Zeitschrift. Die Journalisten, die mich am meisten beeindrucken, sind die, die sich selbst nicht so wichtig nehmen und fair sind.«

Weinstein fuhr fort: »Als sie noch jung waren, wollten sie erwachsen werden, um die richtige Geschichte zu erzählen, um die Wahrheit zu erzählen. Da ging es nicht um Deadlines. Sie wollten die Wahrheit sagen. Wenn sie das vermasseln und nicht die Wahrheit sagen, sondern nur schreiben, um zu schreiben, wie können sie sich da noch selbst in die Augen sehen«

Nach neunzig Minuten am Telefon war es endlich vorbei. Corbett und die Reporterinnen setzten sich in den Konferenzraum.

Corbett überlegte, wie man einige der Anschuldigungen noch stützen könnte, um die Story insgesamt zu stärken, und war der Meinung, sie sollten Harders Bitte um mehr Zeit nachkommen. Nach Jahren der Zusammenarbeit mit Baquet war sie Spezialistin darin, die Gedanken des Chefredakteurs zu lesen, und suchte nach einem Argument, um ihn von einer neuen Deadline zu überzeugen.

Megan ging auf der Suche nach Informationen, die die Ermittlungsergebnisse entkräften oder schwächen konnten, im Geist noch einmal die Reaktionen von Weinsteins Team durch. Statt die schwerwiegenden Vorwürfe anzusprechen, hatte Weinstein Fragen gestellt, die ihm in der Sache nicht helfen konnten. Er hatte sich mit Davis gestritten. Er war so mit dem Versuch beschäftigt gewesen, den Spieß umzudrehen, dass gar nicht klar war, wie viel er von den Informationen überhaupt aufgenommen hatte.

Jodi wappnete sich für Weinsteins nächsten Schlag. Er würde mit Sicherheit versuchen, die Informationen zu nutzen, die sie bei dem Telefonat weitergegeben hatten, um den

Artikel zu untergraben. Sie war sich so gut wie sicher, was er als Nächstes tun würde: der Boulevardpresse gegenüber etwas durchsickern lassen wie: »Die *New York Times* versucht, eine Harvey-Weinstein-Story zu machen, dabei haben sie kaum eine Frau, die sich offiziell äußert.«

Mit einem einzigen Telefonanruf konnte er den Artikel wie einen Flop aussehen lassen, bevor er überhaupt erschienen war.

#

Eine Stunde später rief Judd bei Jodi an.

Die Schauspielerin klang so gefasst wie immer. »Ich bin bereit, als namentlich genannte Quelle in Ihrer Ermittlung zu erscheinen«, sagte sie. Sie hätte sich die Entscheidung eingehend überlegt, wäre im Wald laufen gegangen, hätte ihre Anwälte konsultiert, ihre Verpflichtungen als Frau und Christin durchdacht und beschlossen, dass es das Richtige sei, sagte sie.

Jodi, die gerade den Redaktionsraum verlassen wollte, knickten die Beine ein wie einem Marathonläufer an der Ziellinie. Monatelang hatten sie und Megan in einem Zustand höchster Anspannung und Verantwortung gelebt, mit der Unsicherheit, ob sie mit der Story einen Erfolg landen oder es vermasseln würden; ob sie die Schauspielerinnen zum Reden bringen könnten oder nicht. Bereits in Tränen aufgelöst, suchte Jodi nach irgendeiner Antwort, die dem Augenblick angemessen war und trotzdem professionell klang. Das Einzige, was sie zustande brachte, war: »Sie wissen nicht, was das für mich als Journalistin bedeutet.«

Der Rest des Teams stand weiter unten im Flur zusammen, als Jodi auf sie zuging, immer noch mit Judd am Ohr, und gestikulierte, sie hätte Neuigkeiten. Megan wusste Bescheid, noch bevor Jodi etwas sagen konnte.

Sie feierten, indem sie den Entwurf noch einmal neu schrieben. Der Vorspann oder Anfang war Judds Bericht von dem alten Vorfall in der Peninsula-Suite, und der erste Teil des Artikels endete mit einem Zitat der Schauspielerin, das zugleich eine Aufforderung zum Handeln war: »Untereinander reden wir Frauen schon lange über Harvey, und es ist höchste Zeit, dass dieses Gespräch in aller Öffentlichkeit stattfindet.« Bereits am selben Abend hatten sie eine neue Version des Artikels fertig, mit Judd als Originalquelle.

Corbett hatte sich unterdessen durchgesetzt: Sie würden Weinstein bis 12 Uhr am Mittwoch, dem 4. Oktober, Zeit geben, also bis zum Mittag des folgenden Tages. Dies wurde zur neuen Zielvorgabe für die Veröffentlichung des Artikels. Im Stillen stellten die Reporterinnen die Uhren und machten sich auf alles gefasst.

Um 21 Uhr an jenem Dienstagabend waren sie noch immer im Büro. Sie hatten sich Essen bestellt und brüteten weiter über dem Entwurf ihrer Story. Doch ihr Unbehagen war nichts gegen das, was sich nur wenige Meilen weiter südlich in The Weinstein Company abspielte. Dort befand sich der Produzent in einer Notfallkonferenz mit Boies und dem Verwaltungsrat, auf der Maerov bestanden hatte. Er war empört, dass Weinstein Anwälte und Davis' Kanzlei beauftragt hatte, sich mit einem Vorgang zu beschäftigen, von dem der Verwaltungsrat überhaupt nichts wusste.

Den Großteil des Gesprächs bestritt Boies. Nachdem er Weinsteins Probleme dem Verwaltungsrat gegenüber jahrelang kleingeredet hatte, war er jetzt plötzlich sehr direkt. Die *Times*-Story werde kommen, sagte er, und »es wird richtig schlimm« für das Unternehmen, wie sich Teilnehmer der

Konferenz später Megan gegenüber an seine Worte erinnerten. Er fasste die Schlussfolgerungen zusammen, darunter auch die acht bis zwölf Vergleiche, wobei er hinzufügte, die Zahl könne gut auch höher liegen. Er glaube nicht, dass Weinstein sich überhaupt erinnere, wie viele Abfindungen er über die Jahre an Frauen gezahlt hätte. Es sei ebenso übertrieben und unangemessen, Weinstein zu verteidigen, wie ihn zu feuern, erörterte Boies. Das Ziel müsse darin bestehen, einen Mittelweg zu finden und eine geschlossene Front zu bilden. »Leute, wenn wir nicht zusammenhalten, dann machen sie uns nieder, und zwar von allen Seiten«, sagte er.[8]

Um 23:38 Uhr war Lisa Bloom damit beschäftigt, Weinstein klarzumachen, dass sie trotz all ihrer Bemühungen nicht in der Lage sein würden, die *Times*-Story zu unterbinden. »Wir können sie ein klein wenig stutzen – und das sollten wir auch tun –, aber sie wird kommen«, schrieb sie in einer E-Mail an Weinstein, Harder, Davis und Boies, während sie auf ihren Flug von Los Angeles nach New York wartete, wo sie ihrem Mandanten direkt zur Seite stehen wollte. Blooms Vorschlag für den nächsten Schritt: Weinstein sollte den Kernvorwurf, nämlich dass er Frauen sexuell belästigt hätte, zugeben, Reue bekennen und das Versprechen abgeben, sich zu bessern. »Ich habe oft an Jesse Jackson gedacht, wie er erwischt wurde, als er den Ausdruck ›Itzig-Stadt‹ gebrauchte, und wie er um Vergebung bat, indem er sagte: ›Gott ist noch nicht fertig mit mir‹, schrieb Bloom in ihrer E-Mail, die Megan später in die Hände fiel. Mit diesen Worten hatte sich der ehemalige Präsidentschaftskandidat für eine antisemitische Bemerkung entschuldigt. »Er hat 1984 meine Stimme gekriegt.«[9]

Bloom verglich die Vorwürfe gegen Weinstein mit einer einzigen Bemerkung von Jackson und schlug eine Stellungnahme gegenüber der *Times* vor, die ihre eigene Rolle und sogar ihr Filmprojekt akzentuierte:

»Als Anwältin für Frauenrechte bin ich Harvey gegenüber ganz offen gewesen, und er hat auf mich gehört. Ich habe ihm gesagt, die Zeiten hätten sich geändert, wir haben jetzt das Jahr 2017, und er muss sich zu einem besseren Menschen entwickeln, der höheren Standards genügt. Ich habe Harvey als erfrischend aufrichtig und aufgeschlossen für meine Botschaft erlebt. Er hat die Fehler, die er gemacht hat, zugegeben. Und bei der gemeinsamen Arbeit an einem Projekt, das mein Buch auf die Leinwand bringen wird, hat er sich mir gegenüber stets respektvoll verhalten.«

Ihre Botschaft: Sie war der Engel des Lichts, der Weinstein geholfen hatte, seine Fehler zu erkennen. Nachdem sie Weinstein insgeheim geholfen hatte, Ermittlungen im Zusammenhang mit seinem Verhalten zu vereiteln, wollte sie sich nun öffentlich als die Person darstellen, die ihn zu einer Änderung seines Lebenswandels bewegt hatte.

Davis hatte aus reinem Selbstschutz beschlossen, in Washington D.C. zu bleiben. Ihm war inzwischen klar, dass Weinstein, was immer er auch anstellen mochte, nicht in der Lage sein würde, sich aus dem herauszuwinden, was die Zeitung im Begriff war aufzudecken. Selbst Boies drängte auf ein öffentliches Reuebekenntnis.

Doch Weinstein war nicht bereit, klein beizugeben.

Noch am selben Tag hatte er anderen Anwesenden zufolge einen IT-Angestellten damit beauftragt, zum Computer einer seiner Verwaltungsratsassistenten herüberzukommen, und diesen angewiesen, ein Dokument mit dem Titel »HW Freundinnen« zu löschen. (Das war im Wesentlichen der Begriff, den Megans und Jodis Quellen genannt hatten: »Harveys Freundinnen«.) Das Dokument enthielt eine Liste mit

Namen und Kontaktinformationen von Frauen, geordnet nach Städten.

Zudem setzte Weinstein mit Blooms Hilfe Angestellte unter Druck, eine schriftliche Erklärung zu unterschreiben, in der es hieß, sie hätten im Unternehmen nur positive Erfahrungen gemacht.

Am nächsten Morgen nahm Megan Kontakt zu der jungen Frau auf, die das Unternehmen »aus moralischen Gründen« verlassen hatte. Diese teilte ihr per Textnachricht mit, Weinstein hätte sie heute bereits dreimal angerufen. Er halte sie wohl für eine der Quellen.

Und weiter schrieb sie: »Ich habe Angst.«

Kapitel 7

»ES WIRD EINE BEWEGUNG GEBEN«

MITTWOCH, 4. OKTOBER 2017

Als die Reporterinnen zur Arbeit kamen, war ihnen klar, dass sie Team Weinstein über Judds Entscheidung informieren mussten, ihre Aussage offiziell zu machen. Zugleich fürchteten sie, der Produzent würde die Information irgendwie als Waffe benutzen. Entweder, um seine Antwort noch weiter hinauszuzögern, oder (noch schlimmer) um als Erster zuzuschlagen und eine öffentlich geführte Schmutzkampagne gegen Judd in der Boulevardpresse loszutreten. (»Die exzentrische Aktivistin Ashley Judd hat gedroht, mit wilden Anschuldigungen an die Öffentlichkeit zu gehen …«) Aber da mussten sie jetzt durch. Um 8:40 Uhr rief Jodi Lanny Davis an, der die Neuigkeit mit stoischem Gleichmut aufnahm.

Das Telefonat mit Weinstein und seinem Team am Tag zuvor hatte dem grundlegenden Ermittlungsergebnis, dass Weinstein über die Jahre mit bis zu zwölf Frauen Vergleiche geschlossen hatte, einen leichten Dämpfer versetzt. Da aber jetzt auch noch andere leitende Manager von The Weinstein Company um die in Kürze in der *Times* erscheinende Story wussten, waren sie, so Megans Überlegung, womöglich wütend auf Weinstein, weil dieser durch seine Aktionen das gesamte Unternehmen in Gefahr brachte. Vielleicht mündete diese Wut ja bei dem einen oder anderen in Gesprächsbereitschaft.

Megan rief David Glasser, den Präsidenten von The Weinstein Company, in Kalifornien an. In Los Angeles war noch tiefste Nacht, doch Glasser ging ran. Er klang unausgeschlafen und erschöpft. Megan sagte ihm, sie rufe an, weil sie es nur für fair halte, anderen leitenden Angestellten des Unternehmens die Chance zu geben, auf die Story der *Times* zu reagieren.

Wie nicht anders zu erwarten, bestätigte Glasser, es sei eine turbulente Nacht gewesen. Aus aktuellem Anlass habe es eine außerordentliche Verwaltungsratsitzung per Konferenzschaltung gegeben. Boies hätte dargelegt, was sich da bei der *Times* gerade zusammenbraute. Er, Glasser, sei geschockt gewesen von dem, was er da gehört habe.

Ach, wirklich, fragte Megan, und was ihn denn am meisten überrascht hätte. Ob Boies die Anzahl der Frauen erwähnt habe, denen Weinstein Abfindungen gezahlt hätte? Ja, sagte Glasser: acht bis zwölf. Ob sie sich das vorstellen könne. Boies hatte dem Verwaltungsrat sogar mitgeteilt, die Zahl könnte durchaus noch höher liegen.

Megan sagte Glasser, sie wolle seine Sicht auf die Dinge unbedingt in der *Times* haben, falls er bereit sei, sich offiziell zu äußern. Ob sie ihn in der Zwischenzeit als Quelle für die Anzahl der Vergleiche nutzen könne, wenn sie ihn nicht namentlich nannte? Er war einverstanden.[1] Als Megan die Neuigkeiten Rebecca Corbett mitteilte, sprang diese von ihrem Stuhl auf und fiel ihr um den Hals.

Die Journalisten wandten ihren Blick nicht von der Uhr: Die Mittagsstunde rückte näher, die Frist lief ab. Als die Deadline verstrichen war, kam von Weinsteins Team nicht viel mehr als ein wirrer Anruf, in dem sie einige Vorwürfe mehr oder weniger leugneten, zu Vorfällen abschweiften, die in dem Artikel noch nicht einmal erwähnt wurden, und sich erneut beschwerten, nicht genügend Zeit zu haben.

Einige Minuten später beobachtete Baquet, wie Megan, die außerhalb seines Büros stand, schon wieder einen Anruf von Davis entgegennahm, der ihr immer noch keine offizielle Antwort geben konnte. So lange Zeit hatte der Chefredakteur der *Times* sich geweigert, mit Weinstein oder irgendeinem seiner Vertreter zu sprechen. Nun bat er Megan, ihm das Telefon zu geben. »Lanny, ich bin diesen ganzen Mist wirklich leid«, sagte er, und seine Stimme klang schärfer als gewöhnlich. »Ihr habt fünf verschiedene Anwälte, die uns anrufen. Wir reden aber nicht mit fünf verschiedenen Anwälten. Bringen Sie Ihre Leute auf Linie und melden Sie sich, wenn Sie Ihre Antwort haben.«

Um 13:43 Uhr traf die Erwiderung von Team Weinstein ein, in Form eines per E-Mail übersandten Briefes von Charles Harder mit der Kennzeichnung »VERTRAULICH / NICHT OFFIZIELL / NICHT ZUR VERÖFFENTLICHUNG BESTIMMT«.[2] Die Journalisten sahen das nicht als verbindlich an. Material vertraulich zu behandeln erforderte eine Zustimmung ihrerseits. Doch war es der passende Auftakt für einen Brief, der sich, trotz seiner achtzehn Seiten, im Grunde auf eine einzige Botschaft eindampfen ließ: Sollten die Journalisten weitermachen, würden Weinstein und Harder die *Times* verklagen. Ein Einschüchterungsversuch, nichts weiter.

Wieder versammelte sich das Kernteam in Baquets Büro. David McCraw verteilte Kopien, so dass sich alle noch einmal vergewissern konnten, was ihnen bevorstand. »Aufforderung zur Unterlassung und zur Aufbewahrung aller Dokumente und Materialien«, hieß es im Betreff. In den

vergangenen Monaten – und ganz besonders in den zurückliegenden Tagen – hatten sie sich gefragt, welche Strategie
Weinstein am Ende verfolgen würde: leugnen oder sich entschuldigen. Jetzt hatten sie die Antwort schwarz auf weiß
vor sich:

Alle von der *NYT* und ihren mutmaßlichen »Quellen« erhobenen Anschuldigungen, dass mein Mandant sexuelle Übergriffe, darunter auch gegen Angestellte und Schauspielerinnen, verübt haben soll, sind unwahr. Mein Mandant hat sich
des unrechtmäßigen Verhaltens, dessen Sie ihn bezichtigen,
nicht schuldig gemacht.

Mein Mandant könnte für Ihre falsche Story mit hoher Wahrscheinlichkeit Schadenersatzforderungen in Höhe von mehr
als 100 Millionen Dollar geltend machen. Sollten Sie sie veröffentlichen, bliebe ihm keine andere Wahl, als die *NYT* für
diese Schadenersatzforderungen juristisch zur Rechenschaft
zu ziehen.

Weinstein und Harder hatten eine weitere, eher taktische
Forderung:

Da diese Anschuldigungen, wie Sie sehr wohl wissen, be-
trächtlichen Schaden verursachen, wenn nicht gar die völlige
Zerstörung der höchst erfolgreichen Karriere und des höchst
erfolgreichen Geschäftes, die sich mein Mandant über die
letzten vierzig Jahre aufgebaut hat, nach sich ziehen werden,
und weil Sie an dieser Story über ihn jetzt schon seit mehreren Monaten arbeiten und die mutmaßlichen Ereignisse mehr
als 25 Jahre zurückliegen, wäre es zumindest angemessen,
wenn die *NYT* meinem Mandanten und seinem Rechtsbeistand einen angemessenen Zeitraum einräumen würde – wir

fordern zwei Wochen –, um in diesen Angelegenheiten zu recherchieren und eine angemessene Präsentation der Fakten und Beweise vorzunehmen, welche die zahlreichen falschen Vorwürfe gegen meinen Mandanten, deren Veröffentlichung die NYT in Kürze anstrebt, *widerlegen*. Ein Gericht räumt Angeklagten mindestens ein Jahr ein, um die Beweisaufnahme durchzuführen und den betreffenden Fall aus ihrer Sicht vorzutragen. Wir bitten Sie um zwei Wochen.

Weinstein würde also kämpfen. Dem Brief zufolge war er das eigentliche Opfer, zu Unrecht verfolgt von der *Times*. Aus jeder Zeile des Schreibens sprach Geringschätzung gegenüber dem Journalismus, und es beschwor eine dunkle Parallelwelt herauf, in der Zeitungen, die belastende Informationen über die Mächtigen verbreiteten, das Vertrauen der Öffentlichkeit nicht etwa hochhielten, sondern verletzten.

Der Brief nahm gezielt Laura Madden ins Visier und nannte sie eine Lügnerin. »Die Anschuldigung ist falsch«, schrieb Harder:

Wir rechnen damit, Ihnen Dokumente und Zeugen präsentieren zu können, die diese Behauptung widerlegen werden, doch wir brauchen Zeit, um Dokumente und Zeugen aus der Zeit vor 25 Jahren ausfindig zu machen. Sie sind hiermit über die Wahrheit in Kenntnis gesetzt. Sollten Sie diese falsche Anschuldigung publizieren, bevor mein Mandant eine angemessene Möglichkeit erhalten hat, weitere Beweise (Zeugen und Dokumente) beizubringen, die die Unrichtigkeit dieser Behauptung belegen, dann liegt Ihre fahrlässige Missachtung der Wahrheit offen zu Tage.

Diese Formulierung entsprach genau dem, womit ein Kläger eine Verleumdungsklage gewinnen konnte: indem er nämlich belegte, dass Journalisten Kenntnis über die Unrichtigkeit ihrer Informationen hatten und diese fahrlässigerweise trotzdem veröffentlichten.

Jodi dachte an Madden, die sich irgendwo in Wales befand. Falls Weinstein irgendetwas in der Hand hatte, womit er ihre Story glaubhaft anfechten konnte, dann musste sie sofort davon erfahren. Oder pokerte er nur, nach dem Motto: Das ist ja nur eine Frau ohne Macht und mit wenig Beweisen, und meine Chancen stehen am besten, wenn ich einfach alles abstreite?

Die ehemaligen Angestellten, die den Reportern halfen, »sind unzufrieden, haben hinterhältige Motive und sind darauf aus, Ihnen falsche und diffamierende Informationen zukommen zu lassen«, hieß es in dem Brief. »Wir setzen Sie hiermit darüber in Kenntnis, dass Ihre Quellen nicht verlässlich sind; sie verfügen über keinerlei persönliche Informationen; und sie versuchen, die *NYT* als Vehikel für ihre ungerechtfertigten und sittenwidrigen Versuche zu benutzen, meinen Mandanten zu verleumden und ihm und seinem Unternehmen Schaden zuzufügen. Die Publikation jeder einzelnen dieser falschen Anschuldigungen gegen meinen Mandanten durch die *NYT* erfolgt somit mit Schädigungsabsicht und stellt eine Verleumdung dar.« Es bestand die Möglichkeit, dass Team Weinstein versuchen würde, die mutigen ehemaligen Angestellten öffentlich als verbitterte Ausgestoßene und Verlierer darzustellen.

Im letzten Absatz nahmen Weinstein und Harder gezielt Jodi und Megan ins Visier:

Hiermit weisen wir Sie darauf hin, dass Ihnen die gesetzliche Verpflichtung obliegt, sämtliche Dokumente und Unterlagen, Kommunikation, Materialien und Daten jeglicher Art, sowohl in digitaler und elektronischer Form als auch Kopien in Papierform, die für den vorliegenden Streitfall relevant sein könnten, einschließlich und unbeschränkt aller Dokumente, Materialien und Daten, die auf Harvey Weinstein, The Weinstein Company und/oder alle leitenden Angestellten, Mitarbeiter und/oder beauftragten Firmen (insgesamt »TWC«) hinweisen oder sich auf diese beziehen, aufzubewahren, zu schützen und nicht zu vernichten.

Das schloss alles ein: jede Textnachricht, jede SMS, jede Sprachnachricht, jeden Kalendereintrag. Harvey Weinstein machte damit klar, dass er vorhatte, die *Times* zu zwingen, ihm den gesamten Inhalt der Ermittlungen auszuhändigen, also alles, wofür sich die Reporterinnen zur Verschwiegenheit verpflichtet hatten.

Alle Journalistinnen und Journalisten in Baquets Büro kamen zum selben Schluss: Es bestand kein Grund, auch nur ein einziges Element der Story zu verändern. Harders Brief war im Grunde nur juristisch verbrämte Muskelprotzerei. Sie würden offen bleiben für alle Beweise, die Weinstein ihnen vorzulegen gedachte, aber angesichts dieses Briefes zu kapitulieren kam überhaupt nicht in Frage.

McCraw versicherte den Anwesenden noch einmal, dass das Gesetz sie schützen würde. Die Welt, die Harder da heraufbeschwor, wirkte zwar angsteinflößend, existierte aber in Wahrheit nicht. »Wenn die Fakten uns schützen und das Gesetz uns schützt, ist es schwer, unsere juristische Position in Frage zu stellen«, sagte McCraw später.

Um 15:33 Uhr leitete McCraw den Reportern eine Kopie

der Antwort weiter, die er eben an Harder geschickt hatte.[3] Sie umfasste lediglich drei Absätze. Auf achtzehn Seiten Beschwerde über journalistische Vorgehensweisen hatte McCraw die einfache Antwort: »Jegliche Auffassung dahingehend, dass wir Mr. Weinstein unfair behandelt haben, ist schlichtweg falsch, und Sie können versichert sein, dass jeder Artikel, den wir veröffentlichen, unseren üblichen Standards für korrekten und fairen Umgang entspricht.«

Erst im letzten Absatz setzte er zum eigentlichen Gegenschlag an:

Ihre Forderung nach Aufbewahrung aller Dokumente und Unterlagen nehme ich zur Kenntnis. Lassen Sie mir diesbezüglich bitte eine Versicherung Ihrerseits zukommen, dass Sie unverzüglich Schritte unternommen haben, um alle Daten und Aufzeichnungen zu sichern, die in dieser Angelegenheit von Relevanz sein könnten, ungeachtet dessen, ob sie sich im Besitz, in der Obhut oder unter der Kontrolle von Mr. Weinstein oder einer seiner Geschäftseinheiten befinden. Insbesondere fordere ich Sie auf, umgehend alle Aufzeichnungen von Telefongesprächen sowie E-Mails und Textnachrichten von Mr. Davis und Mr. Weinsteins Pressevertretern zu sichern, desgleichen alle privaten und geschäftlichen Telefon-, E-Mail- und Text-Accounts von Mr. Weinstein; alle Aufzeichnungen im Zusammenhang mit Beschwerden über unangemessenes Verhalten am Arbeitsplatz, ungeachtet dessen, ob sie sich im Besitz, in der Obhut oder unter der Kontrolle von Mr. Weinstein oder einer seiner Geschäftseinheiten befinden; desgleichen alle Aufzeichnungen im Zusammenhang mit Vergleichsvereinbarungen mit Mitarbeitern, ungeachtet dessen, ob sie sich im Besitz, in der Obhut oder unter der Kontrolle von Mr. Weinstein oder einer seiner Geschäftseinheiten befinden.

Im Klartext hieß das: Falls du die Absicht hast, Harvey Weinstein, diese Story vor ein öffentliches Gericht zu bringen, dann nur zu. Solltest du versuchen, an unsere Informationen zu gelangen, werden wir im Gegenzug noch mehr Informationen von dir einfordern, und zwar jedes einzelne Dokument, das in Zusammenhang mit deinem Umgang mit Frauen steht.

Die Zeitung machte ein einziges Zugeständnis: Weinstein wurde mehr Zeit eingeräumt. Zwei Wochen kamen überhaupt nicht in Frage. Doch die Journalisten hatten das Gefühl, sie sollten Harders früher geäußerter Forderung nach 48 Stunden zustimmen, auch wenn es schmerzte, das Material so lange bei Weinstein herumliegen zu lassen. Alles andere könnte den Vorwurf der Unfairness womöglich untermauern. Die neue, endgültige Frist wurde auf den Folgetag festgesetzt, Donnerstag, den 5. Oktober, 13 Uhr.

Jodi und Megan waren zwar völlig erschöpft, aber McCraws Erwiderungsschreiben gab ihnen wieder Auftrieb. Er hatte sich auf eine Tradition berufen, der schon ganze Generationen von Journalisten gefolgt waren, ein Gerichtssystem, das immer noch die freie Presse schützte, und ein Land, in dem das First Amendment trotz allem und noch immer sakrosankt war. Außerdem sahen sie, dass Baquet jeden einzelnen Augenblick des Duells mit Weinstein voll auskostete. Der Rest der Welt bekam nichts von Harders Offensive mit. Aber gemeinsam dagegenzuhalten war absolut aufregend.

An diesem Nachmittag fand Jodi, sie sollte einen letzten Versuch unternehmen, Paltrow zu überzeugen, sich offiziell zu äußern. Von Weinsteins ehemaligem Topstar zu hören wäre für Leserinnen und Leser auf der ganzen Welt ein riesiger Schock; selbst viele der cleversten Quellen der Reporterinnen rechneten nicht damit, dass Paltrow eine Story von Übergriffen oder Bedrohungen durch Weinstein zu erzählen hatte. Drei Absätze über sie konnten die Geschichte der Miramax-Jahre in ein völlig neues Licht rücken und vielen anderen Frauen Rückendeckung geben, die sich öffentlich äußern wollten. Jodi beschwor jedes einzelne Quäntchen Überredungskunst, das sie besaß, und übte einen solchen Druck auf Paltrow aus, dass sie befürchtete, der Star würde dichtmachen und ihr sagen, sie solle sich zum Teufel scheren.

Die beiden waren seit einer Woche beinahe ununterbrochen im Gespräch, telefonierten oder tauschten Textnachrichten aus. Und Paltrow schien tatsächlich darüber nachzudenken. Sie hatte das Projekt von Beginn an unterstützt. Doch alle, die ihr nahestanden, rieten ihr, den Mund zu halten. In aller Öffentlichkeit über diese Dinge zu sprechen kam ihnen natürlich verrückt vor: Sie hatten ja keinen Einblick in die Ermittlungen. Jodi wusste ganz genau, dass ein Teil von Paltrow diese Stimmen ignorieren wollte, also übte sie weiterhin sanften Druck aus.

Aber Paltrow konnte die Vorstellung nicht ertragen, dass ihr Name in Zusammenhang mit Weinstein und Sex wochenlang die Schlagzeilen der Boulevardpresse bestimmen würde. Sie fürchtete immer noch, die Neuigkeiten würden in einem reißerischen Promiskandal enden.

Außerdem hätte ihre persönliche Abrechnung eine völlig andere Dimension als die von Ashley Judd, denn Weinstein hatte in ihrem Leben eine wesentlich größere Rolle gespielt: »Der wichtigste Mensch in meiner Karriere«, wie sie es später ausdrückte. Sie wollte ihn endlich öffentlich anprangern. Doch kam nun alles viel früher, als sie erwartet hatte, und sie wünschte sich ein bisschen mehr Zeit, um in Ruhe nachzudenken.

Mir ist der Zeitdruck zu groß, um eine Entscheidung treffen zu können. Ich bin raus.

Es tut mir so leid, dass ich Sie im Stich lasse. Wirklich. Ich fühle mich so zerrissen.

Paltrows eigene Unzufriedenheit mit ihrer Entscheidung hatte den Vorteil, dass Jodi sie bitten konnte, für den nächsten Artikel bereitzustehen, wenn sie sich dem ersten nicht anschließen wollte. Sie könnte sich alles in Ruhe aus dem Hintergrund ansehen und später einsteigen. Jodi ließ den Star einige Stunden in Ruhe, bevor sie Paltrow erneut per Textnachricht zu bearbeiten begann.

Jodi und Megan hatten Baquets Regel von Anfang an befolgt: Jegliche Kommunikation mit Weinstein musste offiziell erfolgen und mitgeschnitten werden. Doch gegen 15 Uhr wurde Megan von Davis darüber in Kenntnis gesetzt, dass Weinstein bereits auf dem Weg sei, um ihnen unter dem Siegel der Verschwiegenheit einige entscheidende, sensible Informationen zu geben.

Die Reporterinnen waren verwirrt. Er war auf dem Weg *wohin?* Ins Büro der *Times?* Sollten sie sich weigern, ihn hereinzulassen? Sie mussten eine Entscheidung treffen, und zwar schnell. Weinstein wäre in wenigen Minuten hier, und was er vorhatte, stand kaum in Zweifel: Er würde versuchen, seine Beschuldigerinnen anzuschwärzen und sich selber reinzuwaschen.

Megan entschied, die Gelegenheit zu nutzen, um herauszufinden, was er hatte, und der schmutzige Trick eines unangekündigten Treffens verschaffte ihr eine neue Möglichkeit, ihm von Angesicht zu Angesicht entgegenzutreten.

Weinstein betrat die Lobby der *Times* – unrasiert, mit tiefen Tränensäcken unter den Augen und prominenter anwaltlicher Hilfe an seiner Seite: nicht nur Bloom, sondern auch Abramowitz, der ehemalige, zum Strafverteidiger mutierte Staatsanwalt, der Weinstein bereits im Fall Gutierrez vertreten hatte. Das Schlusslicht bildete Linda Fairstein, die frühere leitende Staatsanwältin für Sexualdelikte, die Megan gesagt hatte, an Gutierrez' Vorwürfen sei nichts dran.

Megan führte die Gruppe durch den belebten Flur zu einem der kleinen, mit Glaswänden abgeteilten Besprechungsräume der Nachrichtenredaktion, so dass Weinstein für alle Kolleginnen und Kollegen gut zu sehen war. Diejenigen, die zufällig vorbeikamen, verlangsamten beim Anblick des Produzenten und seiner Vertreter, die sich in dem kleinen Raum zusammendrängten, ihre Schritte. Megan sagte Weinstein und seiner Entourage, sie hätten für das Gespräch genau fünfzehn Minuten und keine Sekunde länger.

Die Informationen, die die Gruppe ihr zu verkaufen versuchte, waren widerlich, dubios und äußerst dünn. Abramowitz und Fairstein zeichneten ein Bild, das Gutierrez als Opportunistin mit anrüchiger Vergangenheit darstellte. Bloom entnahm einem Ordner Bilder von McGowan und Judd, die lächelnd neben Weinstein abgelichtet waren, als wären höfliche Fotos vom roten Teppich ein Beweis, dass nichts Unangemessenes geschehen war. Weinstein warf beiden Frauen vor, mental instabil zu sein. Judd hatte einmal stationäre psychologische Behandlung in Anspruch genommen, um Erlebnisse aus der Kindheit zu verarbeiten. Jetzt nutzte der Produzent Beschreibungen aus ihrer Autobiografie, um sie als Verrückte darzustellen.

Megan hielt sich mit Reaktionen so gut es ging zurück. Dieses vertrauliche Treffen war offensichtlich ein Hinterhalt, untergrub die Ermittlungen jedoch in keinster Weise. Mit Hilfe eines Kollegen in Italien hatten Jodi und Megan Gutierrez' Vergangenheit durchleuchtet. Sie hatten auch Judds Geschichte verifiziert, indem sie Grace Ashford, die Rechercheurin, baten, ihre Autobiografie nach möglichen Überraschungen zu durchforsten, die gegen Judd oder die Zeitung verwendet werden könnten. Das Einzige, was dieses Meeting gebracht hatte, war, dass sie nun mehr über die Taktiken wussten, derer sich Weinstein und seine Verbündeten bedienen wollten.

Der Tag nahm einen immer seltsameren Verlauf. Am selben Nachmittag lasen Jodi und Megan gemeinsam in den Zeitschriften *Variety* und *The Hollywood Reporter* über sich selbst[4]:

> Steht die *New York Times* kurz davor, rufschädigende Informationen über Harvey Weinstein zu veröffentlichen?
> Wie zahlreiche, mit der hinter den Kulissen tobenden Schlacht vertraute Quellen *The Hollywood Reporter* mitteilten, hat der Film- und Fernsehmogul und Boss von The Weinstein Co. in den letzten Wochen im Zusammenhang mit einer geplanten Story über sein privates Verhalten eine ganze Armee aus Anwälten und Krisenmanagern angeheuert und auf die *Times* losgelassen.

Die Story enthielt nur wenige Details, erwähnte aber auch die Bemühungen des *New Yorker*. Der Artikel in *Variety* war ganz ähnlich, zitierte aber auch Weinstein, der leugnete, überhaupt von einer bei der *Times* in Vorbereitung befindlichen Story gewusst zu haben. »Davon hatte ich keine Kenntnis«, hatte Weinstein dem Blatt gesagt. »Ganz ehrlich, ich weiß nicht, wovon Sie sprechen«.

»Die Story klingt so gut, dass ich überlege, die Filmrechte zu erwerben«, fügte er hinzu.

Falls die Reporterinnen noch irgendwelche Restzweifel bezüglich Weinsteins Integrität gehabt haben sollten, dann war hier der endgültige Beweis: Er hatte gerade einer anderen Zeitung eine glatte Lüge erzählt.

Die Storys in *Variety* und *The Hollywood Reporter* bedeuteten, dass Jodi und Megan jetzt im Licht der öffentlichen Aufmerksamkeit standen. Nun würde das Rätselraten darüber beginnen, wer mit ihnen gesprochen hatte. Die Quellen würden nervös werden. Das Projekt lag offen zu Tage, inklusive des stattfindenden Wettlaufs. Gerade jetzt, wo die Reporterinnen die größtmögliche Kontrolle über die Dinge brauchten, ging sie ihnen verloren.

»Das ist böse, Leute«, schrieb Baquet in einer E-Mail.

Die Telefone der Reporterinnen begannen zu klingeln, die Posteingänge füllten sich mit Nachrichten von Leuten, die die Geschichten in den Hollywoodmagazinen gelesen hatten. Jodi und Megan beantworteten sie kaum. Sie steckten immer noch viel zu tief in der Arbeit an ihrem Artikel, überarbeiteten den Vorspann, kümmerten sich um problematische Abschnitte und setzten McCraws Anweisungen für den Feinschliff um.

Irgendwann nach Mitternacht ging den Reporterinnen auf, dass sie zu ausgelaugt waren, um noch irgendetwas zustande zu bringen. Sie hatten viele Nächte hintereinander mit sehr wenig Schlaf auskommen müssen. Die Gespräche mit Rebecca Corbett und Rory Tolan drehten sich mühsam im Kreis. Jodi und Megan gaben auf und teilten sich ein Taxi für die Heimfahrt. Etwa eine Stunde später verließ auch Tolan das Büro. Corbett dagegen konnte sich nicht von ihrer

Tastatur losreißen. Sie hatten derart viel an einzelnen Passagen herumgefriemelt, dass Corbett damit aufhören wollte, um sich die Story noch einmal im Ganzen durchzulesen und zu schauen, wie man sie noch besser machen könnte.

Selbst unter routinemäßigeren Umständen machten sich Corbetts Reporterinnen und Reporter ständig Sorgen, dass ihre Chefin nicht genügend auf sich selbst achtete. Sie schien ununterbrochen zu arbeiten, sich nie eine Pause zu gönnen. Viele ihrer Projekte waren geheim; es war schwierig, überhaupt zu ermessen, wie viel sie auffing. Es schien Zeiten zu geben, in denen sie sich nur von Schwarztee und Mandeln in Bitterschokolade ernährte. Ihre Tage waren hektisch, alle paar Minuten hatte sie ein Gespräch.

Doch in der Stille einer endlich von allen anderen verlassenen Redaktion konnte sie sich dem Feinschliff von Storys endlich mit voller Konzentration widmen. (Ihr Ehemann nannte das »in der Zone sein« und akzeptierte, dass seine Frau zeitweise unerreichbar war.) Corbett blieb häufig so lange im Büro, dass sich die Deckenlampen automatisch abschalteten, woraufhin sie nach dem vertrauten Klicken im Stockdunklen weiterarbeitete, bevor sie irgendwann aufstand und mit den Armen wedelte.

In dieser Nacht arbeitete sie stundenlang weiter. Allmählich wurde die Story dichter, klarer und stärker. Irgendwann vor dem Morgengrauen schlief sie eine Dreiviertelstunde am Schreibtisch ein. Als sie aufwachte, arbeitete sie noch ein bisschen weiter.

Um 7 Uhr morgens machte sie schließlich Schluss und verließ das Gebäude. Nach Hause konnte sie nicht gehen: Sie lebte in Baltimore und mietete sich für Dienstag bis Freitag in einem unweit von den Redaktionsräumen der *Times* gelegenen Hotel ein. Sie ging auf ihr Zimmer, duschte und zog sich frische Sachen an. Kurze Zeit später saß sie wieder an ihrem Schreibtisch.

DONNERSTAG, 5. OKTOBER 2017

Gerade, als Corbett auf dem Weg in ihr Hotel war, erhielt Jodi eine E-Mail von Laura Madden, der jetzt nur noch fünf Tage bis zu ihrer Operation blieben. Am Abend zuvor hatte sie mit ihren beiden älteren Töchtern, Gracie und Nell, in ihrer Küche in Wales gestanden und gesagt, sie müsse etwas mit ihnen besprechen. Die Teenager nahmen an, es ginge um die bevorstehende Operation. Stattdessen erzählt Madden ihnen, was Weinstein ihr all die Jahre zuvor angetan hatte und dass der Zwischenfall in Kürze in einem Zeitungsartikel zur Sprache kommen würde.

Die beiden starrten sie schockiert an und versuchten, sich ihre Mutter als 21 Jahre altes Opfer vorzustellen. »Meine Mum ist einfach bloß meine Mum«, sagte Gracie. »Sie ist so ein sanfter Mensch. Die Vorstellung, dass alle Leute lesen könnten, was ihr passiert war …«[5] Sie gestanden ihrer Mutter, dass einige ihrer Freundinnen vor kurzem Ähnliches erlebt hätten: Betrunkene Jungs hätten sie verfolgt, und die Mädchen hätten nicht gewusst, was sie tun sollten. Nun war Madden schockiert. Sie kannte diese Mädchen, hätte sich jedoch nie vorstellen können, dass sie mit so etwas zu tun hatten.

In ihrer E-Mail an Jodi schrieb sie:

Ich fühle mich verpflichtet, über das, was mir bei Miramax passiert ist, zu sprechen, denn mir wird klar, dass ich in der glücklichen Position bin, nicht im Filmgeschäft tätig zu sein, und dass daher mein Lebensunterhalt nicht gefährdet sein wird. Ich gehöre auch nicht zu denen, die zum Schweigen gebracht wurden, obwohl einzelne Personen unter Harvey Weinstein es versucht haben. Und ich habe auch keinen juristischen Maulkorb verpasst bekommen. Ich habe das Gefühl, ich spreche hier für all die Frauen, die sich nicht äußern können, weil womöglich ihr Lebensunterhalt oder ihre Ehe davon betroffen wären. Ich bin Mutter von drei Töchtern, und ich will nicht, dass sie, in welcher Umgebung auch immer, diese Art von übergriffigem Verhalten als »normal« akzeptieren müssen. Ich habe eine schwere Krankheit hinter mir, die mein Leben verändert hat. Ich weiß, dass Zeit kostbar ist und wie wichtig es ist, übergriffige Tyrannen mit ihren Taten zu konfrontieren. Meine Familie unterstützt meine Entscheidung. Ich werde mich gern offiziell äußern.

Ebenso bemerkenswert war, dass Jodi und Megan plötzlich von Frauen kontaktiert wurden, mit denen sie noch nie zu tun gehabt hatten und die ihnen alle ihre eigene Weinstein-Story erzählen wollten. Monatelang waren die Reporterinnen hinter Frauen her gewesen, hatten sich verzweifelt gewünscht, dass jemand reden würde. Und jetzt kamen Frauen auf *sie* zu, weil sie die Artikel in *Variety* und *The Hollywood Reporter* gelesen hatten. Es war wie ein Strom, der plötzlich in die umgekehrte Richtung floss. Den Journalistinnen blieb nicht genügend Zeit, um die erforderlichen Recherchen und Ermittlungen anzustellen, die Geschichten zu untermauern und Rückantworten einzuholen, als dass sie die Berichte der Frauen in den ersten Artikel hätten aufnehmen können. Sie würden also auf die nächste Story warten müssen. Doch im Stillen verbuchten Jodi und Megan diese Botschaften als Antwort auf Harders Brief.

Um 10:30 Uhr unternahm Jodi einen letzten Versuch bei Gwyneth Paltrow. Die saß gerade vor einem Make-up-Spiegel in Atlanta, wo sie einen *Avengers*-Film drehte. An diesem Tag sollte sie laut Drehplan gemeinsam mit allen Charakteren aus dem vergangenen Jahrzehnt für ein großes *Avengers*-Klassenfoto posieren. Doch stattdessen war ihr schlecht und sie war kaum imstande, ihre Szenen durchzustehen. Sie wandte sich sogar an ihren Co-Star Michelle Pfeiffer, schilderte dieser schnell die Situation und bat sie um einen letzten Rat.

Um 11:22 Uhr schickte sie folgende Textnachricht an Jodi:

Ich bin in Atlanta am Set. Ich verspüre einen ungeheuren Druck wegen des Zeitfensters. Ich kann nicht glauben, was er in seiner Erwiderung auf den Artikel im *Hollywood Reporter* gesagt hat. Ich kann nicht glauben, dass er diesen Kurs einschlägt. Ich hatte wirklich gehofft, er würde die Chance nutzen und sein Verhalten bereuen. Mir scheint, er schwingt sich jetzt noch weiter auf und wird dann umso tiefer fallen.

Ich denke, es ist das Beste, wenn ich mich zurückhalte und später etwas mit Ihnen mache.

Das ließ die E-Mail, die um 12:04 Uhr von Davis eintraf, umso rätselhafter erscheinen. Weinsteins Team blieben noch 56 Minuten, um die von der *Times* gesetzte Frist zu wahren. Doch statt sich auf die vielen Vorwürfe zu konzentrieren, die in dem Artikel zur Sprache kommen würden, bombardierte Weinstein die Reporterinnen über seinen Anwalt mit Fragen zu Paltrow, die seiner Überzeugung nach offenbar Teil der Story sein würde.

Jodi und Megan waren fassungslos. In ihrer Story fand sich

nicht der kleinste Hinweis auf Paltrow. Warum fokussierte er sich dermaßen auf eine irrelevante Angelegenheit? Hatte er nie vorgehabt, sich überhaupt zu den Beschuldigungen zu äußern? Es wurde ein Uhr, dann nach eins. Team Weinstein versicherte ihnen laufend, die Statements seien beinahe fertig, doch um 13:33 Uhr war immer noch nichts eingetroffen.

Baquet bekam mit, wie Megan den x-ten Anruf von Davis entgegennahm, der auch diesmal wieder nichts anzubieten hatte. Der Chefredakteur instruierte Megan, was sie ihm antworten sollte: »Sagen Sie Lanny, die Frist ist abgelaufen!«

Plötzlich war Weinstein selbst am Telefon und horchte sie nach Paltrow aus. »Warum sollte ich eigentlich bei Ihrer mangelnden Transparenz nicht gleich jetzt der *Washington Post* ein Scheißinterview geben und das ein für alle Mal hinter mich bringen?«, fragte er. »Ich werde dieses Interview in den nächsten fünf Minuten geben, wenn Sie nicht endlich auspacken. Wenn nicht, dann schreiben Sie besser schnell.«

Megan und Jodi waren wieder in einem der mit Glaswänden abgeteilten Konferenzräume. Draußen schauten Corbett und Purdy Tolan über die Schulter und überarbeiteten den Artikel.

»Sie wollen eine Art Liste haben, auf der draufsteht, mit wem wir für diese Story gesprochen haben?«, fragte Jodi. »Und wenn wir das Ihnen gegenüber nicht offenlegen, dann drohen Sie uns?«

»Ich drohe euch nicht«, sagte er. »Wenn ihr Gwyneth Paltrow benutzt, dann sagt es mir einfach.« Wie viel Angst Paltrow auch immer haben mochte, sich offiziell zu äußern – seine schien noch viel größer zu sein.

»Wir benutzen Gwyneth Paltrow *nicht*«, sagte Megan. Er

schien nicht zu begreifen: Falls Paltrow Teil der Story wäre, hätten sie es ihm gesagt und ihm Zeit gegeben, darauf zu reagieren.

Er fragte zweimal nach, dann ein drittes Mal. »Falls ihr vorhabt, mich zu belügen, lasst es bleiben, okay? Lasst es einfach bleiben. Ihr werdet mich ja so oder so schlachten, das steckt doch dahinter. Ich hab's kapiert. Und wisst ihr was? Ich respektiere euren Journalismus und ich respektiere, was ihr macht. Ihr beschäftigt euch mit einem wichtigen Thema, und Leute wie ich müssen lernen und sich weiterentwickeln. Ich verstehe das. Ihr werdet das in meinem Statement lesen. Ich hätte es gewusst, wenn mir etwas zu Ohren gekommen wäre, das vor mir geheim gehalten wird, wisst ihr, was ich meine? Ich bin ein Mann, der über große Ressourcen verfügt. Sagt mir die Wahrheit.«

Er schien ganz sicher zu sein, dass Jodi und Megan mit Paltrow gesprochen hatten. Selbst Monate später hatten sie noch keine Ahnung, wie er davon erfahren hatte.

Megan versuchte es noch einmal: »Harvey, wir haben Ihnen Gelegenheit gegeben, sich zu allem zu äußern, was in unserer Story vorkommt«, sagte sie.

»Redet ihr mit Gwyneth Paltrow?«, wiederholte Weinstein.

Neben Megan tauchte eine Gestalt auf. Dean Baquet beugte sich über ihre Schulter. Weinstein hatte im Verlauf der vergangenen Monate so oft versucht, ihn direkt zu erreichen, ihn zu beeinflussen, von VIP zu VIP. Nun bekam er endlich das Publikum, das er sich gewünscht hatte.

»Hey, Harvey? Hier ist Dean Baquet«, begann der Chefredakteur. »Hier ist der Deal. Sie müssen uns Ihr Statement geben, jetzt, sofort. Ich habe den Finger auf dem Knopf.«

Weinstein unterbrach ihn. »Hey, Dean, jetzt erzähle ich

Ihnen mal was zum Thema Einschüchterung.« Dann wiederholte er seine Drohung, der *Washington Post* ein Interview zu geben und die *Times*-Story zu sabotieren. Baquet war seit beinahe vierzig Jahren Journalist, hatte zwei der wichtigsten Zeitungen des Landes geführt und sich mit der CIA und ausländischen Diktatoren angelegt. Würde ihm jetzt der Kragen platzen?

Doch sein Ton entspannte sich, und der leicht getragen klingende, melodiöse Tonfall seines heimatlichen New Orleanser Akzents kam wieder durch. »Rufen Sie die *Post* ruhig an, Harvey«, sagte er. »Das ist in Ordnung.« Er klang, als würde er ein aufgeregtes Kind beruhigen. »Harvey, ich versuche nicht, Sie einzuschüchtern. Ich versuche, fair zu Ihnen zu sein.«

»Sie schüchtern mich aber ein, Dean«, sagte Weinstein.

Nun waren auch Corbett und Purdy im Raum. »Nein, Harvey, hier ist der Deal«, sagte Baquet. »Wir versuchen, Ihr Statement zu kriegen, um fair zu sein. Bitte geben Sie es uns jetzt, denn wir werden gleich veröffentlichen.«

»Ich *will* es euch ja geben«, sagte Weinstein.

»Danke«, sagte Baquet und hoffte, das Gespräch wäre damit beendet.

»Aber da ich Sie schon mal am Telefon habe: Es geht hier um meine Karriere, mein Leben«, fuhr Weinstein fort. Und dann begann er wieder, nach Paltrow zu fragen.

»*Sie ist nicht in der Story*«, sagten Baquet, Megan und Jodi fast wie aus einem Mund.

»Harvey, dieser Teil unseres Gesprächs ist abgeschlossen«, sagte Baquet. »Ich sage Ihnen, was wir jetzt tun müssen, Harvey. Sie kriegen jedes einzelne Wort, das Sie sagen möchten. Also sagen Sie es. Ich muss hier auch noch eine Zeitung leiten. Ich gehe jetzt raus. Reden Sie mit den Reporterinnen.

Geben Sie ihnen Ihr Statement. Passen Sie auf sich auf. Viel Glück.« Und damit ging er hinaus.

Eine Minute später, um 13:41 Uhr, trafen Schlag auf Schlag die Statements von Weinsteins Team ein – die letzten Puzzleteile, die noch fehlten, damit die Story veröffentlicht werden konnte.

Am Telefon hielt Weinstein immer noch Reden (»Auch, wenn es mich im Endeffekt viel kostet, Ermittlungen wie diese sind wichtig«), und Bloom beschwerte sich, das Blatt mache sich einer »fahrlässigen Missachtung der Wahrheit« schuldig und hätte vor, »einen Hetzartikel« voller »falscher Anschuldigungen« zu veröffentlichen, die schon bald ins Wanken geraten würden. Corbett und Purdy hatten sich, ohne dass es die Reporterinnen bemerkten, aus dem Raum geschlichen.

Megan, die die Statements von Weinsteins Seite durchging, entdeckte plötzlich etwas Wichtiges im Text und unterbrach das Telefonat. »Lisa, Sie sagten, Harvey braucht eine Auszeit, um sich auf dieses Problem zu konzentrieren?«

Ja, sagte Weinstein. Er werde sich eine Auszeit nehmen.

»Von … vom Unternehmen?«, fragte Megan, die sichergehen wollte, dass ihre Vermutung stimmte. Ja, sagte Weinstein, er wolle einige Zeit mit Lernen verbringen.

»Lernen und *mir* zuhören«, warf Bloom ein.

Derweil riet Weinstein Jodi und Megan, ein bisschen mehr Humor zu haben, und erzählte ihnen, er bete jeden einzelnen Tag für die *New York Times*.

Doch Megan und Jodi blickten sich verwundert an. Weinstein war drauf und dran, sich eine Auszeit von seiner Firma zu nehmen. Im Jargon des Journalismus, der Öffentlichkeitsarbeit und der Geschäftswelt hieß das nur eines: Er räumte Fehlverhalten ein. Niemand nahm sich eine Auszeit von seiner eigenen Firma, wenn er vorhatte, mit aller Kraft zu kämpfen. Plötzlich war den Reporterinnen klar, dass er die Zeitung wahrscheinlich gar nicht verklagen, ja, noch nicht einmal den Artikel groß anfechten würde.

Megan drängte ihn, mehr von seinen Plänen zu erzählen, doch er versprach, später zurückzurufen. »Wir haben die chinesische Zeitung für eine Pressekonferenz hier«, scherzte er, eine Witzelei, die sich auf seine Drohung bezog, die Story einer konkurrierenden Zeitung anzutragen.

Megan lachte laut los.

»Sie hat gelacht!«, rief Weinstein aus. »Sie haben das erste Mal gelacht«, sagte er zu Bloom. Vielleicht war das der raue Charme, den andere zu beschreiben versucht hatten. Vielleicht wollte Weinstein aber auch nur einen Augenblick lang das Gefühl haben, die Dinge wieder unter seine Kontrolle zu bringen, während ihm alles um die Ohren flog.

Es spielte keine Rolle. Megan und Jodi beendeten das Telefonat und fielen sich um den Hals, lachend und weinend zugleich vor Erleichterung, Gemeinschaftssinn und Schwesternschaft.[6]

Als die Reporterinnen den gläsernen Konferenzraum verließen, waren sie bereit loszulegen. Doch Corbett und die anderen Redakteure waren ihnen schon weit voraus. Sie hatten den Artikel bereits während des Telefonats redigiert, die Statements des Weinstein-Teams geprüft, das entscheidende Material herausgezogen, das sie verwenden wollten, und die entsprechenden Zeilen in den Text aufgenommen.

Die schriftlichen Äußerungen von Weinstein und seinen Anwälten waren insgesamt ziemlich konfus. Lisa Blooms Statement bezeichnete »viele der Vorwürfe« als »offenkundig falsch«, sagte aber nicht, welche. Weinsteins Statement enthielt ein vages Zugeständnis (»Mir wurde vor einiger Zeit klar, dass ich ein besserer Mensch werden muss ... Meine Reise wird jetzt dahin gehen, etwas über mich selbst zu lernen und meine Dämonen zu besiegen ... Ich hege großen Respekt für alle Frauen und bedauere, was geschehen ist.«) In ausufernden Passagen sprach er über seine Aktivitäten gegen die National Rifle Association und bezog sich auf nichtexistente Liedtexte von Jay-Z.

»Ich produziere gerade einen Film über unseren Präsidenten, vielleicht können wir eine gemeinsame Rücktrittsparty daraus machen.« Es war das unausgereifteste, unprofessionellste Statement, das die Journalisten jemals zu Gesicht bekommen hatten.

»Das hatte gar nichts mit Einschüchterung zu tun, ehrlich. Es war bloß ein einziges großes Gejammer«, meinte Matt Purdy später. »Er hatte eine Menge Anwälte. Er hatte eine Menge Wörter. Er hatte eine laute Stimme. Aber wir hatten die ganzen Fakten.«

Nun versammelten sich die beiden Reporterinnen und die drei Redakteure hinter Tolan, der vor dem Bildschirm mit dem Artikel saß. Alle Augen wanderten noch einmal still über die Zeilen. Die traditionelle Art und Weise, Zeitungsgeschichten zu publizieren, bestand darin, sie in die Druckerei mit ihren gigantischen Papierrollen und Unmengen an Druckerschwärze zu schicken, danach in rumpelnden Lieferwagen zu den Zeitungsständern und Kiosken zu bringen, bis sie schließlich auf einem Liegestuhl gelesen wurden. Die neue Art und Weise bestand darin, einen einzigen Knopf zu drücken.

Baquet, der kaum noch an sich halten konnte, war der Meinung, die Story könne raus. Purdy schlug vor, die sechs Journalisten sollten den Artikel ein letztes Mal gemeinsam lesen.

Sie begannen ganz oben, mit der Überschrift:

Der Artikel begann mit drei aufeinanderfolgenden Storys aus dem Peninsula Hotel. Den Reportern lagen Hinweise auf mindestens acht Vergleichsvereinbarungen vor, dazu die ganze Serie der Anschuldigungen, an deren Dokumentierung sie gearbeitet hatten, angefangen mit der jungen Assistentin in New York 1990, dann Madden in Irland. Damit konnten sie das entsetzliche Verhaltensmuster offenlegen, das sich bis 2015 fortsetzte. »Dutzende von Weinsteins ehemaligen und aktuellen Angestellten, von Assistentinnen bis hin zu Topmanagern, sagten, sie hätten während ihrer Tätigkeit für den Produzenten Kenntnis von dessen unangemessenem Verhalten gehabt. Lediglich eine Handvoll sagte, sie hätte ihn jemals deswegen zur Rede gestellt«, hieß es in dem Text. Der Artikel beschrieb, wie Frauen, die über das Erlebte gesprochen hatten, der Mund verboten oder sie zum Schweigen gebracht worden waren.

Schweigend gingen sie alle miteinander noch einmal Satz für Satz durch. Am Ende hatte niemand weitere Korrekturen oder Vorschläge. Um 14:05 Uhr, nur 24 Minuten, nachdem Team Weinstein seine Statements übersandt hatte, drückte Tolan auf den Knopf.[7]

Weinstein hatte nicht begriffen, dass der Artikel unverzüglich veröffentlicht werden würde. Er war gemeinsam mit Bloom und anderen Verteidigern in seinem Büro, wo sie ihren nächsten Schachzug planten, als ein Assistent den Kopf durch die Tür steckte. »Die Story ist draußen«, sagte er. Überall im Büro starrten die Mitarbeiter wie gebannt auf ihre Bildschirme und lasen die Neuigkeiten über ihren Boss.

In den Räumen der *Times* klingelte derweil Jodis Telefon. »Ich habe Harvey Weinstein für Sie in der Leitung«, sagte eine Telefonassistentin in routiniertem Singsang.

»Es gab in diesem Raum keinen sexuellen Übergriff auf Ashley Judd!«, brüllte Weinstein, sobald sie ihn am Ohr hatte. »Es gab keinen Polizeibericht. Das ist alles Blödsinn.«

Jodi und Megan fragten ihn, ob er Vergeltungsmaßnahmen gegen die Frauen plane, deren Namen in der Story waren. Sie wollten seine Antwort in ihren Aufzeichnungen haben.

»Es wird Vergeltung geben, ja. Aber sie wird sich gegen eure Berichterstattung richten«, sagte er. Seine Stimme klang jetzt bedrohlich, bevor er wieder in den scherzhaften Ton von vor einer Stunde umschaltete. »Mir tun die Frauen auch leid«, sagte er. »Ich bin kein Heiliger, das wissen wir alle.« Genau wie in den Statements hüpfte er auch am Telefon ständig zwischen Leugnen und Reuebekundungen hin und her. Wie die *Times* dazu käme, seine Handlungen als Belästigung aufzufassen, wollte er wissen, wo doch die Mädchen freiwillig zu ihm ins Hotelzimmer gekommen seien?

Die letzte Karte, die er ausspielte, war Selbstmitleid. »Ich bin so gut wie tot. Ich bin so gut wie tot«, sagte er. »Ich bin im freien Fall.«

Der 3300 Wörter lange Artikel löste bei The Weinstein Company eine akute Krise aus. Aus Notizen zu einem Audiomitschnitt erfuhr Megan später, dass der Verwaltungsrat innerhalb von Stunden eine Notfallsitzung per Konferenzschaltung einberief, um das weitere Vorgehen zu besprechen.

Ein aufgebrachter Bob Weinstein sowie mehrere andere Verwaltungsratmitglieder bestanden darauf, sein Bruder müsse umgehend beurlaubt werden und mit einer psychotherapeutischen Behandlung beginnen, während das Unternehmen sein Verhalten prüfen wolle. Doch Weinstein hielt dagegen, ließ es so klingen, als wäre das Statement, das er der *Times* übergeben hatte, Show ohne Inhalt gewesen. Der Verwaltungsrat sei drauf und dran, »ein vorschnelles Urteil« zu fällen. Als Vergeltungsmaßnahme werde er seine Verbindungen zu den Murdochs spielen lassen, um eine negative Story über Maerov im *Wall Street Journal* zu platzieren. Weinstein lehnte es ab, sich Ermittlungen zu unterwerfen, die »mich ins Gefängnis bringen«. Lieber verkaufe er die Firma, als hinausgeworfen zu werden. »Ich lasse mich nicht fertigmachen«, sagte er dem Verwaltungsrat.

Aber nach so vielen Jahren der getrübten Wahrnehmung und der Kompromisse hatte Bob Weinstein endlich einen klaren Blick auf seinen Bruder und darauf, was diese Story für ihn bedeutete: »Du bist am Ende, Harvey.«

In den folgenden Tagen legte ein Großteil der Verwaltungsratsmitglieder ohne öffentlichen Kommentar den Posten nieder.[8] Doch bei diesem privaten Treffen trat ihre persönliche Meinung zu Tage. Richard Koenigsberg, ein ehemaliger Steuerprüfer der Weinstein-Brüder, schlug der Unternehmensführung eine »Wanderung auf schmalem Grat« vor: »Wir befürworten sein Verhalten nicht, aber man kann uns nicht für etwas verantwortlich machen, das Harvey Weinstein vor zwanzig Jahren getan hat.« Tim Sarnoff von der Produktions- und Verleihfirma war der Auffassung, es sei unmöglich, Weinstein von dem Unternehmen Technicolor zu trennen, und infolgedessen müssten die Direktoren »Harvey schützen«. Paul Tudor Jones, ein Investor, klang gelegentlich sogar rundheraus optimistisch. Er war überzeugt, das Ganze würde bald »vergessen sein«.

Obwohl die Sache schon so weit fortgeschritten war, schienen sie mehr um das Wohlergehen des Unternehmens besorgt zu sein als um das der betroffenen Frauen. Und das war ja schon die ganze Zeit das Problem gewesen. Indem sie ihren Fokus derart auf Haftungsfragen verengten, trugen sie dazu bei, dass es größer und größer wurde und am Ende ebendas zerstörte, was sie hatten schützen wollen.

Während dieser Verwaltungsratssitzung warb Weinstein bereits mit Unterstützung von Lisa Bloom für eine Erzählung zu seinem Comeback. Sie würden die Unterstützung von nicht weniger als vierzig, fünfzig, sechzig Frauenrechtsorganisationen gewinnen.

»Es wird eine Bewegung geben«, beteuerte Weinstein.

Um 21:07 Uhr an diesem Abend schrieb Bloom eine trotzige E-Mail an den Verwaltungsrat. Ihr versöhnlicher Ton aus dem Statement für die *Times* war wie weggeblasen.

Das ist der Supergau.

Das ist der Tag, an dem die *New York Times* mit größtenteils falschen und diffamierenden Behauptungen an die Öffentlichkeit gegangen ist. Sie hat sich einer schwerwiegenden Verletzung der journalistischen Ethik schuldig gemacht. Uns wurden nur zwei Tage Zeit gegeben, um auf Dutzende von Vorwürfen zu antworten, und dann hat man auch noch abgelehnt, Informationen über Augenzeugen und Dokumente einzubinden, die viele der Behauptungen widerlegen.

Ab morgen wird es eine differenziertere Berichterstattung geben, die Ungenauigkeiten beleuchtet, darunter Fotos von einigen der angeblichen Opfer in überaus freundlichen Posen mit Harvey, und zwar nach seinem angeblichen Fehlverhalten.

Bloom hatte recht. Es gab mehr Berichte. Aber nicht so, wie sie es sich ausgemalt hatte.

Am Tag darauf, Freitag, dem 6. Oktober, gingen bei Jodi und Megan derart viele Meldungen von Frauen ein, die ihre ganz persönliche Weinstein-Geschichte erzählten, dass Corbett weitere Kolleginnen und Kollegen abstellte, die ihnen bei den Rückrufen helfen sollten. Die Psychologieprofessorin Tomi-Ann Roberts sagte, Weinstein hätte sie 1984, als sie gerade zwanzig war, gedrängt, für einen Film vorzusprechen, und sie zu einem Treffen eingeladen. Als sie angekommen wäre, hätte er nackt in der Badewanne gesessen und ihr gesagt, für eine Chance auf die Rolle müsste sie sich ausziehen. Hope Exiner d'Amore, 62, beschrieb, wie Weinstein sie in den 1970er-Jahren in einem Hotelzimmer in Buffalo vergewaltigt hätte. Die Schauspielerin Cynthia Burr sagte, Weinstein hätte sie etwa im selben Zeitraum zu Oralsex gezwungen.

Katherine Kendall sagte, Weinstein hätte ihr 1993 Drehbücher gegeben, sie zu einer Filmvorführung eingeladen und sie dann mit zu sich nach Hause genommen. Dort hätte er seine Sachen ausgezogen und sie in seinem Wohnzimmer umhergejagt. Eine andere ehemalige Schauspielerin, Dawn Dunning, sagte, dass sich Weinstein 2003 zu ihrem Mentor ernannt, ein Hoteltreffen organisiert und ihr drei Verträge für bevorstehende Projekte vorgelegt hätte. Dann sagte er ihr, sie könne alle drei Rollen haben, wenn sie auf der Stelle mit ihm und einer Assistentin einen Dreier hätte. Judith Godrèche, die französische Schauspielerin, die eine offizielle Äußerung vorher abgelehnt hatte, erzählte nun offen davon, wie er sie in ein Hotelzimmer in Cannes eingeladen hätte, um eine Oscarkampagne mit ihr zu besprechen, und sich dort an sie gedrückt und ihren Pullover hochgeschoben hätte.[9]

Jodi und Megan mussten sich mit einer Frage befassen, die ihnen nicht mal in ihren kühnsten Träumen eingefallen wäre: Wie viele Opfer Weinsteins gab es eigentlich, über die sie schreiben könnten?

Nach Veröffentlichung des *Times*-Artikels stellte auch Ronan Farrow seinen kraftvollen, detaillierten Bericht über Weinsteins Vergehen fertig.[10] Die Fernsehjournalistin Lauren Sivan erzählte Yashar Ali von der *Huffington Post*, Weinstein hätte sich ihr im Korridor eines Restaurants in den Weg gestellt, sich entblößt, masturbiert und in einen Blumentopf ejakuliert.[11]

Angelina Jolies Repräsentanten machten einem Termin mit Jodi, weil sie aussagen wolle. Rosanna Arquette äußerte sich offiziell. Und Paltrow war ebenfalls bereit, für den nächsten Artikel der *Times* Weinsteins Übergriffe während der Castings zu schildern und wie planvoll er dabei vorgegangen war – »Meetings«, Geschäftsgespräche, Assistentinnen, das Versprechen von Starruhm als Mittel, sein übergriffiges Verhalten auszuleben.

»Eine solche Behandlung von Frauen geht ab jetzt nicht mehr«, sagte sie in einem neuen Artikel, den Jodi und eine Kollegin gerade zu schreiben begannen.

Lisa Bloom hatte einen äußerst unangenehmen TV-Auftritt in *Good Morning America*, der noch peinlicher wurde, als Megan später in der Zeitung enthüllte, dass die Anwältin dem Verwaltungsrat von The Weinstein Company die Veröffentlichung von Fotos versprochen hatte, die einige der angeblichen Opfer des Produzenten zeigten, wie sie mit ihm posierten.[12] Zu diesem Zeitpunkt war Bloom bereits aus Weinsteins Team zurückgetreten, ebenso Lanny Davis. Nun machte Megan Druck. Sie wollte unbedingt mehr über das erfahren, was Weinsteins Firmen über die Anschuldigungen gegen ihn wussten und seit wann.

Die einzige Person, die von dem immer lauter werdenden

Aufruhr der Reaktionen nichts mitbekam, war Ashley Judd. Direkt vor Veröffentlichung des Artikels war sie in den Great Smoky Mountains National Park gefahren, um allein zu campen. Sie hatte dort kaum Handyempfang, sich vorgenommen, ihren Twitter-Account nicht zu checken, und ihre Repräsentanten gebeten, sich um alle eingehenden Anfragen zu kümmern. Etwa einmal pro Tag, wenn ein paar kleine Balken anzeigten, dass sie Empfang hatte, schickte sie Jodi Bilder von ruhigen, herrlich grünen Berglandschaften. Während sie durch Wälder aus Hartriegel und Magnolien wanderte, bekam sie nur sehr wenig davon mit, wie ihre Aussagen über Weinstein aufgenommen worden waren und ob die Story auch für andere etwas bedeutete.

Kapitel #8

DILEMMA AM STRAND

Die Weinstein-Story beendete das Schweigen und brachte Frauen auf der ganzen Welt dazu, mit ähnlichen Erfahrungen an die Öffentlichkeit zu gehen. Der Name *Harvey Weinstein* wurde zu einem Argument, Fehlverhalten zu thematisieren, damit es nicht jahrzehntelang ungebremst weiterging. Zu einem Beispiel dafür, wie relativ harmlose Verfehlungen zu schwerwiegenderen führen konnten. Zu einem Beleg für den zunehmenden Konsens darüber, dass es bewundernswert und nicht beschämend oder illoyal war, bei sexueller Belästigung und Missbrauch den Mund aufzumachen. Zu einer Warnung, welches Risiko ein solches Verhalten für Arbeitgeber barg. Und vor allem machte der Name ein wachsendes Einvernehmen darüber deutlich, dass Verhalten wie das von Weinstein eindeutig falsch war und nicht toleriert werden sollte.

Die Nachwirkungen ab Oktober 2017 waren anders als alles, was Jodi und Megan sich je hätten vorstellen können. In den Wochen nach der Veröffentlichung des ersten Artikels über Weinstein wurden die *Times* und andere Nachrichtenagenturen von einer überwältigenden Menge an Hinweisen förmlich überflutet – einer völlig chaotischen, alarmierenden Bilanz dessen, was Frauen in den USA und anderswo behaupteten, erlitten zu haben. Die Ermittlungen wurden zu einem Projekt der gesamten Nachrichtenbranche.

Das Team der *Times*, das sich bisher mit dem Thema sexuelle Belästigung befasst hatte, wurde erweitert und vertiefte sich in die Geschichten von Kellnerinnen, Balletttänzerinnen, Hausangestellten und Fabrikarbeiterinnen, Google-Mitarbeiterinnen, Models, Gefängniswärterinnen und vielen anderen. Als Jodi einen Hinweis zu dem Comedy-Megastar Louis C. K. erhielt, dokumentierten sie und zwei Kolleginnen die vernichtenden Berichte von fünf Frauen über sein Fehlverhalten, und er verlor nicht nur den Verleih für seinen unmittelbar vor der Premiere stehenden Film und die Unterstützung seines TV-Netzwerks, sondern auch seine Agentur, sein Management und den Pressesprecher. Konzentriert und in hohem Tempo verlief dieser Prozess: Vom ersten Hinweis bis zum Fall des Stars hatte es weniger als einen Monat gedauert.[1]

In jenem Herbst posteten Frauen aus allen Lebensbereichen #MeToo-Storys in den sozialen Medien, sie traten in neuer Solidarität und aus eigenem Antrieb an die Öffentlichkeit – ohne dass noch monatelange vertrauensbildende Maßnahmen und Überzeugungsarbeit wie bei der Weinstein-Ermittlung notwendig gewesen wären. Als Megan eines späten Abends eine Arbeitspause einlegte, um sich die Entwicklungen auf ihren eigenen Social-Media-Accounts anzusehen, brachte sie der Anblick einiger Posts von Frauen aus ihrem Bekanntenkreis zum Weinen.

Der Schlüssel zu dieser Veränderung lag in einem neuen Verantwortungsgefühl: Je mehr Frauen begannen, darauf zu vertrauen, dass ihre Geschichte zu Taten führen würden, umso zahlreicher traten sie an die Öffentlichkeit. Der Umfang dieser Geschichten und der Schmerz, der in ihnen zum Ausdruck kam, zeigte das Ausmaß des Problems und wie es ganze Leben auf den Kopf gestellt und Fortschritte am

Arbeitsplatz beeinträchtigt hatte. Unternehmen und andere Institutionen ermittelten gegen ihre eigenen Führungskräfte und feuerten sie. Diese Konsequenzen – das Versprechen, dass es zu Taten führen konnte, wenn man die Wahrheit aussprach – überzeugten noch mehr Frauen, sich öffentlich zu äußern.

In den Parlamenten der Bundesstaaten gab es aufgrund von lange unter den Teppich gekehrten Beschuldigungen regelrechte Aufstände. Schwärme von Protestierenden zogen durch die Straßen Stockholms. Der britische Verteidigungsminister trat zurück. Männer, deren Macht bis dato unantastbar erschienen war, verloren von einem auf den anderen Tag ihre Jobs: die TV-Moderatoren Charlie Rose und Matt Lauer, Spitzenkoch Mario Batali. Der Konsens, dass alle möglichen Verhaltensweisen, die man bislang toleriert hatte, falsch waren, wuchs: sexuelle Avancen von Seiten des Chefs, eine Unternehmenspolitik der Zwangsschlichtung, mittels derer sexuelle Belästigung und Missbrauch geheim gehalten wurden, sogar kleine Ausrutscher wie BH-Schnipsen auf Schulkorridoren oder das Lachen über Filmszenen, in denen Mädchen Zielscheibe eroberungswütiger männlicher Helden wurden. Vieles stand plötzlich in Frage. Diese Abrechnung und das Gefühl rapide sich verschiebender Sozialstandards schienen zu belegen, dass Fortschritt wohl doch möglich war, sogar in Zeiten, in denen die Kommunikation zwischen den Demokraten und den Republikanern vollständig zusammengebrochen war und die beiden Parteien zu allen Themen eine gegensätzliche Haltung einnahmen.

In den ersten paar Monaten nach der Enthüllung von Weinsteins Fehlverhalten ging die Abrechnung größtenteils über die Parteigrenzen hinweg: Republikaner stürzten ebenso wie Demokraten. Die Verstöße waren universell und zwangen viele Menschen dazu, in sich zu gehen. Es fühlte sich an, als wehe ein frischer Wind den deprimierenden alten Standard fort, der die öffentlichen Debatten um die Beschuldigungen gegen Clarence Thomas, Bill Clinton und Donald Trump beherrscht hatte. Stets waren die Meinungen von der Parteizugehörigkeit bestimmt gewesen und hatten eher heiligen Kriegen als einer wahrhaftigen moralischen Rechenschaftslegung geähnelt.

Doch auch Präsident Trumps Umgang mit Frauen wurde erneut zum Gesprächsthema, und zwar auf unerwartete Weise. *Times*-Leserinnen und -Leser wandten sich mit der Frage an Megan, ob er denn jetzt aufgrund der Vorwürfe wegen sexuellen Fehlverhaltens im Jahr 2016 zur Rechenschaft gezogen würde und ob es noch weitere Frauen gäbe, die neue Anschuldigungen erhoben. Eine solche Entwicklung war nicht wahrscheinlich. Stattdessen verfolgte Megan im Stillen eine andere Spur. Sie besuchte eine Preisverleihung der Pornobranche in Los Angeles, auf der Suche nach einer Frau namens Stormy Daniels.[2] Megan gehörte zu jenen Journalisten, die versuchten, die Puzzleteile zu einem geheimen Vergleich zusammenzusetzen: Trump sollte während der Präsidentschaftskampagne Geld an Daniels gezahlt haben, damit diese ihre Behauptung, sie hätte eine Affäre mit ihm gehabt, nicht an die Öffentlichkeit brachte. Megan staunte, dass diese obskuren rechtlichen Mittel nun im Zentrum der öffentlichen Aufmerksamkeit standen; in Trumps Fall konnte es sich dabei sogar um eine Verletzung der Gesetze zur Wahlkampffinanzierung handeln. Kalifornien gehörte zu den Bundesstaaten, die an neuen Gesetzen arbeiteten, um Geheimhaltungsklauseln aus Vergleichen aufzuheben, die sexuelle Belästigung betrafen.

Die Storys über Trump und Weinstein liefen noch in weiteren Punkten zusammen: Es kam heraus, dass beide Männer das im Verlagswesen tätige Unternehmen American Media Inc., Mutterkonzern der Illustrierten *National Enquirer*, genutzt hatten, um Frauengeschichten zu deckeln, die ihnen schaden konnten. American Media Inc. hatte 2016 noch einen weiteren Bericht über eine Affäre Trumps gekauft und dann verschwinden lassen. Etwa um dieselbe Zeit hatte eine der Führungskräfte des Unternehmens einen Reporter angewiesen, die Vergangenheit von Weinsteins mutmaßlichen Opfern nach dunklen Flecken zu durchleuchten.[3]

Unendlich viel kam plötzlich ans Tageslicht, und unendlich viele Menschen stellten die Frage: Was war tatsächlich in der Vergangenheit vorgefallen? Was war verdeckt worden? Und wer trug Verantwortung?

Ende Mai 2018, sieben Monate, nachdem sie ihre erste Story zu Weinsteins mutmaßlichen Vergehen veröffentlicht hatten, saßen Jodi und Megan in einem Gerichtssaal in Manhattan. Sie warteten auf Weinstein, der den ganzen Vormittag in einer nahegelegenen Polizeiwache verbracht hatte, wo man seine Personalien feststellte, seine Fingerabdrücke nahm und eine Reihe erkennungsdienstlicher Fotos machte.

Zu diesem Zeitpunkt hatte der Produzent bereits seinen Job und seinen guten Ruf verloren. Doch an diesem Tag würde er endgültig zur Rechenschaft gezogen werden. Er stand nach einer Reihe anderer, alltäglicher Rechtsfälle als Angeklagter auf der Prozessliste. Vor dem Gerichtsgebäude warteten in langen Reihen die Kamerateams, was auf seltsame Weise an die roten Teppiche erinnerte, über die er viele Jahre geschritten war.

Aber jetzt waren die Gitterstäbe einer Gefängniszelle in greifbarer Nähe, und Weinstein betrat den Gerichtssaal mit zerknirschter Miene. In Handschellen – wegen seines Körperumfangs waren die Hände mit drei Paar hinter dem Rücken fixiert – wurde er von zwei Ermittlern, darunter eine Frau, in den Saal geführt. Der Richter eröffnete die Anhörung, und die Staatsanwältin zählte mit eindringlicher Stimme die Anklagepunkte auf: »Euer Ehren, dem vor diesem Gericht erschienenen Angeklagten werden zwei Gewaltdelikte zur Last gelegt. Es handelt sich um voneinander unabhängige gewaltsame Übergriffe.« Binnen weniger Minuten wurde Weinstein kurz und knapp zweier Sexualverbrechen an Frauen beschuldigt: ein Opfer habe er vergewaltigt, ein weiteres in einem kriminellen sexuellen Akt zu oralem Sex gezwungen. Mit der Übergabe seines Passes gab er seine bürgerlichen Freiheiten ab und hinterlegte anschließend eine Kaution in Höhe von einer Million Dollar.

Den Ausgang des Prozesses vorherzusehen war unmöglich. Wegen sexueller Belästigung konnte Weinstein nicht vor ein Strafgericht gestellt werden, denn dabei handelte es sich um einen zivilrechtlichen Verstoß, und obwohl viele Frauen Zivilklage gegen ihn eingereicht hatten, war unklar, wie diese ausgehen würden. Einige der schwerwiegendsten Anschuldigungen wegen krimineller Handlungen gegen den Produzenten waren an diesem Tag nicht Teil der Anhörung und würden nie vor Gericht kommen, weil sie nach den Gesetzen des Bundesstaates New York verjährt waren. Andere mutmaßliche Opfer hatten sich bislang nicht zu einer Zusammenarbeit mit den Behörden entschließen können, weil sie sich entweder selbst schützen wollten oder die Chancen für eine Verurteilung als zu gering einschätzten. Jodi und Megan hatten die beiden Frauen, die hinter den Anklagepunkten des Tages standen, nicht überprüft; sie gehörten zu den vielen, die sich erst nach der Veröffentlichung ihrer ersten Story öffentlich geäußert hatten, und eine von ihnen war Jodi und Megan nicht einmal dem Namen nach bekannt. (Später ließen die Staatsanwälte eine Reihe von Anklagepunkten von einer der beiden Klägerinnen fallen, ersetzten diese aber durch eine Reihe neuer Anklagepunkte, die in Verbindung mit einem dritten mutmaßlichen Opfer standen.) Die Verfolgung von Sexualstraftaten war mit den allseits bekannten Schwierigkeiten behaftet, und Weinsteins Verteidiger sagte, er sei überzeugt, sein Mandant werde von allen Vorwürfen freigesprochen.

Doch immerhin hatten die Staatsanwälte nach fast fünfzig Jahren mutmaßlicher Vergehen Weinstein überhaupt erst einmal auf der Anklagebank. »Jetzt macht er all das durch, was er anderen angetan hat«, so Cynthia Burr, die Weinstein beschuldigte, sie in den 1970er-Jahren zu Oralsex gezwungen zu haben, gegenüber der *Times*.[4] »Die Erniedrigung, das Gefühl, wertlos zu sein, Angst, Schwäche, Einsamkeit, Verlust, Leid und Scham. Und das ist erst der Anfang.«

In den letzten Momenten seines Tages vor Gericht legte man Weinstein eine sperrige elektronische Fußfessel an, um überwachen zu können, wo er sich aufhielt. Er protestierte, fügte sich aber am Ende: Welche Wahl hätte er auch gehabt? Beim Verlassen des Gerichtssaals wirkte er benommen, als hätte er noch nicht so ganz begriffen, wie ihm geschah.

Während es langsam Sommer wurde, konzentrierten sich Jodi und Megan auf eine neue Frage: Wie viel veränderte sich tatsächlich, und war es zu viel oder bei weitem noch nicht genug?

Die ungeschriebenen Gesetze, die bisher für Sex und Macht gegolten hatten, waren teilweise wie weggefegt, doch war nicht klar, was an deren Stelle treten würde oder sollte. Es fanden hitzige Debatten statt, und es herrschte Uneinigkeit über die Frage, welches Verhalten auf den Prüfstand gehörte, woher man wissen sollte, was man glauben konnte, und wie eine Rechenschaftspflicht aussehen sollte. Jahre zuvor hatte Tarana Burke die #MeToo-Bewegung gestartet, um Mitgefühl und Heilung für Opfer sexueller Gewalt zu fördern, doch musste dieses Label nun als vager Sammelbegriff für unzählige Beschwerden herhalten, von verbalen Übergriffen bis hin zu unangenehmen Verabredungen, von denen viele längst nicht so klar definiert waren wie etwa Verfehlungen am Arbeitsplatz oder kriminelle Übergriffe. Im selben Jahr hatte das Online-Magazin babe.net einen Artikel veröffentlicht, in dem der Comedian Aziz Ansari beschuldigt wurde, sich in einer privaten romantischen Situation danebenbenommen zu haben. Allerdings ließ sich kaum sagen, ob es sich lediglich um Übereifer und Ahnungslosigkeit oder um Schlimmeres gehandelt hatte.

Die Story beruhte auf einem einzelnen, von einer anonymen Anklägerin berichteten Vorfall und zeigte ein weiteres Dilemma auf: Zwar wurden weiterhin vielerorts Enthüllungsgeschichten öffentlich gemacht, die auf sorgfältigen Ermittlungen und offiziellen Erlebnisberichten beruhten, daneben gab es aber auch zahlreiche wesentlich unseriösere Storys, die sich auf ungenannte Quellen beriefen. Wenn sie erst einmal in der Welt waren, zogen diese Geschichten in manchen Fällen weitere Beschuldigungen nach sich oder brachten neue Belege für Fehlverhalten ans Licht. Andere dagegen wirkten eher dünn und tendenziös und warfen die Frage auf, ob mit den Beschuldigten wirklich fair umgegangen wurde. Dazu gehörten auch Vorwürfe, die ohne jede Absicherung der Fakten und ohne den Betroffenen eine Möglichkeit zu einer Erwiderung einzuräumen, in den sozialen Medien erhoben wurden.

»Glaubt den Frauen« wurde in diesen Tagen zu einem beliebten Schlagwort. Jodi und Megan hatten großes Verständnis für die Stimmung, aus der dieses Gebot entstanden war: Sie hatten schließlich alles getan, was in ihren Kräften stand, um Geschichten von Frauen an die Öffentlichkeit zu bekommen. Doch Journalisten hatten die Pflicht, Informationen zu hinterfragen, zu prüfen und genau unter die Lupe zu nehmen. (Ein ehemaliger Redakteur von Megan hatte an seinem Schreibtisch ein Schild mit der Aufschrift: WENN DEINE MUTTER SAGT, DASS SIE DICH LIEBT, DANN PRÜF DAS.) Die Weinstein-Story hatte Auswirkungen, weil sie etwas erreicht hatte, das 2018 selten und kostbar war: einen breiten Konsens über die Fakten.

Rechenschaftspflicht konnte man zwar leicht verlangen, in manchen Fällen war sie jedoch kaum zu bestimmen. So waren sich die Demokraten uneins im Fall des Senators Al Franken aus Minnesota, der im Januar aufgrund einer ganzen Reihe von Vorfällen zurücktrat, von denen die meisten aus der Zeit vor seinem Amtsantritt stammten.[5] Manche der Beschuldigungen betrafen erzwungene Küsse, andere wiederum klangen eher nach scherzhaften Gesten, die wohl auf seinen Comedy-Background zurückzuführen waren. Wegen der Lehren, die The Weinstein Company aus ihrem Nichthandeln gezogen hatte, übertrieben es viele Unternehmen und führten eine Null-Toleranz-Politik ein. Aber wofür: eine unwillkommene Hand auf einem Rücken? Einen vereinzelten betrunkenen Kommentar auf einer Weihnachtsfeier? Mehr und mehr Kritiker beklagten sich, jetzt würden die Männer zu den Opfern.

Selbst Weinsteins damaliger Anwalt Benjamin Brafman

griff die Kritik auf. Im Juni, also einen Monat nach der öffentlichen Anhörung von Weinstein, gab Brafman ein Radiointerview, in dem er das aufkommende Gefühl dieses Missstands zur Sprache brachte. Er behauptete, die Vorwürfe gegen Weinstein seien nur ein weiterer Ausdruck dafür, wie die #MeToo-Bewegung zu einer Hexenjagd mutiere, zu einer moralischen Panikmache im großen Stil. Weil Frauen überzogene Ansprüche stellten, »schießt die Bewegung derartig übers Ziel hinaus«, dass sie »einen Teil ihrer Glaubwürdigkeit« verloren habe und so extreme Züge annehme, dass Arbeitskollegen inzwischen Angst hätten, »einer attraktiven Mitarbeiterin« zu sagen, »dass sie toll angezogen ist«. Statt die Beschwerden gegen Weinstein in ihrer erdrückenden Schwere zu thematisieren, nutzte er die überspanntesten Vorwürfe von #MeToo dazu, Zweifel zu streuen.[6]

Während einerseits der Rückschlag Fahrt aufnahm, argumentierten andere, der Wandel sei bei weitem noch nicht tiefgreifend genug. Zwar änderten sich soziale Einstellungen, und fast täglich gab es Schlagzeilen mit dramatischen Anschuldigungen, doch im Grunde waren die wesentlichen Elemente dieselben. Die Gesetze im Zusammenhang mit sexueller Belästigung waren immer noch überholt, wurden nur punktuell verschärft und, bis auf einige Überarbeitungen in wenigen Bundesstaaten, schien es nicht so, als würde sich in absehbarer Zeit etwas daran ändern. Nach wie vor wurden geheime Vergleiche geschlossen – den Aussagen einiger Anwälte zufolge fielen die Abfindungssummen sogar höher aus denn je – und ermöglichten es den Belästigern, unerkannt zu bleiben. Ethnische Herkunft und Klassenzugehörigkeit hatten oft einen erheblichen Einfluss darauf, wie die einzelnen Fälle behandelt wurden.

Jodi berichtete über einkommensschwache Arbeitnehmerinnen, deren Erfahrungen nahelegten, dass sich strukturell nur wenig geändert hatte. Die meisten der Arbeitgeber – von Walmart bis Subway –, die sie kontaktierte, hielten ihre traditionellen, seit langem praktizierten Regelungen für angemessen. Viele der Arbeitnehmerinnen, mit denen sie sprach, waren dagegen aufgerüttelt und erbost: Sie hatten zugesehen, wie die Schauspielerinnen an die Öffentlichkeit gingen, und fühlten sich aufgrund ähnlicher Erfahrungen mit diesen entfernten Berühmtheiten verbunden. Zugleich aber fragten sie sich, ob sie selbst eigentlich auch irgendeine Möglichkeit hätten, das Problem zu thematisieren.

Kim Lawson, eine fünfundzwanzig Jahre alte Mitarbeiterin bei McDonald's in Kansas City, Missouri, erzählte Jodi, sie wäre bei zwei Gelegenheiten sexuell belästigt worden. Das erste Mal um 2015 in der heruntergewirtschafteten Einzimmerwohnung, die sie mit ihrer kleinen Tochter teilte. Ihr Vermieter hatte sie wiederholt angebaggert, und als sie ihm eine Abfuhr erteilte, viermal die Miete erhöht, bis sie sie nicht mehr bezahlen konnte. Ohne ein Dach über dem Kopf hatte Lawson ihre kleine Tochter Faith widerstrebend ihrer Mutter anvertraut, die vier Stunden entfernt wohnte.

Einige Monate, bevor sie obdachlos wurde, hatte sie es geschafft, einen neuen Job bei McDonald's zu ergattern. Doch bald, nachdem sie dort angefangen hätte, wäre sie bereits ähnlichen Nachstellungen ausgesetzt gewesen: Ein Kollege stellte sich ständig so dicht neben sie, dass sie, immer wenn sie sich umdrehte, unweigerlich mit ihm zusammenstieß. Sie hatte den Filialleiter gebeten, den Mann zu verwarnen, aber er hörte nicht damit auf. Bald begann auch einer der Schichtleiter, sie mit Kommentaren zu belästigen wie »Du bist ein echtes Sahneschnittchen« und »Du solltest deinen Freund verlassen«. Lawson hatte weder gewusst, welche Möglichkeiten oder Rekursansprüche sie im Fall des Vermieters gehabt hätte, noch war ihr, als sie mit Jodi sprach, klar, wie sie mit ihrem aktuellen Problem am Arbeitsplatz umgehen sollte. Soweit sie wusste, gab es bei McDonald's keinerlei Schulungen zum Thema sexuelle Belästigung am Arbeitsplatz. (Die gab es wohl, aber Vertreter des Unternehmens gaben später zu, dass sie viele Angestellte gar nicht erreichten.) Lawson wusste nicht, wie sie irgendjemanden beim Mutterkonzern hätte erreichen und um Hilfe bitten sollen, und hegte außerdem die Befürchtung, dass ein solcher Schritt Vergeltungsmaßnahmen nach sich ziehen würde.

»Ich habe keine Nummer, die ich anrufen könnte«, sagte Lawson zu Jodi. »Ich weiß nicht, ob da irgendwo jemand ist, den ich ansprechen kann.«[7]

Derlei Fragen – An wen kann ich mich wenden? Wie ist das Procedere? – bekamen Jodi und Megan von zahlreichen Frauen aus allen Gesellschaftsschichten zu hören. Die Handynummern und E-Mail-Adressen der Reporterinnen waren im Umlauf, und tagtäglich wurden sie von Frauen kontaktiert, die ihnen ihre Erfahrungen mit Belästigung und Gewalt und ihr stilles Leid schilderten. In unbehaglichen Telefongesprächen wurden sie von Anruferinnen gebeten, ihren jeweiligen Fall zu untersuchen; wenn die beiden etwas darüber schrieben, könnte das doch sicher irgendeine Form von Gerechtigkeit herstellen.

Aber es gab viel zu viele mutmaßliche Opfer von Weinstein und zu viele andere Belästiger, als dass man über alle hätte schreiben können. Die Reporterinnen rangen um Worte, versuchten zu erklären, die Zeitung werde von solchen Geschichten geradezu überrollt, es könne nicht alles berichtet werden, und selbst die mächtigsten Druckschriften des Landes seien nicht imstande, die Last dieser Abrechnung allein zu tragen. Journalisten wären in die Bresche gesprungen, als das System scheiterte, doch das könne keine dauerhafte Lösung sein.

In gewisser Hinsicht sagten diejenigen, die das Gefühl hatten, dass #MeToo nicht weit genug gegangen war, und die, denen die Bewegung zu weit ging, dasselbe: Es mangelte nicht nur an einem sich fortentwickelnden Umgang damit, sondern auch an klaren Regeln. Die Öffentlichkeit war sich nicht über die genaue Bedeutung von Begriffen wie *Belästigung* oder *Nötigung* einig, und schon gar nicht darüber, wie Unternehmen oder Ausbildungseinrichtungen sie untersuchen oder bestrafen sollten. Alle – von Führungskräften der Unternehmen bis hin zu Freunden, die zusammen eine Bar besuchten – schienen darum zu ringen, neue Umgangsformen für sich zu erarbeiten. Das sorgte zwar einerseits für interessante Gespräche, andererseits aber auch für allgemeines Chaos. Es war nicht klar, wie das Land sich je auf effektive neue Standards einigen oder die ungeheure Flut der ausstehenden Beschwerden bewältigen sollte.

Stattdessen verstärkte sich auf beiden Seiten zunehmend das Gefühl, unfair behandelt zu werden.

An einem Samstagnachmittag Anfang August erhielt Jodi eine Eilnachricht. Die Anwältin Debra Katz, deren Spezialgebiete sexuelle Belästigung, Probleme am Arbeitsplatz und Whistleblowing waren, wollte unverzüglich mit ihr sprechen.[8] Nein, es hatte nicht noch eine Stunde Zeit.

Katz war für Jodi schon seit langem eine Quelle, wenn es um juristische Beratung ging. Sie zitierte sie in ihren Artikeln und hatte mit ihr über Irwin Reiter gesprochen, der inzwischen zu Katz' Mandanten gehörte. Als Jodi diesmal ihre Nummer wählte, antwortete Katz in einem Tonfall von »Es ist kompliziert«. Sie wollte über eine neue Mandantin sprechen, womöglich eine neue Story. Doch sei das alles streng vertraulich, sagte sie.

Erst wenige Tage zuvor hatte sie das Mandat für eine Frau übernommen, die behauptete, von Brett Kavanaugh, dem von Trump für den Supreme Court nominierten Richter, angegriffen worden zu sein. Die beiden waren in Maryland auf derselben Highschool gewesen. Katz' Mandantin zufolge hatte Kavanaugh in betrunkenem Zustand auf einer Party sie mit Hilfe eines Freundes in ein Schlafzimmer gedrängt, die Tür abgeschlossen, sie festgehalten, sich an ihr gerieben und ihr, als sie versuchte zu schreien, den Mund zugehalten. Laut eigener Aussage wäre es der Mandantin zwar gelungen, sich zu befreien, aber sie hätte seit diesem Zwischenfall mit Ängsten und Beklemmungen zu kämpfen, so Katz.

Es gebe nicht allzu viele Belege, mit denen sich der Vorwurf der mutmaßlichen Nötigung erhärten ließe, meinte die Anwältin. Die Frau hätte damals niemandem davon erzählt. Erst in den letzten Jahren hätte sie sich ihrem Ehemann und einigen Freunden anvertraut – und sie seien noch dabei zu sortieren, wem genau. Außerdem hatte sie Therapeuten davon erzählt. Manche Einzelheiten waren verblasst: Sie wusste nicht mehr genau, wann es passiert war, und konnte sich auch an einige andere Details nicht mehr erinnern. Einen von Katz organisierten Lügendetektortest hatte sie bereits bestanden, und sie schien sich innerlich darauf vorzubereiten, ihre Geschichte einem größeren Kreis zu erzählen.

Noch nie hatte die Rechtsanwältin so besorgt geklungen. Sie beschrieb ihre Mandantin als Wissenschaftlerin, die sorgfältig und genau war und keinen Grund hatte, sich so etwas auszudenken. Allerdings, so fuhr sie fort, verfüge diese Frau nicht über die Art von Schutzschild, den man sich zulegte, wenn man in der Öffentlichkeit stand. Sie hatte die ernsthafte Absicht, ihre Geschichte einfach mitzuteilen, und schien sich nicht darüber im Klaren zu sein, wie sehr das Ganze ihr, ihrer Familie und ihrem Leben zusetzen konnte. Einige Wochen, bevor sie sich an Katz wandte, hatte die Frau einen Brief an eine Abgeordnete geschrieben und ihre Geschichte geschildert. Es bestehe die Gefahr, dass das Dokument an die Öffentlichkeit gerate, sagte Katz. Falls das geschehe, befürchte sie landesweite Reaktionen.

Katz hatte aus zwei Gründen angerufen. Zum einen wollte sie der *Times* empfehlen, Kavanaughs Umgang mit Frauen unter die Lupe zu nehmen und zu prüfen, ob ein erkennbares Fehlverhaltensmuster vorlag.

Außerdem stellte sie in Aussicht, ihre Mandantin würde ihre Geschichte eventuell Jodi und Megan (in den Räumen der *Times*) erzählen, um zu verhindern, dass sie an die Öffentlichkeit durchsickerte. Ihre Mandantin hätte der *Washington Post* einen Hinweis geschickt und dort mit einer Reporterin gesprochen, doch sei nicht klar, ob das Blatt auf die Sache anspringen werde.

Jodi schlug als ersten Schritt ein vertrauliches Gespräch zwischen ihr und Katz' Mandantin vor, um die Geschichte aus erster Hand zu erfahren. Die Anwältin stimmte zu, warnte aber zugleich: Versuch nicht, die Identität der Frau herauszufinden oder etwa vor ihrer Tür aufzutauchen. Sie hat Angst, und Überraschungsmanöver würden garantiert nach hinten losgehen.

Kaum hatte Jodi das Gespräch beendet, textete sie Corbett und Megan: »Muss sofort mit euch sprechen. Kavanaugh, Nötigung.«

Mit dieser allerersten, noch namenlosen Skizzierung des Falles hatte Katz einige der kompliziertesten und bis dato ungelösten Themen der #MeToo-Debatte heraufbeschworen. Das Dilemma, wie mit schmerzhaften Vorkommnissen aus der Vergangenheit umzugehen wäre. Die Schwierigkeit, faire Abläufe zu organisieren, also Klägerinnen die Möglichkeit einzuräumen, ihre Beschwerden vorzutragen, und Beschuldigten die Möglichkeit, sich dazu zu äußern. Die Debatten zur Rechenschaftspflicht: Falls die Geschichte dieser Frau stimmte – sollten dann Jobanwärter auf der Grundlage von etwas bewertet werden, das sie in Highschool-Zeiten getan hatten?

Hätte ein Schriftsteller nach einem Romanszenario gesucht, das die Aufregung um #MeToo in ihrer Gänze erfasste, hätte er nur schwerlich eines finden können, das mehr Zündstoff bot. Der Mangel an Beweismaterial aus der Zeit der mutmaßlichen Nötigung bedeutete, dass die Fakten wahrscheinlich strittig sein würden. Falls Katz' Mandantin ihre Beschuldigung öffentlich machte, würden einige Leute Kavanaughs mutmaßliche Tat als schweren Angriff, ja, als kriminelles Vergehen bewerten, andere sie eher als Kavaliersdelikt abtun und sagen, so was käme in betrunkenem Zustand schon mal vor. Kavanaugh war zu der Zeit, als sich der Vorfall ereignete, ein Teenager auf einer privaten Party gewesen, die Dinge lagen in diesem Fall also anders als bei den Arbeitsplatzbeschwerden, die im Zentrum der Weinstein-Ermittlung standen. Doch zugleich beschrieb Katz' Mandantin ein Verhalten, das relevant sein konnte, denn immerhin stand der Mann für einen der einflussreichsten Jobs des Lands zur Debatte, wo er für weitreichende Entscheidungen, die auch das Leben von Frauen und Mädchen betreffen konnten, mitverantwortlich wäre.

Käme diese Beschuldigung an die Öffentlichkeit, konnte es ähnlich enden wie bei Anita Hills Zeugenaussage 1991 während der Senatsanhörungen im Zusammenhang mit der Berufung von Clarence Thomas zum Obersten Richter. Und noch dazu würde sich alles in Trumps Washington abspielen, wo sich der Swing Justice im Supreme Court Anthony McLeod Kennedy in den Ruhestand zurückgezogen hatte. Zu einer Zeit, in der die Demokraten wütend auf die Republikaner waren, da diese Präsident Obama seinen letzten Kandidaten für das freigewordene Amt verwehrt hatten, und zwar im Rahmen eines Nominierungsprozesses, der schon lange vor Trumps Wahl zum Präsidenten vollständig politisiert worden war. Brett Kavanaugh könnte als einer der Obersten Richter über Abtreibung mitbestimmen, vielleicht das umstrittenste Thema in einem ohnehin tief gespaltenen Land. Da sich die Zwischenwahlen näherten, konnte das Ganze tiefgreifende politische Konsequenzen haben, falls die Frau an die Öffentlichkeit gehen sollte.

Corbett gab den Hinweis im Stillen an verschiedene Redakteure der Zeitung weiter. Was Kavanaughs Interaktionen mit Frauen betraf, hatten Reporter bereits Recherchen angestellt, doch bat sie nun eine kleine Gruppe, sich noch stärker darauf zu konzentrieren und sich auf die Möglichkeit vorzubereiten, dass jederzeit eine Beschuldigung auftauchen konnte.

Ihr Name war Christine Blasey Ford.[9] Zu diesem Zeitpunkt, im Frühsommer 2018, war sie eine angesehene Wissenschaftlerin, unabhängige Denkerin und Mutter zweier Söhne, die sich nicht besonders für die #MeToo-Debatte und ihre Neuigkeiten interessierte. Sie war davon ausgegangen, dass es in den folgenden Monaten vor allem eine Menge Kontroversen wegen eines Papiers geben würde, in dem es um die antidepressive Wirkung des Arzneistoffes Ketamin ging, das sie und ihre Kollegen gerade veröffentlichen wollten.

Washington D.C. kam in ihrem Leben nur als Ort vor, mit dem sie nichts zu tun haben wollte. Sie war in denselben adretten, privilegierten Vorstadtkreisen aufgewachsen wie Kavanaugh. In ihren Zwanzigern war sie jedoch aus dieser Welt nach Kalifornien geflüchtet, um sich voll und ganz der Hirnforschung zu widmen. Inzwischen einundfünfzig Jahre alt, war sie Psychologieprofessorin und Biostatistikerin in einem aus Palo-Alto- und Stanford-Professoren bestehenden Konsortium. Twitter war unbekanntes Terrain für sie. Sie engagierte sich gelegentlich für die Demokraten und hatte ab und an ein paar Wahlkampfspenden geleistet, darunter eine an Bernie Sanders, ansonsten aber wenig Sinn für die Unberechenbarkeit und Härte der innerstaatlichen Politik. Wie ihre Kollegen verfasste Ford ihre Schriften in einer hochwissenschaftlichen, für die meisten Menschen unverständlichen Sprache. Ihr Name war in Studien zu den Themen Trauma, Depression und Resilienz erschienen; die Erinnerungen an den von ihr beschriebenen Übergriff hatten dagegen nie im Vordergrund oder Zentrum ihres Lebens gestanden.

Sie hatte kaum wieder etwas von Kavanaugh gehört, bis sie 2012 zufällig im Internet las, dass George W. Bush an seiner Hochzeit teilgenommen hätte. Da war ihr zum ersten Mal klargeworden, wie weit es Kavanaugh in seiner juristischen Laufbahn gebracht hatte. Für Absolventen ihrer Highschool war es nicht weiter ungewöhnlich, in eine prestigeträchtige Position vorzurücken. »In diesem Augenblick dachte ich: ›Ob sie ihn wohl für den Supreme Court nominieren werden?‹«, erinnerte sie sich später in einem Interview.

Im gleichen Jahr hatten sie und ihr Mann Russell Ford aufgrund von Kommunikationsproblemen und zur Lösung von Streitigkeiten, die seit der Umgestaltung ihres Hauses in Palo Alto bestanden, eine Paarberatung aufgesucht. Ford hatte darauf bestanden, eine zweite Haustür einzubauen, weil sie sich ohne diese wie in einer Falle fühlte, und damit ihren Mann zur Verzweiflung gebracht. Auf Drängen des Therapeuten erzählte Ford ihrem Mann nun zum ersten Mal, dass sie während der Highschool in einen Raum eingeschlossen und von einem Jungen festgehalten und belästigt worden war, während ein weiterer Junge zusah. Aus diesem Grund bräuchte sie mehrere Fluchtwege.

»Sie sagte, am Ende hätte sie es geschafft, noch vor der eigentlichen Vergewaltigung zu entkommen, aber die Erfahrung wäre sehr traumatisch gewesen, weil sie keine Kontrolle über die Situation und keine Gewalt über den eigenen Körper mehr gehabt hätte«, schrieb Russell Ford später in einer eidesstattlichen Erklärung.[10] »Ich erinnere mich, wie sie sagte, dass der Name des Angreifers Brett Kavanaugh war, dass er ein erfolgreicher Jurist, aufgewachsen in Christines Heimatstadt und inzwischen sehr bekannt in der Community von Washington D.C. war.«

Durch die psychotherapeutische Beratung war Ford sich viel bewusster darüber geworden, wie sehr sie mit den Auswirkungen des Vorfalls zu kämpfen hatte, welch heftige Ängste beengte Räume bei ihr auslösen konnten und wie oft sie angesichts von Konflikten den Drang verspürte zu fliehen. Mit den Jahren hatte sie ihre Geschichte verschiedenen Therapeuten erzählt, darunter ein Spezialist für Posttraumatische Belastungsstörungen (PTBS), sowie einigen Leuten im engeren Freundeskreis.

Im Frühjahr 2016 war Brock Turner zu sechs Monaten Haft und drei Jahren Bewährung verurteilt worden. Dem Stanford-Studenten wurde zur Last gelegt, sich an einer bewusstlosen Frau auf dem Campus sexuell vergangen zu haben. Kritiker betrachteten das Urteil als Scheitern der Justiz.

Zu dieser Zeit sahen Ford und Keith Koegler, ein Freund, eines Tages ihren Söhnen gemeinsam beim Sport zu, als sie sich plötzlich zu ihm umdrehte und ihre Wut über das gerade ergangene Urteil äußerte. Ford erzählte Koegler, auch sie wäre als Teenagerin Opfer eines sexuellen Übergriffs geworden, und zwar durch jemanden, der jetzt Bundesrichter sei. »Ich habe sie nicht gedrängt, mehr zu sagen, teils, weil die Jungs da herumrannten, teils, weil ihr Gesichtsausdruck mich daran hinderte«, sagte Koegler in einem Interview. »Mir fehlte der Kontext, ich hatte keine Ahnung, um wen es sich handelte.«

In jenem Herbst hatten Ford das *Access-Hollywood*-Tape und Trumps primitive Kommentare erschüttert, aber sie hatte die Geschichten der Frauen, die den Präsidentschaftskandidaten beschuldigten, nicht mitverfolgt. Einige Monate später nahm sie zwar am Women's March in San José teil, bei dem andere Frauen aus Protest gegen sexuelle Gewalt pinkfarbene Mützen trugen. Stärker involviert fühlte sie sich jedoch auf einer anderen Demonstration im selben Jahr, bei der gegen die Kürzung staatlicher Forschungsgelder protestiert wurde. Sie und ihre Freunde trugen dort graue Strickmützen, als Symbol für die grauen Zellen im Gehirn. Nach der Weinstein-Story hatte sie in den sozialen Medien nur »#metoo« geschrieben und es dabei belassen.

Doch als im Juni 2018 Trumps Liste der engeren Kandidaten für den Supreme Court kursierte, auf der auch Kavanaughs Name stand, schrieb sie ihrem Freund Koegler eine E-Mail, in der sie ihr Unbehagen ausdrückte:

Der Favorit für SCOTUS ist der Idiot, der mich in der Highschool angegriffen hat. Er ist in meinem Alter, das heißt, er wird für den Rest meines Lebens Oberster Richter sein. ☹

Koegler schrieb zurück:

Ich erinnere mich, dass du mir von ihm erzählt hast, aber ich weiß seinen Namen nicht mehr. Macht es dir was aus, ihn mir zu sagen, damit ich was über ihn lesen kann?

»Brett Kavanaugh«, antwortete Ford.

Je näher der Nationalfeiertag am 4. Juli rückte, desto stärker wurde sie von Panik ergriffen. Präsident Trump machte seine Suche nach dem richtigen Mann zu einer regelrechten Reality-Show und versprach, den Namen am darauffolgenden Montag, dem 9. Juli, zu verkünden.

Falls Kavanaugh für einen Posten auf Lebenszeit nominiert würde, dann verfügte sie doch wohl über relevante Informationen. Zugleich aber wollte Ford ihre Privatsphäre schützen und auch ihre Familie in Maryland nicht blamieren, indem sie die Kandidatur eines Mannes in Frage stellte, der in ihrer Heimatstadt verehrt wurde. Beider Väter waren, peinlich genug, noch immer Mitglieder in ein und demselben kleinen, privaten Golfclub. Sie wollte Kavanaugh nicht öffentlich blamieren. Sie wollte einfach nur ihre Schilderung dessen, was in der Highschool passiert war, weitergeben, und zwar, *bevor* er nominiert wurde. Wenn sie früh genug eingriff, konnten die Verantwortlichen die Information berücksichtigen und sich stattdessen vielleicht für einen weniger vorbelasteten Kandidaten entscheiden. Aber wem konnte sie die Information auf diskrete Weise zukommen lassen? Wer wäre vertrauenswürdig, würde zugleich aber effektiv damit umgehen?

Ford war klar, dass ihr Wissen begrenzt war. Sie hatte keine Ahnung, ob Kavanaughs Verhalten ihr gegenüber ein Einzelfall oder Teil eines übergriffigen Verhaltensmusters war. *War das nur eine Episode, oder war das ein Charakterzug von ihm?*, fragte sie sich.[11]

Sie versuchte herauszufinden, wie und ob sie eine Nominierung für den Obersten Gerichtshof beeinflussen könnte, befand sich dafür allerdings gerade in einer unpassenden Umgebung. Sie war eine sehr gute Surferin und hatte ihren Ehemann über eine Webseite kennengelernt, die die beiden über ihr gemeinsames Interesse am Wellenreiten zusammengebracht hatte. Ihr zweites Date hatte vor der Küste von San Mateo stattgefunden.[12] Einmal war neben ihr im Wasser ein großer Weißer Hai aufgetaucht. Der Nervenkitzel hatte sie zwei Nächte nicht schlafen lassen. Ford verwendete im Unterricht oft Surfanalogien und sehnte sich nach den weiten Stränden und der freigeistigen Atmosphäre von Santa Cruz, wo sie und Russell etwa eine Stunde südlich von ihrem Zuhause in Palo Alto ein Sommerhaus besaßen.

Jetzt hockten sie und ihre Freunde dort gemeinsam am Strand, blickten auf den Pazifik hinaus, gingen lange schwimmen, sahen zu, wie ihre Kinder im Jugend-Rettungsschwimmer-Kurs der California State Parks Association trainierten, und wogen Fords Chancen auf eine zurückhaltende Intervention ab. An einen Anwalt wandte Ford sich nicht. Aber sie fragte sich, ob sie Kavanaugh direkt anrufen und ihm raten sollte, seine Kandidatur für den Posten am Supreme Court freiwillig zurückzuziehen, um seiner Familie die Erniedrigung zu ersparen, die eine öffentliche Stellungnahme ihrerseits nach sich ziehen würde. Oder sollte sie Mark Judge anrufen, den zweiten Mann, der während des Übergriffs im Zimmer gewesen war, und ihn bitten, die Nachricht weiterzuleiten?

»Ich zermarterte mir das Hirn«, erinnerte sie sich später an diese Zeit. »Was sollte ich bloß tun?«

Mit ihrem Mann redete sie nicht sehr ausführlich darüber: Er musste für seine Arbeit von und nach Palo Alto pendeln. Russell Ford war Ingenieur und fertigte medizinische Geräte an. Sein Denken war ebenso wissenschaftlich ausgerichtet wie das seiner Frau, er trug dieselben Scheuklappen. Auch er war von Natur aus Optimist. Damals, erzählte sie, hätte keiner von beiden begriffen, welche Konsequenzen selbst eine zurückhaltende Weitergabe jahrzehntealter Informationen für ihre Familie haben würde.

Am Freitag, dem 6. Juli, ging Ford vom Strand in Rio del Mar zum Parkplatz und rief aus ihrem Auto das Büro ihrer Wahlkreisvertreterin im US-Repräsentantenhaus, Anna Eshoo, an, einer Demokratin. Als eine junge Frau ans Telefon ging, platzte sie mit ihrer Nachricht heraus:

Einer von denen, die auf der Liste der Kandidaten für den Supreme Court stehen, hat mich in der Highschool sexuell genötigt. Ich muss mit jemandem im Büro sprechen. Es ist dringend; Trump trifft in Kürze seine Entscheidung.

Es hieß, man werde sich so schnell wie möglich, bei ihr melden.

Ford nahm nochmals ihr iPhone zur Hand. Da nicht klar war, wann Eshoos Büro reagieren würde, wollte sie noch einen zweiten Weg verfolgen. Sie ging auf die Homepage der *Washington Post*, klickte auf das Eingabefeld für anonyme Hinweise und begann zu tippen:

10:26 Uhr
Potenzieller Kandidat für Supreme Court hat mich Mitte der 1980er-Jahre in Maryland unter Beihilfe eines Freundes sexuell genötigt. Habe noch Therapieberichte, in denen ich das thematisierte. Ich finde, ich sollte nicht schweigen, will aber Familie in DC und CA keinem großen Stress aussetzen.

Eine gute Stunde später klickte sie das Feld ein zweites Mal an, um klarzustellen:

11:47 Uhr
Brett Kavanaugh und Mark Judge sowie ein Beobachter namens PJ

»Ich hatte gedacht, mein Telefon würde sofort klingeln«, sagte Ford später. Doch auch die *Washington Post* reagierte nicht unmittelbar.

Drei Tage später, am 9. Juli, verkündete Präsident Trump seine Nominierung: Brett Kavanaugh, hervorragender Richter, mustergültige Persönlichkeit, Coach des Basketballteams seiner Tochter.

Ford schickte ihren Freunden ein trauriges Emoji und fügte hinzu:

Igitt
Igitt igitt.

Ford war begeisterter Footballfan. Sie spielte in einer Fantasieliga und hatte sich sogar freiwillig gemeldet, als es darum ging, einen Stanford-Spieler während des Sommertrainings bei sich zu Hause unterzubringen. Jetzt nutzte sie eine Quarterback-Analogie, um zu erklären, was passiert war. Sie hätte versucht, ihrer Wahlkreisvertreterin im US-Repräsentantenhaus und der *Washington Post* den Ball zuzuspielen. Aber die hätten ihn fallen lassen. Das Spiel war gelaufen.

Am Morgen darauf, am 10. Juli, schrieb Ford nochmals einen Eintrag in das Feld für anonyme Hinweise bei der *Washington Post*, dessen Wortlaut viel Ähnlichkeit mit einer im journalistischen Bereich üblichen Drohung hatte[13]: Sie könne sich mit ihrer Geschichte auch an Senatoren oder die *Times* wenden. Noch am selben Vormittag hatte sie Emma Brown, eine Reporterin der *Washington Post*, am Telefon, die unbedingt hören wollte, was sie zu sagen hatte.

Am selben Nachmittag klingelte ihr Telefon erneut. Diesmal war es Anna Eshoos Bezirksstabschefin. Am Tag davor hatte die Mitarbeiterin angerufen und gefragt: »Ist es die Person, die nominiert worden ist?« Jetzt vereinbarten sie einen Termin in Eshoos Büro für Mittwoch, den 18. Juli.

Bis dahin war noch eine Woche Zeit. Unterdessen las Ford schmeichelhafte Reportagen über Kavanaugh, die betonten, wie sehr er Frauen und Mädchen unterstütze. Die *Washington Post* veröffentlichte die Stellungnahme einer Mutter, die schwärmte, was für ein toller Basketballcoach er für die Mädchen sei.[14] Eine alte Freundin aus Highschool-Zeiten erzählte Ford, wie stolz die Community sei, bald einen weiteren Richter hervorgebracht zu haben. (Neil Gorsuch, der ebenfalls die Georgetown Preparatory School, dieselbe Highschool wie Kavanaugh, besucht hatte, war bereits von Trump zum Obersten Richter nominiert worden.) *Rein rechnerisch bin ich im Nachteil*, dachte Ford, wie sie sich später erinnerte.

Sie konnte damit leben, dass Kavanaugh nominiert worden war: »Ich hatte mich wirklich bewusst vom Ausgang der Sache freigemacht«, sagte sie. Aber die Aussicht, Kavanaugh im Supreme Court zu sehen, ohne ihre Erinnerungen preisgegeben zu haben, war ihr unerträglich. »Es ist die Vorstellung, nichts gesagt zu haben, die einen so verstört«, erklärte sie.

Also machte sie es sich zur Aufgabe, Beweise zu sammeln. Sie fuhr zur Praxis ihres Arztes im Silicon Valley und verlangte Kopien der Berichte über die Sitzungen, in denen sie sich an den Übergriff erinnert und die sie in ihrem anonymen Hinweis an die *Washington Post* erwähnt hatte.

Außerdem informierte sie ihre Söhne über das Nötigste. »Als ich so alt war wie ihr, hat mir eine Person, die der Präsident für eine wichtige Funktion vorgesehen hat, etwas Schlimmes angetan«, sagte sie. »Ich versuche herauszufinden, wie ich dafür sorgen kann, dass er diese Information erhält. Er könnte sie nützlich finden.«

»Cool«, sagte der Größere, der jetzt so alt war wie sie zum Zeitpunkt des mutmaßlichen Übergriffs.

Am 18. Juli traf sich Karen Chapman, Bezirksstabschefin der Kongressabgeordneten Eshoo, mit ihr.[15] Ford schilderte ausführlich alle Details, an die sie sich erinnerte, und zeichnete ihr sogar einen Plan von dem Einfamilienhaus mit dem Schlafzimmer, in dem sie festgehalten worden war. Chapman machte sich umfangreiche Notizen und versprach Unterstützung, doch Eshoo selbst war nicht da, so dass Ford zwei Tage später wiederkommen und alles noch einmal erzählen musste.

Eshoo versprach, sich bei ihr zu melden, und erteilte ihr strikte Anweisungen – das Ganze musste unbedingt vertraulich bleiben. Ford hatte außer ihrem Mann nur wenigen Leuten davon erzählt, darunter Emma Brown, der Reporterin von der *Washington Post;* Keith Koegler; einigen anderen Freunden und zwei erfahrene Kollegen, die ihr als Mentoren dienten. »Sie dürfen nicht darüber sprechen«, sagte Eshoo zu ihr. »Sollte es doch die Runde machen, dann nur, weil Sie anderen Leuten davon erzählt haben.« Gerüchte verbreiteten sich rasend schnell, meinte sie, und das könne Einfluss auf Ford und ihre weitere Vorgehensweise haben.

Für Ford, die immer noch keine genaue Vorstellung hatte, wohin das alles führen würde, war dieses Treffen zunächst ein Fortschritt. Sie hatte ihre Botschaft an jemanden in verantwortlicher Stellung weitergeleitet. »Ich vertraue ihrem Büro«, mailte Ford an einen ihrer Mentoren, »und wir verfolgen konsequent unser Ziel, der Öffentlichkeit einen Dienst zu erweisen.« Wie Eshoo ihr geraten hatte, reagierte Ford nicht weiter auf Textnachrichten seitens der Reporterin von der *Washington Post*.

Doch erhielt Ford inzwischen E-Mails von Fremden, die versuchten, sie unter Druck zu setzen. Eine ihrer Freundinnen hatte ihre Geschichte einer anderen weitererzählt und so weiter und so fort, und bald kursierten ihre Anschuldigungen in den feministischen Kreisen Palo Altos. Diese Frauen – darunter etliche hochkarätige Akademikerinnen mit Einfluss – hatten durch den Fall Brock Turner und den Women's March zueinander gefunden, und die #MeToo-Aktivitäten der zurückliegenden Monate hatten sie in ihren Überzeugungen bestärkt. Jetzt drängten lokale Aktivistinnen – eine kannte Ford persönlich, die meisten anderen gar nicht – sie zu einer offiziellen Äußerung. »Dies ist ein historischer Augenblick«, schwärmte eine ihrer Freundinnen in einer Textnachricht.

Ford nahm diese Vorstöße größtenteils nicht weiter zur Kenntnis. Wäre es nicht um Kavanaugh gegangen, hätte sie den Nominierungsvorgang gar nicht weiter beachtet, sagte sie, und sie hätte auch nicht weiter darüber nachgedacht, ob und wie ihr Handeln sich auf die #MeToo-Bewegung auswirken würde.

Allerdings waren diese Mitteilungen nur die ersten Vorboten: dafür, dass die Situation bei anderen extrem starke Gefühle auslösen würde; dafür, dass Ford die Kontrolle über ihre eigene Geschichte verlieren könnte; und dafür, dass andere Menschen womöglich mit unterschiedlichen Absichten agieren würden, ohne Fords Wünsche zu berücksichtigen. Dadurch, dass sie die Mitteilungen nicht zur Kenntnis nahm, entgingen ihr wichtige Hinweise.

In der letzten Juliwoche musste Ford wieder einmal in ihre alte Heimat, in die Gegend von Washington. Ihre Großmutter hatte einen Schlaganfall gehabt und lag im Sterben. Ford hasste das Fliegen, aber sie und ihre Söhne machten sich auf den Weg, um mit ihren Eltern in deren Sommerhaus in Rehoboth Beach, Delaware, zehn schwül-heiße Tage zu verbringen.

Ihre Eltern hatten keine Ahnung von ihrem Geheimnis – nie gehabt, sagte sie – und sie wollte sie nicht beunruhigen, vor allem nicht jetzt, wo sie sich um ihre Großmutter kümmerten. Als Eshoos Büro anrief, trat sie hinaus auf die Vortreppe, um ungestört reden zu können. Die Mitarbeiterin bat sie, einen Brief aufzusetzen, in dem sie den Zwischenfall mit Kavanaugh detailliert schildern sollte. Der Brief war für den Justizausschuss des Senats bestimmt, der die Anhörungen der Kandidaten für den Supreme Court abhielt. Das Schreiben war schnörkellos und direkt: Ford hatte inzwischen Übung im Erzählen ihrer Geschichte. Allerdings entstand eine Diskussion um die Frage, an wen es zu adressieren sei. Die Mitarbeiterin sagte Ford, sie solle es an Senatorin Dianne Feinstein senden, die Top-Demokratin im Ausschuss, sowie an Senator Charles Grassley, den republikanischen Vorsitzenden des Ausschusses. Ford war besorgt, ob sich damit nicht die Gefahr erhöhte, dass ihr Name und ihre Geschichte an die Öffentlichkeit gelangten. Daher adressierte sie den Brief nur an Feinstein, die, so ihre Annahme entsprechend den Verlautbarungen aus Eshoos Büro, an die Schweigepflicht gegenüber ihren Wählern gebunden wäre.

30. Juli 2018

AN DIE SENATORIN DIANNE FEINSTEIN

Sehr geehrte Frau Senatorin Feinstein:

Ich schreibe diesen Brief, um Ihnen Informationen zu übermitteln, die für die Beurteilung des aktuellen Kandidaten für den Supreme Court relevant sind. Als Bürgerin Ihres Bundesstaates erwarte ich, dass Sie diese vertraulich behandeln, bis wir Gelegenheit zu einem Gespräch haben.

Brett Kavanaugh hat mir während meiner Zeit an der Highschool in den frühen 1980er-Jahren körperliche Gewalt angetan und mich sexuell genötigt. Er hat diese Handlungen mit Hilfe seines engen Freundes Mark G. Judge durchgeführt. Beide waren ein bis zwei Jahre älter als ich und Schüler einer örtlichen Privatschule. Der Übergriff ereignete sich in einem Haus in einer Villengegend in Maryland, bei einer Zusammenkunft, an der ich und mindestens vier weitere Personen teilnahmen. Als ich auf dem Weg zur Toilette war, die oberhalb des Wohnzimmers lag und über einige Treppenstufen zu erreichen war, stieß mich Kavanaugh mit Gewalt in ein Schlafzimmer. Sie verschlossen die Tür und stellten die Musik laut, um von vornherein auszuschließen, dass meine Hilferufe zu hören wären. Kavanaugh war über mir, während er mit Judge lachte, der regelmäßig auf Kavanaugh sprang. Sie waren beide alkoholisiert und lachten, während Kavanaugh versuchte, mich auszuziehen. Als Kavanaugh mir die Hand auf den Mund presste, bekam ich Angst, er könnte mich versehentlich töten. Von der anderen Seite des Zimmers sagte Judge, der sehr betrunken war, verschiedene Sachen zu

Kavanaugh, die zwischen »nichts wie ran« bis »hör auf« rangierten. Einmal sprang Judge so heftig auf das Bett, dass ich fürchtete, von dem schweren Gewicht erdrückt zu werden. Sie fielen herunter und rauften miteinander. Nachdem ich schon zuvor ein paar Mal vergeblich versucht hatte zu entkommen, gelang es mir, diesen Moment für mich zu nutzen. Ich konnte mich befreien, rannte den Flur herunter zu einem Badezimmer und schloss die Badezimmertür hinter mir ab. Beide stolperten lärmend die Treppe hinunter, wo andere im Haus Anwesende mit ihnen redeten. Ich verließ das Badezimmer, lief nach draußen und ging nach Hause.

Seit dem Übergriff habe ich Kavanaugh nicht mehr wiedergesehen. Mark Judge traf ich einmal in Potomac Village im Supermarkt; die Begegnung mit mir war ihm extrem unangenehm.

Wegen des Übergriffs habe ich psychologische Hilfe in Anspruch genommen. Am 6. Juli habe ich die Abgeordnete meines Wahlkreises kontaktiert und in ihrem Büro gefragt, wie ich mit dieser Information weiter verfahren soll. Es ist mir äußerst unangenehm, über solche Dinge wie sexuelle Nötigung und ihre Folgen zu sprechen, als Bürgerin jedoch empfinde ich es als meine Pflicht und würde mich andernfalls schuldig fühlen. Falls Sie mit mir über diese Angelegenheit sprechen wollen, stehe ich zur Verfügung. Bis zum 7. August mache ich noch Urlaub an der Ostküste, ab dem 10. August werde ich wieder in Kalifornien sein.

Im Vertrauen,

Christine Blasey
PALO ALTO, KALIFORNIEN

»Ist angekommen!«, schrieb die Mitarbeiterin zurück. »Werde es ihr heute persönlich übergeben.«[16]

Bald war sie mit Ford am Telefon und beschrieb ihr jeden einzelnen Schritt eines weiteren Mitarbeiters von Eshoos Team in Washington, der einen Ausdruck des Briefes zu Senatorin Feinstein ins Büro brachte. »Jetzt überreicht er ihn«, berichtete die Mitarbeiterin, als würden sie über die Atomwaffencodes des Präsidenten der Nation reden.

Als Nächstes war Senatorin Feinstein höchstpersönlich am Telefon. Die fünfundachtzigjährige Abgeordnete schien schwerhörig zu sein. Sie brüllte Fragen zum exakten Verlauf des Vorfalls ins Telefon, und Ford brüllte zurück, um sicherzugehen, dass die Senatorin sie auch verstand. Senatorin Feinstein versprach, den Brief vertraulich zu behandeln und sich wieder bei ihr zu melden.

Erst nach diesem Gespräch beschlich Ford eine leise Ahnung, welche Macht ihr Brief unter der Kuppel des Kapitols entfalten konnte. Am Strand von Kalifornien hatte sich das alles noch ganz anders angefühlt. Wochenlang hatten Fords Vertraute ihr dringend geraten, sie sollte sich einen Anwalt nehmen, um ihre Geschichte zu schützen und die Kontrolle darüber zu behalten, aber sie hatte sich geweigert. Sie und ihr Mann hätten Geld für die Anzahlung einer Eigentumswohnung auf Hawaii gespart, wo sie surfen und später, wenn sie im Ruhestand wären, leben könnten, und diese Mittel wollten sie nicht aufbrauchen, sagte sie. Jetzt wurde ihr klar, dass sie definitiv anwaltliche Unterstützung brauchte.

Die ersten Anwaltskanzleien in Washington, die sie kontaktierte, wollten sich an dem Fall nicht die Finger verbrennen, doch fand sie einen Anwalt, Lawrence Robbins, der zahlreiche Fälle vor dem Supreme Court verhandelt hatte und aufmerksam zuhörte. »Sie versuchte nicht, ihre Gedächtnislücken kleinzureden«, sagte Robbins. »In dem, woran sie sich erinnerte, war sie sehr klar. Sie stellte Beweismaterial zur Verfügung, das vielleicht nicht hieb- und stichfest war, von dem ich aber fand, dass es ernsthaft geprüft werden müsste. Ich hatte den Eindruck, dass sie glaubhaft war und es verdiente, dass sich jemand für sie einsetzte.« Öffentlich konnte er sie allerdings nicht vertreten: Seine Partner fürchteten, es könnte ihren aktuell vor Berufungsgerichten ausstehenden Fällen schaden, wenn der Eindruck entstünde, die Kanzlei hätte etwas gemacht, das einem Obersten Richter schadete. Daher würde er seine Hilfe im Verborgenen leisten müssen.[17]

Am Montag, dem 6. August, kurz nach dem Tod ihrer Großmutter und unmittelbar vor ihrer Abreise aus der Washingtoner Gegend, sprach Ford mit zwei neuen Anwältinnen, diesmal von Angesicht zu Angesicht. Senatorin Feinsteins Büro hatte sie auf die beiden gebracht – Debra Katz und Lisa Banks. Sie wären Partnerinnen in derselben Kanzlei und auf diese Art von Anschuldigungen spezialisiert. Ford hatte daraufhin die Webseite der Kanzlei studiert und festgestellt, dass die beiden Anwältinnen sich für die Rechte von Whistleblowern eingesetzt hatten. Das Beste war jedoch, dass sie sich sofort mit ihr treffen konnten. Ford sagte, sie könne noch ein kurzes Treffen in einem Hotel unweit des Flughafens von Baltimore einschieben.

Ohne zu wissen, was sie erwartete, sagten Katz und Banks umgehend zu. Einige Tage zuvor hatte sich Feinsteins Büro zunächst mit allgemeinen Fragen bei ihnen gemeldet – Welche Möglichkeiten gibt es, im Zusammenhang mit einer sehr alten Anschuldigung wegen eines sexuellen Übergriffs die Fakten zu erhärten? – und anschließend Fords Geschichte in groben Zügen geschildert, ohne ihren Namen zu nennen. Ford wiederum war sich nicht sicher, was sie von den beiden Anwältinnen und deren detaillierten, persönlichen Fragen zu ihrer Geschichte und den Hintergründen halten sollte.

Sie begriff noch gar nicht, dass sie es mit zwei der besten Anwältinnen des Landes im Bereich Geschlechterdiskriminierung zu tun hatte. Debra Katz – für fast alle einfach Debbie – war vom Charakter her Fords Gegenteil: eine tatkräftige Aktivistin, die sich in Washington und den feministischen Kämpfen voll engagierte. Sie dachte in zivilrechtlichen Begriffen und sah das Rechtswesen als Mittel zum Fortschritt. Ihre Karriere hatte sie als Juniormitglied eines Teams aus Anwälten begonnen, die im ersten Fall sexueller Nötigung, der je vor den Supreme Court gelangte, die bestmöglichen Strategien und Argumente entwickelt hatten. Im Fall *Meritor Savings Bank gegen Vinson* ging es um eine Bankangestellte, die sagte, der Filialleiter ihrer Bank habe sie wiederholt genötigt und ihr gedroht, er werde ihr kündigen, falls sie sich nicht fügte. Das Gericht hatte 1986 neun zu null im Sinne der Klägerin entschieden und damit jenen Präzedenzfall geschaffen, der festschrieb, dass sexuelle Nötigung eine Form von Diskriminierung ist.

Drei Jahrzehnte später war Katz noch immer eingefleischte Linke, hatte nun aber den Schrank voller Nadelstreifenanzüge, die sie trug, wenn sie Angestellte vertrat, die sich ungerecht behandelt fühlten. Ihre Kanzleipartnerin und auch sonst beste Freundin Lisa Banks hatte eine coolere Präsenz. Sie wirkte kühl und gelassen, was im Umgang mit Antragsgegnern nützlich sein konnte. Sie verfügte über eine Beharrlichkeit, die bis in ihre Kindheit zurückreichte, als im Alter von sieben Jahren ihre Träume mit einem Schlag geplatzt waren. Damals hatte ihr jemand gesagt, sie würde niemals bei den Boston Red Sox Baseball spielen können, weil sie ein Mädchen wäre.[18]

Ihre Kanzlei über dem Dupont Circle war mit Hochglanzmöbeln und Topfpflanzen ausgestattet – und einem Bild, das ein Freund von Katz' Sohn gemalt hatte: Es zeigte Rose McGowan, wie sie Harvey Weinsteins abgeschlagenen Kopf in den Händen hält. Als die Anwältinnen Ford in Baltimore trafen, waren sie schon seit Monaten überarbeitet, weil sie versuchten, das ihrer Meinung nach enge Zeitfenster nach dem Weinstein-Skandal zu nutzen, um so viel wie möglich in Bewegung zu setzen. Die meiste Zeit ihres Berufslebens hatten sie den Eindruck gehabt, sich in Sachen sexuelle Nötigung und Missbrauch im Kreis zu drehen; immer wieder hatten sie ähnliche Fälle auf den Tisch bekommen. Häufig war es ihnen gelungen – mitunter sogar sehr hohe – Abfindungssummen für einzelne Frauen zu erstreiten, üblicherweise auf der Grundlage geheimer Vergleiche, die sie als zwar unvollkommene, dennoch aber notwendige Werkzeuge betrachteten.

Doch der Fall Weinstein hätte ihre Arbeit beflügelt, sagten sie später, weil die Beschwerden ihrer Mandantinnen plötzlich viel ernster genommen worden wären. In den zehn Monaten, die seit der Weinstein-Story vergangen waren, hatte Katz Regierungsangestellte auf dem Capitol Hill verteidigt, deren Beschwerden wegen sexueller Belästigung zum Rücktritt eines Mitglieds des Repräsentantenhauses sowie eines hochrangigen Kongressangestellten führten. Nachdem sie und Banks Klage gegen einen im Washingtoner Umland ansässigen Promikoch angestrengt hatten, ließen dessen Partner ihn schließlich im Stich, und sein Imperium zerfiel. Sie hatten sich mit Kongress- und Bundesstaatsabgeordneten getroffen, um neue Gesetze zu fordern, die die Opfer sexueller Übergriffe besser schützen könnten. Den ganzen Sommer über waren Katz und Banks beschwingt und zugleich besorgt gewesen: Dieser Augenblick schien ihnen unendlich kostbar; eine Veränderung war mehr als überfällig. Sie wollten so schnell wie möglich so viel Fortschritt wie möglich, bevor die Gegenreaktionen zu stark wurden.

Als sie einige Stunden später, nach ihrem Gespräch mit Ford, den Konferenzraum verließen, schwirrte den Anwältinnen der Kopf. Zuerst murmelten beide nur *O mein Gott, o mein Gott* vor sich hin. Sie hätten über die Jahre unzählige Zeugen überprüft, und Ford hätte sie beide mit ihrer Glaubwürdigkeit beeindruckt, sagten die Anwältinnen. Zudem waren sie berührt von dem, was Ford ihren Sinn für Bürgerpflicht nannte. Doch kam ihnen diese Frau mit ihrem beeindruckenden wissenschaftlichen Verstand auch sehr naiv vor, eine Eigenschaft, die sie in ernsthafte Schwierigkeiten bringen konnte. Sie schien sich des möglichen Gewichts ihres Falles nicht bewusst zu sein, genau dieses fehlende Bewusstsein für die möglichen Konsequenzen zog die beiden aber auch an. Anders als Ford hatten sie sofort begriffen, welchen Sprengstoff ihr Brief an Feinstein enthielt. Falls dieser Brief durchsickerte, würde sie Schutz benötigen; falls nicht, würde sie Beratung dahingehend brauchen, ob und wie sie die Sache weiterverfolgen sollte. Die Anwältinnen waren sich einig, dass sie Ford vertreten wollten, und zwar unentgeltlich.

Um Ford auf das, was möglicherweise auf sie zukam, vorzubereiten, gaben sie ihr ein paar praktische Aufgaben. Zunächst unterzog sie sich einem Lügendetektortest, den ein ehemaliger FBI-Agent durchführte und sie bestand. Dann machte sie sich an die peinliche Aufgabe, zwei ihrer Ex-Freunde anzurufen, einen aus der Highschool und einen aus der Zeit direkt nach dem College. Nein, ich rufe nicht an, weil ich dich sehen möchte, sagte sie zu ihnen. Ich muss wissen, ob du dich erinnerst: Habe ich, als wir zusammen waren, je erwähnt, dass ich sexuell genötigt wurde? Keiner von beiden hätte diese Frage bejaht, sagte sie. Es wurde immer deutlicher, dass Ford jahrelang keiner Menschenseele von dem mutmaßlichen Angriff erzählt hatte.

Die Anwältinnen durchforsteten Fords Lebensgeschichte, suchten nach offiziellen Aufzeichnungen, die irgendetwas hätten enthalten können, womit sie in den Schmutz gezogen werden konnte. Katz rief das Büro von Senatorin Feinstein an, um dort mitzuteilen, dass sie Fords Anschuldigung für glaubhaft hielt, und empfahl, nach Beweisen für eventuelle weitere sexuelle Übergriffe seitens Kavanaughs zu suchen.

Genau zu diesem Zeitpunkt, am Samstag, dem 11. August, rief Katz zum ersten Mal Jodi an, und bat sie, den Hinweis an die *Times* weiterzuleiten. Rebecca Corbett hatte über die Jahre einige der investigativen Ermittlungen des Blattes zu möglichen Kandidaten für den Supreme Court geleitet und tat jetzt gerade dasselbe im Fall Kavanaugh. Sie wies das erweiterte Reporterteam an, nach einem problematischen Umgang Kavanaughs mit Frauen Ausschau zu halten, und meldete sich alle paar Tage bei Jodi, um zu erfahren, ob es Neuigkeiten über diese Mandantin von Katz gebe.

Doch Ford lehnte ein Gespräch mit Jodi ab; ebenso wenig reagierte sie auf die neuesten Anrufe der *Washington Post*. Sie quälte sich gerade mit einer anderen Entscheidung, für die sie nur eine kurze Bedenkzeit hatte.

#

Die Anhörungen im Fall Kavanaugh sollten am 4. September beginnen. Davor konnten noch drei Dinge passieren: Der

Brief an Feinstein sickerte durch. Ford schwieg, um dann vermutlich mitzuerleben, wie Kavanaugh durchgewunken wurde. Ford entschied sich, ihre Beschuldigungen öffentlich zu machen und so womöglich den Verlauf der Anhörungen zu verändern. Im tiefsten Inneren tendierte sie trotz größter Sorge zu Letzterem.

Katz und Banks konnten sie verstehen. Ford hatte ihrer Meinung nach das Recht, nicht nur ihre Geschichte zu erzählen, sondern auch ein entscheidendes Argument vorzubringen. Die Grenzverletzungen gegenüber Mädchen an Highschools – gegenüber ganzen Generationen von Frauen – waren von Bedeutung, selbst wenn diese Frauen lange geschwiegen oder keine unwiderlegbaren Beweise hatten. Daraus ergaben sich zwei Fragen. Erstens: Welchen Preis würde Ford persönlich zahlen? Und zweitens: Welchen Einfluss hätte ihre öffentliche Äußerung – nicht nur auf die Nominierung, sondern auch auf die aufgeladene Debatte um Sex und Macht insgesamt?

Andere Anwälte bestärkten Ford darin, dass sie eine wichtige Geschichte zu erzählen hätte. Zusätzlich zu Katz und Banks hatte sie Robbins als juristischen Berater beibehalten und auf dessen Empfehlung einen weiteren Beistand an Bord geholt: Barry Coburn, einen taffen Strafverteidiger.[19] Coburn sagte ihr, er sehe einen klaren Unterschied zwischen sexuellem Highschool-Herumgealbere und der »unzweideutigen versuchten Vergewaltigung«, wie Ford sie beschrieben hätte. »Das ist keine sexuelle Belästigung«, erinnerte er sich später an seine Worte ihr gegenüber. »Das war keine Grenzüberschreitung. Das war nicht einfach nur unsensibel. Das war ein Gewaltdelikt.« Doch Robbins und Coburn war klar, dass es hier um mehr ging als den konkreten Vorfall, und sie überließen Katz und Banks die Führung.

Auf Katz' Bitte stieß noch eine weitere Person zu dem wachsenden Team professioneller Berater: Ricki Seidman, eine bedachte, diskrete Veteranin der Demokraten mit drei Jahrzehnten Erfahrung in den politischen Kämpfen um die Ernennung von Richtern am Supreme Court, die Bill Clinton als Beraterin während seiner Präsidentschaftskampagne zur Seite gestanden und dann in seinem Kabinett gedient hatte. Katz hatte Seidman zwar nie persönlich kennengelernt, wusste aber, dass sie über umfassende Kenntnisse und Erfahrungen verfügte, was Nominierungen für den Supreme Court betraf – Kenntnisse und Erfahrungen, über die Banks und sie nicht verfügten. Seidman war an Kämpfen beteiligt gewesen, die von Robert Bork, dessen Kandidatur die Demokraten 1987 niederschlugen, bis hin zu Sonia Sotomayor reichten, die die Demokraten 2009 bestätigten. Sie hatte in der Vergangenheit in dem einzigen Fall, der sich mit dem von Ford vergleichen ließ – Anita Hills Zeugenaussage gegen Clarence Thomas –, eine direkte Rolle gespielt. Damals, 1991, arbeitete sie als Chefermittlerin für das United States Senate Committee on Labor and Human Resources und überwachte die Nominierung von Thomas, als sie einen Anruf erhielt. Bei dem Hinweis ging es um eine Professorin, die behauptete, von dem Kandidaten sexuell belästigt worden zu sein. Seidman hatte als erstes Mitglied dieses Senatsausschusses mit Anita Hill über deren Erfahrungen gesprochen und sie ermutigt, sich auf eine Aussage vor dem Ausschuss einzulassen.

Als die Republikaner später Seidmans Vergangenheit sahen, beschuldigten sie sie, eine politische Agenda zu verfolgen und Ford als Waffe zu benutzen, um eine Nominierung zum Scheitern zu bringen. In Wahrheit überkam Seidman in jenem August das Gefühl, dass Ford lieber schweigen sollte.

Das Ergebnis war vorhersehbar. Angesichts der Tatsache, dass die Republikaner die Mehrheit im Senat hatten, würde Kavanaugh mit aller Wahrscheinlichkeit auch dann nominiert werden, wenn Ford öffentlich aussagte. Daher war Seidmans erste Reaktion, die Messlatte für eine öffentliche Äußerung sehr hoch zu legen, denn sie glaubte einfach nicht, dass sich dadurch im Ergebnis etwas ändern würde.

In den Jahrzehnten nach Anita Hills Aussage hatte die Beraterin damit gehadert, die Professorin zu einer öffentlichen Äußerung ermutigt zu haben. Hill hatte zwar in gewisser Weise gewonnen – das Bewusstsein für den Tatbestand der sexuellen Belästigung hatte sich seither geschärft. Doch Seidman empfand den persönlichen Preis, den Hill für diesen sozialen Fortschritt gezahlt hatte, als hoch. Die Angriffsmaschinerie der Republikanischen Partei würde mit Sicherheit versuchen, Ford niederzumachen, und die Aussicht, dass sich die Geschichte von damals wiederholen könnte, erfüllte sie mit Angst.

Fords Berater vermuteten, dass Kavanaugh auch andere Frauen schikaniert hatte, dass dies also kein Einzelfall gewesen war – man musste diese Frauen nur auftreiben. *Gäbe es nur zwei weitere Frauen, würde ich mich besser fühlen*, dachte Katz im Stillen. *Mit einer weiteren Frau wäre es riskant.* Es gab aber gar keine.

Katz und Banks versuchten, neutral zu bleiben und Ford die möglichen Konsequenzen in beiden Richtungen aufzuzeigen, denn schließlich war sie diejenige, die mit ihren Entscheidungen würde leben müssen.

Doch ihre Sorgen beschränkten sich nicht auf das Wohlbefinden ihrer Mandantin. Katz trieb in diesem Augenblick auch die Angst um, eine landesweite Geringschätzung von Fords Bericht könnte der ganzen #MeToo-Bewegung schaden. Kritiker würden ihr vorwerfen, sie wäre zu weit gegangen, indem sie eine so alte Geschichte über eine Grenzüberschreitung wieder aufgewärmt hätte, die schon lange vorbei und nicht nachweisbar wäre und der zudem der nachweisliche Schaden einer sexuellen Belästigung oder Vergewaltigung am Arbeitsplatz fehlte. Manche Männer würden aus Angst, aus heiterem Himmel beschuldigt zu werden, instinktiv Partei für Kavanaugh ergreifen. Das Rad des Fortschritts würde sich verlangsamen oder sich gar wieder in die entgegengesetzte Richtung drehen, eine mögliche Konsequenz, die die Anwältinnen unerträglich gefunden hätten.

Der öffentliche Diskurs war nach wie vor turbulent. In jenem Sommer wurden beinahe wöchentlich Männer beschuldigt, suspendiert und entlassen: der Personalchef des Federal Office of Emergency Management, ein Professor der Universität Berkeley, ein Finanzhändler von Goldman Sachs, zwei Tänzer des New York City Ballet. Im August veröffentlichte Ronan Farrow im *New Yorker* die ersten Beschuldigungen wegen sexueller Belästigung gegen den CEO der CBS Corporation Les Moonves[20] – doch Moonves hielt, unterstützt vom Verwaltungsrat des Unternehmens, trotzig die Stellung. Louis C. K. hatte seinen ersten Auftritt in einem Comedy Club seit dem *Times*-Artikel, jubelnd begrüßt von seinem Publikum drinnen und lauthals verhöhnt von der Menge draußen vor der Tür.[21] Bill O'Reilly, der seit seinem Rausschmiss bei Fox weiter historische Sachbücher geschrieben hatte, stand kurz vor der Veröffentlichung seines neuesten Werks[22]: Das letzte hatte sich fast eine halbe Million Mal verkauft, seine Fans waren ihm treu geblieben.

Ford war ab dem 10. August zurück in Palo Alto, arbeitete sich durch einen Berg von Dissertationen, die sie beurteilen musste, und wog zugleich ihre Optionen ab. Sie kannte die Beraterinnen in Washington kaum, in deren Hände sie ihr Schicksal gelegt hatte; die Überlegungen der Gruppe fanden per Telefon oder über Textnachrichten statt. Alle sagten, sie würden Ford unterstützen, egal welche Entscheidung sie traf, doch nahm sie aus der Ferne auch ein gewisses Zögern wahr. *Versuchen sie mich zu drängen? Oder versuchen sie mich auszubremsen?*, fragte sie sich.

Zudem trieben sie ganz persönliche Sorgen um. Sie fürchtete, dass, wenn sie öffentlich mit dem Finger auf Kavanaugh zeigte, andere mit dem Finger auf sie zeigen könnten. Auch sie hatte in der Highschool ganz ordentlich getrunken, und in der ersten Zeit am College war sie lieber auf Partys gegangen, statt ernsthaft zu studieren, und ihre Noten waren in den Keller gerutscht. Bald hatte sie sich jedoch wieder gefangen und ihr Studium erfolgreich abgeschlossen. In einer Rede, die sie 2014 in ihrer alten Highschool hielt, hatte sie ihre Geschichte als Beispiel erzählt, wie man sein Leben wieder in den Griff bekommt. Am College war sie im Fach Statistik eine Niete gewesen. Jetzt unterrichtete sie Statistik. Dennoch fürchtete sie, Kritiker würden sich ausschließlich auf die Unzulänglichkeiten und Fehltritte ihrer Jugendjahre stürzen.

Zugleich glaubte Ford daran, dass sie, sollte sie tatsächlich unter Beschuss geraten, diesem standhalten könnte. 2015 hatte sie eine Krebsdiagnose bekommen und sich während der Behandlung einigen Komplikationen stellen müssen. Zum ersten Mal hatte sie sich mit ihrer Sterblichkeit konfrontiert gesehen und war gestärkt daraus hervorgegangen – mit einer größeren Fähigkeit, Dinge auszuhalten, wie sie sagte. Ihr Mann hatte sie ermutigt, sich offiziell zu äußern, es hinter sich zu bringen, und prognostiziert, die ganze Sache werde sich in den Schlagzeilen schnell wieder beruhigen.

Am 24. August brachte Katz Ford auf den neuesten Stand der Erkenntnisse: Es waren keine weiteren Vorwürfe wegen sexuellen Fehlverhaltens gegen den Richter aufgetaucht. Falls sie an die Öffentlichkeit ging, stand sie mit ihren Behauptungen allein. Wenn sie nicht wollte, dass Senatorin Feinstein ihren Brief dem Rest des Ausschusses, Republikaner eingeschlossen, vorlegte, dann musste sie das vorbringen. Um Ford bei ihrer Entscheidungsfindung behilflich zu sein, legten sie eine interne Deadline fest. Sie sollte sich bis zum 29. August melden, also eine Woche, bevor die Anhörungen zu Kavanaughs Nominierung beginnen sollten.

Noch am 26. August war Ford in ihrer Unentschiedenheit wie gelähmt. Als sie zwei Tage später immer noch nicht wusste, was sie tun sollte, sagten Katz und Banks, sie würden jetzt drei unterschiedliche Briefe aufsetzen. Da es keine bewährte Vorgehensweise für den Umgang mit solchen Angelegenheiten im Fall eines für den Supreme Court nominierten Richters gab, versuchten die Anwältinnen, Ford aufzuzeigen, wie die verschiedenen Wege aussehen konnten. Jede Version führte zu einer anderen Variante ihrer Zukunft, vielleicht zu einer anderen Zusammensetzung des Supreme Court, vielleicht sogar zu einem anderen Verlauf der amerikanischen Geschichte.

In der einen Version des Briefes, adressiert an die Senatoren Grassley und Feinstein, nannten die Anwältinnen Fords Namen und erklärten, sie wolle ein vertrauliches Gespräch mit ihnen führen, um ihnen eine Beschuldigung wegen sexueller Belästigung gegen den Richter vorzulegen. In der zweiten Version stand derselbe Vorschlag, aber hier wurde Ford zu ihrem Schutz Dr. Jane Doe genannt, also mit dem gängigen Pseudonym für mutmaßliche Opfer belegt, die unerkannt bleiben wollten. Im dritten Brief, der ausschließlich an Senatorin Feinstein adressiert war, tauchte Fords Name zwar auf, doch stand darin, sie lehne es ab, die Sache weiterzuverfolgen. »Sie hat beschlossen, dass ihr der persönliche und berufliche Preis für eine öffentliche Äußerung vor dem Rechtsausschuss zu hoch ist«, hieß es in dem Brief. Die Gruppe einigte sich darauf, dass Ford sich bis zum Ende des folgenden Tages für eine Version entscheiden sollte.

Die erste Variante fanden alle zu riskant: Fords Name würde im Handumdrehen das Weiße Haus erreichen. Ford schien zum zweiten Brief zu neigen, der ihr erlauben würde, Verschwiegenheitsregelungen auszuhandeln. Gemeinsam optimierten die Frauen den Text dieser Version, formulierten ihn immer wieder um und waren doch mit keiner Fassung ganz zufrieden.

Je mehr sie sich vorstellten, die Briefe abzuliefern, umso mehr verlagerte sich die Diskussion auf die Frage: Und was passiert dann? Fords Anwältinnen und Seidman meinten, es wäre nahezu unmöglich, die Sache voranzutreiben, ohne ihre Identität preiszugeben. Sie prognostizierten, dass Ford einer ähnlichen öffentlichen Attacke ausgesetzt sein würde wie damals Anita Hill, und verwendeten mehrmals die Metapher eines über Ford hinwegrollenden Zuges.

Während sich die selbstauferlegte Deadline näherte, flog Seidman nach Kalifornien, um Ford erstmals persönlich zu treffen und sie davor zu warnen, in die Fußstapfen von Anita Hill zu treten. Die Geschichte der mutmaßlichen Nötigung zu erzählen war für Ford immer noch schmerzhaft. Sie hatte nie im Licht der Öffentlichkeit gestanden, war nicht geübt darin, detaillierteste Überprüfungen auszuhalten, und hatte nicht die geringste Ahnung davon, wie man mit der Presse umgehen musste. Seidman glaubte noch immer, Kavanaugh würde selbst dann im Amt bestätigt werden, wenn Ford an die Öffentlichkeit ging, sie würde damit also nur ihr eigenes Leben auf den Kopf stellen.

Beim gemeinsamen Kaffee mit Seidman in der Nähe des San Francisco International Airport war Ford völlig gestresst. Sie kannte die Frau nicht, die ihr da gegenübersaß. »Ich wollte nur weg«, erinnerte sie sich später.

Den 29. August, den für die Entscheidung festgelegten Tag, verbrachte Ford in stundenlangen Beratungen mit ihren Doktoranden zu deren Dissertationen. Noch bei Sonnenuntergang fühlte sie sich nicht in der Lage, eine Entscheidung zu treffen.

»Nehme Änderungen vor und kriege langsam Paniksymptome«, schrieb sie an jenem Abend in einer Textnachricht an Katz. »Ich schicke Ihnen meine Änderungen bald, und morgen früh können wir entscheiden, ob wir den Brief abschicken. Sorgen, dass was durchsickert, und wegen Washington Post.«

»Hab Ihnen gerade die Änderungen geschickt«, schrieb sie nur eine Stunde später, »noch kein grünes Licht.«

Das gab sie auch am nächsten Morgen nicht. Sie glaubte langsam, was ihr das Team schon gesagt hatte: dass der anonyme Brief sinnlos wäre und ihr Name ohnehin herauskäme und dass es auf alles oder nichts herauslief. Katz und Banks wanden sich ebenfalls, sie wussten nicht, ob ihre Mandantin recht bekommen würde, und fragten sich, wie viele andere ebenso empfinden würden, sie waren sich unsicher, was schlimmer war: öffentliche Kreuzigung oder Schweigen.

Donnerstag, 30. August. Der folgende Tag würde das Labor-Day-Wochenende einläuten. Und an dem Dienstagmorgen darauf würden die Anhörungen zu Kavanaugh beginnen. Von Washington aus rief Katz Ford an.

»Dies ist eine lebensbestimmende Entscheidung, und nur Sie können sie treffen«, sagte sie.

Noch am Nachmittag nahm sich Ford einige weitere Stunden Zeit, um nachzudenken, spazieren zu gehen und sich ein letztes Mal mit einer Freundin zu besprechen.

Am Ende entschied sie sich für keinen der Briefe – keiner von ihnen hätte sich richtig angefühlt, sagte sie.

Katz rief in Senatorin Feinsteins Büro an, um mitzuteilen, dass Ford ihren Bericht nicht weitergeleitet haben wolle. Am 31. August antwortete Feinstein per E-Mail:

»Ich schreibe Ihnen, um zu bestätigen, dass mein Büro die Bitte um Vertraulichkeit nach wie vor akzeptiert und keine weiteren Schritte einleitet, solange wir nichts anderes von Ihnen hören. Seien Sie versichert, dass ich verstehe und sehr bedauere, wie tief der Vorfall Ihr Leben belastet hat.« Katz leitete den Brief an ihre Mandantin weiter. »Es fühlte sich an wie ein ›Alles Gute und viel Glück‹, sagte Ford.

Abends bei sich zu Hause in Palo Alto schickte Ford einen ihrer Söhne für diese Nacht zum Schlafen zu ihrem Mann und verkroch sich in dessen Ikea-Bett. Im Geiste ging sie noch einmal alles durch. Sie war in wilde Gewässer hinausgepaddelt und hatte sich darauf vorbereitet, eine stürmische Welle zu reiten. Vielleicht hätte sie es stehend bis zum Strand geschafft. Vielleicht hätte die Welle sie umgeworfen. Doch hatte sie hart daran gearbeitet, die richtige Position zu finden, und sie hatte die Chance verdient, es zu probieren. Warum waren ihre Beraterinnen so besorgt über den anscheinenden Mangel an weiteren Opfern? Reichte denn nicht, was ihr zugestoßen war?

Allein mit sich, zusammengerollt im Bett ihres Kindes, begann sie zu schluchzen.

Kapitel 9

»ICH KANN NICHT GARANTIEREN, DASS ICH NACH D.C. KOMME«

Fünf Tage später, am Dienstag, dem 4. September, saß Christine Blasey Ford in Paolo Alto im Büro eines Spezialisten für Posttraumatische Belastungsstörungen, den sie in den letzten Jahren immer mal wieder aufgesucht hatte, und holte sich Rat, wie sie ihre Probleme im Zusammenhang mit Kavanaughs Nominierungsverfahren bewältigen könnte.[1]

Auf der anderen Seite des Landes, in Washington, D.C. begannen an diesem Tag die Anhörungen zu dessen Kandidatur, und die Atmosphäre war bereits stark aufgeheizt. Mit der Begründung, man hätte ihnen den Zugang zu Dokumenten aus Kavanaughs Vergangenheit verwehrt, versuchten demokratische Senatoren vergeblich, das Verfahren zu stoppen. Lange Reihen von Protestierenden, einige – in Anspielung auf Margaret Atwoods dystopischen feministischen Roman *Die Geschichte der Magd* – in roter Kleidung und mit weißen Hauben, säumten die Flure des Senatsgebäudes.[2] Sie unterbrachen die Zeugenaussagen immer wieder mit lauten Zwischenrufen (»Immer mehr Frauen werden keine andere Wahl haben, als in dunklen Hinterzimmern abzutreiben!«) und wurden von der Capitol Police zu Dutzenden inhaftiert. Die Republikaner, alle einträchtig hinter Trumps Wunschkandidat versammelt, schlugen zurück und beschimpften die Demokraten als undisziplinierten Mob.[3]

Ford sagte, dass sie sich nicht habe entschließen können, ihre Anschuldigung weiterzutragen, nage an ihr, doch sie wolle mit dem Ganzen endlich abschließen und einen Schlussstrich ziehen. Die ständige Beschäftigung mit den verstörenden Erinnerungen während des Sommers habe einen hohen emotionalen Tribut gefordert, und nun wolle sie versuchen, ihr Leben wieder auf die Reihe zu bekommen. Ihre Söhne würden wieder zur Schule gehen, sie selbst bereite sich auf ihren ersten Arbeitstag vor.

Der Therapeut hörte ihr zu, äußerte jedoch seine Zweifel, ob er ihr im Augenblick helfen könne. Ein Teil seiner Behandlungsmethode bestand darin, seine Patienten zu ermutigen, nicht mehr über den Grund für ihre PTBS zu sprechen. Was Ford ihm beschrieb, machte ihn stutzig. Wie sie sich später erinnerte, sagte er zu ihr: »Sie sind noch nicht bereit, diese Sache zu den Akten zu legen.« Er war sich nicht sicher, ob sie wirklich schon damit durch war.

Eine Woche später, am Montag, dem 10. September, erschien Ford in der Uni, um ihre Eröffnungsvorlesung zum Thema »Einführung in die Statistik« für den neuen Doktorandenkurs zu halten. Sie begann mit denselben aufmunternden Worten, die sie Jahr für Jahr verwendete, und versprach ihren Studenten, dass sie sich gemeinsam durch das furchteinflößende Material durcharbeiten würden. Drei Stunden später – sie wollte gerade gehen – wurde sie von jemandem aufgehalten, der ihr Fragen stellte. Es war keiner ihrer Doktoranden, sondern eine Reporterin der Medienplattform BuzzFeed. Als Ford die Journalistin unmissverständlich anwies, sie in Ruhe zu lassen, meinte diese, sie wisse von dem Brief.

Außenstehende zerrten Fords ehemals private Geschichte nun mehr und mehr ans Licht. Eine wachsende Zahl prominenter Frauen und #MeToo-Aktivistinnen schien darüber Bescheid zu wissen, und Journalistinnen und Journalisten kontaktierten Fords Kollegen oder tauchten vor ihrem Haus auf.

Debra Katz war außer sich. Sie stellte eine führende Feministin in Palo Alto zur Rede, die, so ihr Verdacht, versuchte, Ford zu outen. Die Anwältin erinnerte sich später, der Frau während eines hitzigen Telefonats Gewissenlosigkeit vorgeworfen zu haben; ihre Mandantin wolle sich nicht offiziell äußern. In der Woche davor hatte Eshoos Büro per Telefon angefragt, ob Ford wolle, dass sie mehr unternähmen, etwa Kontakt zu einem zweiten Mitglied des Justizausschusses herstellen. Doch am Ende wiederholte Ford noch einmal, sie habe ihre Meinung nicht geändert. Als die Journalisten bei ihr anklopften, verweigerte sie jedes Gespräch.

Dennoch erschien am Mittwoch, dem 12. September, ein Artikel. Das Online-Nachrichtenmagazin *The Intercept* enthüllte, die Demokraten im Justizausschuss des Senats würden versuchen, einen Brief über Kavanaugh in die Hände zu bekommen, den Feinstein erhalten hätte. Der Story zufolge enthielt dieser Brief anscheinend die Schilderung »eines Vorfalls zwischen Kavanaugh und einer Frau aus der Zeit auf der Highschool« und stammte von einer Angehörigen der Stanford University. »In aller Verborgenheit«, so stand es im Artikel, »entfaltet der Brief inzwischen ein Eigenleben.«[4]

Jetzt sah es so aus, als enthalte Feinstein dem Ausschuss entscheidende Informationen über einen Kandidaten vor. Am folgenden Tag gab die Senatorin per Pressemitteilung bekannt, dass sie den Brief zur Prüfung an die Strafverfolgungsbehörden weitergeleitet habe.[5] Sie übergab die Angelegenheit dem FBI, und dieses wiederum leitete sie für die Hintergrundakte zu Kavanaugh an das Weiße Haus weiter, wodurch sich dieser veranlasst sah, umgehend ein Dementi abzugeben, in dem er eine Anschuldigung leugnete, die noch gar nicht genau bekannt war. Über eine Woche lang hatte Ford versucht, ihren Frieden damit zu machen, dass sie schwieg. Nun sah es plötzlich so aus, als könnte sie binnen Tagen, vielleicht sogar Stunden, geoutet werden.

Inzwischen war sie entschlossen, die Kontrolle über ihren Bericht wiederzugewinnen. Falls es dazu kommen sollte, dass jemand ihre Identität der Öffentlichkeit enthüllte, dann wollte sie selbst diejenige sein. Am Mittwoch war sie ins Umland von Palo Alto gefahren, in die knapp dreißig Meilen entfernte Stadt Half Moon Bay. Dort wartete in einem der Ritz-Carlton-Restaurants Emma Brown auf sie, jene Reporterin der *Washington Post*, bei der Wochen zuvor Fords anonymer Tipp gelandet war. Die beiden Frauen waren über unregelmäßige Telefonate und Textnachrichten miteinander in Kontakt geblieben, und Ford hatte Brown nicht nur Einzelheiten über den Zwischenfall mit Kavanaugh während ihrer Highschool-Zeit erzählt, sondern auch von dem ursprünglichen Plan, das Ganze dem Kongress zu melden. Brown hatte aufmerksam zugehört, ohne je großen Druck auszuüben. Das rücksichtsvolle Verhalten der Reporterin war Ford ein großer Trost gewesen.

Das eigentliche Interview war weitaus umfassender und schwieriger, als Ford vermutet hatte. Es begann an diesem Mittwochabend, wurde am darauffolgenden Vormittag wieder aufgenommen und über die folgenden Tage per Telefon weitergeführt. Ford schauderte bei dem Gedanken, alles schwarz auf weiß in der Zeitung zu sehen, insbesondere explizite Details in Zusammenhang mit ihrem Körper. Brown wollte wissen, ob Kavanaugh sie in irgendeiner Weise penetriert, sie vergewaltigt habe. Nein, erklärte Ford. Sie musste Auszüge ihrer Therapieberichte übergeben, in denen die Geschehnisse zur Sprache gekommen waren. Brown bat ebenfalls darum, mit Fords Ehemann reden zu dürfen. Dieser bestätigte, dass seine Frau bereits 2012 ihm gegenüber von Kavanaugh als ihrem Angreifer gesprochen hätte.

Doch als sie nach Palo Alto zurückfuhr, war Ford beinahe erleichtert, dass die Umstände sie gezwungen hatten, Farbe zu bekennen. Nun würde ihr Martyrium endlich vorbei sein. Katz und ihre übrigen Berater waren der Meinung, der Artikel sei der richtige Schritt, um sicherzustellen, dass ihre Behauptung korrekt wiedergegeben würde. Fords Ehemann blieb dem Rat treu, den er seiner Frau schon den ganzen Sommer über gegeben hatte: Je eher sie an die Öffentlichkeit gehe, desto eher werde das Leben der Familie wieder in normalen Bahnen verlaufen. Und auch sie selbst machte sich etwas vor, redete sich ein, es werde ihr gelingen, im Verlauf der Ereignisse ein bisschen Privatsphäre zu wahren. Ford hatte nach ihrer Hochzeit aus beruflichen Gründen ihren Mädchennamen behalten, um jederzeit als Autorin der von ihr verfassten wissenschaftlichen Aufsätze erkennbar zu bleiben. Kurz vor der Veröffentlichung des Artikels durch die *Washington Post* diskutierte sie mit dem Blatt darüber, ob es nicht besser wäre, den Nachnamen ihres Mannes zu verwenden. Angesichts der Häufigkeit des Namens Ford wäre es für Leserinnen und Leser schwieriger, über das Internet ihre wahre Identität herauszufinden, so hoffte sie. »In meiner Fantasiewelt ist es ein Riesenunterschied, ob man ›Ford‹ und ›Blasey‹ googelt.« Am Ende entschied sie sich jedoch dafür, als Christine Blasey Ford zu erscheinen. Auch entfernte sie Fotos, auf denen sie zu sehen war, aus dem Internet. Doch es war ihr noch nicht gelungen, ihr LinkedIn-Profil zu löschen, das ein Foto von ihr mit Sonnenbrille enthielt. Ford brachte ihre Söhne bei Freunden unter, buchte für die Nacht ein Hotelzimmer und hoffte, dass sich die Lage nach einem kurzen Medienwirbel schnell wieder beruhigen würde.

Kaum hatte die *Washington Post* den Artikel am Sonntag, dem 16. September, veröffentlicht, begann auch schon Fords Handy zu klingeln und hörte nicht mehr auf. Auf ihrer LinkedIn-Seite gingen Tausende von Kontaktanfragen ein. Ihr E-Mail-Konto in der Uni wurde von so vielen Nachrichten geflutet, die sowohl von Unterstützern kamen als auch Anfeindungen enthielten, dass es zusammenbrach.

Menschen auf der ganzen Welt verleibten sich den Artikel Zeile für Zeile ein[6]:

Anfang dieses Sommers schrieb Christine Blasey Ford einen vertraulichen Brief an eine altgediente Abgeordnete der Demokraten. Darin beschuldigt sie Brett Kavanaugh, den Kandidaten für den Obersten Gerichtshof der USA, sie vor mehr als dreißig Jahren während ihrer gemeinsamen Highschool-Zeit in einer Villengegend von Maryland sexuell genötigt zu haben. Seit Mittwoch hat sie zugesehen, wie diese Grobversion ihrer Geschichte ohne Nennung ihres Namens und ohne ihre Zustimmung an die Öffentlichkeit gelangte, was Kavanaugh zu einem Blanko-Dementi veranlasste und dessen Kandidatur, die wenige Tage zuvor noch absolut gesichert schien, ins Wanken bringt.

Jetzt hat Ford den Entschluss gefasst, dass ihre Geschichte, wenn sie denn schon erzählt werden soll, von ihr selbst erzählt werden muss.

Drüben in Brooklyn hatten auch Jodi und Megan den *Washington-Post*-Artikel gelesen; ihnen war sofort klar, welches Erdbeben er auslösen würde.

Auf der Grundlage der in der Story angeführten Beweise würden sich im Handumdrehen Armeen von Anhängern um Ford und Kavanaugh scharen. Wie Katz bereits angedeutet hatte, wies Fords Geschichte Leerstellen auf, und zwar recht umfangreiche: Gedächtnislücken des angeblichen Opfers; keinerlei erhärtende Beweise aus der Zeit des mutmaßlichen Vorfalls. Kavanaughs Dementi, am Freitag zuvor vom Weißen Haus veröffentlicht, war klar und deutlich: »Ich bestreite diese Behauptung, und zwar kategorisch und unmissverständlich. Ich habe das nie getan, während der Zeit auf der Highschool nicht und auch zu keinem anderen Zeitpunkt.«[7]

Doch Ford gab ihre Erinnerungslücken ja sogar zu, was manchen als Hinweis darauf galt, dass sie ein glaubwürdiges Opfer war. Sie schilderte spezifische Details: Rockmusik, die jemand auf volle Lautstärke gedreht hatte, und dass die beiden Jungs »wie irre« gelacht hatten. »Kavanaugh drückte sie mit aller Kraft rücklings auf ein Bett, begrapschte sie, rieb seinen Körper an ihrem und versuchte ungeschickt, ihr ihren einteiligen Badeanzug auszuziehen sowie die Kleidungsstücke, die sie darüber trug«, hatte Emma Brown geschrieben. »Als sie zu schreien versuchte, sagte sie, hätte er ihr die Hand auf den Mund gepresst.« Die Reaktionen auf die Story waren weitaus deutlicher pro Ford, als ihre Anwältinnen geahnt hatten, ein Beleg für die Macht, die die #MeToo-Bewegung inzwischen entfaltete. Menschen auf der ganzen Welt, die bereits miteinander in Verbindung standen und die Öffentlichkeit zur Unterstützung von Opfern sexueller Gewalt mobilisierten, sprangen ihr bei.

Ford wurde im Handumdrehen zu einem Symbol für alle

Frauen, denen Gewalt angetan worden war, und zu einer Verkörperung großer Hoffnung auf Gerechtigkeit – doch ebenso konnte sie im Zentrum eines gewaltigen Backlashs stehen. Megan, die sich noch sehr gut daran erinnerte, wie Trump sie vor knapp zwei Jahren am Telefon angebrüllt hatte, und die wilde Entschiedenheit kannte, mit der er solche Anschuldigungen zu bekämpfen pflegte, fragte sich, ob er nun auch Ford ins Visier nehmen würde. Bob Woodward beschrieb in seinem Buch *Furcht – Trump im Weißen Haus*, wie Trump einmal zu einem Freund, der nachgewiesenermaßen ein problematisches Verhalten gegenüber Frauen an den Tag legte, gesagt hatte: »Du musst alles abstreiten, abstreiten, abstreiten und dann zum Gegenangriff auf diese Frauen übergehen.« Und weiter: »Wenn du irgendetwas zugibst, irgendein Verschulden eingestehst, dann bist du tot.«[8]

Es war denkbar, dass Trump mehr unternehmen würde, als nur Ford zu attackieren – höchstwahrscheinlich würde er #MeToo als Ganzes ins Visier nehmen. Die Bewegung, die mit Männern abrechnete, war auch ihm bereits gefährlich geworden, denn noch immer standen zahlreiche Anschuldigungen wegen sexuellen Fehlverhaltens gegen ihn selbst im Raum. Und jetzt bedrohte sie seinen Kandidaten für den Supreme Court. Erst vor zwei Monaten hatte sich der Präsident bei einer politischen Veranstaltung über den Ausdruck #MeToo lustig gemacht und sich vor einen Kongressabgeordneten gestellt, dem vorgeworfen wurde, während seiner Zeit als Assistenztrainer eines Wrestlingteams an der Ohio State University Opfer sexueller Übergriffe, die sich mit diversen Beschwerden an ihn gewandt hatten, ignoriert zu haben. »*Denen* glaube ich kein einziges Wort. Ich glaube *ihm*«, hatte der Präsident gesagt.[9]

Rechtsexperten waren geteilter Meinung. Alte Quellen, Staatsanwälte und Strafverteidiger, sagten Megan, falls Fords Behauptung der Wahrheit entspräche, falls die beiden Jungs sie tatsächlich in dem Raum festgehalten und die Musik lauter gedreht hätten, falls Kavanaugh ihr tatsächlich den Mund zugehalten hätte, als sie versuchte zu schreien, dann hätte er sich eines ernsten Verbrechens schuldig gemacht. Das Strafrechtssystem messe der Aussage eines einzigen glaubwürdigen Opfers großes Gewicht bei: Augenzeugen, DNS und andere Beweise, die die Anklage untermauerten, waren für eine Verurteilung nicht zwingend nötig.

Andere dagegen hoben hervor, dass es schließlich gute Gründe für Verjährungsfristen gebe. »Ich bin gegen Kavanaughs Nominierung; ich denke, dass die Senatoren mit nein stimmen sollten angesichts seiner richterlichen Vorgeschichte. Dennoch ist mir nicht wohl dabei, wenn ich davon ausgehen soll, dass sein Verhalten als Jugendlicher uns irgendetwas über seinen heutigen ›Charakter‹ sagt«, twitterte Rosa Brooks, eine Rechtsprofessorin aus Georgetown, die zwei demokratischen Regierungen gedient hatte. »Nach 35 Jahren ist es beinahe unmöglich, eine vollumfängliche oder faire Ermittlung zu führen«, betonte sie.[10]

An diesem Nachmittag sprach Jodi mit Katz, die jetzt neue und schlimmere Sorgen plagten. »Ich habe Angst um meine Mandantin«, sagte die Anwältin. »Das Weiße Haus wird sie vernichten.« Aber den Demokraten traute sie ebenso wenig. Es waren nur noch zwei Monate bis zu den Zwischenwahlen, und sie fürchtete Versuche, Ford zu Wahlkampfzwecken zu instrumentalisieren.

Bevor sie ihr Telefonat beendeten, musste Katz noch ein letztes Detail loswerden. Und dies sei mehr als vertraulich, sagte sie.

»Meine Mandantin ist nicht imstande, eine Aussage zu machen.«

Das käme unter gar keinen Umständen in Frage, so Katz. Schon der Artikel in der *Washington Post* hätte Ford das letzte bisschen Kraft gekostet, und sie gehe davon aus, dass, wenn der Artikel erst einmal erschienen sei, niemand mehr etwas von ihr wollen werde. Sie fürchte sich vor Kameras, sie hasse das Fliegen, und sie wolle nicht rüber nach Washington kommen. Sollten Mitglieder des Justizausschusses sie in Kalifornien befragen wollen, stehe sie zur Verfügung. Doch von den Senatoren gegrillt zu werden? Vor laufenden Kameras? Absolut undenkbar, meinte Katz.

Am folgenden Morgen, Montag, den 17. September, jedoch saß Katz während der Morgennachrichten in diversen Gesprächsrunden und versicherte ihren Gastgebern, ihre Mandantin sei bereit, vor dem Kongress auszusagen.

»Die Antwort lautet ja«, bestätigte sie CNN, als sie direkt danach gefragt wurde.[11]

Es war der größte Bluff, der Katz in ihrer gesamten Karriere gelungen war. Nichts hatte sich gegenüber dem Tag zuvor geändert. Ford war gar nicht richtig bewusst, was ihre Anwältin da über das Fernsehen verbreitete.

»Wir mussten einfach sagen, dass sie kommt«, erklärte Katz später.

Wochen zuvor hatten Katz, Banks und Seidman Ford gedrängt, vorsichtig zu sein, sich die Gefahren bewusst zu machen, die damit verbunden wären, an die Öffentlichkeit zu gehen. Inzwischen waren sie jedoch zu der Auffassung gelangt, es sei das Beste, wenn sie in einer öffentlichen Anhörung vor laufenden Kameras aussagte. Die Anwältinnen waren überzeugt, dass viele Amerikaner, hätten sie Ford erst einmal selbst gesehen und gehört, ihr glauben würden. Gespräche mit Senatoren oder deren Mitarbeitern hinter verschlossenen Türen würden denen bloß die Möglichkeit geben, die Dinge zu verdrehen, zu vertuschen oder Fords Äußerung auf andere Weise abzuwerten.

Sie sahen zu diesem Zeitpunkt ihre oberste Priorität darin, Ford weiterhin Optionen offenzuhalten. »Wären wir zweideutig geblieben, hätten wir schwach gewirkt«, sagte Katz. Dann nämlich hätten die Republikaner behauptet, Ford sei es wohl nicht ernst genug, um persönlich zu erscheinen und ihre Behauptungen vorzutragen. »Wenn man diesen Eindruck erweckt, dann kann man einpacken.« Also gingen sie das Ganze so offensiv wie möglich an. Sie beschlossen, Form und Zeitpunkt der Aussage auszuhandeln und diese so lange wie möglich hinauszuschieben, um ihrer Mandantin einige Tage Luft zu verschaffen und ihr die Möglichkeit zu geben, sich für die Idee zu erwärmen. (Und außerdem hofften sie, es könnten in diesem Zeitfenster neue Anschuldigungen auftauchen.) Sollte Ford dann immer noch nicht willens sein, vor den Ausschuss zu treten – auch gut. Die Aktendeckel spät zu schließen war immer noch besser, als das Heft von Anfang an aus der Hand zu geben.

»Sie müssen uns vertrauen, sich alle Optionen offenhalten«, rieten die Beraterinnen Ford. »Sie schaffen das schon.«

Ford war einverstanden, machte ihrem Team jedoch unmissverständlich klar, dass sie niemals vor den Ausschuss treten werde. Also sprangen die Beraterinnen für sie ein, ebneten ihr einen Weg in der Hoffnung, sie würde nachziehen, und trugen so ebenfalls erheblich dazu bei, dass die ganze Sache eskalierte.

Dank eines republikanisch dominierten Senats hatte der Ausschussvorsitzende Chuck Grassley in beinahe jeder Hinsicht die Kontrolle darüber, wie sich die Anhörungen zu

Kavanaugh gestalten würden.[12] Direkt hinter ihm stand Senator Mitch McConnell, Mehrheitsführer der Republikaner und bekannt für seine knallharten Taktiken. So hatte er den ehemaligen Präsidenten Obama daran gehindert, während seines letzten Jahrs im Amt einen vakanten Richterstuhl am Supreme Court zu besetzen.

Doch Grassley und Trump versprachen immerhin, Ford mit Respekt zu behandeln, vielleicht ein Hinweis darauf, wie viel sich im vergangenen Jahr verändert hatte. Der Justizausschuss hatte in diesem Sommer eine Anhörung abgehalten, bei der Grassley und andere Ausschussmitglieder ein hartes Vorgehen im Zusammenhang mit sexueller Belästigung an den Bundesgerichten angekündigt hatten.[13] Die an der Macht befindlichen Republikaner schienen darauf bedacht zu sein, Ford den gebührenden Respekt zu zollen. Ihnen schien auch der möglicherweise schädliche optische Eindruck eines Showdowns bewusst zu sein: Ein ausschließlich mit Männern besetzter Ausschuss gegen eine einzelne, verletzliche Frau – das erinnerte stark an die Anhörungen im Fall Clarence Thomas. Trumps Berater machten dem Präsidenten nachgewiesenermaßen sehr deutlich, dass es ein politischer Fehler wäre, in den Angriffsmodus zu schalten. »Sie sollte auf keinen Fall beschimpft oder beleidigt werden«, sagte Präsidentenberaterin Kellyanne Conway gegenüber Reportern in der Auffahrt des Weißen Hauses an diesem Montagmorgen. »Sie sollte nicht ignoriert werden.«[14] Die Zwischenwahlen standen kurz bevor, und den Republikanern liefen schon jetzt die weiblichen Wähler in Scharen davon. Vor diesem Hintergrund wirkten sie beinahe ehrfürchtig gegenüber Ford. Genau in dieser Gemengelage sahen Fords Beraterinnen eine kleine Chance.

Seidman sollte nun hinter den Kulissen die Bedingungen

des Teams ausarbeiten, während Katz und Banks direkt mit Grassleys Stab verhandeln würden.

Was die Fernsehzuschauer jedoch nicht wussten: Katz hatte außer ihrer störrischen Mandantin an diesem Morgen noch ein zweites Geheimnis. Nach den TV-Auftritten fuhr sie ins Krankenhaus, schlüpfte in einen Patientenkittel und übergab ihr Handy ihrer Frau. Dann wurde sie unter Narkose gesetzt, um sich ausgerechnet an diesem Tag einer lange geplanten Brust-OP zu unterziehen.

Katz hatte vor Jahren schon einmal Brustkrebs gehabt und sich vollständig davon erholt. Doch wie so viele andere Betroffene hatte sie ein Implantat bekommen, das ausgetauscht werden musste. Sie hatte diesen Termin bereits vor Wochen festgemacht, und ihre Krankenversicherung erlaubte ihr nicht, ihn zu ändern.

Ford hatte sie bereits hoch und heilig versichert, das sei alles kein Problem. Jodi und Megan mussten an Laura Madden denken, deren Brust-OP unmittelbar nach Veröffentlichung der Weinstein-Story stattgefunden hatte. Aber die aktuelle Situation war sehr viel prekärer, denn Katz würde unter Vollnarkose sein, während gerade die Luft brannte. War die Anwältin wirklich so sehr darauf aus, dass diese Aussage zustande kam, dass sie mit Grassley verhandeln wollte, während sie noch mit den Nachwirkungen der Narkose kämpfte?

Seidman war unterdessen verreist. In der Woche zuvor war ihre Mutter gestorben, und sie befand sich in Atlanta, um Familienangelegenheiten zu regeln.

In der Kanzlei in der Connecticut Avenue saß Lisa Banks und verfolgte mit zunehmender Panik die Geschehnisse. Grassleys Büro schickte bereits Nachrichten mit der Bitte um einen Telefontermin mit Katz und ihrer Mandantin, und

Grassleys Berater rätselten, warum Katz nicht antwortete. »Ich frage mich ernsthaft, wie ich sie jemals aus den Augen lassen konnte«, schrieb Banks halb ironisch in einer Textnachricht an Katz' Frau. »Das ist ein absolutes Desaster. Und mich lässt man hier ganz allein die Geschicke der Nation lenken. Jemand Geringeren als mich würde das zumindest in den Alkohol treiben. Bitte sag ihr, alles ist gut, und lösch diese Nachricht.« Dann folgte ein Martini-Emoji.

Der Tag nahm seinen Lauf, und #MeToo-Aktivistinnen mobilisierten weiterhin die Massen, ohne zu ahnen, dass Ford gar nicht aussagen wollte und die Frau, die ihre Hauptrepräsentantin für die Öffentlichkeit war, auf einem Operationstisch lag.

Am folgenden Morgen, einem Dienstag, wachte Katz auf dem Hof ihrer Familie in einer abgelegenen Ecke von Maryland aus der Narkose auf. Sie war genäht und verschwollen und hatte ärztliche Anweisung, zumindest einige Tage das Haus zu hüten. Katz jedoch verweigerte die Einnahme aller Medikamente, die ihr den Kopf vernebeln könnten, setzte sich aufrecht ins Bett und klappte ihren Laptop auf, um die E-Mails durchzugehen, die Senator Grassleys Stab geschickt hatte, um die Verhandlungen einzuleiten.

Fords Team hatte – in dem Versuch, unabhängige Strafvollzugsbehörden untersuchen zu lassen, was genau an jenem Tag vor über dreißig Jahren passiert war – als einen ersten Schritt bereits die Einleitung von Ermittlungen durch das FBI im Zusammenhang mit den Vorwürfen gefordert. Doch das FBI lehnte es ab, sich mit der Angelegenheit weiter zu befassen: Die Prüfung von Kavanaughs Hintergrund und seiner Vergangenheit sei bereits abgeschlossen. Die republikanischen Vertreter im Justizausschuss bestanden darauf, das Gremium habe sowohl die Befugnis wie auch die Kompetenz, selbst zu ermitteln.

Angebote von Grassleys Ausschuss, Ford privat zu interviewen, lehnte Fords Team ab. Alles lief also darauf hinaus, die Bedingungen für eine offizielle Anhörung auszuhandeln, was im Grunde bedeutete, Schienen vor einem heranrasenden Zug zu verlegen. In einer Meinungskolumne, die an diesem Morgen in der *Times* erschien, äußerte sich Anita Hill grundsätzlich besorgt über die Aussicht darauf. Bei ihrer eigenen Anhörung vor 27 Jahren hätten sich die Ausschussmitglieder »auf eine Art und Weise [benommen], die Arbeitgeber in den folgenden Jahrzehnten zu einem falschen Umgang mit Beschwerden wegen sexueller Belästigung am Arbeitsplatz ermutigt« habe, schrieb sie. Dass dieser Ausschuss, in dem immer noch einige der Senatoren von damals säßen, bislang nicht über ein spezielles Protokoll für den Umgang mit Beschuldigungen gegen einen Kandidaten wegen sexueller Belästigung oder Nötigung verfüge, lege nahe, dass er »kaum etwas aus den Anhörungen im Fall Clarence Thomas, geschweige denn aus der jüngst aufgekommenen #MeToo-Bewegung, gelernt« habe, hieß es in Hills Artikel weiter.[15] Was Fords Verhalten vor dem Ausschuss betraf, war alles noch völlig offen: die zeitlichen Abläufe, das Format, die Frage, wer sonst noch teilnehmen würde.

Während der folgenden Tage tauschten beide Seiten äußerst sorgfältig formulierte E-Mails aus und führten knappe Telefongespräche. Katz und Banks drängten den Ausschuss, Mark Judge vorzuladen, Kavanaughs alten Freund und Ford zufolge die andere Person, die bei dem Übergriff im Raum gewesen war. Wie Ford in ihrem Brief an Feinstein geschildert hatte, erinnerte sie sich noch, wie unangenehm ihm eine spätere Begegnung mit ihr in einem Supermarkt offensichtlich gewesen war, so als hätte er wegen des Zwischenfalls ein schlechtes Gewissen. Judge, inzwischen trockener Alkoholiker, hatte zwei Memoiren über sein Leben am Jesuiten-College Georgetown Prep geschrieben und die dort herrschende extreme Partykultur bis hin zum regelmäßigen Komasaufen geschildert. In einem der Bücher, *Wasted: Tales of a GenX Drunk*, wurde ein Bart O'Kavanaugh erwähnt, vielleicht eine versteckte Anspielung auf den Kandidaten, und eine Nacht beschrieben, in der dieser »jemandem ins Auto gekotzt« hätte und »auf dem Rückweg von einer Party ins Koma gefallen« wäre.[16] Judge könnte also zumindest bestätigen, dachte Fords Team, dass sein alter Freund damals exzessiv getrunken hatte.

Wie der Ausschuss die Wahrheit ergründen könne, ohne Judge für eine persönliche Aussage vorzuladen?, wollten Katz und Banks wissen. Grassleys Stab lehnte das jedoch ab. Sie würden keinerlei Forderungen von Zeugen nach einer persönlichen Vorladung Dritter als Voraussetzung für ihre eigene Aussage akzeptieren. Stattdessen akzeptierten sie etwas anderes, nämlich eine schriftliche Stellungnahme von Judge, in der er zwar bestätigte, mit Kavanaugh in Highschool-Zeiten befreundet gewesen zu sein, jedoch meinte, er könne sich nicht an eine Party wie die in Rede stehende erinnern und habe bei Kavanaugh niemals ein Verhalten beobachtet, wie Ford es beschreibe.[17] Der Stab akzeptierte ebenfalls eine schriftliche Stellungnahme von P. J. Smyth, einem anderen Freund Kavanaughs, der Fords Erinnerung nach auf der Party zugegen gewesen war. Er sagte, er habe keinerlei Erinnerungen an eine solche Zusammenkunft, halte Kavanaugh für »sehr integer« und habe bei ihm nie unangemessenes Verhalten gegenüber Frauen beobachtet.[18]

Damit hatten die Republikaner alle potenziellen Zeugen

ausgeschaltet und den Fokus auf die Frage verengt: Wem glaubt man nun, ihr oder ihm?

Was die offizielle Korrespondenz in dieser Angelegenheit betraf, versuchte Fords Team, die eigene Empörung im Zaum zu halten. Im Umgang mit einer Institution wie dem Senat sah die ganze Welt zu. Ford hatte darauf bestanden, dass ihre Anwältinnen vor dem Ausschuss so kollegial wie möglich auftreten sollten. Sie beharrte darauf, dass eine offizielle Aussage ihrerseits keine Heckenschützentaktik sei und dass sie auch gegen Kavanaugh aussagen würde, wenn er ihrer eigenen Partei angehören würde. Es war nicht klar, ob sie begriff, dass viele sie in einem ganz anderen Licht sahen: In Zusammenarbeit mit demokratischen Anwältinnen, die sie über die Top-Demokratin im Justizausschuss des Senats kennengelernt hatte, und mit Seidman, einer aktiven Demokratin, stellte sie eine Behauptung auf, an der ein von den Republikanern nominierter Kandidat für den Supreme Court scheitern konnte. Mike Davis, dem republikanischen Stabsmitarbeiter, der die Verhandlungen im Namen des Ausschusses führte, kam es so vor, als nutze Fords Team deren Vorwürfe zu politischen Zwecken, und die Verschleppung der Verhandlungen durch sie sei Teil einer koordinierten Strategie, Kavanaughs Nominierung zum Scheitern zu bringen, wie er später sagte.[19]

Ford saß unterdessen in einem Hotel in Palo Alto fest. Sie wäre zwar über die Verhandlungen auf dem Laufenden gehalten worden, hätte jedoch nicht jedes einzelne Detail mitverfolgen können, erklärte sie später. Ein Großteil der Reaktionen auf den Artikel in der *Washington Post*, darunter viele von Kolleginnen, die sich umgehend vor sie stellten und ihre Integrität betonten, sowie von ehemaligen Klassenkameradinnen und Klassenkameraden aus der Highschool, die einen Brief veröffentlichten, in dem es hieß, der mutmaßliche sexuelle Übergriff auf sie stünde »nur allzu sehr im Einklang mit dem, was wir selbst zu dieser Zeit so hörten und erlebten«, hätten ihr Mut gemacht. »Ich kann nicht fassen, dass die Medien – und Freunde aus jeder Phase meines Lebens –, dass Stanford und meine Fakultät an der PAU hinter mir stehen und mir helfen wollen«, schrieb sie an dem Tag, an dem der Artikel erschien, in einer Textnachricht an Katz.

Doch auch an diesem Donnerstag war sie noch immer nicht gewillt, sich auf eine Reise nach Washington einzulassen. Als Katz sie sanft drängte, wehrte sie sich:

Ford: Ich spüre viel zu viel Druck im Moment.

Katz versuchte, geduldig zu sein, aber sie konnte den Justizausschuss nicht ewig hinhalten.

Katz: Glauben Sie mir – ich will nicht noch jemand sein, der Sie unter Druck setzt. Ich bin mir bloß der zeitlichen Zwänge bewusst. Wir müssen Grassley und Feinstein bald eine E-Mail schicken

Ford: Ich kann nicht dorthin 😕 Nach D.C.

Katz: Das ist okay. Wir können uns jederzeit rausziehen mit der Begründung, dass sie nicht bereit sind, uns faire Regeln vorzuschlagen. Das ist der richtige nächste Schritt

Dennoch brauchte die Anwältin grünes Licht von ihrer Mandantin, um mit den Verhandlungen fortfahren zu können.

Katz: Zur Klarstellung – es ist okay für Sie, dass wir die E-Mail schicken, denn das muss bald geschehen. Aber wir sollen ganz deutlich machen, dass Sie, falls sie nicht bereit sind, sich auf faire Regeln zu einigen, die Ihre Sicherheit gewährleisten, nicht aussagen werden

Ford: Noch einmal, auch wenn Sie ihnen schreiben: Ich kann nicht garantieren, dass ich nach D.C. komme. ☹ Kann ich die finale Version sehen?

Ford: Ich habe solche Angst, ich kriege kaum noch Luft

Ford gestand sich nach wie vor nicht ein, was da gerade ablief. (Es war ein Muster: Sie hatte den Brief an Feinstein geschrieben, ohne sich darüber im Klaren zu sein, dass er durchsickern könnte; sie war über die *Washington Post* an die Öffentlichkeit gegangen und hatte sich eingeredet, die Sache sei nach spätestens einer Woche Medienrummel vorbei.) Sie selbst hatte das Ganze Wochen zuvor mit ihrem kleinen Vorstoß, sich einzumischen, ins Rollen gebracht, und mit jeder neuen Phase des Geschehens hatten sich die Umstände verschärft, stand immer mehr auf dem Spiel. Jetzt musste sie eine lebensverändernde Entscheidung treffen, die nicht nur sie selbst betraf, sondern möglicherweise das ganze Land, und sie vermied sie noch immer. Katz, Banks und Seidman sagten ihr: Überlassen Sie das uns, und schubsten sie immer weiter. Sie wollten zwar nicht gegen den erklärten Wunsch und Willen ihrer Mandantin handeln, nahmen aber die Zügel in die Hand und führten sie entschlossen vorwärts.

An diesem Donnerstagabend betrat Ford in einer stillen Straße San Franciscos ein schummriges französisches Restaurant, das sich unauffällig zwischen andere Gebäude zwängte. Barry Coburn, der auch zu ihrem Washingtoner Anwaltsteam gehörte, war in der Stadt und wollte sie endlich persönlich treffen. Ford nahm ihm gegenüber Platz und deutete auf ihre Baseballmütze. »Meine Tarnung«, sagte sie und zwang sich zu einem kleinen Lächeln.

Während des ausgedehnten Abendessens machte sie Coburn klar, warum sie so viel Angst hatte, nach Washington zu reisen. Ihre Familie habe sich gezwungen gesehen, einen privaten Sicherheitsdienst anzuheuern, der sie rund um die Uhr bewachte. Wann es für sie wieder sicher genug sei, um nach Hause zurückzukehren, sei ungewiss. Sie sei in ihrem Leben bereits genügend Belästigungen und Gefahren ausgesetzt gewesen.

Auf dem Tisch lag ihr Handy. Sie tippte auf »Play«. »Du widerliche verlogene Fotze!«, sagte eine Stimme. »Dir bleiben noch genau drei Monate«, sagte eine zweite. Andere wiederholten ähnliche Sätze und klangen, als könnten sie aus demselben Stimmenverzerrer stammen, woraus Ford schloss, dass das Ganze irgendwie koordiniert war. »Leg' dich nicht mit meinem Kumpel an, Brett.« »Leg dich nicht mit meinem Kumpel an, Trump.« Der Anwalt meinte, angesichts solcher Kommentare seien ihre Ängste berechtigt, und ermutigte sie, solche und ähnliche Nachrichten dem FBI zu übermitteln.[20]

Am folgenden Tag, Freitag, dem 21. September, schaute Katz in der Praxis ihres Arztes vorbei, um sich die Fäden ziehen zu lassen. Im Wartezimmer lief ein Fernseher. Die Republikaner verloren langsam die Geduld.

CNN blendete immer wieder eine vertrauliche Liste mit Forderungen ein, die Katz an Grassleys Team geschickt hatte und die offenbar von einem der republikanischen Mitarbeiter geleakt worden war.[21] Trump versuchte nun ganz direkt, Zweifel an Fords Behauptungen zu säen, er twitterte: »Ich habe keinerlei Zweifel, dass, wäre der Angriff auf Dr. Ford wirklich so schlimm gewesen, wie sie sagt, umgehend entweder von ihr oder ihren treusorgenden Eltern eine Anzeige bei den lokalen Strafverfolgungsbehörden erstattet worden wäre.«[22] Bei einem Treffen evangelikaler Aktivisten versprach Mitch McConnell, der Senat werde sich »direkt da durchackern« und alles tun, um Kavanaugh zu bestätigen.[23]

Am selben Abend gab Grassleys Stab bekannt, dass das Gremium am kommenden Montag, dem 24. September, über Kavanaughs Kandidatur abstimmen werde. Punkt. Falls Ford erscheinen wolle, müsse sie das unverzüglich bestätigen, noch diesen Freitagabend, bis spätestens 22 Uhr. Die Moderatoren der Abendnachrichten hörten sich an, als wäre das Ganze bereits gegessen.[24] »Wir waren dabei, überrollt zu werden«, sagte Katz.

Katz und Banks, jede einen Kaffee in der Hand, verfassten in ihrem Büro einen offenen Brandbrief an Grassleys Stab. Darin warfen sie ihnen vor, eine verletzliche Frau unter Druck zu setzen, die es gerade mit Morddrohungen zu tun habe.

»Das aggressive Setzen künstlicher Fristen in Bezug auf Datum und Bedingungen einer Anhörung ist völlig unverhältnismäßig und ungerechtfertigt. Es verursacht Dr. Ford schreckliche Ängste und Stress«, schrieben sie. »Die Vorwürfe eines Opfers sexueller Nötigung, das sein Bestes getan hat, um mit dem Ausschuss zu kooperieren, so zu behandeln, als ginge es um ein Kavaliersdelikt, ist absolut unangemessen.«

Und weiter: »Die 22-Uhr-Frist ist reine Willkür. Ihr einziger Zweck besteht darin, Dr. Ford einzuschüchtern und sie der Möglichkeit zu berauben, eine wohlüberlegte Entscheidung zu treffen, die lebensverändernde Auswirkungen auf sie selbst und ihre Familie hat. Wir fordern Sie in aller Bescheidenheit dazu auf, ihr einen zusätzlichen Tag zu gewähren, damit sie ihre Entscheidung treffen kann.« Das Schreiben ging als Pressemitteilung an die Medien und wurde sofort auf allen Kanälen gesendet.

Zwei Stunden später twitterte Grassley, er habe der Bitte stattgegeben. Die Form war allerdings seltsam. Es schien, als sei der Tweet direkt an den Richter gerichtet[25]:

Richter Kavanaugh, habe soeben Dr. Ford eine weitere Fristverlängerung gewährt, damit sie entscheiden kann, ob sie die Sache mit dem Statement, das sie letzte Woche abgegeben hat, weiterverfolgen und vor dem Senat aussagen will. Sie sollte sich entscheiden, damit wir weiterkommen. Ich möchte sie hören. Ich hoffe, Sie verstehen das. Normalerweise bin ich nicht so unentschlossen.

Ohne Plan für das weitere Vorgehen und ohne demokratische Mehrheit in irgendeinem Regierungsgremium hatten Katz, Banks und Seidman Ford in Stellung gebracht, damit sie gemäß dem ihnen vorschwebenden Zeitplan aussagen konnte, obwohl ihnen noch nicht einmal die schriftliche Einwilligung ihrer Mandantin zu einem solchen Vorgehen vorlag. Später sollte die ganze Welt über den machtvollen Eindruck von Fords Aussage sprechen, ohne die geringste Ahnung zu haben, welche Rolle die anderen Frauen dabei gespielt hatten.

Doch jetzt mussten sie ihre Mandantin dazu bringen, nach Washington zu kommen.

Am Samstag war klar, dass Ford nicht verbindlich bestätigen würde, in einer öffentlichen Ausschusssitzung auszusagen.

Ihre Unentschiedenheit war lähmend. Also arbeiteten die Beraterinnen im Tandem und überredeten sie zu einem winzigen Schrittchen nach dem anderen.

Ein wohlwollender Manager eines Technologiekonzerns hatte seinen Privatjet für Fords Reise nach Washington angeboten. Ford warnte ihr Team, jede Erwähnung des Flugzeugs würde sie nicht beruhigen, sondern nur noch nervöser machen. Trotzdem schickte Katz ihr Fotos von der Maschine aufs Handy, um ihr zu vermitteln, dass dies alles Wirklichkeit war.

Als Nächstes baten die Beraterinnen Ford, sich zu überlegen, wen sie einladen wolle, sie zu begleiten, falls sie sich doch ein Herz fassen sollte. Das Flugzeug wäre groß genug, um ein paar Freunde mitzunehmen. Ihr Ehemann wollte in Palo Alto bleiben und sich um die Kinder kümmern; beide Eltern waren fest entschlossen, das Leben ihrer Söhne nicht stärker durcheinanderzubringen als unbedingt nötig. Ford überlegte, auf wen sie sich am meisten verlassen konnte. Eine war Mutter von vier Töchtern, Drillingen und einem zwei Jahre jüngeren Mädchen. Die Frau hatte während des Sommers zu jenen Menschen gehört, denen Ford sich – seit den Gesprächen am Strand von Santa Cruz – anvertraut hatte. Sie würde Ford helfen können, die Nerven zu behalten. Ebenso Keith Koegler, ihr Freund und Vertrauter. Er würde dem Justizausschuss eine eidesstattliche Erklärung übermitteln und darin schildern, wie Ford ihm einige Jahre zuvor anvertraut hatte, dass sie von einem prominenten Richter genötigt worden war. Hilfreich wären außerdem zwei Mitglieder der Medizinischen Fakultät der Stanford University, mit denen sie befreundet sei.

Katz, Banks und Seidman sprachen alle Szenarien mit Ford durch und überzeugten sie schließlich, nach Washington zu fliegen und vor den Senatoren zu sprechen. Am Sonntag waren sich die Teams von Ford und Grassley endlich einig: Die Anhörung würde am folgenden Donnerstag, dem 27. September, stattfinden.

Doch an ebendiesem Sonntag, dem 23. September, verschob sich die gesamte Dynamik der Auseinandersetzung um Kavanaugh. Endlich traf das Material ein, über das Fords Team sich wochenlang die Köpfe zerbrochen hatte. Nahezu gleichzeitig tauchten zwei weitere Anschuldigungen gegen den Richter auf. Plötzlich wurde sein Bild in der Öffentlichkeit um einiges dunkler. Was, wenn es sich um einen Wiederholungstäter handelte?

Der *New Yorker* veröffentlichte eine Schilderung von Deborah Ramirez, in der sie behauptete, Kavanaugh hätte sich bei einer Saufparty während ihrer gemeinsamen Studentenzeit in Yale vor ihr entblößt. Sie sei betrunken gewesen, habe »lallend und benebelt auf dem Boden gesessen«, als Kavanaugh ihr seinen Penis ins Gesicht gestoßen habe. Sie habe ihn berührt, als sie ihn wegstieß. »Brett lachte«, wurde Ramirez zitiert. »Ich sehe immer noch sein Gesicht vor mir, und wie er seine Hüften nach vorne schob, wie wenn man sich die Hosen hochzieht.«[26]

Praktisch gleichzeitig twitterte Michael Avenatti, ein Zivilrechtsanwalt aus Kalifornien – unter anderem vertrat er Pornostar Stormy Daniels, die eine Schweigegeldzahlung von Trump angenommen hatte –, Vorwürfe gegen Kavanaugh in die Welt hinaus. Die eher ominösen Anschuldigungen stammten von einer neuen Mandantin:

Uns liegen aussagekräftige Beweise für zahlreiche Schülerpartys in der Gegend um Washington, D.C. während der frühen 1980er-Jahre vor, auf denen Brett Kavanaugh, Mark Judge und andere regelmäßig an Aktionen beteiligt waren, die darauf abzielten, Mädchen mit Hilfe von Alkohol/Drogen in einen Zustand zu versetzen, der es einer »Reihe« von Jungs erlaubte, sie nacheinander zu vergewaltigen.

Avenatti behielt den Namen seiner Mandantin für sich, stellte dem Richter jedoch auf Twitter in aller Öffentlichkeit Suggestivfragen wie: »Haben Sie jemals eine oder mehrere Frauen zum Ziel sexueller Attacken oder Vergewaltigungen bei Schülerpartys gemacht?« Es gebe, so behauptete er, jede Menge Personen, die bereit seien, eine Zeugenaussage zu machen.[27]

Katz, Banks und Seidman, die diese Entwicklungen verfolgten, gelangten zu der Überzeugung, dass Ramirez die Wahrheit sagte, wenn sie behauptete, Kavanaugh habe sich vor ihr entblößt, und dass die Vorwürfe dazu beitragen würden, Fords Glaubwürdigkeit zu stärken. Was allerdings Avenatti betraf, hatten sie den Eindruck, hier handle es sich um einen Nebenschauplatz, der ihrer Sache potenziell sogar schaden konnte.

Am selben Sonntagvormittag arbeitete Rebecca Corbett gerade in Baltimore von zu Hause aus, als der Reporterinstinkt ihr sagte, dass die Story im *New Yorker* kommen würde. Sie wusste es einfach, wie das bei Journalisten konkurrierender Blätter eben so war, wenn sie gemeinsame Quellen und sich überschneidende Berichte hatten. Als sie erfuhr, dass der *New Yorker* kurz davorstand, die Story zu publizieren, ging sie davon aus, dass sie wasserdicht wäre, und bat ihr Team, einen Artikel mit einer Zusammenfassung der Ergebnisse dieser Berichterstattung zu schreiben. Das hatte stets etwas

Demütigendes, weshalb solche Beiträge in Journalistenkreisen den Spitznamen »follow«, Nachklapp, trugen.

Doch als Corbett, Baquet und Purdy am Abend den *New Yorker* gelesen hatten, wies Corbett ihre Reporterinnen an, die Arbeit vorerst wieder einzustellen. Die Zeitschrift hatte nämlich etwas Wesentliches bekommen, das der *Times* fehlte: ein Interview mit Ramirez. Einige Aspekte der Story ähnelten der von Ford: Der Artikel enthielt keine Aussagen namentlich genannter Augenzeugen. (Ein ungenannter Kommilitone sagte, er habe von dem Zwischenfall gehört, diesen aber nicht selbst gesehen.) Andere, die Ramirez' Erinnerung nach auf der Party anwesend waren, leugneten, dass ein solcher Zwischenfall jemals stattgefunden hätte, oder sie erinnerten sich überhaupt nicht mehr an die Party.

Aber Ramirez' Schilderung ließ noch weitere Fragen offen. Der Artikel räumte ein, sie hätte zunächst gezögert, sich zu äußern, unter anderem wegen alkoholbedingter Gedächtnislücken. Außerdem hätte sie ganze sechs Tage gebraucht, um ihre Erinnerung zu prüfen und Kavanaughs Rolle bei dem mutmaßlichen Zwischenfall mit Sicherheit zu beschreiben. (Ronan Farrow, einer der Co-Autoren der Story, sagte später, viele Opfer hätten mit ihren Erinnerungslücken zu kämpfen, und die sechs Tage wären ein Zeichen für Ramirez' Sorgfalt gewesen.) Falls Ramirez anderen gegenüber Kavanaugh als Täter erwähnt hatte, und zwar *vor* seiner Nominierung, dann brachte der *New Yorker* keinerlei Beispiele. Vielleicht kannten sie weitere, inoffizielle Fakten, die Ramirez' Darstellung untermauerten, doch waren sie nicht Bestandteil des Artikels.

Es war journalistische Standardpraxis, dass konkurrierende Blätter stets versuchten, sich in der Berichterstattung zu einer bedeutenden Story gegenseitig zu ergänzen.

Hatte etwa die *Washington Post* einen Exklusivbericht über Trumps Kungeleien mit Russland, dann würde die *Times* versuchen, zu demselben Material zu berichten und umgekehrt. Das diente nicht nur der Information der eigenen Leserschaft, sondern auch der zusätzlichen Bestätigung. Es war wie bei Wissenschaftlern, die Peer Reviews für Kollegen durchführten: Gelang es verschiedenen, mitunter sogar rivalisierenden Teams, dieselben Experimente mit denselben Resultaten durchzuführen, dann konnte man den Ergebnissen eher trauen. In der Berichterstattung zu Weinstein hatten die Artikel der *Times* und des *New Yorker* größtenteils – wenn nicht sogar vollständig – zusammengepasst, ein Hinweis auf die hohe Aussagekraft des vorhandenen Materials.

Das hier war ein anderes Szenario. Auch Reporter der *Times* hatten in den vorangegangenen Tagen Dutzende ehemalige Kommilitonen und Mitbewohner interviewt und niemanden gefunden, der aus erster Hand von dem Zwischenfall berichten konnte. Mehr noch, das Blatt hatte sogar erfahren, dass Ramirez einigen ihrer ehemaligen Kommilitonen in Yale gesagt hatte, sie sei nicht ganz sicher, ob Kavanaugh derjenige gewesen sei, der sich entblößt hätte. Die Redakteure der *Times* zogen daraus zwar keine Schlussfolgerungen bezüglich dessen, was sich in jener Partynacht wirklich zugetragen hatte, aber ihrer eigenen Berichterstattung zufolge war die Behauptung nicht ausreichend untermauert, um als eigenständiger *follow* veröffentlicht zu werden.

Avenattis Tweets stellten eine davon unabhängige und weitaus ernstere Quelle der Besorgnis dar. Er hatte nebulöse Behauptungen über Gruppenvergewaltigungen gegen den Richter aufgestellt, ohne auch nur zu sagen, von wem der Vorwurf stammte. Avenatti schien sein eigenes Süppchen zu kochen. Als Anwalt von Stormy Daniels hatte er Informationen an die Medien weitergegeben und gleichzeitig seine Ambitionen auf das Präsidentenamt kultiviert. Als die Story Monate zuvor herausgekommen war, hatte er Corbett dreist erklärt, er könne der *Times* und anderen Nachrichtenkanälen ein paar Tipps geben, doch seine vornehmliche Strategie bestand darin, ins Fernsehen zu kommen. »Ich werde mit Ihnen schlafen, aber ich werde Sie nicht heiraten«, sagte er.[28]

An diesem Sonntag instruierte Corbett die Journalisten der *Times*, weiter zu recherchieren und mehr über die neuen Anschuldigungen herauszufinden. Aber der Artikel, der an diesem Abend erschien und sich mit den politischen Konsequenzen von Fords bevorstehender Aussage beschäftigte, erwähnte die Vorwürfe von Ramirez erst im vierzehnten Absatz und betonte zudem, dass die *Times* zu anderen Ergebnissen gekommen sei. Avenatti und seine ungenannte Mandantin wurden gar nicht erwähnt.[29]

Am Montagmorgen nutzten Republikaner die Schwachstellen der neuen Vorwürfe, um Kavanaugh umso verbissener zu verteidigen. Plötzlich schien sich die Annahme von Fords Team, dass weitere Anschuldigungen die Story ihrer Mandantin stützen würden, als Irrtum zu entpuppen. Schlimmer noch, sie konnten sogar von Fords Geschichte ablenken. Eine Woche zuvor hatte Kellyanne Conway argumentiert, Ford verdiene es, gehört zu werden. Während eines Auftritts in der CBS-Morgensendung *This Morning* sagte sie nun plötzlich, die Vorwürfe gegen Kavanaugh »fühlen sich inzwischen eher [an] wie eine riesige Verschwörung der Linken« und implizierte, der Richter sei Zielscheibe eines »Nachholbedarfs« von Opfern sexueller Belästigung und Gewalt.[30]

Ein aufgebrachter Mitch McConnell trat vor den Senat und beschuldigte die Demokraten der Beteiligung an einer »unverschämten Schmutzkampagne«[31] gegen den Kandidaten. Kavanaugh, der sich dadurch ermutigt fühlte, ließ einen Brief veröffentlichen, in dem es hieß, er werde auf keinen Fall klein beigeben.[32]

Mike Davis, der ständige Mitarbeiter der Republikaner im Justizausschuss des Senats, sagte später, das Auftauchen Avenattis wäre besonders bedeutsam gewesen. »Er sprang auf den fahrenden Zug, machte die Angelegenheit zu einem Spektakel und unterminierte damit die Glaubwürdigkeit der anderen mutmaßlichen Opfer«.[33]

Am Mittwochvormittag, 26. September, dem Tag vor der Aussage, wurde Ford in aller Stille im Watergate Hotel untergebracht. Sie hatten es weniger wegen seines historischen Namens gewählt, sondern eher, weil es abseits der Washingtoner Innenstadt lag.

Ford war am Tag zuvor mit dem geliehenen Privatjet angekommen, in der Tasche ein Rezept für Ativan, das helfen sollte, sie zu beruhigen, erklärte sie später. Nach der Landung lief ihr ausgerechnet Präsidentenberaterin Conway über den Weg, die offenbar auf die Abfertigung ihres Fluges wartete. Ford zog ihre Baseballmütze tief ins Gesicht, und ihre kalifornischen Freunde, die sie begleiteten, scharten sich schützend um sie. Aber Conway schien sie nicht zu erkennen. Das war nicht überraschend: Ford stand zwar im Zentrum der Medienaufmerksamkeit, aber die Öffentlichkeit kannte bisher weder ihre Stimme noch ihr Gesicht. Es gab lediglich ein Foto von ihr, und das war jahrzehntealt und zeigte sie mit Sonnenbrille. Im Hotel wurde sie anschließend derart engmaschig überwacht, dass der Sicherheitsbeamte, der im Nebenzimmer stationiert war, jedes Mal, wenn sie ihre Zimmertür öffnete, ebenfalls die Tür aufmachte. Bis zum folgenden Morgen würde ihre Identität für das Land im Großen und Ganzen ein Rätsel bleiben.

Während ihre Freunde ausschwärmten, um die Sehenswürdigkeiten der Hauptstadt zu erkunden, begab sich Ford in einen einige Etagen tiefer gelegenen Konferenzraum. Dort warteten Katz und Banks, die zwischen ihrer Kanzlei und dem geheimen Vorbereitungsraum hin- und herpendelten. Und auch Larry Robbins war da, der Ford hinter den Kulissen weiterhin juristisch beriet. Dazu Michael Bromwich, ein ehemaliger Kollege von Robbins, der am vergangenen Freitag zu dem Team gestoßen war und die abschließende Verhandlungsrunde mit dem Justizausschuss unterstützt hatte. Seidman saß in einem gegenüberliegenden Zimmer bei der Arbeit.

Der enge, karge Raum verfügte über einen schlechten Internetzugang, aber immerhin hatte irgendjemand alle Sitzplätze des Konferenztischs mit Notizblöcken, Stiften und Wasserflaschen ausgestattet, auf denen das Hotellogo prangte. Katz, eine junge Nachwuchsanwältin aus ihrer Kanzlei und Bromwich hatten auf der Grundlage der Details, die Ford ihnen und der *Washington Post* geschildert hatte, ein Eröffnungsplädoyer ausgearbeitet und dabei sexuell eindeutige Sprache, von der sie wussten, dass Ford sich damit unwohl fühlte, durchgängig vermieden. Ford las den Entwurf und schrieb ihn beinahe vollständig um. »Ich strich fast alles durch«, sagte sie. Nicht wegen faktischer Fehler, sondern weil es einfach nicht nach ihr geklungen hätte. »Es war nicht meine Sprache. Die Reihenfolge stimmte nicht. Ich musste meine eigenen Worte finden.« Ford blendete die anwesenden Anwälte vollkommen aus, während sie schrieb und korrigierte, genau, wie sie es mit wissenschaftlichen Aufsätzen machte.

Bromwich und Robbins gingen mit Ford eine ganze Stunde lang eine Reihe von Fragen durch, die ihr während der Anhörung gestellt werden könnten, und gaben ihr allgemeine Ratschläge für den Zeugenstand: Sie müssen die Wahrheit sagen; machen Sie sich keine Gedanken darüber, wie es ausgeht. Wenn die Senatoren zweideutige Begriffe benutzen, spekulieren Sie nicht über deren Bedeutung; wird Ihnen eine dreiteilige Frage gestellt, dann bitten Sie darum, dass die Fragen einzeln und nacheinander gestellt werden. Bromwich erklärte Ford, dass er während der Anhörung direkt neben ihr sitzen würde. Legten die Senatoren eine Redepause ein, sollte sie ihnen direkt ins Gesicht schauen, tief Luft holen und sich keine Sorgen über das machen, was sie sagten.

Robbins und Bromwich, beide Spezialisten für Kongressanhörungen, wussten, dass der Schlüssel zu einem guten Auftritt bei solchen Formaten darin bestand, sich gründlich vorzubereiten, alles durchzuspielen, mögliche Fragen vorherzusehen und ausgefeilte Erwiderungen parat zu haben. Alle, die vor dem Kongress aussagten, übten vorher, auch dann, wenn es um einfache, trockene Rechtsangelegenheiten ging. Alles andere galt als unvorsichtig, ja, nahezu fahrlässig. Die Anwälte würden Ford dieser Übung sehr schnell unterziehen müssen: Manche Manager verbrachten Wochen, häufig sogar Monate mit der Vorbereitung ihrer Aussage vor dem Kongress, und sie hatten nur diesen einen Tag.

Ford machte sich ein paar Notizen, fand es aber schwer, sich zu konzentrieren, weil die Anwälte sich ständig gegenseitig ins Wort fielen. Als sie sie baten, ihre Erwiderungen einzuüben, weigerte sie sich beharrlich. »Sie war sehr hartnäckig«, so Robbins.

In weniger als 24 Stunden würde Ford die heikelste Aussage machen, die man in Washington seit langem gehört

hatte. Um das Bild einer ausschließlich mit Männern be-
setzten Riege republikanischer Gesprächspartner zu vermeiden, traten diese Senatoren ihre Fragezeit an eine erfahrene
Staatsanwältin namens Rachel Mitchell ab. Alle, nicht nur
die Senatoren, würden Ford sehr genau zuhören und jede
Schwäche, Ungereimtheit oder Unbeholfenheit ihrerseits
zur Kenntnis nehmen.

Ford beunruhigte das nicht. Vorher zu üben kam ihr wie
das Lernen für eine Klassenarbeit vor, bei der sie alle Antworten auf die Fragen schon wusste. Sie war sich ganz sicher,
welche Daten sie kannte und welche nicht. Daran würde
auch alles Üben nichts ändern.

Nur ein Aspekt bereitete ihr Sorgen: »Ich bin mir nicht
sicher, ob ich das alles vor laufenden Kameras kann«, sagte
sie zu ihrem Team. Und dann stellte sie erneut die Frage, die
sie schon seit Tagen quälte: Wieso sie die Fragen des Justizausschusses nicht in einer Anhörung unter Ausschluss der
Öffentlichkeit beantworten könne?

Jetzt trat Seidman auf den Plan. In einem Vier-Augen-Ge-
spräch mit Ford bekräftigte sie noch einmal, was Katz und
Banks ihr schon seit Tagen zu vermitteln versuchten: Der
einzige Weg, der garantierte, dass ihre Darstellung korrekt
und vollständig wiedergegeben würde, wäre eine im Fernsehen übertragene Anhörung. So würde Kavanaugh vorgehen.
»Okay«, erwiderte Ford.

Seidman war endlich überzeugt, dass Ford sich an die ver-
abredete Vorgehensweise halten würde. Katz und Banks dagegen hatten immer noch Zweifel.

Am selben Nachmittag nahm Jodi den Zug nach Washington, suchte sich die Adresse von Katz' und Banks' Kanzlei
heraus und richtete sich in einem unweit gelegenen Café auf

stundenlanges Warten ein. Katz hatte sie nicht eingeladen, Banks hatte sie nie getroffen, und mit Ford hatte sie noch immer kein einiges Wort gesprochen. Megan und Jodi wussten zu diesem Zeitpunkt nur bruchstückhaft über das Bescheid, was hinter den Kulissen vorging. Als Jodi Katz mitgeteilt hatte, dass sie sich eine Zugfahrkarte besorgen würde, hatte die Anwältin gesagt, sie könne ihr nicht versprechen, ob und was sie zu sehen bekäme. Doch Jodi und Megan hatten sich darauf geeinigt, dass zumindest eine von ihnen die Geschehnisse vor Ort verfolgen und das Ganze vom nächstgelegenen Standpunkt aus betrachten sollte, um die Situation endlich besser einschätzen zu können.

Später an diesem Abend – Jodi saß immer noch in dem Café – tauchten plötzlich Katz und Banks auf und nahmen sie mit nach oben ins Büro, damit sie ihnen bei den letzten Vorbereitungen zusehen konnte. In der Kanzlei herrschte Hochstimmung. Die Räumlichkeiten hatten sich in eine Kommandozentrale verwandelt, voll mit Belegen für die stark voneinander abweichenden Reaktionen auf die Story ihrer Mandantin. Wegen der Drohungen, die die Anwältinnen erhalten hatten, wurde die Eingangstür von Sicherheitsleuten bewacht. Aber es gab auch massenweise Dinge, die wildfremde Leute zur Ermutigung gesendet oder vorbeigebracht hatten. Auf Katz' Schreibtisch etwa standen jede Menge Blumensträuße. Und auf den Aktenschränken stapelten sich Kekspackungen.

In der Kanzlei befand sich nur noch ein kleines Team. Es bestand überwiegend aus Anwältinnen und Strateginnen, die sich freiwillig zur Unterstützung von Ford gemeldet hatten und Optimismus, Energie und Entschlossenheit ausstrahlten.

Auf dem Weg zum Fahrstuhl griff sich Katz von einem

Tischchen eine Ausgabe der *Times* und hob triumphierend die Faust, als sie die Schlagzeile las: »Bill Cosby – einst Vorzeigevater, jetzt Häftling.«[34] Der bekannte Showmaster war am Tag zuvor zu drei bis zehn Jahren Haft verurteilt worden. Endlich wurde jemand zur Rechenschaft gezogen – ein Moment, von dem viele geglaubt hätten, er würde niemals kommen. Kommentatoren zufolge war es das erste bedeutende Urteil der #MeToo-Ära. Katz hatte das Gefühl, auf der richtigen Seite der Geschichte zu stehen.

Doch im selben Augenblick erschien Trump im Fernsehen und wetterte gegen die Vorwürfe im Zusammenhang mit Kavanaugh. Das sei alles Teil eines »dreckigen Spiels« der Demokraten, Teil der Entwicklungen, die Megan gerade von New York aus verfolgte. Der Präsident benutzte den Fall Kavanaugh, um seine eigenen Unschuldsbeteuerungen zu bekräftigen und sich selbst als Opfer zu inszenieren. »Ich bin schon lange prominent, aber es gab jede Menge falsche Anschuldigungen gegen mich, echt falsche Anschuldigungen«, sagte Trump. »Wenn ich mir das also so anschaue, dann betrachte ich das anders als Leute, die zu Hause vor ihrem Fernseher sitzen und sagen: ›Na ja, der Kavanaugh dies oder das.‹ Es ist mir ja selbst schon oft passiert.«

Dann nahm Trump erneut Megans und Barbaros Artikel über seinen Umgang mit Frauen ins Visier, bezeichnete ihn als »falsche Berichterstattung« und sprach von »Fake News«. Auch erwähnte er »vier oder fünf Frauen, die eine Menge Geld dafür bekommen haben, dass sie Storys über mich erfinden«[35]. Für diese Behauptungen gab es keinerlei Beweise. Doch Lisa Blooms Bemühungen, von prominenten Demokraten Spenden für die Unterstützung möglicher Beschuldigerinnen Trumps einzuwerben, waren von Journalisten dokumentiert worden. Diese grotesk übersteigerten Informationen verschafften ihm Munition und Argumente.

Um 22 Uhr ging Ford zu Bett und hoffte, endlich einmal durchschlafen zu können. Doch zwei Stunden später war sie schon wieder wach. Sie duschte und sah bis zum Morgengrauen fern. »Ich wartete. Ich war bereit, die Sache hinter mich zu bringen«, sagte sie später.

Am Morgen fanden in aller Hektik die letzten Vorbereitungen statt. Eine Stylistin kam, um ihr die Haare zu machen. Als Ford in den Spiegel schaute, erkannte sie sich fast nicht wieder, denn ihre Haare hatten unten plötzlich große Wellen. Einige ihrer Berater hatten zu Recht vermutet, eine Akademikerin aus Kalifornien besäße nicht die Art von Kleidung, die man bei Kongressanhörungen trägt, also hatten sie elf verschiedene Kostüme bestellt, die am Vortag ins Hotel geliefert worden waren. Ford fand sie alle zu dunkel und zu teuer – East Coast eben. Sie entschied sich für das einzige, das nicht schwarz war, ein mitternachtsblaues, das sie auch später bei ihren Vorlesungen noch würde tragen können, und wie aus dem Nichts tauchte eine Änderungsschneiderin auf, um es anzupassen.

Gemeinsam mit einem Kollegen und einer Kollegin aus Stanford – er war mit ihr im Privatjet angereist, sie hielt sich zufällig in der Stadt auf –, frühstückte sie auf ihrem Hotelzimmer. Während die drei sich über die wissenschaftlichen Arbeiten unterhielten, an denen sie gerade schrieben, spürte Ford, wie sie langsam in den vertrauten Profimodus wechselte, den sie während der Anhörung einnehmen wollte.

Draußen wartete ein SUV, ein Chevy Suburban, der sie zusammen mit Katz, Banks, Bromwich, Robbins und zwei ihrer Sicherheitsleute zum Kapitol brachte. Das Auto fuhr in eine unterirdische Parkgarage, und dann wurden sie durch das Innere des Kongresses geführt, einen Flur entlang und eine Treppe hinauf, die in einem breiten Korridor endete, wo sich Bürotür an Bürotür reihte. Die Leute steckten die Köpfe aus ihren Räumen, um einen Blick auf sie zu erhaschen. Kurz darauf waren Ford und ihr Team unter sich, in einem Raum, der wie ein Büro wirkte und nur wenige Türen vom Anhörungssaal entfernt lag. Hier hatten sie die Möglichkeit, sich während der Pausen auszuruhen und neu zu formieren. Ford war immer noch damit beschäftigt, ihr Eröffnungsplädoyer zu überarbeiten, das sie in einem Ordner bei sich trug, und prüfte wie besessen noch einmal jedes einzelne Wort. Später sagte sie, sie habe »laut rufen« gestrichen und durch »schreien« ersetzt.

Als Grassley kurz hereinschaute, lächelte Ford und tauschte Höflichkeiten mit ihm aus. Sie war immer noch entschlossen, in jeder Phase des Geschehens so sympathisch wie möglich zu wirken.

Fords Berater hatten den Justizausschuss gedrängt, die Anhörung in einem der kleineren Säle abzuhalten, weil sie davon ausgingen, dass sich dadurch das Lampenfieber ihrer Mandantin in Grenzen halten würde. Keiner von ihnen hatte Ford klar und deutlich gesagt, wie viel Medienaufmerksamkeit ihre Aussage bekommen würde: ein weiterer geschickter Schachzug, um das Ausmaß zu verschleiern, das die Debatte über diesen einzelnen Zwischenfall in Highschool-Zeiten inzwischen erreicht hatte. Katz und Banks machten sich Sorgen, dass Ford sonst vor Angst wie gelähmt sein würde.

Die Anhörung nahm ihren Lauf, und Ford begann ihre Aussage vorzulesen[36], ohne so recht mitzubekommen, welchen Eindruck sie hinterließ. Sie hatte die Geschichte bereits den ganzen Sommer über erzählt. Sie hatte die ganze Nacht nicht geschlafen. Als sie anfing, ins Mikrofon zu sprechen, bat sie als Erstes um Koffein. Der Raum wirkte seltsam auf sie, da die Senatoren höher saßen. Die Beleuchtung war grell wie in einem Operationsaal.

Fords Stimme klang brüchig, weil ihre Gefühle sie zu überwältigen drohten, aber sie bewahrte die Fassung. Die Worte, die sie gewählt hatte, und die Bilder, die sie heraufbeschwor, waren eindringlich und aufrüttelnd. Sie sprach darüber, wie Kavanaugh sich an ihrer Kleidung zu schaffen gemacht hatte, um unter den einteiligen Badeanzug zu kommen, den sie trug, und wie es geklungen hatte, als die Jungs, nachdem sie sich im Badezimmer versteckt hatte, auf ihrem Weg die Treppe hinunter »wie Flipperkugeln gegen die Wände getaumelt« waren.

»Ich habe diese traumatische Erfahrung vor den Augen der ganzen Welt noch einmal durchleben müssen. Ich habe zusehen müssen, wie Menschen im Fernsehen, auf Twitter, auf anderen Social-Media-Kanälen und in anderen Medien mein Leben auseinanderpflückten. Und auch hier in diesem Gremium, dessen Mitglieder mich niemals getroffen oder mit mir gesprochen haben«, sagte sie. »Ich bin ein unabhängiger Mensch und niemandes Schachfigur. Meine Motivation, mich öffentlich zu äußern, war einzig und allein, helfen zu wollen. Ich wollte Fakten beibringen, die deutlich machen, wie die Handlungen von Mr. Kavanaugh mein Leben beeinträchtigt haben, damit Sie sie bei Ihrem weiteren Vorgehen in dieser Angelegenheit ernsthaft in Ihre Entscheidungen einbeziehen können.«

Ford war Frage-Antwort-Szenarien aufgrund der vielen Stunden, die sie auf wissenschaftlichen Konferenzen verbracht hatte, gewohnt, und nun griff sie auf diese Erfahrung zurück. Sie sprach klar und präzise. Sie machte sich keine Gedanken um das Kreuzverhör durch Rachel Mitchell, die Staatsanwältin, der die Republikaner ihre Fragezeit überlassen hatten. Diese hätte im Gegensatz zu den Senatoren auf Augenhöhe mit ihr gesessen, so dass das Gefühl entstand, ein Gespräch von Mensch zu Mensch zu führen, sagte sie später. Und die erste Fragerunde hätte ihr den Eindruck vermittelt, dass sie respektiert würde.

Aber je weiter die Sitzung voranschritt, desto nervöser wurde Ford. Die Zielrichtung von Mitchells Fragen veränderte sich. Wie sie nach Washington gereist sei? Ob sie die näheren Umstände ihres Lügendetektortests beschreiben könne? Das alles erschien ihr nebensächlich und verwirrte sie. Als die letzte Unterbrechung anstand, war sie am Ende ihrer Kräfte. Sie wollte nicht noch einmal in den Saal zurückmüssen.

Nachdem sie endlich von ihrem Platz am Mikrofon entlassen worden war, kam Mitchell auf sie zu.

»Ich werde für ihre Sicherheit beten«, sagte die Staatsanwältin. Ford bekam Angst. Wusste Mitchell etwas Bestimmtes, vor dem sie sich zu fürchten hätte?

Zurück in dem ihnen zugeteilten Raum, lächelten die Mitglieder von Fords Beraterteam und lobten sie. Sie wusste dieses Feedback sehr zu schätzen, betrachtete das Ganze aber immer noch von einem akademischen Standpunkt aus. »Wenn du über wissenschaftliche Dinge sprichst, sagst du einfach das, was du weißt«, erläuterte sie. »Da ist doch nichts groß dabei!« Was jedoch ihren Auftritt anging und wie sie ihre Aussage vorgebracht hatte, hatte sie ein gutes Gefühl – sie hätte »alles reingeworfen, was ich hatte«, wie sie später sagte, wobei sie eine ihrer geliebten Sportanalogien benutzte. Als der republikanische Senator Jeff Flake aus Arizona, der als potenzieller Wackelkandidat galt, kurz hereinschaute, um hallo zu sagen, begrüßte sie ihn herzlich. Sie hatte nach wie vor keine genaue Vorstellung davon, welche Macht oder Resonanz ihr Auftritt über das ganze Land hinweg entfaltet hatte.

Jodi hatte sich eine Akkreditierung geliehen, um in den vollbesetzten Anhörungssaal zu kommen, und war gegen Ende von Fords Aussage hineingeschlüpft. Zum ersten Mal bekam sie jetzt einen persönlichen Eindruck von der Frau, die den Senatoren gegenüber an einem riesigen Holztisch saß, flankiert von Katz und Bromwich. Da Jodi Ford nur von hinten sehen konnte, beeindruckte sie vor allem deren Stimme. Sie klang unerwartet mädchenhaft, strahlte aber dennoch Autorität aus, was zum Teil daran lag, dass sie ihre Worte so präzise gewählt hatte. Während der anschließenden Fragerunde bemühte sie sich offenkundig, alle Fragen gewissenhaft zu beantworten. Im Gegensatz zum Fall Weinstein, wo die Geschichten der Opfer lediglich mittelbar über Journalisten zugänglich waren, hatte die Welt diese Geschichte ungefiltert zu hören bekommen und die Frau, die sie erzählte, direkt vor sich gesehen.

Viele Zuschauer empfanden sie als derart glaubwürdige Zeugin, dass sie Kavanaughs Kandidatur für erledigt hielten. Auf C-SPAN meldeten sich massenweise Opfer sexueller Übergriffe, um ihre Erlebnisse zu schildern. »Ich habe jahrelang nicht darüber gesprochen, bis ich heute diese Aussage hörte. Es bricht mir einfach das Herz«, sagte eine Sechsundsiebzigjährige.[37] Trump meinte, er halte Ford für »sehr überzeugend« und »eine sehr glaubwürdige Zeugin«.[38] Die Redakteure und Journalisten bei der *Times* standen in den Startlöchern. Sie waren bereit für die Berichterstattung, falls Kavanaugh seine Kandidatur zurückzog.

Wie so viele andere Beobachter auch waren Jodi und Megan nicht sicher, was von Kavanaughs Anhörung zu erwarten wäre. Würde der angesehene Bundesrichter sich präsentieren, als stünde er über den Dingen, und die Welt daran erinnern, wie viel Respekt er sich im Verlauf seiner Karriere erworben hatte? Vielleicht würde er sagen, er könne sich ganz gewiss nicht an einen derartigen Vorfall erinnern, sei aber der Meinung, man solle ihn an seinem Verhalten als Erwachsener messen. Diese Taktik hatte schon anderen Leuten geholfen, schädigende Berichte aus ihrer Jugend abzuwiegeln. George W. Bush hatte während seines Präsidentschaftswahlkampfes im Jahr 2000 Berichte zurückgewiesen, in denen von seinem exzessivem Trinkverhalten die Rede war, indem er sagte: »Als ich jung und verantwortungslos war, war ich jung und verantwortungslos.«[39] Das war einer der effektivsten je geäußerten Sätze im Zusammenhang mit autobiografischer Meinungsmache. Er ließ den ehemaligen Party Boy selbstkritisch und sympathisch wirken – schließlich wollte niemand auf Basis der schlimmsten Momente seines jüngeren Ichs beurteilt werden.

Doch schnell wurde klar, dass Kavanaugh andere Absichten verfolgte. Als er an die Reihe kam, seinen Platz an dem polierten Holztisch einzunehmen, machte er unverzüglich Boden gut, indem er Fords Beschuldigung unter Eid umfassend und eindrucksvoll zurückwies. »Ich leugne die Vorwürfe, die Dr. Ford gegen mich erhebt, kategorisch und unmissverständlich. Ich hatte nie eine sexuelle oder körperliche Begegnung jedweder Art mit Dr. Ford. Ich habe nie an einer Zusammenkunft teilgenommen wie der, die Dr. Ford in ihrer Anschuldigung beschreibt. Ich habe Dr. Ford nie sexuell belästigt. Sie nicht und auch sonst niemanden«, sagte er.

Jodi konnte auch Kavanaughs Gesicht nicht sehen, nur

braun-graues Haar über breiten Schultern. Aber sie konnte ihn hören, seine schnelle Sprechweise, seine mühsam unterdrückte Wut. Es war fast so, als würde er sein Eröffnungsplädoyer in den Raum spucken. Seine Haltung war der von Ford geradezu entgegengesetzt. Sie hatte beherrscht, ruhig und höflich geklungen, nicht besonders politisch; bemüht zu gefallen; in ihre Aussage hatte sie immer wieder wissenschaftliche Begriffe eingestreut, als wollte sie den Zuhörerinnen und Zuhörern helfen einzuordnen, was sie sagte. Er dagegen war laut, bissig, ganz offen parteiisch. »All diese Bemühungen, die nun schon seit zwei Wochen anhalten, sind ein gut kalkulierter und genau geplanter politischer Schlag, der sich offenbar aus angestauter Wut über Präsident Trump und die Wahl 2016 speist«, sagte er.[40]

Mehrere Minuten lang versuchte er, die Zuhörer dazu zu bringen, sich in seine Lage zu versetzen, schilderte ein von harter Arbeit geprägtes Leben, das nun von einer Serie sich immer weiter steigernder und außer Kontrolle geratender Anschuldigungen vollkommen auf den Kopf gestellt wurde. In der Woche davor hatte sich endlich Avenattis Mandantin Julie Swetnick offiziell geäußert; allerdings hatten sich ihre Aussagen in einer eidesstattlichen Erklärung an den Ausschuss und dann in einem TV-Interview widersprochen, und sie galt weithin als nicht glaubwürdig.[41]

»Die Swetnick-Sache ist ein Witz«, sagte Kavanaugh. »Das ist eine Farce.«

»Ich habe eine Anhörung gefordert, und zwar gleich für den Tag nach Bekanntwerden der Vorwürfe«, fuhr er fort und bezog sich damit wieder auf Fords Darstellung. »Stattdessen vergingen volle zehn Tage, in denen dieser ganze Unsinn in die Welt gesetzt wurde«, sagte er und erwähnte einige der vageren Gerüchte, die kursierten: »Ich bin überall zu sehen, wissen Sie? Auf Schiffen in Rhode Island, in den Bergen von Colorado, einfach überall. Und diese Dinge werden gedruckt und machen die Runde, pausenlos, in den Fernsehnachrichten.«

»Meine Familie und mein Name sind von diesen böswilligen und falschen zusätzlichen Anschuldigungen vollständig und auf Dauer zerstört worden«, sagte er. Dieses Wort – *zusätzlichen* – war aufschlussreich.

Er brachte Argumente vor, die sehr viel weiter griffen. Er stellte sich als Kristallisationspunkt männlichen Kummers dar; sagte, in Wahrheit sei er hier das Opfer und sein gesamtes Leben, das stets davon geprägt gewesen sei, seinem Land zu dienen und sich um andere zu kümmern – bis hin zu den vielen Stunden, die er dem Basketballtraining seiner Töchter widmete –, werde nun von unverantwortlichen Frauen zerstört, die falsche Behauptungen aufstellten.

»Wenn jedem Amerikaner, der Bier trinkt, oder jedem Amerikaner, der in der Highschool Bier getrunken hat, plötzlich unterstellt wird, sexuelle Übergriffe verübt zu haben, dann wird das Land, in dem wir alle leben, in Zukunft ein sehr hässlicher Ort sein«, sagte er.

Die republikanischen Senatoren nutzten ihre Fragezeit, um seine Botschaft zu verstärken. Sie drängten Rachel Mitchell, die Kavanaugh eindringlich aufgefordert hatte, sich zu den Details der mutmaßlichen Vorfälle zu äußern, beiseite, und gaben damit ihr ursprüngliches Vorhaben, in der Öffentlichkeit eine Frau für sich sprechen zu lassen, auf. Stattdessen überbot sich eine rein männliche Gruppe von Republikanern gegenseitig in Wutausbrüchen über etwas, das sie als Viktimisierung eines aufrechten Mannes bezeichneten.

»Es wird einfach immer schlimmer«, sagte Senator John Cornyn aus Texas. »Diese Geschichte, diese Vorwürfe von

Ms. Ramirez, hat ja nicht einmal die *New York Times* publiziert. Und dann taucht auch noch Stormy Daniels' Anwalt auf und erzählt diese unglaubwürdigen Sachen, beschuldigt Sie des schmutzigsten und obszönsten Verhaltens. Das ist ungeheuerlich, und Sie sind zu Recht verärgert.«

»Eine Schande«, sagte Senator Orrin Hatch aus Utah. »Das Ganze ist nicht nur ein trauriges, es ist eines der beschämendsten Kapitel in der Geschichte des Senats der Vereinigten Staaten«, echote Senator Ted Cruz aus Texas.

Während seiner Aussage machte Kavanaugh einige zweifelhafte Angaben. So etwa zu dem Begriff »Devil's Triangle« (Teufelsdreieck), der in seinem Jahrbuch auftauchte und eine gewisse Medienaufmerksamkeit bekommen hatte. Kavanaugh sagte, es handele sich dabei um ein Trinkspiel, dabei wussten die meisten Leute, dass es unter Schülern an der Highschool ein gebräuchlicher Ausdruck für eine Dreiecksbeziehung zwischen zwei Männern und einer Frau war. Er behauptete, Fords Story würde »von ebenjenen Leuten widerlegt, die, wie sie behauptet, damals dabei waren, darunter eine ihrer langjährigen Freundinnen«. Das stimmte nicht: Die Freundin, Leland Keyser, die Fords Erinnerung nach auf der Party gewesen war, hatte dem Justizausschuss in einem von ihrer Anwältin verfassten Brief mitgeteilt, sie könne sich an diese Zusammenkunft nicht erinnern und kenne Kavanaugh nicht. Zugleich hatte sie der *Washington Post* versichert, sie sei überzeugt, dass Ford die Wahrheit sage.[42] Als Amy Klobuchar, eine Demokratin aus Minnesota, Kavanaugh fragte, ob er jemals einen teilweisen oder vollständigen Blackout aufgrund übermäßigen Alkoholgenusses gehabt hätte, drehte er den Spieß um und fragte sie höchst defensiv dasselbe.

Jodi, die alles live miterlebte, fiel etwas auf, das sich über das Fernsehen nicht gut übertrug: wie klein der Raum war und wie vollgepackt nicht nur mit Fords und Kavanaughs Unterstützern, sondern auch mit führenden Köpfen wie Kritikern von #MeToo. Als Ford ihre Aussage beendet hatte, mischten sich Rufe wie »Danke, Dr. Ford!« mit Rufen wie »Brett bestätigen!«. Die Zuschauerreihen boten nur Platz für jeweils acht Personen nebeneinander, nicht viel mehr als die Sitzreihen in einem Flugzeug. Frauen in Kavanaugh-T-Shirts saßen dicht an dicht mit denen, die für Ford gekommen waren. Tarana Burke, die Gründerin der #MeToo-Bewegung, trug Turnschuhe, um anschließend zu den Protestveranstaltungen gehen zu können, die überall auf dem Capitol Hill stattfanden. Sie saß nicht weit entfernt von Ashley Kavanaugh, der Ehefrau des Richters, auf deren Gesicht sich Entsetzen spiegelte. Und alle waren eingepfercht in einen holzvertäfelten, mit Messing veredelten Käfig, der offiziell wirken sollte, in dem jedoch ein Kampf nach improvisierten Regeln und ohne Schiedsrichter stattfand.

Am darauffolgenden Vormittag traf sich Jodi in der Lobby des Watergate Hotels mit Katz, und die beiden begaben sich in den engen Konferenzraum, in dem sich Ford und ihr Team vor der Anhörung verschanzt hatten. Dort lag immer noch alles Mögliche herum, das den Vorbereitungen auf die Anhörung gedient hatte, daneben hübsch arrangierte Textmarker und Tütchen von M&M's. Eine Sekunde später kam Ford herein.

Sie wirkte genau wie am Tag zuvor und gleichzeitig wie ausgewechselt. Die ersten Worte, die sie sagte, entsprachen genau denen zu Beginn ihrer Anhörung: Sie verlangte nach Koffein. Sie war auch ebenso bemüht zu gefallen, fragte Katz, ob sie freundlich genug gewesen wäre, als Senator Flake zu ihnen hereingeschaut und sie begrüßt hatte. (»Sie waren entzückend«, versicherte ihr Katz.) Doch das formelle Kostüm war verschwunden; stattdessen trug sie einen türkisfarbenen Kapuzenpullover und blaue Birkenstock-Sandalen aus Gummi, deutliche Zeichen dafür, dass diese Person eine Identität und ein Leben hatte, die sich nicht auf die wenigen Stunden auf der öffentlichen Bühne beschränkten. Jetzt sah sie wieder aus wie eine Kalifornierin, die Haare noch ganz verwuschelt vom Schlaf. Um das Handgelenk trug sie ein dünnes silbernes Armband mit der Aufschrift »Courageous«.

Nachdem sie am Tag zuvor den Capitol Hill verlassen hatte, ließ sie sich endlich ein bisschen fallen. Sie hatte Kavanaughs Aussage nicht mitverfolgt und sich stattdessen mit ihren Freunden in einem Raum des Watergate Hotels zu einer kleinen Gott-sei-Dank-es-ist-vorbei-Party getroffen. Ihre Freunde aus Palo Alto hatten die Freundinnen aus Highschool-Zeiten kennengelernt. Eine von ihnen würde ins Fernsehen gehen, um sich zu Ford interviewen zu lassen, und Ford dankte ihr dafür. Auch ihre Eltern waren da. Während alle um sie herum schwatzten und tranken, hatte sie sich auf eine kleine gepolsterte Bank mitten im Raum gelegt und die Augen geschlossen.

Bald würde Fords Flugzeug starten, und sie freute sich sehr darauf, wieder nach Westen zu kommen, weg von Washington und diesem Martyrium. Sie sprach darüber, wann sie wohl wieder in ihr Haus ziehen könnte, fokussierte sich darauf, ihr altes Leben wieder aufzunehmen, in den Alltag zurückzukehren. Doch war das wohl kaum realistisch: Ihre Story löste gerade ein Erdbeben aus, das die gesamte Nation, ihre Kultur und Politik erschütterte.

Einige Stunden später versammelten sich die Mitglieder des Justizausschusses zur Abstimmung darüber, ob Kavanaughs Kandidatur nun an den gesamten Senat weitergeleitet werden sollte. Katz und Banks verfolgten die Live-Übertragung vom Konferenzraum ihrer Kanzlei aus mit. Auch Jodi saß im Raum und beobachtete die Anwältinnen in ihrer Ungewissheit, ob die Aussage ihrer Mandantin nun tatsächlich Einfluss auf den Ausgang der Nominierung haben würde.

Katz schritt ein ums andere Mal den Konferenztisch ab und tauschte Textnachrichten mit Ford aus, die schon im Flugzeug saß. Die Warterei war unerträglich und das Ergebnis, das sich das Anwaltsteam wünschte – nämlich, dass Senator Jeff Flake oder ein anderer Republikaner mit nein stimmen würde –, eher unwahrscheinlich. Während also am unteren Rand des Bildschirms die Schlagzeilen über die bewegten Bilder liefen und es noch keine Neuigkeiten gab, stellte Jodi den Anwältinnen eine grundsätzlichere Frage: Wie viel hatte sich im zurückliegenden Jahr tatsächlich verändert, und worin bestand das Vermächtnis von Fords Aussage?

»Wenn er bestätigt wird, dann bezweifle ich, dass wir irgendwas gewonnen haben«, meinte Banks, die Pessimistin des Gespanns.

Katz, die immer noch an das Mögliche glaubte, konnte diese Antwort so nicht stehen lassen. Sie fand, Ford habe veraltete gesellschaftliche Normen in Frage gestellt, und das sei nur möglich gewesen, weil die #MeToo-Bewegung ihr ein Fenster geöffnet habe, denn es hätte sich bereits etwas verändert. »Noch vor einem Jahr hätte sie gar nicht erst die Gelegenheit bekommen, auszusagen«, argumentierte sie.

»Wir *haben* jetzt eine neue Qualität«, fuhr sie fort. »Was sich *nicht* verändert hat, sind die Institutionen. Der Senat hat sich *nicht* verändert. Die Macht dieses Landes konzentriert sich nach wie vor im Weißen Haus und im Senat. Das heißt aber nicht, dass die Bewegung gescheitert ist.«

Katz fügte hinzu, viele Gegner Fords hätten sie nicht rundheraus als Lügnerin bezeichnet, sondern stattdessen die eigenwillige These in Umlauf gebracht, sie hätte sich in der Identität ihres Angreifers geirrt. Das sei zwar eine seltsame Art von Fortschritt, meinte sie, aber immerhin ein Fortschritt.

»Ich sage ja auch nicht, dass die Bewegung gescheitert ist«, gab Banks zurück. »Ich sage nur, dass, egal wie mächtig die Bewegung auch sein mag, die Ergebnisse offenbar immer noch dieselben sind.«

Das Fernsehen lieferte letztlich keine klaren Antworten. Nachdem ihn zwei Opfer sexueller Gewalt in einem Fahrstuhl auf dem Capitol Hill heftigst zur Rede gestellt hatten, erwirkte Senator Flake eine Unterbrechung der Anhörungen und forderte, dass vor einer Abstimmung des gesamten Senats über Kavanaughs Nominierung die Vorwürfe von Ford und Ramirez durch das FBI untersucht werden müssten. Genau das also, was Katz und Banks schon vor Wochen vergeblich versucht hatten zu erreichen. Jetzt ließen es die Republikaner im Ausschuss und das Weiße Haus für diesen Tag gut sein und machten sich mit Feuereifer daran, alles Notwendige in die Wege zu leiten, um Flakes Unterstützung für den Richter zu sichern.

Jodi und Megan tauschten die Rollen. Jodi kehrte nach New York zurück, und Megan löste sie bei den Anwältinnen ab. Im Fernsehen und im Internet bejubelte so mancher Beobachter die Verschiebung der Abstimmung und die Einleitung von Ermittlungen durch das FBI als einen Sieg für Ford, doch Katz und Banks waren skeptisch. »Wie das Ganze ausgeht, ist nach wie vor völlig ungewiss«, sagte Katz zu Megan.

Wenige Stunden später erlebte Ford bei ihrer Rückkehr nach Kalifornien an diesem Freitag, dem 28. September, ein emotionales Wiedersehen mit ihrem Ehemann und ihren beiden Söhnen. Die Jungs hätten vor Freude Luftsprünge gemacht; sie seien ihr immer wieder um den Hals gefallen, so Ford.

Zum ersten Mal seit Monaten fühlte sie sich fast beschwingt. Ja, sie hatte eine gewisse Befangenheit verspürt, als sie dort vor all diesen Kameras saß, und auch während der Befragung durch Rachel Mitchell hatte es ein paar unangenehme Momente gegeben. Aber niemand hatte versucht, ihre Familie oder Karriere zu zerstören. Sie ging auch weiterhin davon aus, dass Kavanaugh bestätigt würde. Ihr Sieg hätte darin bestanden, der Welt ihre Geschichte mit Würde zu erzählen, sagte sie. Vielleicht wäre es dadurch für künftige Opfer leichter, ihre Vorwürfe öffentlich zu machen. Und vielleicht würden Menschen, die Kandidaten für den Supreme Court vorschlugen, diese das nächste Mal ein bisschen sorgfältiger unter die Lupe nehmen.

Endlich, dachte Ford, könnte sie wieder zurückkehren in ihr altes Leben. Sie lehnte alle Bitten um ein Interview ab und sagte ihrem Team: »Ich will nicht *diese* Person sein, ich will einfach nur wieder unterrichten.«

Stattdessen geriet sie unter Beschuss, denn die Republikaner wollten die Bestätigung von Kavanaughs Nominierung mit aller Macht durchdrücken.

Am Sonntagabend schickte Rachel Mitchell ein fünfseitiges Memo an die Republikaner im Senat, die versuchten, Fords Glaubwürdigkeit zu untergraben.[43] (»Ein ›Er sagte, sie sagte‹-Fall ist immer unglaublich schwer zu beweisen. Doch hier haben wir praktisch gar nichts.«) Drei Tage später machte sich Trump bei einer Wahlkampfveranstaltung in Southaven, Mississippi, über Ford lustig und ließ die Zügel ärger schießen als je zuvor. (»›Wie sind Sie nach Hause gekommen?‹ ›Ich erinnere mich nicht.‹ ›Wie sind Sie dorthin gekommen?‹ ›Ich erinnere mich nicht.‹ ›Wo ist dieser Ort?‹ ›Ich erinnere mich nicht.‹ ›Vor wie vielen Jahren war das?‹ ›Ich weiß nicht. Ich weiß nicht. Ich weiß nicht.‹ ›In welchem Viertel passierte es?‹ ›Ich weiß nicht.‹ ›Wo ist das Haus?‹ ›Ich weiß nicht.‹ ›Treppe hoch, Treppe runter, wo war es?‹ ›Ich weiß nicht.‹«)[44]

Noch während Trumps Rede veröffentlichten die republikanischen Mitglieder des Justizausschusses die eidesstattliche Erklärung eines Mannes, mit dem Ford in den frühen 1990er-Jahren ein paar Mal ausgegangen war. Er behauptete, beobachtet zu haben, wie Ford ihre Kenntnisse in Psychologie nutzte, um eine Mitbewohnerin zu coachen, die im Rahmen einer Bewerbung bei den Strafvollzugsbehörden einen Lügendetektortest absolvieren musste. Der Vorwurf schien darauf angelegt zu sein, Zweifel an dem Lügendetektortest zu streuen, den Ford selbst bestanden hatte. Sie war außer sich. Dass Kritiker sie unter Beschuss nahmen, war eine Sache. Doch diese Lüge verletzte auch ihre Freundin Monica McLean. Die ehemalige FBI-Agentin war gezwungen, öffentlich zu erklären, dass weder Ford noch irgendjemand anders sie je auf einen Lügendetektortest vorbereitet hätte.[45]

Es war, als hätte jeder im Land etwas zu dem zu sagen, was Ford getan hatte.[46] Eine Kellnerin des Restaurants Dale's in Southaven, Mississippi, der Stadt, in der Trump soeben seine Rede gehalten hatte, war stinkwütend. »Frauen können alles Mögliche behaupten«, meinte sie über die #MeToo-Bewegung. »Das wissen Sie doch genauso gut wie ich, dass sie sich das selber ausdenken, um die Karriereleiter hochzuklettern, um jemanden zu zerstören, der ihnen nichts bedeutet. Ich denke, diese Dinge sollten privat bleiben. Natürlich gibt's da draußen viele böse Jungs, die jede Menge Dinge tun, die sie lieber nicht tun sollten.« Ihre eigene Tochter sei Opfer einer Vergewaltig geworden, sagte sie. »Ich meine, ich verstehe das total. Du nimmst Beratung in Anspruch, ein Jahr, auch zwei, was immer dir hilft. Aber PTBS? Nein, das geht nun wirklich zu weit. Meine Tochter ist gut damit zurechtgekommen und hat ihr Leben weitergelebt. Vergeben und vergessen. Man ist doch nicht so blöd und trägt so was sein ganzes Leben lang mit sich herum.«[47]

Andere feierten Ford als Heldin. Immer noch schütteten überall Opfer sexueller Gewalt in Reaktion auf ihre Aussage ihr Herz aus. Sie bekam Zehntausende Briefe von Frauen, in denen diese ihr ihre ganz persönlichen Geschichten über sexuellen Missbrauch, Nötigung und Belästigung anvertrauten. Prominente wie Ellen DeGeneres und Connie Chung schilderten zum ersten Mal in aller Öffentlichkeit gewaltsame Übergriffe, die sie selbst erlebt hatten, und nannten Ford explizit als Quelle ihrer Motivation.[48] Über den Capitol Hill rollte eine Welle von Protesten, die alle anfänglichen Demonstrationen gegen Kavanaugh in den Schatten stellten. Das *TIME Magazine* brachte eine Ausgabe heraus, deren Titelblatt ein Porträt von Ford zierte, zusammengesetzt aus Passagen ihrer Aussage.

Sowohl in ihren Gesprächen mit der *Washington Post* als auch während ihrer Zeugenaussage vor laufenden Kameras hatte Ford stets versucht, die Kontrolle über ihre Geschichte zu behalten, doch nun wurde diese untergraben, in den Himmel gehoben und auf andere Weise instrumentalisiert. In dem verzweifelten Bedürfnis, das letzte Wort zu haben, wandte Ford sich noch einmal an ihr Team. Ob sie nicht noch irgendetwas sagen oder tun könne? Die Anwältinnen rieten ihr ab. Selbst wenn sie ein Video von dem Übergriff vorlegen könnte, würden sich die Kritiker noch weigern, ihr zu glauben, so Katz und Banks. Und schon gar nicht könne sie sich die Last der Traumata der anderen Opfer aufladen.

»Sie können nicht alle Hoffnungen und Gebete und Träume von Menschen auf sich nehmen, die wollen, dass Frauen mit Respekt behandelt werden«, erinnerte sich Katz später an die Worte, die sie am Telefon zu Ford gesagt hatte. »Das können Sie nicht tragen.«

Doch Ford konnte nicht loslassen. Am Donnerstagabend, dem 4. Oktober, rief sie Katz und Banks an. Am nächsten Tag würde der Senat endlich in einer ersten Abstimmung darüber entscheiden, ob Kavanaughs Nominierung zugelassen werden sollte. Die Ermittlungen des FBI zu Fords Vorwürfen waren extrem knapp ausgefallen und in großer Eile vonstattengegangen. Befragungen von Mark Judge, P. J. Smyth, Leland Keyser sowie eines Anwalts, der einen der Zeugen vertrat, hätten »keinerlei erhärtende Beweise« erbracht, so die Behörde.[49] Sie hatten weder Ford befragt noch Kavanaugh. Die Frage, was da vor dreißig Jahren tatsächlich passiert war, blieb unbeantwortet. (Die Ermittlungen ergaben auch keine Beweise für Ramirez' Behauptungen.)

Aber Ford wollte sich ein letztes Mal dazu äußern. So schrieb sie noch am selben Abend einen geheimen Brief zu Ende, den sie zwei Tage zuvor begonnen hatte. Er war an Senator Jeff Flake adressiert, und sie dankte ihm darin für die Freundlichkeit, die er ihr erwiesen hatte.

Banks schickte ihn spätabends an die private E-Mail-Adresse des Senators. Am nächsten Morgen, noch vor der Abstimmung, brachte ein Eilkurier das Original in Flakes Büro.

An diesem Freitagnachmittag, dem 5. Oktober, entschied der Senat, die Nominierung Kavanaughs zuzulassen. Die endgültige Abstimmung würde vermutlich am darauffolgenden Tag stattfinden. Es war exakt der erste Jahrestag der Veröffentlichung von Jodis und Megans erster Story zum Fall Weinstein, und beinahe auf den Tag genau der zweite Jahrestag der Veröffentlichung des *Access-Hollywood*-Videos.

Megan fuhr mit dem Zug nach Washington, wo sie Katz außerhalb ihres Büros antraf. Die Anwältin telefonierte und hatte Tränen in den Augen. Die Abstimmung war ausgegangen wie erwartet. Sie sprach gerade mit Ford, und gemeinsam versuchten die beiden, das Geschehene zu verarbeiten. Ford hatte weitaus mehr getan, als sie jemals geplant hatte. Und trotzdem würde der Richter in den Supreme Court einziehen.

»Sie haben Ihren Teil geleistet, bleiben Sie stark«, sagte Katz am Telefon zu ihr.

Am nächsten Tag liefen Katz, Banks und ein Nachwuchsanwalt aus ihrer Kanzlei an Hunderten Protestlern vorbei und begaben sich in die Hallen des Senatsgebäudes, gefolgt von Megan, um die finale Abstimmung über Kavanaughs Kandidatur live mitzuerleben. Die Anwältinnen stießen die hölzernen Türen zur Zuschauergalerie auf, gingen die weiße Marmortreppe hinunter und nahmen auf ihren blauen Stühlen Platz. Sie seien hier, um Ford bis zum bitteren Ende zu vertreten, auch, wenn das bedeute, einfach nur auf der Zuschauergalerie zu sitzen, sagten sie.

Mit finsterer Miene sahen sie zu, wie republikanische Senatoren sich erhoben, um von unschuldigen Männern zu sprechen, denen jetzt überall die Gefahr drohe, Opfer ungerechtfertigter Anschuldigungen zu werden. Die meisten von ihnen griffen Ford nicht direkt an; stattdessen bezeichneten sie sie als Marionette derjenigen, die Kavanaughs Nominierung zu verhindern suchten. Die Demokraten taten das Gegenteil. Sie kritisierten Kavanaugh und sangen ein Loblied auf seine Beschuldigerinnen, bekundeten ihre Sympathie mit Opfern sexueller Gewalt im Allgemeinen. Als Senator Dick Durbin, ein Demokrat aus Illinois, Ford als echte Verkörperung zivilen Pflichtbewusstseins pries und sich bei ihr für die Behandlung entschuldigte, die sie erfahren hatte, senkte Katz, von ihren Gefühlen überwältigt, den Kopf.

Die wachsende Unruhe auf beiden Seiten der Debatte hatte sich in Wut verwandelt. Auf dem Capitol Hill schwenkten Protestierende riesige Plakate mit der Aufschrift WIR GLAUBEN CHRISTINE BLASEY FORD und WIR GLAUBEN ALLEN OPFERN und stellten republikanische Senatoren persönlich zur Rede. Sie tauchten sogar vor McConnells Haus auf. Bewaffnet mit Bierdosen – eine Anspielung auf Kavanaughs jugendliche Trinkgewohnheiten – skandierten sie: »Schluck! Schluck! Schluck!« und, in Abwandlung des berühmten Seemannsliedes, »What do we do with a drunken justice?«[50]. Jetzt bahnten sich einige ihren Weg auf die Galerie, um der finalen Abstimmung beizuwohnen. Nacheinander standen sie auf und brüllten ihre Beschwerden in den Saal. Während sie von Sicherheitskräften hinausgezerrt wurden, hallten ihre Rufe durch die Korridore: »Ich stehe an der Seite der Überlebenden.« »Dieses Verfahren ist eine Farce!« »Das ist ein Schandfleck in der amerikanischen Geschichte.«

Auf der gegenüberliegenden Seite des Saales saß Don McGahn, Trumps Rechtsberater im Weißen Haus, und verfolgte lächelnd das Geschehen. Als die Abstimmung vorüber war, hielt Senator McConnell eine Pressekonferenz ab. Megan notierte, dass auch er vor Befriedigung strahlte. Er hatte jetzt nicht nur die Mehrheit im Supreme Court, sondern bekam vielleicht unerwartet noch einen politischen Bonus obendrauf. »Der Pöbel hat sich im Verlauf dieses Verfahrens auf uns alle gestürzt und das Fundament unserer Demokratie in Brand gesetzt«, sagte er.

Kavanaughs Wahl in den Supreme Court war indes mit Sicherheit nicht das letzte Wort über das Schicksal der #Me Too-Bewegung. Einige Wochen zuvor waren Angestellte von McDonald's, darunter auch Kim Lawson, die junge Frau, die Jodi interviewt hatte, im ganzen Land vor ihren Filialen auf die Straße gegangen, um gegen die schwachen Richtlinien des Unternehmens für den Umgang mit sexueller Belästigung zu protestieren.[51] Historiker nannten dies den ersten Streik im Zusammenhang mit sexueller Belästigung im Land seit hundert Jahren. Leslie Moonves, der Direktor von CBS, trat zurück.[52] Es war der erste CEO eines Fortune-500-Unternehmens, der infolge der Auswirkungen der Bewegung seinen Posten verlor. Am Tag zuvor hatte das Komitee für den Friedensnobelpreis bekanntgegeben, dass die diesjährige Auszeichnung an Nadia Murad und Denis Mukwege gehen würde, zwei Aktivisten, die sich für das Ende sexueller Gewalt einsetzten. Just in diesem Moment stellte die *Times* einen schockierenden Bericht über Google und die geheimen Probleme mehrerer Topmanager des Unternehmens fertig, darunter Android-Schöpfer Andy Rubin. Er hatte eine Abfindung in Höhe von 90 Millionen US-Dollar erhalten, um seinen Hut zu nehmen, nachdem ihn eine Mitarbeiterin beschuldigt hatte, sie zu Oralsex gezwungen zu haben. Rubin bestritt die Vorwürfe.[53]

Die Debatte um Fords Vorwürfe half Menschen, ihr Verhalten in Highschool-Zeiten zu hinterfragen, wenn auch nur im Privaten. Hier fand der tiefgreifendste Wandel statt – das ohrenbetäubende Getöse der öffentlichen Debatten, die so häufig unbefriedigend verliefen, führte immerhin zu nachdenklichen Diskussionen im privaten Bereich.

Ford selbst litt wegen der Vorkommnisse noch immer unter starken Gefühlsschwankungen. In ihren Interviews mit Megan während der folgenden Monate war sie oft traurig oder verwirrt, gelegentlich kühn und zornig, doch nach wie vor beinahe durchgehend sehr ängstlich. War es wirklich gut gewesen, dass sie ihre Geschichte erzählt hatte? Wäre es vielleicht besser gewesen, das Ganze für sich zu behalten? An einem Tag zählte sie nacheinander alle Gründe auf, die dafürsprachen, einen erlebten Übergriff nicht publik zu machen. Am nächsten behauptete sie, dass sie nichts bereue. Es schien, als würden die ambivalenten Gefühle, die sie bereits zu Anfang hatte, sie noch lange Zeit begleiten.

Auf dem Höhepunkt des Tumults, der in Washington um Kavanaugh tobte, fragte die *Times* ihre Leserinnen und Leser, ob sie sich jemals Frauen oder Mädchen gegenüber auf eine Art und Weise benommen hätten, die sie inzwischen bereuten. Hunderte reagierten und bekannten Grenzüberschreitungen von Grapschen bis hin zur Gruppenvergewaltigung.

»Ich denke, sie sexuell ›zu erobern‹ gehörte zu den Dingen, die ich glaubte, tun zu müssen, weil es von mir erwartet wurde«, schrieb Tom Lynch über einen Vorfall, bei dem er während eines Schulabschlussballs im Jahr 1980 seine Hand unter den Rock eines Mädchens geschoben hatte.

Terry Wheaton, inzwischen zweiundachtzig, erinnerte sich daran, eine Klassenkameradin um 1952 herum gewaltsam geküsst zu haben.

»Es tut mir leid, Diane«, sagte er.[54]

DAS TREFFEN

Gegen Jahresende 2018 kamen wir auf eine Idee zurück, die wir zum ersten Mal während der Weinstein-Ermittlungen gehabt hatten. Als wir damals alles versuchten, um Frauen dazu zu bringen, ihr Schweigen zu brechen, fragten wir uns, ob es nicht vielleicht hilfreich sein könnte, einige von ihnen zusammenzubringen, damit sie von Angesicht zu Angesicht miteinander sprechen könnten. Allerdings schien das zu jenem Zeitpunkt unmöglich zu sein, da es die Geheimhaltung unserer Berichterstattung gefährdet hätte.

Doch nun zogen wir diese Möglichkeit erneut in Betracht, wenn auch aus anderen Gründen. Uns wurde klar, dass ein solches Treffen dazu beitragen könnte, noch offene Fragen zu beantworten, Fragen, die weit über den Fall Weinstein hinausgingen: Was geschah mit Frauen, die den Mund aufmachten, und was machte all das, was sich inzwischen ereignet hatte, mit ihnen?

Am 16. Januar 2019 fanden sich in Los Angeles auf unsere Bitte hin zwölf Frauen zusammen, die Teil unserer Berichterstattung gewesen waren, um Antworten auf diese Fragen zu finden.[1]

Die Organisation dieses Treffens war eine echte Herausforderung. Die Frauen lebten in drei verschiedenen Ländern, und wir mussten viele Anrufe tätigen und Textnachrichten senden, um unser Vorhaben zu erläutern und Terminpläne abzustimmen. Nein, es würde keine Gruppentherapiesitzung werden. Wir wollten ein Gruppeninterview zu journalistischen Zwecken führen. Wir hielten in Hotels nach einem geeigneten Konferenzraum Ausschau, aber keiner schien uns privat genug. Daher bot uns Gwyneth Paltrow, die sich entschlossen hatte teilzunehmen, ihr Haus in Brentwood an. Wir würden für das Catering aufkommen, denn keine unserer Quellen sollte einen substanziellen finanziellen Beitrag leisten. Für einige von ihnen stellten schon die Reisekosten eine große Hürde dar, also bezahlten wir ihnen Flug und Hotelzimmer.

Als wir am verabredeten Abend um 18 Uhr in Begleitung unserer offiziellen und inoffiziellen Quellen in Brentwood eintrafen, regnete es. Nachdem wir mit unseren Autos einen unscheinbaren grauen Zaun passiert hatten, fanden wir uns in einer ebenso geschützten Umgebung wieder, wie es Paltrows Haus in den Hamptons gewesen war, wo wir all die Monate zuvor unser erstes persönliches Gespräch mit ihr geführt hatten. Wir versammelten uns in dem geräumigen, aber dennoch gemütlichen Wohnzimmer, das uns für den Abend und einen Teil des nächsten Tages als Konferenzraum diente, nahmen uns einen Drink und machten es uns auf breiten Sofas vor einem knisternden Kamin gemütlich.

In dem Raum war die Geschichte unserer Berichterstattung in persona versammelt. Rachel Crooks, die Megan davon erzählt hatte, wie der Präsident sie vor einem Fahrstuhl im Trump Tower zu einem Kuss genötigt hatte, war aus Ohio angereist. Sie kämpfte immer noch mit den Nachwirkungen ihres Outings, durch das sich mehr Chancen, aber auch mehr Probleme aufgetan hatten, als sie sich je hätte vorstellen können. Die schlanke, hochgewachsene Frau aus dem Mittleren

Westen hier in einem Haus in Kalifornien zu sehen erschütterte Megan – vielleicht aber auch nicht mehr als alles andere, das sich seit ihrem ersten Gespräch ereignet hatte.

Ashley Judd war direkt aus Deutschland, wo sie jetzt lebte, angereist und trug noch die Jogginghosen vom Flug. Seit Veröffentlichung der Weinstein-Story galt sie als Heldin; sie hatte Auszeichnungen erhalten und eine Dozentur an der Kennedy School der Universität Harvard, ihrer Alma Mater, angenommen. Ihr Kurs sollte im Herbst 2019 beginnen und den schlichten Titel »Leader« tragen. Sie gehörte zu den führenden Köpfen von Time's Up. Die Organisation zur Förderung sicherer und fairer Arbeitsplätze war in Folge des Weinstein-Skandals in Hollywood gegründet worden, wirkte aber bereits weit darüber hinaus. Außerdem hatte sie einen Prozess wegen Belästigung, Diffamierung und Verlust von Karrierechancen gegen den Produzenten angestrengt. Sie wurde häufig von fremden Leuten angesprochen, die ihr für ihren Einsatz dankten; einmal hatten sie sogar Spalier gestanden, als Judd aus einem Flugzeug stieg.

Jodi wollte sehen, wie sie Laura Madden die Hand schüttelte. Die ehemalige Assistentin Weinsteins, die aus Wales angereist war, hatte davon berichtet, wie sie Jahrzehnte zuvor in Dublin von ihm belästigt worden war. Diese beiden Frauen waren die Ersten gewesen, die sich offiziell über den Produzenten geäußert hatten. Im Gegensatz zu der festen Entschlossenheit, die sie im Oktober 2017 an den Tag gelegt hatte, blieb Madden jedoch leise, strich sich ihr weiches braunes Haar hinters Ohr und erklärte, sie sei diese Art von Austausch mit Fremden nicht gewohnt.

Madden war zusammen mit der ehemaligen Miramax-Angestellten Zelda Perkins in die USA geflogen, die sich dem Aktivismus verschrieben hatte. Wenige Wochen nach Veröffentlichung der Weinstein-Story hatte sie tief durchgeatmet und ihr Schweigen gebrochen. Damit war sie die erste von mehreren Frauen, die die im Rahmen von Vergleichsvereinbarungen von ihnen unterzeichnete Verschwiegenheitsklausel brachen und ihre Erlebnisse öffentlich machten.[2] Sie sprach mit der Presse über alles, außer über die Erlebnisse und die Identität von Rowena Chiu, der jungen Kollegin, die sie zu schützen versucht hatte. Tatsächlich hatte Perkins damit Weinstein herausgefordert, juristisch gegen sie vorzugehen, was er aber nicht tat. Sie hatte geheime Vergleiche zu einem nicht nur in den Medien, sondern auch im britischen Parlament öffentlich diskutierten Thema gemacht und damit das gesamte System der Schweigegeldzahlungen, das dazu diente, Opfer sexueller Gewalt und anderen Fehlverhaltens mundtot zu machen, in Frage gestellt.[3] Perkins war von Natur aus ein kritischer Kopf. Das hatte ihr schon vor Jahren geholfen, Weinstein gegenüberzutreten, und jetzt half es ihr, eine allseits akzeptierte Rechtspraxis in Frage zu stellen. Nun sah sie sich mit einer gewissen Skepsis im Raum und unter den Anwesenden um.

Es war merkwürdig für Perkins, in Paltrows Haus zu sein: Die beiden hatten sich das letzte Mal bei gemeinsamer Arbeit unter anderem an *Shakespeare in Love* gesehen, aber nie miteinander über Weinsteins Verhalten gesprochen. Nur wenige Monate, nachdem der Film in die Kinos gekommen war, der Paltrow den Oscar bescherte, hatte Perkins die Vergleichsdokumente unterschrieben, die ihre Geschichte für die nächsten zwanzig Jahre unter Verschluss halten sollten. Jetzt saßen die beiden Blondinen Seite an Seite auf dem Teppich und waren ins Gespräch vertieft. Paltrow, die gerade von der Aufzeichnung zu einer Talkshow gekommen und noch aufgebrezelt war, war eine angenehme

Gastgeberin. Sie lehnte sich entspannt zurück und ließ uns machen.

Kim Lawson, die Angestellte von McDonald's, mit der Jodi knapp ein Jahr zuvor das erste Mal gesprochen hatte, war aus Kansas City angereist. Sie gehörte mittlerweile zu den Vorkämpferinnen einer Kampagne, die den Fastfood-Giganten und zweitgrößten Arbeitgeber des Landes dazu zwingen wollten, sich mit dem Thema sexuelle Belästigung am Arbeitsplatz auseinanderzusetzen. Begleitet wurde sie von Allynn Umel, einer der Organisatorinnen des Arbeitskampfes. Doch Lawson brauchte offensichtlich niemanden, der sie an die Hand nahm. Sie war sehr lebhaft, und nach dem Lachen zu urteilen, das aus ihrer Ecke des Zimmers kam, schien sie auch schnell Kontakt zu den anderen zu finden.

Christine Blasey Ford saß zwischen Debra Katz und Lisa Banks, den beiden Anwältinnen, die sie ermutigt hatten, vor dem Justizausschuss auszusagen, auf dem Sofa. Dies hier war ein seltener Ausflug: Drei Monate nach der Anhörung im Fall Kavanaugh hielt sich Ford größtenteils noch immer von der Öffentlichkeit fern. Ihre Situation unterschied sich deutlich von denen der anderen Frauen im Raum – sie erhielt nach wie vor Morddrohungen. Aus Angst, von Fremden angegangen zu werden, traute sie sich nicht einmal, in ihrer Nachbarschaft einkaufen zu gehen, geschweige denn, ihre geliebte Tätigkeit als Dozentin wiederaufzunehmen. Doch wie sie Megan gesagt hatte, wollte sie mit dieser Reise nach Los Angeles deutlich machen, dass sie entschlossen sei, sich wieder mehr unter Leute zu wagen.

Außer diesen Frauen, über die wir bereits unter Nennung ihres Namens geschrieben hatten, war auch Rowena Chiu anwesend, bei der die Dinge allerdings völlig anders lagen. Sie hatte ihre Deckung auch nach Bekanntwerden der Weinstein-Story nicht aufgegeben und nur über ihre Anwältin mit Jodi kommuniziert. Weder kannte die Öffentlichkeit ihren Namen noch hatte sie ihr Schweigen gebrochen. Sie war sich auch nicht sicher, ob sie das je tun würde. Wir hatten sie eingeladen, nicht trotz ihres Schweigens, sondern genau deswegen: Es gab so viele Frauen, die schreckliche Geschichten für sich behielten. Vielleicht konnte Chiu ja darüber sprechen, wie es sich mit den Konsequenzen einer solchen Entscheidung lebte. Sie war ohnehin nur unter der Bedingung erschienen, dass die Gruppe ihren Namen vertraulich behandelte – falls sie sich nie entschließen sollte, den Mund aufzumachen – und dass ihre Anwältin, Nancy Erika Smith, sie begleitete.

Da sie in Deckung geblieben war, hatten wir eine schüchterne oder vergrämte Frau erwartet. Stattdessen wirkte sie herzlich und selbstsicher. Außerdem trug sie eine beeindruckende Kamera über der Schulter. Ihre Eltern waren vor ihrer Geburt von Hongkong nach Großbritannien übergesiedelt, und sie sprach mit britischem Akzent. Der Filmbranche hatte sie schon vor vielen Jahren den Rücken gekehrt und einen Abschluss in Rechtswissenschaften gemacht. Sie war Unternehmensberaterin geworden und in die Vereinigten Staaten gezogen. Aktuell schrieb sie Forschungsberichte für die Weltbank und zog nebenher vier Kinder auf. Wie es der Zufall wollte, wohnte sie in derselben Straße wie Ford. Zu Jodis Erleichterung hegten Chiu und ihr Mann wegen der seltsamen Begegnung in ihrer Auffahrt keinerlei Groll gegen sie; sie verstanden, wie verwirrend die Situation gewesen war. Sie und Perkins hatten schließlich wieder Kontakt miteinander aufgenommen und versucht, herauszufinden, ob sie sich nach all dieser Zeit noch etwas zu sagen hatten. Allerdings warnte sie uns vor, dass sie nicht sicher sei, ob sie vor den anderen sprechen würde. Sie hatte ihre Geschichte bis dato noch nie vor einer Gruppe von Leuten preisgegeben.

Freundlich und zaghaft zugleich, mischten sich die Frauen langsam. Kaum eine von ihnen kannte eine der anderen, und was sie verband, war schließlich etwas sehr Ungewöhnliches. Jede von ihnen hatte sich mit der Entscheidung herumgequält, ob sie über die erlebte sexuelle Belästigung oder Nötigung sprechen sollte, in vielen Fällen begleitet von geduldigem Zureden oder Ermutigung seitens Jodi oder Megan am Telefon. Bei unserer Einladung zu dem Treffen hatten wir sie gebeten, sich vor allem mit einer Frage zu beschäftigen: Was hatten sie nach ihrem Sprung über den Abgrund auf der anderen Seite vorgefunden?

Das Interview sollte unserer Planung nach an diesem Abend beginnen, sich bis in den nächsten Tag hinziehen und so gleichberechtigt wie möglich ablaufen. Von dem, was die Frauen zu sagen hatten, war alles gleich wichtig. Was wir nicht beeinflussen konnten, war die Tatsache, dass sie aus ganz verschiedenen Welten kamen: Lawson verdiente aktuell bei McDonald's zehn Dollar die Stunde und war nur sechs Monate zuvor vorübergehend obdachlos gewesen. Zwar erwähnten wir das den anderen gegenüber nicht, doch jedes einzelne Detail in Paltrows Haus – eine ebenerdige Aneinanderreihung großzügiger, gemütlicher Zimmer in Weiß und Grau, ausgestattet mit zahlreichen kleinen Luxusartikeln wie kuscheligen Überwürfen und goldumrandeten Teetassen, im Zentrum eine riesige Küche – war greifbarer Ausdruck der Unterschiede zwischen den Teilnehmerinnen.

Wir machten eine kurze Vorstellungsrunde, erklärten die Rolle, die die einzelnen Frauen während unserer journalistischen Recherchen gespielt hatten, und schon bald nahmen alle an einem langen Tisch Platz, auf dem japanisches Essen stand, Platten mit Spießchen, Salaten und Reis. Nacheinander schilderten sie, wie sie ihre Entscheidung getroffen hatten, sich öffentlich zu äußern, wobei sie im Grunde die Geschichten noch einmal nacherzählten, die wir aufgeschrieben hatten. Langsam tauten die Frauen auf und es kam ein Gespräch in Gang. Als Paltrow an der Reihe war, erhob sie ihr Glas und brachte einen Toast auf Judd aus, weil diese als erste Schauspielerin ihr Schweigen in Sachen Weinstein gebrochen hatte.

»Ganz ehrlich, Ashley, was du getan hast – es ist sehr, sehr schwer, als Erste in die Bresche zu springen«, sagte sie und zollte Judd Respekt dafür, sich mit ihrer öffentlichen Äußerung etwas getraut zu haben, zu dem sie, Paltrow, nicht imstande gewesen war. »Du warst tatsächlich die, die uns anderen den Weg geebnet hat«, sagte sie.

»Ich habe mir immer Sorgen um dich gemacht«, erwiderte Judd, womit sie die 1990er meinte und darauf anspielte, ob Paltrow wohl vor Weinstein sicher gewesen wäre.

Während eine Frau nach der anderen sprach, traten immer mehr gemeinsame Erlebnisse und Erfahrungen zu Tage. Crooks berichtete, einige ihrer Familienmitglieder würden nach wie vor hinter Trump stehen und nicht hinter ihr. Perkins sagte, trotz aller öffentlichen Aufmerksamkeit, die ihr für ihren Kampf gegen die geheimen Vergleiche zuteilgeworden wäre, hätten einige ihrer Verwandten ihre Anstrengungen kein einziges Mal gewürdigt.

Madden wandte sich, nachdem sie gesprochen hatte, an Ford und meinte zu ihr, sie sei auch deswegen imstande gewesen, über Weinstein zu sprechen, weil sie überzeugt gewesen sei, dass ihre Begegnungen mit ihm Teil eines größeren raubtierhaften Verhaltensmusters waren.

»Dass Sie das ganz alleine durchgezogen haben, war ganz schön mutig«, sagte sie.

»Ja, ich wusste nicht, ob es da noch andere gab«, erwiderte Ford.

Die erwartungsvolle Atmosphäre im Raum verstärkte sich. Die Gruppe kannte Ford mit ihrem inzwischen berühmten Gesicht und der mittlerweile vertrauten hohen Stimme nur von der öffentlichen Anhörung her. Jetzt nahm sie die anderen mit hinter die Kulissen, erzählte von ihren endlosen Erwägungen am Strand von Santa Cruz im letzten Sommer, einschließlich der ursprünglichen Idee, Kavanaugh vor der offiziellen Bekanntgabe seiner Nominierung einfach anzurufen und ihn zu bitten, sich das Ganze noch mal zu überlegen.

»Warum rufen wir ihn nicht einfach an, dachte ich mir, und sagen so was wie: *Hey, wollen wir das alles unseren Familien nicht ersparen?*«, sagte sie.

Als Chiu an die Reihe kam, bot Jodi ihr einen Ausweg an und fragte sie, ob sie sie überspringen sollten.

»Nein, nein, ich will schon auch was sagen«, meinte Chiu, nur ein paar Worte, dafür aber umso wichtiger für sie. »Ich bin die einzige Frau an diesem Tisch, die ihre Geschichte noch nicht öffentlich gemacht hat, und habe nur wenig Erfahrung darin, sie zu erzählen«, sagte sie. Außer ihrem Ehemann wüsste bisher immer noch niemand in ihrer Familie davon.

»Meiner Wahrnehmung nach gibt es nur ganz wenige Asiatinnen, die solche Geschichten publik machen«, fuhr sie fort. »Das liegt aber nicht daran, dass Asiaten solche Dinge nicht passieren. Ich glaube einfach, dass wir in den USA als Minderheit eine Art Modellkultur entwickelt haben: Wir erregen kein Aufsehen, melden uns nicht zu Wort, ducken uns, arbeiten hart und wollen bloß keine Wellen schlagen.«

Aus diesen und anderen Gründen, sagte Chiu, überlege sie nun, ihr Schweigen zu brechen. »Die Vorstellung, ins Rampenlicht zu treten und über etwas zu sprechen, das meine Freunde ohne Zweifel zutiefst schockieren und mein Leben mit Sicherheit auf den Kopf stellen wird, macht mir wirklich große Angst«, sagte sie. »Es ist echt hilfreich, heute Abend hier zu sein und zu hören, was Sie alle dazu sagen. Vor allem, wie Sie es geschafft haben, an die Öffentlichkeit zu gehen, und was Sie dazu bewogen hat.«

Damit wurde die Agenda dringender und konkreter. Für uns war dieses Treffen ein Interview, das wir für unsere Leserinnen und Leser führten. Chiu dagegen würde es womöglich helfen, eine lebensverändernde Entscheidung zu treffen.

Sie deutete auf ihre Kamera und fragte, ob sie jetzt und am nächsten Tag ab und an ein Foto schießen dürfe. Damit hatte sie sich selbst den perfekten Job verschafft: Sie konnte sich hinter der Linse verstecken, selbst nach Belieben unsichtbar bleiben und zugleich die anderen beobachten.

Am nächsten Morgen kamen die Frauen erneut zusammen. Wieder saßen sie in lockerem Kreis auf denselben Sofas und Sesseln im Wohnzimmer. In der Mitte standen auf einem großen grau-weißen Sofamodul Tabletts mit Kaffee – und Blumentöpfe, in denen Mikrofone installiert waren. Das hier war immer noch ein Interview, und wie jede der anwesenden Frauen wusste, nahmen wir alles auf. Der Plan für die nächsten paar Stunden war einfach: Wir baten die Teilnehmerinnen, nacheinander darüber zu sprechen, was passiert war, nachdem sie sich geoutet hatten, und hofften, von da aus würde sich ein Gespräch entwickeln. Draußen regnete es immer noch, wodurch sich das Gefühl verstärkte, an einem sicheren Zufluchtsort zu sein.

Laura Madden wurde nach wie vor nervös, wenn sie sich äußern sollte. Sie war sehr zurückhaltend und hatte nur relativ wenig Lob für ihr couragiertes Verhalten bekommen. Immer noch bestand ihr Alltag in Swansea vor allem darin, Geschirr zu spülen und ihren Kindern bei den Hausaufgaben zu helfen. Dennoch erzählte sie den anderen Frauen in ihrem typisch walisischen Akzent, was sich seit Bekanntwerden der Weinstein-Story in ihrem Kopf verändert hatte: Sie hatte die Geschichte ihres Erwachsenenlebens neu geschrieben.

»Ich glaube, das letzte Jahr … als ich die Geschichten anderer Frauen hörte und auch die Dokumentation gesehen habe, in der es wirklich um die Mitarbeiterinnen in London ging … und zu sehen, wie jung ich damals war …« Sie schweifte ab, versuchte zu beschreiben, wie es sich angefühlt hatte, ihre eigenen Erlebnisse objektiv dargestellt auf einem Bildschirm zu sehen. »Ich konnte alles in einen neuen Kontext stellen und plötzlich sehen, dass ich gar nichts falsch gemacht hatte«, sagte sie. »Er hatte etwas falsch gemacht.«

Niemand konnte Madden die Jahre zurückgeben, in denen sich die inzwischen Achtundvierzigjährige bei der Erinnerung an ihre Zeit bei Miramax unwohl gefühlt hatte, oder ihr zu einer neuen Karriere oder finanziellem Erfolg verhelfen. Aber »allein die Tatsache, dass ich das Ganze jetzt als *sein* Problem betrachten konnte, hat mir geholfen, wieder ein Gefühl von mir selbst zu bekommen«.

Paltrow, die im Schneidersitz auf dem Teppich in der Nähe des Kamins saß, wo es gemütlich warm war, beschrieb eine ganz andere Veränderung im Verständnis ihrer persönlichen Geschichte und Karriere. Nachdem die Story über Weinsteins Fehlverhalten bekannt geworden war, hatte sie erkannt, dass der Produzent sie – ihren Namen, ihren Oscar, ihren Erfolg – benutzt hatte, um andere wehrlose Frauen zu manipulieren. Ab Herbst 2017 hatte sie viele Stunden am Telefon verbracht und mit Frauen gesprochen, die ihr erzählten, Weinstein habe während seiner Übergriffe oder Belästigungen routinemäßig sie und ihre steile Karriere zitiert, um damit fälschlicherweise den Eindruck zu erwecken, sie habe sich ihm hingegeben. »Er zeigte auf meine Karriere und sagte: ›Willst du nicht auch haben, was sie hat?‹«

Einige der Frauen waren an die Öffentlichkeit gegangen. Andere hatten Paltrow erzählt, dass sie, weil sie Weinsteins sexuelle Avancen über sich hätten ergehen lassen, das Gefühl hätten, nie offen darüber sprechen zu können. Weinstein leugnete, die beschriebenen Aussagen im Zusammenhang mit Paltrow jemals gemacht zu haben, doch wie es schien, war er wohl genau deshalb so besorgt gewesen, dass diese ihr Schweigen brechen könnte: Kannten erst einmal andere ihre Story, dann würde sein ganzes System in sich zusammenfallen.

»Das ist von allem das Schwerste bei dieser Sache – dass ich mich wie ein Werkzeug fühle, mit dessen Hilfe Vergewaltigung geschehen konnte«, sagte Paltrow unter Tränen. »Es löst fast Schuldgefühle in mir aus, auch wenn das völlig absurd ist.« Während sie sprach, wirkte die luxuriöse Ausstattung ihres Zuhauses auf einmal ein bisschen anders: Weinstein hatte Paltrows beneidenswertes Leben benutzt, um sich andere Frauen gefügig zu machen.

Umel, die Organisatorin der Arbeitskämpfe bei McDonald's, reichte dem Star eine Schachtel Papiertaschentücher.

Immer wenn eine der Frauen sprach, hörten die anderen sehr aufmerksam zu, ohne sie zu unterbrechen, schauten nur ab und an auf ihr Handy. Jede vertrat eine für die anderen unbekannte Welt: den umkämpften Mittleren Westen, das Showgeschäft, die Donnerkuppel der Anhörungen zum Supreme Court. Aber diese Unterschiede spalteten die Gruppe nicht, vielmehr machten sie neugierig und brachten die Frauen zusammen.

Kim Lawson, die sechsundzwanzig Jahre alte Angestellte einer Fastfood-Kette, die ihr Haar zu einem schönen Zopf geflochten hatte, lebte mehr als viertausend Meilen von Zelda Perkins entfernt. Die Produzentin war zwanzig Jahre älter als sie, sprach mit sprödem britischem Akzent und trug einen Sweater mit dem Namen David Bowie. Doch beide hatten sich in den Aktivismus gestürzt, und als sie nacheinander sprachen, klangen die Worte der einen in denen der anderen nach.

Perkins schilderte, wie es sich angefühlt hatte, vor Parlamentsabgeordneten über Vertraulichkeitsvereinbarungen auszusagen: »Am außergewöhnlichsten an der ganzen Sache war für mich, in den Westminster Palace zu gehen und zu begreifen, dass für mich als Individuum … dass das wirklich alles für mich war, dass der Westminster Palace für mich da war, dass die Politiker mir zuhörten.«

Lawson erzählte der Gruppe, wie sie eine Beschwerde gegen McDonald's bei der Equal Employment Opportunity Commission eingereicht hatte, der Regierungsbehörde, die damit betraut war, die Rechte von Arbeitnehmern zu verteidigen und Diskriminierung am Arbeitsplatz zu bekämpfen. »Ich habe mich noch nie in meinem Leben so mächtig gefühlt«, sagte sie. Nur wenige der versammelten Frauen hatten je an einem Arbeitskampf teilgenommen, also beschrieb sie ihnen den Streik vom September: laute Sprechchöre und Solidaritätsbekundungen; neue Leute, die man kennenlernte; eine energiegeladene, kameradschaftliche Atmosphäre; dazu massenweise Männer, die in aller Öffentlichkeit ihre Unterstützung bekundeten, indem sie sich den Frauen anschlossen. Lawson hatte eine Rede gehalten, Interviews gegeben und während des gesamten Marsches ihre Tochter in einem Buggy vor sich hergeschoben. »Alle sind an deiner Seite«, sagte sie. »Das ist wie: Bisher habt ihr mir nicht zugehört, aber heute müsst ihr mir zuhören, wisst ihr?«

Die Geschichten beinhalteten eine fast schon poetische Umkehr. Die Frauen hatten sexuelle Übergriffe erlebt, daraus aber eine neue Autorität und Respekt für ihre Gegenwehr gewonnen. Selbst Lawson, die noch sehr jung war, hatte sich zu einer Art Teamcoach für andere weibliche Angestellte von McDonald's gemausert, die sich landesweit für ein koordiniertes gewerkschaftliches Vorgehen einsetzten, und beriet ihre Mitstreiterinnen über private Kanäle. Sogar ihre Kunden betrachteten sie jetzt mit anderen Augen: »Waren Sie nicht im Fernsehen wegen der Sache mit den sexuellen Belästigungen?«, wurde sie gefragt.

»Seit ich in aller Öffentlichkeit meine Stimme erhoben habe, ist es mir gelungen, endlich der Mensch zu werden, zu dem ich mich mit vierundzwanzig gerade zu entwickeln begann«, resümierte Perkins in Anspielung auf ihr Alter zu der Zeit, als sie Miramax verließ.

Doch weder Perkins noch Lawson konnten einen vollständigen Triumph vermelden. Die Vergleichsgesetzgebung in Großbritannien hatte sich nicht verändert, und Perkins wusste auch nicht, ob es je dazu kommen würde. McDonald's hatte zwar begonnen, die eigene Firmenpolitik in dieser Hinsicht zu stärken, und neue Weiterbildungsmaßnahmen für Manager sowie eine Hotline eingerichtet. Derzeit wurden Pläne zur Herstellung von Postern mit Instruktionen für die Angestellten entwickelt, wie sie entsprechende Vorfälle melden sollten. Doch bis zu Lawsons Filiale war bisher noch keine einzige dieser Veränderungen vorgedrungen, und es war überhaupt nicht abzusehen, ob sich für die vielen Tausend Angestellten des Unternehmens wirklich etwas ändern würde.

»Ein großer Teil von mir kann es gar nicht abwarten, dass das alles endlich ein Ende nimmt und ich einfach wieder zurückgehen kann zu meinen Pferden und Schafen, dass ich nie wieder mit einem Journalisten sprechen muss oder im Fernsehen sein und all das«, sagte Perkins.

Einige der Frauen nickten. Sie alle waren Teil einer grundlegenden Neuausrichtung gewesen, aber dieser Prozess war noch lange nicht abgeschlossen. Wie viel mehr waren sie noch bereit zu geben, damit er gelang?

Den anderen zugewandt, die langen Beine zum Schneidersitz verschlungen, erzählte Rachel Crooks, dass sie, seit sie sich 2016 offen über Trump geäußert hatte, unter lähmenden Angstzuständen und Beklemmungen leide. Sie war die Einzige unter den Anwesenden, die in einer ländlichen, stark konservativ geprägten Gegend lebte – »mehr eine #HimToo-Community«, wie sie es nannte.

Nach einigen Fernsehauftritten und einer Pressekonferenz im Zusammenhang mit ihren Vorwürfen hätte sie eine unerwartete Einladung erhalten. Die Demokraten vor Ort hätten sie gebeten, für einen Sitz im Parlament ihres Bundesstaates zu kandidieren – für Crooks ein schrecklicher Gedanke. Kritiker hatten sie bereits beschuldigt, ihre Story über Trump lediglich aus politischen Gründen erzählt zu haben. »Es bestätigte, was alle dachten: dass ich es tat, weil ich irgendeine Agenda hätte«, erklärte sie.

Aber ihr hätten die Themen Erziehung und Gesundheitswesen am Herzen gelegen. Der aktuelle Amtsinhaber sei bloß

»ein Erfüllungsgehilfe der Republikaner« gewesen, sagte sie der Gruppe. Vielleicht könnte sie ihr neues Profil ja auf positive Weise nutzen, habe sie gedacht. »Richtig oder falsch, ich würde einfach mehr Spenden einwerben können, weil ich jetzt landesweit bekannt war.« Also bewarb sich Crooks um einen Sitz im Parlament von Ohio und lernte, auf Wahlkampfveranstaltungen zu sprechen.[4] Damit reihte sie sich in eine nie dagewesene Welle weiblicher Kandidaten ein, die plötzlich das ganze Land erfasste. Frauen machten Wahlkampf und erlangten am Ende mehr politische Macht, als sie in der Geschichte der Vereinigten Staaten je gehabt hatten.[5]

In der Nacht, als sie die Wahl verlor, hätte sie nicht geweint und auch kein Selbstmitleid empfunden: Die Demokraten hatten in ganz Ohio verloren, zumindest größtenteils. Doch noch Monate später kämpfte sie mit den Folgen der Tatsache, dass der Wahlkampf Leute darin bestärkt hatte, sie ausschließlich durch die Brille der Trump-Story zu betrachten. Im Fernsehen bekam sie manchmal einfach nur das Etikett »Trump Accuser« verpasst, ein Ausdruck, den ihre Mutter hasste. »Das ist jetzt deine Identität«, hatte kürzlich ein Freund zu ihr gesagt.

»Es hat mir Türen geöffnet und mich auf diesen neuen Weg gebracht, aber es bindet mich auch an diesen grässlichen Menschen«, sagte sie.

Die Gruppe dachte still über Crooks' Dilemma nach. Was sie erlebte, entsprach genau einer der am weitesten verbreiteten Ängste im Zusammenhang mit einem öffentlichen Outing: ein Etikett aufgeklebt zu bekommen, das man nie wieder loswurde. Ford hörte besonders aufmerksam zu. Ihre derzeitigen Ängste passten genau zu dem, was Crooks gerade geschildert hatte, bis hin zu dem sehr speziellen Detail, die örtlichen Einkaufsmöglichkeiten zu meiden. Sie saß auf der

Couch, die rote Brille in die Haare hochgeschoben, und begann, Crooks regelrecht auszufragen, als besäße diese eine Karte, in der die Zukunft verzeichnet war.

»Ich habe mich schon oft gefragt, wie lange es wohl dauert, bis man sich einfach wieder ins Auto setzen und in ein Restaurant gehen kann, ohne dass die Leute einen anstarren und überlegen, ob man wirklich die ist, für die sie einen halten«, sagte Ford, an Crooks gewandt. Sie hatte auch online mit dem Problem zu kämpfen. So gab es zum Beispiel falsche Social-Media-Profile von ihr, auf denen zu lesen war: »Ich widerrufe alles, was ich gesagt habe.«

»Ich will dann ganz laut schreien: Das ist doch gar nicht wahr!«, sagte sie. »Aber mir fehlt einfach der Mut, mich auf einen Kampf mit denen einzulassen. Und es sind ja auch viel zu viele, also … Social Media … darin bin ich nicht besonders gut.«

»Ich schreibe manchmal Antworten auf so was, poste sie aber nie«, entgegnete Crooks. »Das ist sehr befreiend.«

Die Reaktionen seien nicht rundum negativ, räumte Ford ein. Ihr seien Auszeichnungen angeboten worden, auch Buch- und Filmverträge. Sie habe Einladungen bekommen. Es stapelten sich noch immer die Zuschriften, darunter viele, in denen Menschen von ihren eigenen Gewalterfahrungen berichteten. »175 000 Briefe allein in Palo Alto«, warf Katz ein. Und das seien nur die in Papierform.

E-Mails gab es noch viel mehr. Und auch dort, genau wie an anderer Stelle, gingen die Reaktionen auf das, was Ford getan hatte, extrem weit auseinander.

Über Stunden hatten die Frauen meist nur genickt und höfliche Verständnisfragen gestellt. Nun meldeten sie sich gezielt zu Wort. Paltrow warf eine Football-Analogie in die Runde: »Sie attackieren dich nur, wenn du den Ball hast«, meinte sie und erklärte, sie hätte den Spruch mal von Countrysänger Tim McGraw gehört.

Sie und Judd – beides erfahrene Expertinnen im Umgang mit öffentlicher Aufmerksamkeit und Kritik – begannen, den Frauen in der Runde Ratschläge zu geben, wie sie mit dem Urteil anderer Menschen umgehen sollten. Judd war sehr direkt. Sie instruierte Ford aufzuhören, im Internet über sich zu lesen.

»Einem trockenen Alkoholiker gelingt es, einen Tag um den anderen die Finger vom Glas zu lassen. Also kann ich auch einen Tag um den anderen den Kommentarbereich ignorieren«, sagte Judd. »Ich verletze mich bloß selbst, wenn ich mich diesem Material aussetze.«

»Sie gehen einfach nicht sehr oft ins Internet?«, fragte Ford ungläubig zurück.

»Ich ignoriere sämtliche Berichte in sämtlichen Medien über mich, und das schon seit etwa zwanzig Jahren«, antwortete Judd. Wohl poste sie Bilder und Links in den sozialen Medien, versuche aber, nichts von dem zu lesen, was dort über sie stehe. Auch aus diesem Grund wäre sie damals in die Wälder verschwunden, als der erste Artikel über Weinstein herausgekommen war.

Während sie sprach, kuschelte sie sich in einen pinkfarbenen Polstersessel, mit dem Gesicht zur Gruppe. Dort hatte sie bereits den ganzen Tag gesessen, aufgenommen, was die anderen zu berichten hatten, selbst aber nur relativ wenig gesagt. Sie schien von allen Teilnehmerinnen die Einzige zu sein, die sich nicht wirklich verändert hatte. Sie hatte schon immer Aktivistin sein wollen, und als sie sich entschloss, ihre Geschichte über Weinstein öffentlich zu machen, hatte die Welt ihr dieses Bauchgefühl bestätigt.

»Ich muss das Schlachtfeld kennen, auf dem ich sterben

will«, sagte sie der Gruppe. »Für mich ist es die Gleichberechtigung der Geschlechter.«

#

Chiu hatte während der gesamten Diskussion meist nur zugehört und wenig gesagt. Ab und an hatte sie ihre Kamera auf die anderen gerichtet und ein Foto gemacht. Niemand setzte sie unter Druck wegen der folgenschweren Entscheidung, sich öffentlich zu dem zu äußern, was so viele Jahre zuvor geschehen war.

Doch als Ford in den letzten Stunden des Treffens mehr und mehr erzählte, schien Chiu ihr förmlich an den Lippen zu hängen. Ford verkörperte für Chiu das, was ihr selbst womöglich bevorstand, wenn sie ihr Schweigen brach. Und die Tatsache, dass sie quasi Nachbarinnen waren, verstärkte das Gefühl der Zusammengehörigkeit. All die Zeit, in der Chiu über ihre eigenen Erlebnisse beharrlich schwieg, hatte sie mitangesehen, wie Freunde und Nachbarn eine Mahnwache mit Kerzen für Ford organisiert und ihr Lebensmittel gebracht hatten.

Monatelang hatte sie sich ausgemalt, wie es sich anfühlen würde, selbst im Mittelpunkt der aufgeheizten Debatte zu stehen, die jetzt um Ford tobte. Die Analogie stimmte nicht ganz – im Fall Weinstein lagen die Dinge sehr viel klarer und waren weniger kontrovers –, aber für Chiu war sie real. »Ich stellte mir vor, wie das alles über mich hereinbrechen würde«, gab sie vor den anderen zu, »… die Übertragungswagen vor meiner Tür … meine Kinder werden auf dem Schulweg verfolgt …«

Diese mentale Übung entfaltete eine unerwartete Wirkung. Ford aus der Nähe zu beobachten – und sie jetzt sogar persönlich zu treffen – bestärkte Chiu in ihrem Wunsch, an die Öffentlichkeit zu gehen. Sie könne spüren, wie sie sich ihnen innerlich immer weiter annähere, wie sie sich ihnen anschließen und ihren Namen unter ihre Geschichte setzen wolle, sagte sie den Versammelten. »Also, hier mit so vielen von Ihnen in einem Raum zu sein, ich kann nicht behaupten, dass mich das nicht inspirieren würde.«

»Ich denke, das wird mich wirklich verändern«, fügte sie hinzu. Und genau das kristallisierte sich nach all den Stunden des Gesprächs immer stärker als Gemeinsamkeit heraus: Beinahe jede der anwesenden Frauen hatte sich nach ihrem Outing verändert, und alle waren sie verblüfft über die Wirkung, die das öffentliche Sprechen über so intime Erfahrungen auf andere hatte.

Die anderen sprangen Chiu ausdrücklich bei: »Wenn Sie sich entscheiden, Ihr Schweigen zu brechen, dann ist das ein großer Schritt und ein Sprung in Ihrer persönlichen Entwicklung«, sagte Lawson. »Egal, wie lange Sie geschwiegen haben.«

»Wenn Sie das tun, dann stehen wir alle hinter Ihnen«, sagte Paltrow.

Ford warf eine Warnung ein. »Darf ich kurz etwas dazu sagen?«, bat sie. »Als ich in Ihrer Situation war, gab es eine ganze Menge Leute in meinem Leben, die zu mir sagten: ›Du solltest das tun. Es wird toll sein.‹ – in etwa so wie das, was jetzt hier gerade passiert.« Doch sie hätte die ganzen Ratschläge, und insbesondere die übertriebenen Erwartungen, wie toll das alles werden würde, gar nicht aufnehmen können. »Ich habe einfach nichts davon wirklich wahrgenommen, es war alles so überwältigend«, sagte sie.

Niemand konnte je voraussehen, was passieren würde, wenn man sich öffentlich äußerte. Vorhersagen waren zwecklos. Wurde eine Geschichte zum ersten Mal veröffentlicht, konnte niemand sagen, was danach geschehen würde, wer sie lesen würde oder was andere dazu sagen würden, was sie hinzufügen würden, ob sie dem Gesagten beipflichten würden oder nicht. Es gab keinerlei Garantie dafür, dass sie Zustimmung erhalten oder etwas bewirken würde. Die Ergebnisse konnten wehtun oder ermächtigend sein oder beides.

Doch eines hatten alle Anwesenden und auch eine Vielzahl anderer Menschen inzwischen begriffen: Wurde die Geschichte nicht geteilt, dann änderte sich gar nichts. Probleme, die nicht gesehen wurden, konnten auch nicht angegangen werden. In unserer Welt, dem Journalismus, war die Story der Abschluss, das Resultat, das Endprodukt. Aber in der großen weiten Welt waren neue Informationen erst der Anfang – der Beginn von Gesprächen, Handeln, Wandel.

»Wir sind immer noch da«, sagte Perkins gegen Ende des Gesprächs, und alle lachten. Sie wandte sich nicht direkt an Chiu, aber ihre Botschaft war klar. »Wir können noch lachen. Keine von uns ist gestorben, weil sie sich geoutet hat. Wir sind durchs Feuer gegangen, und wir sind alle auf der anderen Seite angekommen.«

»Ich denke, wir sind alle sehr stolz auf die Narben, die das bei uns hinterlassen hat«, fügte sie hinzu.

In ihrer Zusammenfassung dessen, wie dieser Augenblick, in dem Männer endlich zur Rechenschaft gezogen wurden, wohl im Laufe der Geschichte erinnert werden würde, versuchte Laura Madden sogar eine noch weitergefasste Einordnung. »Wir sind nicht die Ersten, die ihr Schweigen gebrochen haben«, sagte sie. »Wir sind nicht die ersten *Frauen*, die ihr Schweigen gebrochen haben.«

»Das wird nie zu Ende sein. Es geht darum, dass die Menschen auch weiterhin Mut fassen und den Mund aufmachen und keine Angst haben.«

Einige Wochen später rief Chiu an: Sie sei nicht nur bereit, sich offiziell zu äußern, sie wolle uns auch gestatten, ihren Namen zu nennen.

Wie sie wisse, hätten inzwischen mehr als achtzig Frauen von Zwischenfällen mit Weinstein berichtet.[6] Sie sei sich nicht sicher, ob die Öffentlichkeit sich für ihre Geschichte überhaupt noch interessieren würde. Aber sie wolle trotzdem aussagen. Als die ersten Recherchen zu Weinstein liefen, wäre sie noch nicht dazu bereit gewesen, doch die anderen Frauen, in Los Angeles und auf der ganzen Welt, hätten ihr den Weg geebnet. Sie fürchte, die Prozesse gegen den Produzenten könnten erfolglos bleiben. Also wolle sie wenigstens dazu beitragen, die Geschichte mitzuschreiben und den Wandel voranzutreiben.

»Ich werde das nicht einfach so durchgehen lassen«, sagte sie.

NACHWORT

JUNI 2020

An einem Vormittag im Winter, fast genau ein Jahr nach dem Treffen in Los Angeles, versammelte sich das Originalteam, das an der Berichterstattung zu Harvey Weinstein beteiligt war, eilig im Newsroom. Wir beide saßen, unsere Laptops aufgeklappt, nebeneinander, und Rebecca Corbett, Dean Baquet und Matt Purdy schauten uns über die Schulter. Die Geschworenen in New York würden in Kürze ihr Urteil über den Produzenten verkünden.

Niemand von uns hatte auch nur die leiseste Ahnung, wie es ausgehen könnte. Die Bemühungen, Weinstein für seine Vergehen strafrechtlich zur Verantwortung zu ziehen, liefen nicht gerade gut. Bis zu diesem Tag im Februar 2020 hatten fast einhundert Frauen den gefallenen Produzenten öffentlich beschuldigt, und die Vorwürfe reichten von sexueller Belästigung bis zu Vergewaltigung. Doch die große Mehrheit der Anschuldigungen betraf Vorfälle, die bereits verjährt waren, oder übergriffiges Verhalten, das nicht den Tatbestand eines Strafdelikts erfüllte. Soeben hatten Staatsanwälte in Los Angeles Anklage gegen Weinstein eingereicht, doch die Details zu diesem Fall waren immer noch unbekannt. Dutzende von mutmaßlichen Opfern hatten Zivilrechtsklagen gegen Weinstein angestrengt und versuchten, ihn finanziell zur Rechenschaft zu ziehen. Doch da der Vorschlag eines Vergleichs mit einer Gesamtabfindungssumme von fünfundzwanzig Millionen US-Dollar im Raum stand, würden Versicherungen die Kosten übernehmen. Weinstein wäre wieder einmal aus dem Schneider und müsste keinerlei Fehlverhalten eingestehen.

Wir hatten seit Monaten über den Gerichtsprozess in New York berichtet und stets aufs Neue festgestellt, dass sich das Ganze schwieriger gestaltete, als vielen Leuten bewusst war. Die Staatsanwälte waren gezwungen gewesen, eine der Anklagen gegen ihn fallen zu lassen, da Vorwürfe wegen Fehlverhaltens durch die Polizei im Raum standen. Die beiden Frauen, um die es in diesem Fall ging, Jessica Mann und Miriam Haley, gaben zu, nach den mutmaßlichen Übergriffen einvernehmlichen Sex mit Weinstein gehabt zu haben und hatten über Jahre hinweg einen freundschaftlichen Kontakt mit ihm gepflegt. Wie wir wussten, war solch ein Verhalten nichts Ungewöhnliches – es gab kaum ein »perfektes« Vergewaltigungsopfer, und beide Frauen hatten berufliche Gründe gehabt, mit dem Filmproduzenten in Verbindung zu bleiben.

Auch fanden wir heraus, dass komplexe Fälle wie dieser fast nie zur Anklage gebracht wurden. Die Strafverfolgungsbehörden gingen meist davon aus, dass die Geschworenen sie zu vertrackt finden würden, um ein Urteil zu sprechen.

Weinstein hatte sich auf alle Faktoren gestürzt, die die Sache verkomplizierten, und sie für einen erbitterten Rundumschlag zu seiner Verteidigung genutzt. Er und sein Anwaltsteam argumentierten, dass Mann, Haley und andere Zeuginnen ihn um ihres beruflichen Fortkommens willen manipuliert hätten. Die gesamte #MeToo-Bewegung sei zu weit gegangen. Weinstein wollte sich ausdrücklich von einer

Frau vertreten sehen, und die Anwältin, für die er sich entschied, Donna Rotunno, wurde zu einer provokanten, unverfrorenen Wortführerin des Backlash. Einige Wochen zuvor, mitten im Gerichtsprozess, hatte Megan während eines Interviews Rotunno für einen Podcast der New York Times gefragt, ob sie selbst jemals Opfer sexueller Gewalt geworden sei. »Nein«, sagte sie, »denn ich würde mich nie in so eine Lage bringen.« Einige Zuhörerinnen und Zuhörer brachten ihre Zustimmung zu der Position der Anwältin zum Ausdruck, die weitaus größere Zahl jedoch war empört. Unter dem Hashtag #WhereIPutMyself erzählten Opfer sexueller Übergriffe von den Umständen, unter denen diese stattgefunden hatten, und wiesen den Vorwurf scharf zurück, sie seien in irgendeiner Art und Weise für das, was ihnen passiert war, verantwortlich.

Wir saßen also nebeneinander, und während wir die Minuten bis zur Urteilsverkündung zählten, war uns nur allzu bewusst, was auf dem Spiel stand. Auch wenn dieser Prozess zu eng gefasst war, um als echter Test für die #MeToo-Bewegung gelten zu können, wurde er doch überall als solcher betrachtet. Was würde es für den gesellschaftlichen Bewusstseinswandel bedeuten, der aus der Bewegung erwachsen war, wenn Weinstein als ihr Dreh- und Angelpunkt nicht schuldig gesprochen wurde? Wir waren überzeugt, dass das Ergebnis unserer journalistischen Arbeit Bestand haben würde, wie auch immer der Prozess ausging. Aber ebenso war uns klar, dass es im Falle eines Freispruchs künftig wohl kaum noch andere Möglichkeiten als den Journalismus geben würde, um Weinstein öffentlich zur Rechenschaft zu ziehen.

Wir hörten das Wort »schuldig«. Zweimal. Weinstein wurde der Vergewaltigung an Mann und Haley schuldig, in allen anderen Anklagepunkten jedoch nicht schuldig gesprochen und bis zur Urteilsverkündung aus dem Gerichtssaal direkt ins Gefängnis geschickt. Die Staatsanwälte hatten die Grenzen, innerhalb derer Opfer von Sexualverbrechen auf Gerechtigkeit durch die Strafjustiz hoffen konnten, ausgetestet und gewonnen. Die Geschworenen hatten den Frauen geglaubt und in ihrem Sinne entschieden. Der Kulturwandel, der in den Redaktionsräumen einer Zeitung begonnen hatte, war im Gerichtssaal angekommen.

Wir tauschen einen langen Blick, und einen Moment lang schien es so, als wären wir in dem überfüllten Newsroom ganz allein.

Dann machten wir uns an die Arbeit. Wir mussten Quellen anrufen und um ein Statement bitten, Artikel mussten geschrieben werden. Unsere Kolleginnen und Kollegen waren bereits dabei, Nachrichten feinzuschleifen und online zu stellen. Das hier war keine langwierige, bedächtige Untersuchung. Es waren Eilmeldungen, die so schnell und so korrekt wie möglich an die Öffentlichkeit mussten.

Jodi rief Ashley Judd an, um ihr die drei Minuten alte Neuigkeit persönlich zu überbringen. Die beiden hatten während der vergangenen drei Jahre so viele folgenschwere Telefonate geführt, dieses fühlte sich wie das letzte an. Judd, bedachtsam wie immer, ließ sich Zeit, um die Information zu verarbeiten. Was sie mit angestoßen hatte. Wo es nun endete.

»So soll es sein«, sagte Judd schließlich. »So soll es sein.«

Als nächstes rief Jodi Irwin Reiter an. Er schien überwältigt zu sein, dass seinen ehemaligen Boss eine langjährige Gefängnisstrafe erwartete. »Der Kerl dachte wirklich, er könnte tun und lassen, was er wollte«, sagte er. »Jeder, der für ihn gearbeitet hat, hat das ja tausende Male gehört: ›Ich bin Superman und du nicht. Ich bin ein Genie, und ihr seid das Fußvolk.‹« Eine Kollegin rief Rowena Chiu an, die ihre eigene

Geschichte inzwischen souverän erzählte. Sie gab Interviews und war sehr stolz auf sich und auf das, was sie sich erkämpft hatte. »In gewisser Hinsicht habe ich das Gefühl, dass das Leben, dass ich mir inzwischen aufgebaut habe, dass jeder Tag, den ich erlebe und an dem ich mein Leben genieße, ein Sieg über Harvey ist«, sagte sie.

Einige Wochen später saßen wir eines Vormittags im Gerichtssaal, fast direkt hinter Weinstein, um der Urteilsverkündung beizuwohnen. Die Bänke waren dicht besetzt, und wir waren erst in allerletzter Sekunde hineingekommen. Da beinahe niemand erschienen war, um Weinstein zu unterstützen, gab man uns die eigentlich für seine Freunde und Familie reservierten Plätze. Es war der 11. März 2020, und obwohl sich mit alarmierender Geschwindigkeit ein neues Virus über die ganze Welt ausbreitete, beschäftigten sich bis jetzt nur wenige Menschen in New York mit diesem Thema. Für den Augenblick schien eine gründliche Desinfektion der Hände zu genügen.

Die sechs Opfer, die ausgesagt hatten, saßen in der ersten Reihe. Sie hielten einander fest, und einige von ihnen gaben bewegende Kommentare ab. Weinstein reagierte mit einem langen, weitschweifenden Monolog, in dem er zwar irgendwie Reue zeigte, sich vor allem aber in Selbstmitleid erging. Irwin Reiter saß nur wenige Reihen entfernt, ebenso Lance Maerov. Gloria Allred war ebenfalls anwesend; ungeachtet einer erst kürzlich erfolgten, eingehenden Prüfung des Geschäftsgebarens von ihr selbst und dem ihrer Tochter, Lisa Bloom, war es ihr gelungen, die Vertretung von Annabella Sciorra zu übernehmen, einer der Schauspielerinnen, die gegen Weinstein ausgesagt hatten.

Der Richter verkündete mit seinem Hammerschlag ein

hartes Urteil, das die beantragte Strafe nahezu voll aus-schöpfte: Dreiundzwanzig Jahre Haft. Weinstein war sieben-undsechzig. Vermutlich würde er den Rest seines Lebens im Gefängnis verbringen. »Dies ist zwar eine erste Verurteilung, aber es ist kein erstes Vergehen«, sagte der Richter.

Und mit diesen Worten wurde Harvey Weinstein an sei-nen Rollstuhl gekettet aus dem Saal geschoben.

DANK

Wenn Sie dieses Buch gelesen haben, dann kennen Sie schon etliche Menschen, bei denen wir uns bedanken müssen. Sie sind aber nur der Anfang.

An alle unsere Quellen: Wir danken Euch und Ihnen für die Unterstützung unserer journalistischen Arbeit. Einige haben trotz hoher persönlicher Risiken mit uns gesprochen und uns Geschichten anvertraut, von denen sie nicht geglaubt hätten, dass sie sie jemals Fremden erzählen würden – und erzählten dann für dieses Buch sogar noch mehr. Viele stellten sich ausgedehnten, wiederholten Befragungen oder endlosen unangenehmen Nachfragen. Ein ganz besonders großer Dank gilt allen, die uns in Form von E-Mails, Textnachrichten und anderen Dokumenten Zusatzmaterial zur Verfügung gestellt haben, das wir immer wieder in unsere Schilderung der Ereignisse einstreuen konnten. Darüber hinaus versorgte uns ein noch viel größerer Kreis von Fachleuten bis hin zu geheimen Tippgebern, deren Namen wir nicht nennen können, mit grundlegenden Informationen, Storys und Ideen, von denen etliche noch jetzt in unseren Köpfen nachhallen.

Neben den Kolleginnen und Kollegen, die wir in diesem Buch porträtiert haben, danken wir allen Journalistinnen und Journalisten der *Times*, die uns bei unseren Recherchen im

Fall Weinstein unterstützt haben, darunter Rachel Abrams, Ellen Gabler, Susan Dominus, Steve Eder, Jim Rutenberg, William Rashbaum, Barry Meier, Al Baker, Jim McKinley und dem Audioteam bei *The Daily*. In jeder Phase unserer Arbeit erhielten wir unverzichtbare Unterstützung durch die Kollegen aus der Wirtschaftsredaktion der *Times*, Arthur Sulzberger Jr., A. G. Sulzberger und Sam Dolnick. Wir bedanken uns ebenfalls bei allen Abonnentinnen und Abonnenten – Sie alle machen diese Art des Journalismus überhaupt erst möglich. Dean Baquet, Matt Purdy, David McCraw, Sheryl Stolberg, Emily Steel, Carolyn Ryan und Michael Barbaro waren so großzügig, uns Feedback zum Manuskript zu geben.

Wir danken der Redakteurin, die in diesem Buch zwar unsichtbar bleibt, aber dennoch auf jeder einzelnen Seite präsent ist: Ann Godoff, die alles zu einem Ganzen verschmolz. Mit ihren visionären Ideen und Vorschlägen, ihrer Klarheit und Entschiedenheit hat sie dieses Projekt reich beschenkt. Dabei versorgte sie uns mit dermaßen inspirierenden Anmerkungen, dass wir diese an den Wänden unseres Büros aufhängten. Wir sind ihr auf ewig dankbar. William Heyward und Casey Denis, Sarah Hutson und Gail Brussel, Carolyn Foley und Juliann Barbato haben viele Stunden geopfert und ihre jahrelange Erfahrung eingebracht, um uns zu helfen, diese Story zu erzählen und zu teilen. Euch allen danke für Euer unglaubliches Engagement.

Rebecca Corbett, unsere Redakteurin und unser ewiger Kompass bei der *Times*, ist uns ein großer Halt gewesen. Sie begleitete uns nicht nur während der Ermittlungen zu Weinstein, sondern las und kommentierte auch diverse Vorabversionen der hier enthaltenen Kapitel und half uns einzufangen und zu erläutern, was wir erlebten und beobachteten.

Alexis Kirschbaum, unsere Redakteurin und Verbündete in London, brachte nicht nur wichtige Einsichten und hilfreiches Feedback ein, sondern schenkte uns auch ihre Freundschaft. Außerdem danken wir Emma Bal und Jasmine Horsey von Bloomsbury Publishing.

Elyse Cheney ist unsere Agentin, Spielmacherin und Führerin. Wir danken ihr sehr für ihre Beharrlichkeit, ihr Urteilsvermögen und dafür, dass sie uns immer wieder vorangetrieben hat. Dank schulden wir auch ihren Kolleginnen und Kollegen Claire Gillespie, Alice Whitwham, Alex Jacobs und Allison Devereux. Charlotte Perman und Kristen Sena von Greater Talent Network haben unsere Veranstaltungstermine wunderbar betreut, insbesondere Campusbesuche mit Fragen von Studenten, die uns halfen, das auszudrücken, was wir auf diesen Seiten sagen wollten.

Kelsey Kudal checkte ebenso sensibel wie engagiert die im Manuskript enthaltenen Fakten, kämpfte sich tapfer durch Hunderte Seiten mit Ergebnissen komplizierter investigativer Arbeit und nahm die unterschiedlichen Anweisungen von uns zwei Autorinnen mit Gleichmut und Gelassenheit entgegen. Astha Rajvanshi half uns bei den Recherchen zu großen und kleinen Themen.

Für grundlegende Unterstützung in vielfältiger Form danken wir ebenfalls Joseph Abboud, Kendra Barkoff, Kassie Evashevski, Natasha Fairweather, Jonathan Furmanski, Molly Levinson, Eleanor Leonard, Priya Parker, Melissa Schwartz, Felicia Stewart, Nancy Erika Smith und Josh Wilkinson. Für unsere Autorinnenfotos stand uns glücklicherweise ein Meister seines Fachs zur Verfügung, der sich mit Porträts in der weiteren *#MeToo*-Familie auskennt: ein großes Dankeschön für diese Bilder an Martin Schoeller und sein Team.

Diejenigen unter Ihnen, die kleine Kinder haben, sehen sofort die Szenen vor ihrem geistigen Auge, in denen es ums

Windeln wechseln, Fläschchen geben oder die Einübung eines vernünftigen Schlafrhythmus geht, und können sie in den passendsten und unpassendsten Momenten unserer Recherchen und der Arbeit an unseren Texten einfügen. Gerettet wurden wir immer wieder von unseren Babysitterinnen, den Lehrerinnen und Lehrern unserer Kinder und zuerst und vor allem von unseren Familien.

Von Jodi: Nicht alles im Leben passiert in der Reihenfolge, die man sich vorgestellt hat. Während der in diesem Buch beschriebenen Phase brauchte ich meine Eltern, Wendy und Harry Kantor, mehr als in der ganzen Zeit seit meiner Kindheit – wegen der Beständigkeit ihrer Liebe und der Art, wie sie immer wieder einsprangen und sich um meine Kinder kümmerten, ihnen Anleitung gaben und sie bespaßten. An Mom und Dad, meine Stiefmutter Charlene Lieber, den ruhigen, tapferen Fred Lieber und den gesamten erweiterten Kantor-Lieber-Clan: Ich danke Euch allen, dass Ihr uns durch diese krassen Jahre begleitet habt. Donna Mitchell, Dir danke ich dafür, dass Du ein stetiger Quell der Ruhe und Güte im Leben unserer Töchter warst und die größten und kleinsten Momente mit uns geteilt hast.

Ron: Obwohl Du mit Deinem eigenen Buchprojekt beschäftigt warst, in dem es darum geht, was es kostet, aufs College zu gehen, und mit Deinen eigenen Recherchen zur Aufdeckung finanziellen Fehlverhaltens, hast Du mir für meine Arbeit den Rücken freigehalten, mich ermutigt, bekocht und versorgt. Der Notizzettel, den Du mir einige Tage vor Veröffentlichung der ersten Weinstein-Story auf den Schreibtisch geklebt hast, ist eins der besten Geschenke, die ich je von Dir bekommen habe: »Du schaffst das.« Ja, das tue ich, aber nur mit Deiner Liebe, Deiner Hilfe und Deiner Hingabe.

Talia, Du bist ein Licht, ein Schatzkästchen und eine echt respekteinflößende Diskussionspartnerin. Du hast Dinge gehört, die eigentlich nicht für die Ohren von Teenagern bestimmt sind. Du hast Geheimnisse treu bewahrt. Du hast Dich um Deine kleine Schwester gekümmert und bist selbst dann noch cool geblieben, wenn mich die größeren Dramen beinahe aufzufressen drohten. Zu sehen, wie Du zu einer ganz eigenen Persönlichkeit heranwächst und beginnst, Dir Dein eigenes Leben aufzubauen, begeistert mich total.

Violet, Du warst erst eineinhalb Jahre alt, als wir mit unserer Arbeit begannen, und mit Deiner Unschuld warst Du meine Zuflucht. Eigentlich sind Eltern ja dazu da, ihre Kinder zu trösten, ich aber fand sehr oft Trost in Deinen Löckchen, Deinen Liedern, Deinen Worterfindungen, Deinen kleinen Entdeckungen und vor allem Deinen stürmischen Umarmungen.

Von Megan: Ich danke meinen Eltern, John und Mary Jane Twohey, die seit Jahrzehnten mein moralischer Kompass sind, meine Werte stärken, mich auf meiner Suche nach der Wahrheit sanft vorwärts schubsen und mich immer wieder aufsammeln, wenn ich strauchle. Ben und Maya Rutman, Helen und Felix Rutman-Schoeller und Martin Schoeller – ich danke Euch für Eure unerschöpfliche Freundlichkeit und Euer fröhliches Lachen. Jenny Rattan-John, Du bist unser Fels, unsere Lehrerin und ein geschätztes Mitglied unserer Familie.

Jim: Wir waren kaum ein Jahr verheiratet und frischgebackene Eltern, als die Berichterstattung zu Weinstein begann. Du hast in Deiner Unterstützung für meine Arbeit und später dieses Buch nicht ein einziges Mal geschwankt oder nachgelassen, sogar dann nicht, wenn es gestrichene Urlaube und lange Phasen des Alleinerziehens bedeutete und Du mit den intensiven Emotionen umgehen musstest, die die Arbeit in mir auslöste. Deine liebevollen Umarmungen, Dein aufmerksames Zuhören und Deine ermutigenden Textnachrichten haben mir immer wieder die Kraft gegeben weiterzumachen; Deine Fertigkeiten und Erfahrungen sowie Dein Urteilsvermögen als Literaturagent brachtest Du immer genau in den richtigen Momenten ein.

Mira: Du hast während der Arbeit an dieser Berichterstattung Laufen und Sprechen gelernt, und die Lebhaftigkeit, mit der Du jede neue Entwicklungsstufe erklommen hast, war mir eine große Quelle der Inspiration. Ich bin nicht nur zunehmend beeindruckt von Deinem Mut, Deiner Gewitztheit und Deiner Lebenslust, sondern auch sehr, sehr dankbar dafür.

An unsere Töchter und die Töchter aller Leserinnen und Leser: Ich wünsche Euch, dass Ihr immer mit Würde und Respekt behandelt werdet, am Arbeitsplatz und auch sonst.

ANMERKUNGEN

Dieses Buch basiert auf drei Jahren Berichterstattung (Frühjahr 2016 bis Frühjahr 2019) zum Verhalten Präsident Donald J. Trumps gegenüber Frauen, zu jahrzehntelangen sexuellen Übergriffen durch Harvey Weinstein sowie Christine Blasey Fords Entscheidung, ihre Vorwürfe gegen Brett Kavanaugh wegen sexueller Nötigung öffentlich zu machen. Die folgenden Endnoten sollen den Leserinnen und Lesern einen Leitfaden an die Hand geben, welche der hier enthaltenden Informationen aus welchen Quellen stammen.

Wir haben Hunderte von Interviews geführt, mit fast allen Menschen gesprochen, die in diesem Buch erwähnt werden, darunter auch Trump, Weinstein sowie Christine Blasey Ford, die Megan ihre Erfahrungen in Dutzenden von Interviewstunden schilderte. Fords Anwaltsteam, Bob Weinstein, David Boies, Lance Maerov, Irwin Reiter und die meisten der porträtierten mutmaßlichen Opfer gewährten uns zahlreiche Interviews. Manches von dem, was wir hier jetzt mitteilen, war ursprünglich vertraulich, wie zum Beispiel Jodis erste Gespräche mit Reiter und Weinsteins Überraschungsbesuch bei der *Times* am 4. Oktober 2017; doch dank zusätzlicher Berichterstattung, die erneute Treffen mit den betroffenen Parteien beinhaltete, konnten wir das Material hinzunehmen. Über die letzten zwei Jahre haben wir Weinstein viele Male um einen Kommentar zu unseren Rechercheergebnissen gebeten, zuletzt im Frühjahr 2019. Kelsey Kudak hat fünf Monate damit zugebracht, die im Buch dargelegten Fakten zu prüfen, und oft noch weitere Informationen ergänzt.

Wir haben Tausende Seiten Dokumente gesichtet, die im Folgenden zitiert sind, darunter gegen Trump eingereichte Klagen, interne Aufzeichnungen von The Weinstein Company sowie den Schriftwechsel zwischen Ford und ihren Anwälten. Einige Textnachrichten, E-Mails und andere wichtige Originalquellen haben wir aufgenommen, um den Leserinnen und Lesern die Möglichkeit zu geben, sie selbst in Augenschein zu nehmen.

Darüber hinaus haben wir auf die Berichterstattung anderer Journalisten zurückgegriffen, darunter Ronan Farrow, Emily Steel und Michael Schmidt.

KAPITEL #1

1 Rose McGowan, E-Mail-Nachricht an Jodi Kantor, 11. Mai 2017.

2 Rose McGowan (@rosemcgowan): »because it's been an open secret in Hollywood/Media & they shamed me while adulating my rapist.#WhyWomenDontReport,« Twitter, 13. Oktober 2016, https://twitter.com/rosemcgowan/status/786723360550035460.

3 Rose McGowan, *Brave*, HarperCollins, New York 2018. In deutscher Übersetzung von Regina Schneider: Rose McGowan, *Mutig*, Harper Collins, Hamburg 2018.

4 Rose McGowan (@rosemcgowan): »casting note that came w/script I got today. For real. name of male star rhymes with Madam Panhandler hahahaha I die«, Twitter, 17. Juni 2015, https://twitter.com/rosemcgowan/status/611378426344288256.

5 Rose McGowan (@rosemcgowan): »It is okay to be angry. Don't be afraid of it. Lean in. Like a storm cloud it passes, but it must be recognized. #readthis«, Twitter, 3. April 2017, https://twitter.com/rosemcgowan/status/849083550448193536; »dismantle the system«, Twitter, 4. Mai 2017, https://twitter.com/rosemcgowan/status/860322650962264064.

6 Jennifer Senior (@JenSeniorNY): »At some pt, all the women who've been afraid to speak out abt Harvey Weinstein are gonna have to hold hands and jump«, Twitter, 30. März 2015, https://twitter.com/jenseniorny/status/582657086737289216.

7 Jodi Kantor (@jodikantor): »Harvey Weinstein at the January 2017 Women's March in Park City, Utah«, Twitter, 5. Oktober 2017, https://twitter.com/jodikantor/status/916103297097961472.

8 Sabrina Rubin Erdely, »A Rape on Campus«, *Rolling Stone*, 4. No-

vember 2014. *Rolling Stone* zog die Geschichte am 5. April 2015 zurück und beauftragte die *Columbia Journalism Review* mit einer Untersuchung, die dann von der Zeitschrift publiziert wurde. Sheila Coronel, Steve Coll und Derek Kravitz, »Rolling Stone and UVA: The Columbia University Graduate School of Journalism Report«, *Rolling Stone*, 5. April 2015, https://www.rollingstone.com/cul ture/culture-news/rolling-stone-and-uva-the-columbia-univer sity-graduate-school-of-journalism-report-44930; Ravi Somaiya, »Rolling Stone Article on Rape at University of Virginia Failed All Basics, Report Says«, *New York Times,* 5. April 2015, https:// www.nytimes.com/2015/04/06/business/media/rolling-stone-retracts-article-on-rape-at-university-of-virginia.html.

9 Ben Sisario, Hawes Spencer und Sydney Ember, »Rolling Stone Loses Defamation Case Over Rape Story«, *New York Times*, 4. November 2016, https://www.nytimes.com/2016/11/05/business/media/rolling-stone-rape-story-case-guilty.html; Hawes Spencer und Ben Sisario, »In Rolling Stone Defamation Case, Magazine and Reporter Ordered to Pay $3 Million«, *New York Times*, 7. November 2016, https://www.nytimes.com/2016/11/08/business/media/in-rolling-stone-defamation-case-magazine-and-reporter-ordered-to-pay-3-million.html; Matthew Haag, »Rolling Stone Settles Lawsuit Over Debunked Campus Rape Article«, *New York Times*, 11. April 2017, https://www.nytimes.com/2017/04/11/business/media/rolling-stone-university-virginia-rape-story-settlement. html; Sydney Ember, »Rolling Stone to Pay $1.65 Million to Fraternity Over Discredited Rape Story«, *New York Times*, 13. Juni 2017, https://www.nytimes.com/2017/06/13/business/media/rape-uva-rolling-stone-frat.html.

10 Ben Sisario, Hawes Spencer und Sydney Ember, »Rolling Stone Loses Defamation Case Over Rape Story«, *New York Times*, 4. November 2016, https://www.nytimes.com/2016/11/05/business/media/rolling-stone-rape-story-case-guilty.html; Hawes Spencer und Ben Sisario, »In Rolling Stone Defamation Case, Magazine and Reporter Ordered to Pay $3 Million«, *New York Times*, 7. November 2016, https://www.nytimes.com/2016/11/08/business/media/in-rolling-stone-defamation-case-magazine-and-reporter-ordered-to-pay-3-million.html; Matthew Haag, »Rolling Stone

Settles Lawsuit Over Debunked Campus Rape Article«, *New York Times*, 11. April 2017, https://www.nytimes.com/2017/04/11/business/media/rolling-stone-university-virginia-rape-story-settlement.html; Sydney Ember, »Rolling Stone to Pay $1.65 Million to Fraternity Over Discredited Rape Story«, *New York Times*, 13. Juni 2017, https://www.nytimes.com/2017/06/13/business/media/rape-uva-rolling-stone-frat.html.

11 Megan Twohey, »Dozens of Rape Kits Not Submitted for Testing by Chicago Suburban Police Departments«, *Chicago Tribune*, 14. Juni 2009, https://www.chicagotribune.com/news/chi-rape-kits-14-jun14-story.html; Megan Twohey, »Illinois to Test Every Rape Kit«, *Chicago Tribune*, 6. Juli 2009, https://www.cicagotribune.com/news/ct-met-rape-kit-law-201000706-story.html; Megan Twohey, »Doctors Continue to Operate Unchecked«, Chicago Tribune, 23. August 2010, https://www.chicagotribune.com/lifestyles/health/chi-doctor-sex-charges-gallery-story gallery.html; Megal Twohey, »The Child Exchange«, *Reuters*, 9. September 2013, https://www.reuters.com/investigates/adoption/#article/part1.

12 *Celebrity Apprentice. All-Stars*, Staffel 6, Episode 1, ausgestrahlt am 3. März 2013 auf NBC; Mark Graham, »Did Donald Trump Just Utter the Most Blatantly Sexist Statement in the History of Broadcast Television?« VH1, 5. März 2013, http://www.vh1.com/news/84410/donald-trump-brande-roderick-on-her-knees.

13 Associated Press, »For Many Trump Employees, keeping Quiet Is Legally Required«, *Fortune*, 21. Juni 2016, http://fortune.com/2016/06/21/donald-trump-nda; John Dawsey und Ashley Parker, ›Everyone Signed One‹: Trump Is Aggressive in His Use of Nondisclosure Agreemments, Even in Government«, *Washington Post*, 13. August 2018, https://www.washingtonpost.com/politics/everyone-signed-one-trump-is-aggressive-in-his-use-of-nondisclosure-agreements-even-in-government/2018/08/13/9d0315ba-9f15-11e8-93e3-24d1703d2a2a_story.html.

14 Michael Barbaro und Megan Twohey, »Crossing the Line: How Donald Trump Behaved with Women in Private«, *New York Times*, 14. Mai 2016, https://www.nytimes.com/2016/05/15/us/politics/donald-trump-women.html.

15 Ebd.

16 Donald Trump, Interview von Megan Twohey und Michael Barbaro, 10. Mai 2016.

17 *Fox and Friends*, »Donald Trump's Ex-girlfriend Says She Was Misquoted in the *Times*«, Fox News, 16. Mai 2016, https://video.foxnews.com/v/4895612039001/#sp=show-clips.

18 Donald J. Trump (@realdonaldtrump), »The @nytimes is so dishonest. Their hit piece cover story on me yesterday was just blown up by Rowanne Brewer, who said it was a lie!«, Twitter, 16. Mai 2016, https://twitter.com/realdonaldtrump/status/732196260636151808; Donald J. Trump (@realdonaldtrump), »With the coming forward today of the woman central to the failing @nytimes hit piece on me, we have exposed the article as a fraud!«, Twitter, 16. Mai 2016, https://twitter.com/realdonaldtrump/status/732230384071680001.

19 Erik Wemple, »Bill O'Reilly Follows Donald Trump into the Racist Hellhole«, *Washington Post*, 7. Juni 2016, https://www.washingtonpost.com/blogs/erik-wemple/wp/2016/06/07/bill-oreilly-follows-donald-trump-into-racist-hellhole.

20 David A. Farenthold, »Trump Recorded Having Extremely Lewd Conversation about Women in 2005«, *Washington Post* (aktualisiert), 8. Oktober 2016, https://www.washingtonpost.com/politics/trump-recorded-having-extremely-lewd-conversation-about-women-in-2005/2016/10/07/3b9ce776-8cb4-11e6-bf8a-3d26847eeed4_story.html.

21 Video, »Trump Responds in 2016 to Outrage over Comments«, *New York Times*, 8. Oktober 2016, https://www.nytimes.com/video/us/politics/100000004698416/trump-responds-to-outrage-over-lewd-remarks.html; Maggie Haberman, »Donald Trump's Apology That Wasn't«, *New York Times*, 8. Oktober 2016, https://www.nytimes.com/2016/10/08/us/politics/donald-trump-apology.html.

22 »Transcript of the Second Debate«, *New York Times*, 10. Oktober 2016, https://www.nytimes.com/2016/10/10/us/politics/transcript-second-debate.html.

23 Megan Twohey und Michael Barbaro, »Two Women Say Donald Trump Touched Them Inappropriately«, *New York Times*, 12. Ok-

tober 2016, https://www.nytimes.com/2016/10/13/us/politics/donald-trump-women.html.

24 Rachel Crooks, Interviews von Megan Twohey, Oktober 2016 bis Frühjahr 2019.

25 Eli Saslow, »Is Anyone Listening?«, *Washington Post*, 19. Februar 2018, https://www.washingtonpost.com/news/national/wp/2018/02/19/feature/trump-accuser-keeps-telling-her-story-hoping-someone-will-finally-listen.

26 Donald Trump, Interview von Megan Twohey, 11. Oktober 2016.

27 Video, »Presidential Candidate Donald Trump Rally in Panama City, Florida«, C-SPAN, 11. Oktober 2016, https://www.c-span.org/video/?416754-1/donald-trump-campaigns-panama-city-florida.

28 Jessica Taylor, »You Can Do Anything‹: In 2005 Tape, Trump Brags about Groping, Kissing Women«, National Public Radio, 7. Oktober 2017, https://www.npr.org/2016/10/07/497087141/donald-trump-caught-on-tape-making-vulgar-remarks-about-women; Alan Rappeport, »John McCain Withdraws Support for Donald Trump after Disclosure of Recording«, *New York Times*, 10. Oktober 2016, https://www.nytimes.com/2016/10/08/us/politics/presidential-election.html; Jonathan Martin, Maggie Haberman und Alexander Burns, »Lewd Donald Trump Tape Is a Breaking Point for Many in the G.O.P.«, *New York Times*, 8. Oktober 2016, https://www.nytimes.com/2016/10/09/us/politics/donald-trump-campaign.html.

29 Josh Gerstein, »Woman Suing Trump over Alleged Teen Rape Drops Suit, Again«, *Politico*, 4. November 2016, https://www.politico.com/story/2016/11/donald-trump-rape-lawsuit-dropped-230770; Jane Coaston und Anna North, »Jeffrey Epstein, the Convicted Sex Offender Who Is Friends with Donald Trump and Bill Clinton, Explained«, Vox, 22. Februar 2019, https://www.vox.com/2018/12/3/18116351/jeffrey-epstein-trump-clinton-labor-secretary-acosta.

30 abc.com-Mitarbeiter, »Woman Accuses Trump of Inappropriate Sexual Conduct at 1998 US Open«, ABC, 20. Oktober 2016, https://abc7.com/politics/woman-accuses-trump-of-inappropriate-sexual-conduct-at-1998-us-open/1565005.

31 Katie Mettler, »She Accused Trump of Sexual Assault, Lou Dobbs Tweeted Her Phone Number«, *Washington Post*, 14. Oktober 2016, https://www.washingtonpost.com/news/morning-mix/wp/2016/10/14/she-accused-trump-of-sexual-assault-lou-dobbs-tweeted-her-phone-number.

32 Marc Kasowitz, »Re: Demand for Retraction«, Brief von Marc Kasowitz an David McCraw, 12. Oktober 2016, https://assets.donaldjtrump.com/DemandForRetraction.PDF.

33 David McCraw, »Re: Demand for Retraction«, Brief von David McCraw an Marc Kasowitz, 13. Oktober 2016, https://www.nytimes.com/interactive/2016/10/13/us/politics/david-mccraw-trump-letter.html.

34 Emily Steel und Michael S. Schmidt, »Bill O'Reilly Thrives at Fox News, Even as Harassment Settlements Add Up«, *New York Times*, 1. April 2017, https://www.nytimes.com/2017/04/01/business/media/bill-oreilly-sexual-harassment-fox-news.html.

35 Karl Russel, »Bill O'Reilly's Show Lost More Than Half Its Advertisers in a Week«, *New York Times*, 11. April 2017, https://www.nytimes.com/interactive/2017/04/11/business/oreilly-advertisers.html.

36 Emily Steel und Michael S. Schmidt, »Bill O'Reilly is Forced Out at Fox News«, *New York Times*, 19. April 2017, https://www.nytimes.com/2017/04/19/business/media/bill-oreilly-fox-news-allegations.html.

37 John Koblin und Jim Rutenberg, »Accused of Sexual Harassment, Roger Ailes Is Negotiating Exit from Fox«, *New York Times*, 19. Juli 2016, https://www.nytimes.com/2016/07/20/business/media/roger-ailes-fox-news-murdoch.html.

38 Shaunna Thomas, Interview von Jodi Kantor, April 2017.

KAPITEL #2

1 »2017 Cannes Film Festival Red Carpet Looks«, Fotos, *New York Times*, 20. Mai 2017, https://www.nytimes.com/2017/05/20/fashion/2017-cannes-film-festival-red-carpet-looks.html.

2 Ramin Setoodeh, »Ashley Judd Reveals Harassment by Studio

Mogul«, *Variety*, 6. Oktober 2015, https://variety.com/2015/ film/news/ashley-judd-sexual-harassment-studio-mogul-shower-1201610666.

3 Judith Godrèche, E-Mail-Nachricht an Jodi Kantor, 13. Juni 2017.

4 Marisa Tomei, Interviews von Jodi Kantor, 2017 bis 2018.

5 Elizabeth Rubin, »Spy, Mother, Comeback Kid: All Eyes Are on Claire Danes«, *Vogue*, 14. Juli 2013, https://www.vogue.com/ article/all-eyes-on-claire-homeland-claire-danes-and-damian-lewis.

6 Lisa Bloom (@LisaBloom), »BIG ANNOUNCEMENT: My book SUSPICION NATION is being made into a miniseries, produced by Harvey Weinstein and Jay Z!«, Twitter, 7. April 2017, https:// twitter.com/lisabloom/status/850402622116855809.

7 Ashley Judd und Maryanne Vollers, *All That Is Bitter and Sweet*, Ballantine, New York 2015.

8 Ashley Judd, Interviews von Jodi Kantor und Megan Twohey, Juni 2017 bis Januar 2019.

9 Viele der Details über Judds Jugend sind in ihrer Autobiografie von 2015 aufgezeichnet, in: Judd, Vollers, *All That Is Bitter and Sweet*.

10 Diane Rosenfeld, Interview von Jodi Kantor, 11. Mai 2018.

11 Ashley Judd, »Gender Violence: Law and Social Justice«, (Master-arbeit, Harvard Kennedy School of Government, 2015), 2010.

12 »#NastyWoman«, YouTube-Video, 00:06:43, Live bei der State of the Word Tour 2015, gepostet von Nina Mariah, 11. Dezember 2016, https://www.youtube.com/watch?v=dvN0On85sNQ

13 Ashley Judd, Interview von Jodi Kantor, 2017; Führungskräfte von Copper Fit, Interview von Jodi Kantor 2019.

14 Jill Kargman, Interview von Jodi Kantor, Juni 2017.

15 Jenni Konner, Interviews von Jodi Kantor, 2017; Lena Dunham, Interviews von Jodi Kantor, 2017.

16 Tina Brown, Interview von Jodi Kantor, 26. September 2017.

17 Gwyneth Paltrow, Interviews von Jodi Kantor und Megan Two-hey, 2017 bis 2019.

18 Anita Gates, »Miriam Weinstein, Mother and Backbone of Original Miramax, Dies at 90«, *New York Times*, 4. November 2016, https:// www.nytimes.com/2016/11/04/movies/miriam-weinstein-died-miramax.html.

19 »Jade Egg«, Goop, https://shop.goop.com/products/jade-egg?country=USA: Bill Bostock, »Gwyneth Paltrow's Goop settles $145,000 lawsuit over baseless vaginal eggs health claims«, *Business Insider*, 5. September 2018, https://www.businessinsider.com/gwyneth-platrows-goop-lawsuit-vaginal-egg-claims-2018-9?r=DE&IR=T.

20 Jen Gunter, »Dear Gwyneth Paltrow, I'm a Gynecologist and Your Jade Eggs Are a Bad Idea«, Dr. Jen Gunter, 17. Januar 2017, https://drjengunter.com/2017/01/17/dear-gwyneth-paltrow-im-a-gyn-and-your-vaginal-jade-eggs-are-a-bad-idea.

21 Uma Thurman, Interviews und E-Mails von Jodi Kantor, 2017 bis 2019.

22 Linda Fairstein, Interview von Megan Twohey, geführt während ihrer Berichterstattung 2009 bei der *Chicago Tribune*.

23 Ryan Tate, »Why Harvey Weinstein Thinks He Owns New York Media«, *Gawker*, 2. April 2008, http://gawker.com/5004915/why-harvey-weinstein-thinks-he-owns-new-york-media.

24 David Simon, Interview und E-Mail von Jodi Kantor, 2018 bis 2019.

25 James Risen und Eric Lichtblau, »Bush Lets U.S. Spy on Callers without Courts«, *New York Times*, 16. Dezember 2005, https://www.nytimes.com/2005/12/16/politics/bush-lets-us-spy-on-callers-without-courts.html.

KAPITEL #3

1 Die New York Division of Human Rights, https://dhr.ny.gov, und das California Department of Fair Employment and Housing, https://www.dfeh.ca.gov.

2 Erstellt 2017 durch das California Department of Fair Employment and Housing.

3 Meeting-Notizen und Dokumente von Katie Benner und Jodi Kantor.

4 Katie Benner, »Women in Tech Speak Frankly on Culture of Harassment«, *New York Times,* 30. Juni 2017, https://www.nytimes.com/2017/06/30/technology/women-entrepreneurs-speak-out-sexual-harassment.html.

5 Susan Fowler, »Reflecting on One Very, Very Strange Year at Uber«, Susan Fowler, 19. Februar 2017, https://www.susanjfowler.com/blog/2017/2/19/reflecting-on-one-very-strange-year-a-tuber.

6 Katie Benner, »A Backlash Builds against Sexual Harassment in Silicon Valley«, *New York Times*, 3. Juli 2017, https://www.nytimes.com/2017/07/03/technology/silicon-valley-sexual-harassment.html.

7 Emily Steel, »At *Vice,* Cutting-Edge Media and Allegations of Old-School Sexual Harassment«, *New York Times,* 23. Dezember 2017, https://www.nytimes.com/2017/12/23/business/media/vice-sexual-harassment.html.

8 Catrin Einhorn, »Harassment and Tipping in Restaurants: Your Stories«, *New York Times*, 18. März 2018, https://www.nytimes.com/2018/03/18/business/restaurant-harassment-tipping.html; Catrin Einhorn und Rachel Abrams, »The Tipping Equation«, *New York Times,* 12. März 2018, https://www.nytimes.com/interactive/2018/03/11/business/tipping-sexual-harassment.html.

9 Susan Chira und Catrin Einhorn, »How Tough Is It to Change a Culture of Harassment? Ask Women at Ford«, *New York Times*, 19. Dezember 2017, https://www.nytimes.com/interactive/2017/12/19/us/ford-chicago-sexual-harassment.html; Susan Chira und Catrin Einhorn, »The #MeToo Moment: Blue-collar Women Ask, ›What About Us?‹«, *New York Times*, 20. Dezember 2017, https://www.nytimes.com/2017/12/20/us/the-metoo-moment-blue-collar-women-ask-what-about-us.html; Susan Chira, »We Asked Women in Blue-collar Workplaces about Sexual Harassment: Here Are Their Stories«, *New York Times,* 29. Dezember 2017, https://www.nytimes.com/2017/12/29/us/blue-collar-women-harassment.html; Susan Chira, »The ›Manly‹ Jobs Problem«, *New York Times,*8. Februar 2018, https://www.nytimes.com/2018/02/08/sunday-review/sexual-harassment-masculine-jobs.html.

10 Emily Steel, »How Bill O'Reilly Silenced His Accusers«, *New York Times*, 4. April 2018, https://www.nytimes.com/2018/04/04/business/media/how-bill-oreilly-silenced-his-accusers.html.

11 Chai Feldblum, Interview von Jodi Kantor, 11. Mai 2017.

12 Nachdem die Weinstein-Brüder Miramax 1993 für 80 Mio. US-

Dollar an Disney verkauft hatten, trennten sie sich 2005 endgültig von Disney. Laura M. Holson, »How the Tumultuous Marriage of Miramax and Disney Failed«, *New York Times,* 6. März 2005, https://www.nytimes.com/2005/03/06/movies/how-the-tumultuous-marriage-of-miramax-and-disney-failed.html.

13 John Schmidt, Interviews von Megan Twohey, September 2017 bis Frühjahr 2019.

14 Amy Israel, Interviews von Jodi Kantor, 2017 bis 2019.

15 Zelda Perkins, Interviews von Jodi Kantor, 2017 bis 2019.

16 Rowena Chiu, Interviews von Jodi Kantor, Mai bis Juni 2019.

17 Donna Gigliotti, E-Mails an Jodi Kantor und Kelsey Kudak, November 2017 bis Juni 2019.

18 Megan Twohey, Jodi Kantor, Susan Dominus, Jim Rutenberg und Steve Eder, »Weinstein's Complicity Machine«, *New York Times,* 5. Dezember 2017, www.nytimes.com/interactive/2017/12/05/us/harvey-weinstein-complicity.html.

19 Andrew Cheung, Interview von Jodi Kantor, Juli 2017.

20 Laura Madden, Interviews von Jodi Kantor, Juli 2017 bis Januar 2019.

21 Gloria Allred, *Fight Back and Win,* New York: HarperCollins 2006; Gloria Allred, Interviews mit Megan Twohey, Oktober 2016 bis Frühjahr 2019.

22 Emily Steel, »How Bill O'Reilly Silenced His Accusers«, *New York Times*, 4. April 2018, https://www.nytimes.com/2018/04/04/business/media/how-bill-oreilly-silenced-his-accusers.html.

23 Rebecca Davis O'Brien, »USA Gymnastics, McKayla Maroney Had Confidentiality Agreement to Resolve Abuse Claims«, *Wall Street Journal*, 20. Dezember 2017, https://www.wsj.com/articles/usa-gymnastics-reached-settlement-over-abuse-claims-with-gold-medalist-mckayla-maroney-1513791179; Will Hobson, »McKayla Maroney Sues USA Gymnastics, Saying It Tried to Buy Her Silence on Abuse«, *Washington Post*, 20. Dezember 2017, https://www.washingtonpost.com/sports/mckayla-maroney-sues-usa-gymnastics-saying-it-tried-to-buy-her-silence-on-abuse/2017/12/20/1e54b482-e5c8-11e7-a65d-1ac0fd7f097e_story.html.

24 Ashley Matthau, Interviews von Megan Twohey, Oktober 2017 bis Frühjahr 2019.

25 Consumer Attorneys of California, https://www.caoc.org.

26 Telefoninterview mit mehreren Teilnehmern, Megan Twohey, 2018.

KAPITEL #4

1 Brett Anderson, »A History of the Baquets, New Orleans Restaurant Family: From the T-P Archives«, NOLA, erstmals erschienen 20. Juli 2004, neu abgedruckt 15. Mai 2014, https://www.nola.com/dining/2014/05/from_the_t-p_archives_a_short.html; Brett Anderson, »The Importance of Eddie's: The Late-great Baquet Family Restaurant, Remembered«, NOLA, 16. Mai 2014, https://www.nola.com/dining/2014/05/the_importance_of_eddies_the_l.html.

2 Informationen aus Interviews von Megan Twohey, 2017 bis Frühjahr 2019, mit Boies und anderen, die mit Boies' Vertretung von Harvey Weinstein vertraut waren, sowie E-Mails und andere Aufzeichnungen, die Kommentare enthielten, welche Boies von 2015 bis 2017 gemacht hat, außerdem die folgenden Artikel über ihn: Daniel Okrent, »Get Me Boies!« Time, 25. Dezember 2000, http://content.time.com/time/world/article/0,8599,2047286,00.html; Andrew Rice, »The Bad, Good Lawyer: Was David Boies Just Doing Right by Harvey Weinstein? Or Did He Cross an Ethical Line?« New York Magazin, 30. September 2018, http://nymag.com/intelligencer/2018/09/david-boies-harvey-weinstein-lawyer.html.

3 Dean Baquet, Interviews von Megan Twohey und Jodi Kantor, 2018.

4 Lanny Davis, Interview von Megan Twohey und Jodi Kantor, 3. August 2017.

5 Auletta hörte während seiner Arbeit an einem Profil von Harvey Weinstein von den Vergleichen. Ken Auletta, »Beauty and the Beast«, New Yorker, 8. Dezember 2002, https://www.newyorker.com/magazine/2002/12/16/beauty-and-the-beast-2.

6 Ken Auletta, Bob Weinstein, David Boies, Interviews von Megan Twohey, 2019.

7 Megan Twohey, Jodi Kantor, Susan Dominus, Jim Rutenberg und

Steve Eder, »Weinstein's Complicity Machine« *New York Times,*
5. Dezember 2017, www.nytimes.com/interactive/2017/12/05/
us/harvey-weinstein-complicity.html.

8 Alana Goodman, »Harvey Weinstein's ORIGINAL contract with
ex-Mossad agents ordered them to prove he was the victim of a
›negative campaign‹ in what was dubbed ›Operation Parachute‹ –
spying on actresses, close friend designer Kenneth Cole and
amfAR«, *Daily Mail,* 8. November, 2017, https://www.dailymail.
co.uk/news/article-5062195/Harvey-Weinstein-agreed-pay-
1-3m-ex-Mossad-agents.html.

9 Interviews von Twohey und Kantor mit McGowan, Kendall und
anderen, die von Seth Freedman in den Jahren 2016 und 2017 kontaktiert wurden, sowie E-Mails von Freedman.

10 Benjamin Wallace, Interview mit Megan Twohey, 2018, sowie
E-Mail-Austauch von 2016 zwischen Wallace und Seth Freedman.

11 Ronan Farrow, »Harvey Weinstein's Army of Spies«, *New Yorker,*
6. November 2017, https://www.newyorker.com/news/news-
desk/harvey-weinsteins-army-of-spies.

12 »Read: The Contract Between a Private Security Firm and One
of Harvey Weinstein's Lawyers«, *New Yorker,* 6. November 2017,
https://www.newyorker.com/sections/news/read-the-contract-
between-a-private-security-firm-and-one-of-harvey-weinsteins-
lawyers.

13 »Diana Filip«, E-Mail an Jodi Kantor, 8. August 2017. Die betref-
fende Webseite, Reuben Capital Partners, wurde abgeschaltet;
Screenshots der Webseite wurden veröffentlicht. Alana Goodman,
»EXCLUSIVE: The SPY Who Duped Rose McGowan UNMAS-
KED! This is the blonde Israeli military veteran who worked
undercover for disgraced mogul Harvey Weinstein and tricked the
actress into sharing her memoirs«, *Daily Mail,* 8. November 2017,
https://www.dailymail.co.uk/news/article-5064027/Israeli-
military-vet-uped-Rose-McGowan-revealed.html.

14 Alexandra Pechman, »Gloria Allred and Lisa Bloom Are the
Defenders of Women in 2017«, *W,* 21. Juli 2017, https://www.
wmagazine.com/story/gloria-allred-lisa-bloom-donald-trump-
blac-chyna-lawyer.

15 Megan Twohey, E-Mail an Lisa Bloom, 1. November 2016.

16 Stephen Feller, »Trump Rape Accuser Cancels Press Conference after Death Threats«, *United Press International*, 3. November 2016, https://www.upi.com/Top_News/US/2016/11/03/Trump-rape-accuser-cancels-press-conference-after-death-threats/2381478150421.

17 Kenneth P. Vogel, »Partisans, Wielding Money, Begin Seeking to Exploit Harassment Claim«, *New York Times*, 31. Dezember 2017, https://www.nytimes.com/2017/12/31/us/politics/sexual-harassment-politics-partisanship.html.

18 Lisa Bloom, Interview von Kantor und Twohey, 2019; Lisa Bloom, E-Mail an Megan Twohey, Juni 2019.

19 Tamara Holder, Interviews von Megan Twohey, Sommer 2018 bis Frühjahr 2019; E-Mail-Wechsel zwischen Tamara Holder und Lisa Bloom; Lloyd Grove, »Clients Turn on ›Champion for Women‹ Lisa Bloom after Her Scorched-earth Crusade for Harvey Weinstein«, *Daily Beast*, 26. Oktober 2017, https://www.thedailybeast.com/lisa-bloom-has-files-on-rose-mcgowans-history-inside-her-scorched-earth-crusade-for-harvey-weinstein; Emily Steel, »Fox Is Said to Settle With Former Contributor Over Sexual Assault Claims«, *New York Times*, 8. März 2017, https://www.nytimes.com/2017/03/08/business/fox-news-roger-ailes-sexual-assault-settlement.html.

20 Megan Twoheys amfAR-Berichterstattung umfasste Interviews mit Vorstandsmitgliedern von amfAR, darunter dem damaligen Vorsitzenden Kenneth Cole, sowie Harvey Weinstein, David Boies, Charles Prince und anderen, die Kenntnis von den 600 000 Dollar hatten, welche auf einer Wohltätigkeitsauktion der amfAR eingenommen wurden und in die Taschen der Investoren von *Finding Neverland* flossen. Sie umfasste auch E-Mails und andere Dokumente aus den Jahren 2015 bis 2017, in denen es um die Finanztransaktion ging bzw. in denen diverse Mitarbeiter und Vorstandsmitglieder von amfAR ihre diesbezüglichen Bedenken und ihre Besorgnis darüber äußerten, wie Weinstein auf Versuche reagierte, Licht in diese Angelegenheit zu bringen; Megan Twohey, »Tumult after AIDS Fund-Raiser Supports Harvey Weinstein Production«, *New York Times*, 23. September 2017, https://www.nytimes.com/2017/09/23/nyregion/harvey-weinstein-charity.html.

21 Tom Ajamie, Interviews von Megan Twohey, Sommer 2017 bis Frühjahr 2019.

22 Abrechnungsunterlagen aus Lisa Blooms Kanzlei, The Bloom Firm, über den Dezember 2016.

23 Sara Ness, Berichtsentwurf an Harvey Weinstein, Juli 2017.

KAPITEL #5

1 E-Mails von Irwin Reiter an Jodi Kantor, September 2017.

2 Das erste einer Reihe von Interviews mit Irwin Reiter, die Jodi Kantor und Megan Twohey von September 2017 bis Mai 2019 mit ihm führten.

3 Frank Pallotta und Molly Shiels, »NBC Says It's Not Moving Forward with Bill Cosby Project«, CNN, 19. November 2014, https://money.cnn.com/2014/11/19/media/cosby-nbc-sitcom/ index.html; Goeff Edgers, »Bill Cosby's ›Far from Finished‹ Tour Pushes On: But Will It Be His Last?« *Washington Post*, 24. März 2015, https://www.washingtonpost.com/entertainment/ bill-cosbys-far-from-finished-tour-pushes-on-will-it-be-his-last/2015/03/24/d665bee4-cf1f-11e4-8a46-b1dc9be5a8ff_story. html; Todd Leopold, »Cancellations Have Dogged Cosby's Tour«, CNN, 21 Februar 2015, https://www.cnn.com/2015/02/20/enter tainment/feat-cosby-tour-cancellations/index.html.

4 Aus E-Mails und weiteren internen Berichten der Weinstein Company von 2014 und 2015.

5 Ebd.

6 Shari Reiter, Interview von Jodi Kantor, 25. Oktober 2018.

7 Sandeep Rehal, Interviews von Jodi Kantor, November 2018.

8 Harvey Weinsteins Vertrag mit The Weinstein Company.

9 E-Mail-Wechsel zwischen Tom Prince und Irwin Reiter, Februar 2015.

10 Michelle Franklin, Interviews von Jodi Kantor 2017 bis 2019.

11 Harvey Weinstein, Jason Lilien, Lanny Davis, Charlie Prince, Ro-berta Kaplan und Karen Duffy, Interview von Megan Twohey und Rebecca Corbett, 19. September 2017.

12 Harvey Weinstein, Interview von Jodi Kantor, 19. September 2017.

13 Megan Twohey, James C. McKinley Jr., Al Baker und William K. Rashbaum, »For Weinstein, a Brush With the Police, Then No Charges«, *New York Times*, 15. Oktober 2017, https://www.nytimes.com/2017/10/15/nyregion/harvey-weinstein-new-york-sex-assault-investigation.html.

14 Ken Auletta, David Boies, Interviews von Megan Twohey, 2019.

15 Von Megan Twohey geführte Interviews mit Leuten, die über den Vergleich Bescheid wussten, und interne Dokumente der Weinstein Company von 2015.

16 Ronan Farrow, »Harvey Weinstein's Secret Settlements«, *New Yorker*, 21. November 2017, https://www.newyorker.com/news/news-desk/harvey-weinsteins-secret-settlements.

17 Auf der Grundlage von Megan Twoheys Interviews mit Bob Weinstein 2018 und 2019 und von Interviews, die Megan Twohey und Jodi Kantor mit seinen Mitarbeitern führten, sowie von E-Mails und anderen internen Dokumenten der Weinstein Company.

18 Megan Twoheys Interview mit Bob Weinstein; Ronan Farrow, »Harvey Weinstein's Secret Settlements«, *New Yorker*, 21. November 2017, https://www.newyorker.com/news/news-desk/harvey-weinsteins-secret-settlements.

19 Bob Weinstein, Interview von Megan Twohey, 2018; und Irwin Reiter, Interviews von Jodi Kantor, 2017 bis 2019.

20 Bob Weinstein, E-Mail an David Boies, 16. August 2015.

21 Lance Maerov, Interviews von Megan Twohey, September 2016 bis Frühjahr 2019; Interviews mit Leuten, die mit Maerov zusammenarbeiteten; E-Mails und weitere interne Dokumente der Weinstein Company.

22 H. Rodgin Cohen, E-Mail an Philip Richter, einen Anwalt für den Verwaltungsrat der Weinstein Company; 4. September 2015.

23 Megan Twohey und William K. Rashbaum, »Transactions Tied to Weinstein and AIDS Charity Are Under Investigation«, *New York Times*, 2. November 2017, https://www.nytimes.com/2017/11/02/nyregion/harvey-weinstein-amfar.html.

24 Interne Dokumente der Weinstein Company aus den Jahren 2015 und 2016.

KAPITEL #6

1 Dean Baquet, Interviews von Jodi Kantor und Megan Twohey, 2018.

2 Harvey Weinstein, Charles Harder, Lisa Bloom und Lanny Davis, Interview von Jodi Kantor, Megan Twohey und Rebecca Corbett, 3. Oktober 2017.

3 Eriq Gardner, »Ailes Media Litigator Charles Harder on His Improbable Rise with Clients Melania Trump and Hulk Hogan«, *Hollywood Reporter*, 22. September 2016, https://www.hollywood reporter.com/thr-esq/ailes-media-litigator-charles-harder-930963.

4 Sydney Ember, »Gawker and Hulk Hogan Reach $31 Million Settlement«, *New York Times*, 2. November 2016, https://www.nytimes.com/2016/11/03/business/media/gawker-hulk-hogan-settle ment.html.

5 Brian Stelter, »Roger Ailes Enlists Lawyer behind Hulk Hogan and Melania Trump Suits«, *CNN Money*, 5. September 2016, https://money.cnn.com/2016/09/05/media/roger-ailes-charles-harder/index.html.

6 Tom Hamburger, »Melania Trump Missed Out on ›Once-in-a-Lifetime Opportunity‹ to Make Millions, Lawsuit Says«, *Washington Post*, 7. Februar 2017, https://washingtonpost.com/politics/melania-trump-missed-out-on-once-in-a-lifetime-opprotunity-to-make-millions-lawsuit-says/2017/02/06/3654f070-ecd0-11e6-9973-c5efb7ccfb0d_story.html?utm_term=.1f8e8f635b8c8c&tid=a_inl_manual; Emily Hell, »When They Go Low, Melania Trump Calls Her Lawyers«, *Washington Post*, 30. Januar 2019, https://washingtonpost.com/lifestyle/style/when-they-go-low-melania-trump-calls-her-lawyers/2019/01/30/d3892a1e-240a-11e9-ad53-824486280311_story.html?utm_term=.09e90f097c14; Glenn Fleishman, »Trump Hires Harder, Hulk Hogan's Gawker-Toppling Lawyer in Dispute Against Omarosa«, *Fortune*, 14. August 2018, http://fortune.com/2018/08/14/trump-charles-harder-gawker-lawyer-hulk-hogan-omarosa.

7 Jason Zengerle, »Charles Harder, the Lawyer Who Killed Gawker, Isn't Done Yet«, *GQ*, 17. November 2016, https://www.gq.com/story/charles-harder-gawker-lawyer.

8 Lance Maerov, David Boies und David Glasser, Interviews von Megan Twohey, 2018 und 2019.

9 Lisa Bloom, E-Mail an Harvey Weinstein, Lanny Davis, Charles Harder und David Boies, 4. Oktober 2017.

KAPITEL #7

1 David Glasser, Interviews von Megan Twohey, Oktober 2017 und Frühjahr 2019.

2 Charles Harder, E-Mail an Diane Brayton, Arthur Sulzberger Jr., Dean Baquet, Jodi Kantor und Megan Twohey, 4. Oktober 2017.

3 David McCraw, E-Mail an Charles Harder, 4. Oktober 2017.

4 Brent Lang, Gene Maddaus und Ramin Setoodeh, »Harvey Weinstein Lawyers Up for Bombshell *New York Times*, *New Yorker* Stories«, *Variety*, 4. Oktober 2017, https://variety.com/2017/film/news/harvey-weinstein-sexual-new-york-times-1202580605; Kim Masters, Chris Gardner, »Harvey Weinstein Lawyers Battling *N.Y. Times*, *New Yorker* Over Potentially Explosive Stories«, *Hollywood Reporter*, 4. Oktober 2017, https://www.hollywood reporter.com/news/harvey-weinstein-lawyers-battling-ny-times-new-yorker-potentially-explosive-stories-1045724.

5 Gracie Allen, Interview von Jodi Kantor, 2018.

6 Weinstein und Bloom, Interview von Jodi Kantor und Megan Twohey, 5. Oktober 2017.

7 Jodi Kantor und Megan Twohey, »Harvey Weinstein Paid Off Sexual Harassment Accusers for Decades«, *New York Times*, 5. Oktober 2017, https://www.nytimes.com/2017/10/05/us/harvey-weinstein-harassment-allegations.html.

8 Bruce Haring, »Fifth Weinstein Company Board Member Resigns, Leaving Three Remaining«, *Deadline,* 14. Oktober 2017, https://deadline.com/2017/10/fifth-weinstein-company-board-member-resigns-leaving-three-left-1202188563.

9 Die Storys von Tomi-Ann Roberts sowie Katherine Kendall, Dawn Dunning und Judith Godrèche wurden alle während der folgenden Wochen von der *New York Times* publiziert. Jodi Kantor und Rachel Abrams, »Gwyneth Paltrow, Angelina Jolie and Others

Say Weinstein Harassed Them«, *New York Times*, 10. Oktober 2017, https://www.nytimes.com/2017/10/10/us/gwyneth-paltrow-angelina-jolie-harvey-weinstein.html; die Storys von Hope Exiner d'Amore und Cynthia Burr wurden anschließend publiziert. Ellen Gabler, Megan Twohey und Jodi Kantor, »New Accusers Expand Harvey Weinstein Sexual Assault Claims Back to '70s«, *New York Times*, 30. Oktober 2017, https://www.nytimes.com/2017/10/30/us/harvey-weinstein-sexual-assault-alle gations.html.

10 Ronan Farrow, »From Aggressive Overtures to Sexual Assault: Harvey Weinstein's Accusers Tell Their Stories«, *New Yorker*, 10. Oktober 2017, https://www.newyorker.com/news/news-desk/from-aggressive-overtures-to-sexual-assault-harvey-wein steins-accusers-tell-their-stories.html.

11 Yashar Ali, »TV Journalist Says Harvey Weinstein Masturbated in Front of Her«, *Huffington Post,* 6. Oktober 2017, https:// www.huffingtonpost.com/entry/weinstein-sexual-harassment-alle gation_us_59d7ea3de4b046f5ad984211.

12 Nicole Pelletiere, »Harvey Weinstein's Adviser, Lisa Bloom, Speaks Out: ›There was misconduct‹« ABC, 6. Oktober 2017, https://abcnews.go.com/Entertainment/harvey-weinsteins-adviser-lisa-bloom-speaks-misconduct/story?id=50321561; Megan Twohey und Johanna Barr, »Lisa Bloom, Lawyer Advising Harvey Weinstein, Resigns Amid Criticism From Board Members«, *New York Times*, 7. Oktober 2017, https://www.nytimes.com/2017/10/07/business/lisa-bloom-weinstein-attorney.htm.

KAPITEL #8

1 Melena Ryzik, Cara Buckley und Jodi Kantor, »Louis C. K. Is Accused by 5 Women of Sexual Misconduct«, *New York Times*, 9. November 2017, https://www.nytimes.com/2017/11/09/arts/television/louis-ck-sexual-misconduct.html.

2 Michael Rothfeld und Joe Palazzolo, »Trump Lawyer Arranged $130,000 Payment for Adult-Film Star's Silence«, *Wall Street Journal*, 12. Januar 2018, https://www.wsj.com/articles/trump-

lawyer-arranged-130-000-payment-for-adult-film-stars-silence-1515787678; Megan Twohey und Jim Rutenberg, »Porn Star Was Reportedly Paid to Stay Quiet about Trump«, *New York Times*, 12. Januar 2018, https://www.nytimes.com/2018/01/12/us/trump-stephanie-clifford-stormy-daniels.html.

3 Joe Palazzolo, Michael Rothfeld und Lukas I. Alpert, »*National Enquirer* Shielded Donald Trump from Playboy Model's Affair Allegation«, *Wall Street Journal*, 4. November 2016, https://www.wsj.com/articles/national-enquirer-shielded-donald-trump-from-playboy-models-affair-allegation-1478309380; Ronan Farrow, »Trump, a Playboy Model, and a System for Concealing Infidelity«, *New Yorker*, 16. Februar 2018, https://www.new yorker.com/news/news-desk/donald-trump-a-playboy-model-and-a-system-for-concealing-infidelity-national-enquirer-karen-mcdougal; Jim Rutenberg, Megan Twohey, Rebecca R. Ruiz, Mike McIntire und Maggie Haberman, »Toos of Trump's Fixer: Payouts, Intimidation and the Tabloids«; *New York Times*, 18. Februar 2018, https://wwwnytimes.com/2018/02/18/us/politics/michael-cohen-trump.html; Ronan Farrow, »Harvey Weinstein's Army of Spies«, *New Yorker*, 6. November 2017, https://www.newyorker.com/news/news-desk/harvey-weinsteins-army-of-spies; Mike McIntire, Charlie Savage und Jim Rutenberg, »Tabloid Publisher's Deal in Hush-Money Inquiry Adds to Trump's Danger«, *New York Times*, 12. Dezember 2018, https://www.nytimes.com/2018/12/12/nyregion/trump-american-media-michael-cohen.html.

4 Melena Ryzik, »Weinstein in Handcuffs Is a ›Start to Justice‹ for His Accusers«, *New York Times*, 25. Oktober 2018, https://www.nytimes.com/2018/05/25/nyregion/metoo-accusers-harvey-weinstein.html.

5 Laura McGann, »The Still Raging Controversy Over Al Franken's Resignation, Explained«, Vox, 21. Mai 2018, https://www.vox.com/2018/5/21/17352230/al-franken-accusations-resignation-democrats-leann-tweeden-kirsten-gillibrand.

6 »Defending ›Brilliant‹ Harvey Weinstein«; BBC, 15. Juni 2018, https://www.bbc.co.uk/sounds/play/p0664pjp.

7 Kim Lawson, Interviews mit Jodi Kantor, 2018 bis 2019.

8 Debra Katz, Interviews von Jodi Kantor und Megan Twohey, 2018 bis 2019.

9 Christine Blasey Ford, Interviews von Megan Twohey, von Dezember 2017 bis Mai 2019, sowie schriftliche Kommunikation zwischen Ford und ihren Freunden, Mitgliedern des Justizausschusses des Senats und einer ihrer Anwältinnen. Der fragliche Aufsatz findet sich unter https://www.researchgate.net/publication/327287729_Attenuation_of_Antidepressant_Effects_of_Ketamine_by_Opioid_Receptor_Antagonism.

10 »Declaration of Russell Ford«, Untersuchung des Justizausschusses des Senats zu zahlreichen Beschuldigungen gegen Richter Brett Kavanaugh im Verlauf des Senatszustimmungsverfahrens, 2. November 2018, https://www.judiciary.senate.gov/imo/media/doc/2018-11-02%20Kavanaugh%20Report.pdf, S. 55–56.

11 Keith Koegler, Interview von Megan Twohey, 2019; Christine Blasey Ford, Interviews von Megan Twohey, 2018 bis 2019.

12 Jessica Contrera, Ian Shapira, Emma Brown und Steve Hendrix, »Kavanaugh Accuser Christine Blasey Ford Moved 3,000 Miles to Reinvent Her Life: It Wasn't Far Enough«; *Washington Post*, 22. September 2018, https://www.washingtonpost.com/local/christine-blasey-ford-wanted-to-flee-the-us-to-avoid-brett-kavanaugh-now-she-may-testify-against-him/2018/09/22/db942340-bdb1-11e8-8792-78719177250f_story.html.

13 WhatsApp-Nachrichten von Christine Blasey Ford an die Washington Post Tip Line, Untersuchung des Justizausschusses des Senats zu zahlreichen Beschuldigungen gegen Richter Brett Kavanaugh im Verlauf des Senatszustimmungsverfahrens, 2. November 2018, https://www.judiciary.senate.gov/imo/media/doc/2018-11-02%20Kavanaugh%20Report.pdf, S. 46.

14 Julie O'Brien, »I Don't Know Kavanaugh the Judge, but Kavanaugh the Carpool Dad Is One Great Guy«, *Washington Post*, 20. Juli 2018, https://www.washingtonpost.com/opinions/i-dont-know-kavanaugh-the-judge-but-kavanaugh-the-carpool-dad-is-one-great-guy/2018/07/10/al866a2c-8446-11e8-9a80-403A221946a7_story.html.

15 Christine Blasey Ford, Interviews von Megan Twohey, 2018 bis 2019; Mathew McMurray, E-Mail an Kelsey Kodak, 17. Juni 2019.

16 E-Mail von Dianne Feinsteins Büro an Christine Blasey Ford, Juli 2018.

17 Lawrence Robbins, Interview von Megan Twohey, Januar 2019.

18 Beschreibung von Debra Katz auf der Grundlage von Megan Twoheys und Jodi Kantors Interviews mit Katz von August 2017 bis Frühjahr 2019; Lisa Banks, Interviews von Megan Twohey und Jodi Kantor, Oktober 2017 bis Frühjahr 2019; schriftliche Kommunikation mit den Anwältinnen.

19 Barry Coburn, Interview von Megan Twohey, Februar 2019.

20 Ronan Farrow, »Les Moonves and CBS Face Allegations of Sexual Misconduct«, *New Yorker*, 6. August 2018, https://www.new yorker.com/magazine/2018/08/06/les-moonves-and-cbs-face-allegations-of-sexual-misconduct.

21 Melena Ryzik, »Louis C. K. Performs First Stand-up Set at Club Since Admitting to #MeToo Cases«, *New York Times*, 27. August 2018, https://www.nytimes.com/2018/08/27/arts/television/louis-ck-performs-comedy.html.

22 Hillel Italie, »Next O'Reilly Book Coming in September«, Associated Press, 23. April 2018, https://www.apnews.com/f00002d9107 742b991fecb982312243b.

KAPITEL #9

1 Christine Blasey Ford, Interviews von Megan Twohey, 2018–19.

2 Sheryl Gay Stolberg, Adam Liptak und Charlie Savage, »Takeaways from Day 1 of Brett Kavanaugh's Confirmation Hearings«, *New York Times,* 4. September 2018, https:// www.nytimes.com/2018/09/04/us/politics/kavanaugh-confirmation-hearing-updates.html.

3 Ebd.

4 Ryan Grim, »Dianne Feinstein Withholding Brett Kavanaugh Document from Fellow Judiciary Committee Democrats«, *The Intercept,* 12. September 2018, https://theintercept.com/2018/09/12/brett-kavanaugh-confirmation-dianne-feinstein.

5 Dianne Feinstein, »Feinstein Statement on Kavanaugh«, United States Senator for California, Dianne Feinstein, 13. September 2018,

https://www.feinstein.senate.gov/public/index.cfm/press-releases?ID=FB52FCD4-29C8-4856-A679-B5C6CC553DC4.

6 Emma Brown, »California Professor, Writer of Confidential Brett Kavanaugh Letter, Speaks Out about Her Allegation of Sexual Assault«, *Washington Post,* 16. September 2018, https://www.washingtonpost.com/investigations/california-professor-writer-of-confidential-brett-kavanaugh-letter-speaks-out-about-her-allegation-of-sexual-assault/2018/09/16/46982194-b846-11e8-94eb-3bd52dfe917b_story.html.

7 Seung Min Kim, »Kavanaugh Denies Decades-old Allegation of Potential Sexual Misconduct«, *Washington Post*, 14. September 2018, https://www.washingtonpost.com/politics/kavanaugh-denies-decades-old-allegation-of-potential-sexual-misconduct/2018/09/14/60ee3ae8-b831-11e8-94eb-3bd52dfe917b_story.html?utm_term=.7d6c36ca93cf.

8 Bob Woodward, *Furcht: Trump im Weißen Haus,* aus dem Englischen von Sylvia Bieker, Pieke Biermann, Gisela Fichtl, Thomas Gunkel, Stephan Kleiner, Hainer Kober, Monika Köpfer, Elisabeth Liebl, Stefanie Römer, Karl Heinz Siber, Karsten Singelmann, Peter Torberg und Henriette Zeltner, Reinbek bei Hamburg: Rowohlt 2018, S. 236.

9 Aaron Blake, »›I Don't Believe Them‹: Trump Doubts Sexual Abuse Accusers and Sides with an Ally – Again«, *Washington Post,* 6. Juli 2018, https://www.washingtonpost.com/news/the-fix/wp/2018/07/06/i-dont-believe-them-trump-doubts-sexual-abuse-accusers-and-sides-with-an-ally-again.

10 Rosa Brooks (@brooks_rosa), »Tweet 1 of a bunch: I oppose Kavanaugh's nomination, think senators should vote no based on his judicial record, but am uncomfortable with asserting that his behavior as a teen tells us anything about his ›character‹ now«, Twitter, 16. September 2018, https://twitter.com/brooks_rosa/status/1041482381625122816.

11 »Lawyer: Kavanaugh Accuser Willing to Testify«, CNN, 17. September 2018, https://www.cnn.com/videos/politics/2018/09/17/kavanaugh-accuser-christine-ford-attorney-debra-katz-newday-sot.cnn.

12 Beschreibung der Verhandlungen zwischen Fords Team und dem

republikanischen Stab des Justizausschusses des US-Senats, basierend auf Interviews von Twohey und Kantor mit Katz und Banks; Twohey-Interview mit Mike Davis; schriftliche Kommunikation, enthalten in: Untersuchungen des Senatsjustizausschusses betreffend diverse Anschuldigungen gegen Richter Brett Kavanaugh während des Senatsverfahrens zur Bestätigung seiner Berufung an den Supreme Court, 2. November 2018, https://www.judiciary. senate.gov/imo/media/doc/2018-11-02%20Kavanaugh%20 Report.pdf; von Katz zur Verfügung gestellte zusätzliche E-Mails.

13 Lydia Weaver, »Senate Judiciary Urges Response to Sexual Harassment in Federal Courts«, *The Hill*, 13. Juni 2018, https:/thehill. com/regulation/392075-senate-judiciary-wants-response-to-sexual-harassment-in-federal-courts.

14 »Kellyanne Conway Says Kavanaugh Accuser ›Should Not Be Ignored‹«, *NBC*, 17. September 2018, https://www.nbcnews.com/ video/kellyanne-conway-says-kavanaugh-accuser-should-not-be-ignored-1322246211718.

15 Anita Hill, »How to Get the Kavanaugh Hearings Right«, *New York Times,* 18. September 2018, https://www.nytimes.com/2018/ 09/18/opinion/anita-hill-brett-kavanaugh-clarence-thomas.html.

16 Dwight Garner, »What a Book Critic Finds in Mark Judge's ›Wasted‹ 21 Years Later«, *New York Times*, 2. Oktober 2018, https:// www.nytimes.com/2018/10/02/books/wasted-mark-judge-memoir.html.

17 Untersuchungen des Senatsjustizausschusses betreffend diverse Anschuldigungen gegen Richter Brett Kavanaugh während des Senatsverfahrens zur Bestätigung seiner Berufung an den Supreme Court, 2. November 2018, https://www.judiciary.senate.gov/ imo/media/doc/2018-11-02%20Kavanaugh%20Report.pdf, S. 79.

18 Ebd., S. 90–91.

19 Mike Davis, Interview von Megan Twohey, Juni 2019.

20 Barry Coburn und Christine Blasey Ford, Interviews von Megan Twohey, 2019.

21 Transkript, »Trump's Star Gets Bars; Kavanaugh Accuser Open to Testifying; Conway's Interview Reviewed«, CNN, 21. September 2018, http://transcripts.cnn.com/TRANSCRIPTS/1809/21/ nday.06.html.

22 Donald J. Trump (@realdonaldtrump), »I have no doubt that, if the attack on Dr. Ford was as bad as she says, charges would have been immediately filed with local Law Enforcement Authorities by either her or her loving parents. I ask that she brings those filings forward so that we can learn date, time, and place!«, Twitter, 21. September 2018, https://twitter.comrealdonaldtrump/status/1043126336473055235.

23 »›We're going to plow right through it‹, McConnell says on Kavanaugh nomination«, *Washington Post*, 21. September 2018, https://www.washingtonpost.com/video/politics/were-going-to-plow-right-through-it-mcconnell-says-on-kavanaugh-nomination/2018/09/21/39beef50-bdac-11e8-8243-f3ae9c99658a_video.html?utm_term=.56cd2476da50.

24 »Judiciary Committee Continues Effort to Accommodate Testimony from Dr. Ford Next Week«, Justizausschuss des US-Senats, 21. September 2018, https://www.judiciary.senate.gov/press/rep/releases/judiciary-committee-continues-effort-to-accommodate-testimony-from-dr-ford-next-week.

25 Der Zeitstempel von Grassleys Tweet stellte sich selbsttätig auf US-Pazifikküstenzeit ein und lautet daher 20:42 Uhr Pazifischer Zeit, doch eigentlich setzte Grassley seinen Tweet um 23:42 Uhr Östlicher Zeit ab. Chuck Grassley (@ChuckGrassley), »Judge Kavanaugh I just granted another extension to Dr Ford to decide if she wants to proceed w the statement she made last week to testify to the senate She shld decide so we can move on I want to hear her. I hope u understand. It's not my normal approach to b indecisive«, Twitter, 21. September 2018, https://twitter.com/ChuckGrassley/status1043344767684366336.

26 Ronan Farrow und Jane Mayer, »Senate Democrats Investigate a New Allegation of Sexual Misconduct, from Brett Kavanaugh's College Years«, *New Yorker,* 23. September 2018, https://www.newyorker.com/news/news-desk/senate-democrats-investigate-a-new-allegation-of-sexual-misconduct-from-the-supreme-court-nominee-brett-kavanaughs-college-years-deborah-ramirez.

27 Lisa Ryan, »What ›Credible Information‹ Does Michael Avenatti Have on Kavanaugh?«, *The Cut,* 24. September 2018, https://

www.thecut.com/2018/09/michael-avenatti-kavanaugh-judge-client-tweets.html.

28 Rebecca Corbett, Interviews von Megan Twohey und Jodi Kantor, 2018–19.

29 Sheryl Gay Stolberg und Nicholas Fandos, »Christine Blasey Ford Reaches Deal to Testify at Kavanaugh Hearing«, *New York Times,* 23. September 2018, https://www.nytimes.com/2018/09/23/us/politics/brett-kavanaugh-christine-blasey-ford-testify.html.

30 Emily Tillett, »Kellyanne Conway says Brett Kavanaugh allegations feel like ›a vast left-wing conspiracy‹«, *CBS This Morning*, 24. September 2018, https://www.cbsnews.com/news/kelly anne-conway-says-brett-kavanaugh-accusers-allegations-feel-like-a-vast-left-wing-conspiracy-2018-09-24.

31 »McConnell slams ›shameful smear campaign‹ against Kavanaugh«, *Washington Post*, 24. September 2018, https://www.washington post.com/video/politics/mcconnell-slams-shameful-smear-campaign-against-kavanaugh/2018/09/24/f739f09a-c02f-11e8-9f4f-a1b7af255aa5_video.html?utm_erm=.6d2f69646c81.

32 »Brett Kavanaugh defends himself in letter to Senate Judiciary Committee«, CNN, 24. September 2018, https://www.cnn.com/2018/09/24/politics/read-brett-kavanaugh-letter-senate-judiciary-committee/index.html.

33 Mike Davis, Interview von Megan Twohey, Juni 2019.

34 Graham Bowley und Joe Coscarelli, »Bill Cosby, Once a Model of Fatherhood, Sentenced to Prison«, *New York Times,* 25. September 2018, https://www.nytimes.com/2018/09/25/arts/television/bill-cosby-sentencing.html.

35 »Press Conference by President Trump«, The White House, 27. September 2018, https://www.whitehouse.gov/briefings-statements/press-conference-president-trump-2.

36 Christine Blasey Ford, Eröffnungsstatement, Kavanaugh-Anhörung, 27. September 2018, https://www.cspan.org/video/?c4760434/christine-blasey-ford-opening-statement.

37 »Brenda from Missouri calls into C-SPAN«, C-SPAN, 27. September 2018, https://www.c-span.org/video/?c4751718/brenda-missouri-calls-span.

38 »Trump's Evolving Statements on Christine Blasey Ford«, Asso-

ciated Press, 3. Oktober 2018, https://apnews.com/04e24ef006
f4487282e2f9be3fafoa01.

39 Jim Yardley, »Bush, Irked at Being Asked, Brushes Off Drug Ques-
tion«, *New York Times,* 19. August 1999, https://www.nytimes.
com/1999/08/19/us/bush-irked-at-being-asked-brushes-off-
drug-question.html.

40 »Kavanaugh Hearing: Transcript«, *Washington Post,* 27. September 2018, https://www.washingtonpost.com/news/national/
wp/2018/09/27/kavanaugh-hearing-transcript.

41 David Bauder, »NBC Faces Scrutiny for Interview with Kavanaugh Accuser«, Associated Press, 2. Oktober 2018, https://www.
apnews.com/42674fffa6dd4c108ccd908bee7c856e.

42 Senate Judiciary Committee Investigation of Numerous Allegations Against Justice Brett Kavanaugh During the Senate Confirmation Proceedings, 2. November 2018, https://www.judiciary.
senate.gov/imo/media/doc/2018-11-02%20Kavanaugh%
20Report.pdf, S. 93; Seung Min Kim, Sean Sullivan und Emma
Brown, »Christine Blasey Ford Moves Closer to Deal with Senate
Republicans to Testify against Kavanaugh«, *Washington Post,*
23. September 2018, https://www.washingtonpost.com/politics/
lawyers-for-christine-blasey-ford-say-she-has-accepted-senate-
judiciary-committees-request-to-testify-against-kavanaugh/
2018/09/22/e8199c6a-be8f-11e8-8792-78719177250f_story.html?
utm_term=.296382a233b1.

43 Rachel Mitchell, »Memorandum, Analysis of Dr. Christine Ford's
Allegations«, 30. September 2018, https://www.jimhopper.com/
pdf/mitchell_memo_highlighted.pdf.

44 Allie Malloy, Kate Sullivan und Jeff Zeleny, »Trump mocks Christine Blasey Ford's testimony, tells people to ›think of your son‹«,
CNN, 4. Oktober 2018, https://www.cnn.com/2018/10/02/
politics/trump-mocks-christine-blasey-ford-kavanaugh-
supreme-court/index.html.

45 Gregg Re und John Roberts, »Christine Blasey Ford Ex-boyfriend
Says She Helped Friend Prep for Potential Polygraph; Grassley
Sounds Alarm«, Fox News, 2. Oktober 2018, https://www.fox
news.com/politics/christine-blasey-ford-ex-boyfriend-says-she-
helped-friend-prep-for-potential-polygraph-grassley-sounds-

alarm; Peter Baker, »Christine Blasey Ford's Credibility Under New Attack by Senate Republicans«, *New York Times*, 4. Oktober 2018, https://www.nytimes.com/2018/10/03/us/politics/blasey-ford-republicans-kavanaugh.htm.

46 Susan Chira und Ellen Ann Fentress, »In a Mississippi Restaurant, Two Americas Coexist Side by Side«, *New York Times,* 8. Oktober 2018, https://www.nytimes.com/2018/10/08/us/politics/trump-kavanaugh-mississippi-.html.

47 »Who Is Believed and Who Is Blamed?«, *The Daily*, 10. Oktober 2016, https://www.nytimes.com/2018/10/10/podcasts/the-daily/kavanaugh-assault-metoo-women-girls-respond.html.

48 Savannah Guthrie, »Ellen DeGeneres Opens up about Being a Victim of Sexual Abuse«, *Today Show,* 4. Oktober 2018, https://www.today.com/video/ellen-degeneres-opens-up-about-being-a-victim-of-sexual-abuse-1336566851633; Connie Chung, »Dear Christine Blasey Ford: I, Too, Was Sexually Assaulted – and It's Seared into My Memory Forever«, *Washington Post,* 3. Oktober 2018, https://www.washingtonpost.com/opinions/dear-christine-blasey-ford-i-too-was-sexually-assaulted-and-its-seared-into-my-memory-forever/2018/10/03/2449ed3c-c68a-11e8-9b1c-a90f1daae309_story.html.

49 Senate.gov, »Supplemental FBI Investigation Executive Summary«, 5. Oktober 2018, https://www.grassley.senate.gov/news/news-releases/supplemental-fbi-investigation-executive-summary.

50 Jenna Amatulli, »Brett Kavanaugh Protesters Bring Beer, Chant ›Chug‹ Outside Mitch McConnell's House«, *Huffington Post,* 5. Oktober 2018, https://www.huffpost.com/entry/brett-kavanaugh-protesters-bring-beer-chant-chug-outside-mitch-mcconnells-house_n_5bb75543e4b028e1fe3cdc5a.

51 Rachel Abrams, »McDonald's Workers across the U.S. Stage #Metoo Protests«, *New York Times,* 18. September 2018, https://www.nytimes.com/2018/09/18/business/mcdonalds-strike-metoo.html.

52 Edmund Lee, »CBS Chief Executive Les Moonves Steps Down after Sexual Harassment Claims«, *New York Times*, 9. September 2018, https://www.nytimes.com/2018/09/business/les-moonves-longtime-cbs-chief-may-be-gone-by-monday.html.

53 Daisuke Wakabayashi und Katie Benner, »How Google Protected Andy Rubin, ›Father of Android‹«, *New York Times,* 25. Oktober 2018, https://www.nytimes.com/2018/10/25/technology/google-sexual-harassment-andy-rubin.html.

54 Alicia P. Q. Wittmeyer, »Eight Stories of Men's Regret«, *New York Times,* 18. Oktober 2018, https://www.nytimes.com/interactive/2018/10/18/opinion/men-metoo-high-school.html.

EPILOG

1 Dieses Kapitel basiert auf den Audiomitschnitten des zweitägigen Gruppeninterviews.

2 Matthew Garrahan, »Harvey Weinstein: How Lawyers Kept a Lid on Sexual Harassment Claims«, *Financial Times,* 23. Oktober 2017, https://www.ft.com/content/1dc8a8ae-b7e0-11e7-8c12-5661783e5589.

3 Holly Watt, »Harvey Weinstein Aide Tells of ›Morally Lacking‹ Non-disclosure Deal«, *The Guardian*, 28. März 2018, https://www.theguardian.com/film/2018/mar/28/harvey-weinstein-assistant-zelda-perkins-i-was-trapped-in-a-vortex-of-fear; House of Commons Women and Equalities Committee, »Sexual Harassment in the Workplace, Fifth Report of Session 2017– 2019«, House of Commons, 18. Juli 2018, https://publications.parliament.uk/pa/cm201719/cmselect/cmwomeq/725/725.pdf.

4 Matthew Haag, »Rachel Crooks, Who Accused Trump of Sexual Assault, Wins Legislative Primary«, *New York Times,* 9. Mai 2018, https://www.nytimes.com/2018/05/09/us/politics/rachel-crooks-ohio.html.

5 Karen Zraick, »Night of Firsts: Diverse Candidates Make History in Midterm Elections«, *New York Times,* 11. November 2017, https://www.nytimes.com/2018/11/07/us/politics/election-history-firsts-blackburn-pressley.html.

6 Sara M. Moniuszko und Cara Kelly, »Harvey Weinstein Scandal: A Complete List of the 87 Accusers«, *USA Today*, 27. Oktober 2017, https://www.usatoday.com/story/ife/people/2017/10/27/weinstein-scandal-complete-list-accusers/804663001.Index.

PERSONENREGISTER

H

Harder, Charles   240–243, 247, 252–257, 431f.

Hayek, Salma   48, 57f., 60, 62, 64, 73, 232

Hill, Anita   73, 318f., 323, 340, 438

Hutensky, Steve   107, 114f., 220

I

Israel, Amy   98–100, 103, 112, 116, 148, 425

J

Jolie, Angelina   73, 232, 432

Judd, Ashley   49, 55–58, 60–65, 71, 118, 167f., 219, 231–234, 245f., 250, 259, 261f., 275, 280, 383, 388, 398, 421f.

Judge, Mark   302, 304, 309f., 340f., 350, 376, 435, 439

K

Kaplan, Roberta   185, 188, 429

Katz, Debra   293–296, 312–314, 316–319, 322, 324f., 328, 330, 332, 334–336, 338–341, 343–348, 350, 355, 357f., 360f., 364, 369, 371f., 376–378, 385, 397, 435f., 438

Kavanaugh, Brett   294–299, 301f., 304f., 307–310, 316, 319–321, 323f., 328–332, 334, 337, 341f., 346f., 349–354, 357, 359, 362, 364, 366–369, 373, 375f., 378, 380, 385, 389, 415, 435–442

Kendall, Katherine   149, 278, 427, 432

Keyser, Leland   368, 376

Koegler, Keith   300f., 306, 348, 435

L

Lawson, Kim   291f., 379, 385, 387, 393f., 400, 434

M

Madden, Laura   100, 116–123, 169, 219, 228, 233, 240, 254f., 265, 274, 338, 383, 388, 391, 401, 425

Maerov, Lance   193, 204–207, 209, 212, 224–227, 246, 276, 415, 430, 432

McConnell, Mitch   337, 346, 353, 378, 439f.

McCraw, David   41, 235, 252, 256, 410, 421, 432

McGowan, Rose   17f., 20–23, 25–27, 42, 46, 65, 74f., 90, 134, 137–139, 141, 150f., 167f., 219, 230, 261, 314, 416, 427

Mitchell, Rachel   357, 363, 367, 373, 412, 441

N

Ness, Sara   162, 167f., 429

Nestor, Emily   178f., 182, 190, 206f., 212, 220